贵州省社会科学院智库系列

后发赶超论坛

【第八辑】

『后发赶超』论坛编委会 编

HOUFAGANCHAO LUNTAN VIII

中央民族大学出版社
China Minzu University Press

图书在版编目（CIP）数据

"后发赶超"论坛．第八辑/"后发赶超"论坛编委会编．—北京：中央民族大学出版社，2021.10

ISBN 978-7-5660-1975-2

Ⅰ.①后…　Ⅱ.①后…　Ⅲ.①不发达地区—区域经济发展—中国—文集　Ⅳ.①F127-53

中国版本图书馆 CIP 数据核字（2021）第 191487 号

"后发赶超"论坛．第八辑

编　　者	"后发赶超"论坛编委会
策划编辑	舒　松
责任编辑	舒　松
责任校对	何晓雨
封面设计	舒刚卫
出版发行	中央民族大学出版社
	北京市海淀区中关村南大街 27 号　邮编：100081
	电话：（010）68472815（发行部）传真：（010）68932751（发行部）
	（010）68932218（总编室）　（010）68932447（办公室）
经 销 者	全国各地新华书店
印 刷 厂	北京鑫宇图源印刷科技有限公司
开　　本	787×1092　1/16　印张：26.25
字　　数	410 千字
版　　次	2021 年 10 月第 1 版　2021 年 10 月第 1 次印刷
书　　号	ISBN 978-7-5660-1975-2
定　　价	98.00 元

目　录

巩固拓展脱贫攻坚成果与乡村振兴有效衔接

减贫奇迹的地方篇章

全面推进乡村振兴

后发赶超的地方实践

Contents

Local practices of poverty reduction

Comprehensively promoting rural revitalization

Local practices of catch-up development

在第八届中国·贵州“后发赶超”论坛暨第二十三届全国社会科学院院长联席会议上的讲话

李培林

在党的十九届五中全会胜利闭幕和我国即将开启现代化新征程之时，在脱贫攻坚最紧要关头，在贵州省社会科学院（简称“贵州省社科院”）建院60周年之际，很高兴和大家相聚在美丽的花溪河畔，共同研讨中国减贫奇迹的地方篇章。受谢伏瞻院长、蔡昉副院长的委托，我谨代表中国社会科学院（简称“中国社科院”）并以我个人的名义，向贵州省社科院全体干部职工致以诚挚的祝福，祝愿贵州院开启下一个辉煌的60年；同时，向与会的各位代表，致以良好的祝愿，希望大家借助全国社科院长联席会议这个好平台，多往来、多交流、多切磋、同发展、共进步。

8年前，为贯彻落实国发〔2012〕2号文件精神，中国社会科学院与贵州省人民政府签署战略合作框架协议。8年来，在双方的高度重视和大力支持下，院省合作协议各项内容落地落实落细，为推动贵州经济社会又好又快发展、繁荣发展贵州哲学社会科学事业，做出了应有的贡献。共完成院省合作重大委托课题18项，课题总经费达630万元。生态文明贵阳国际论坛之“生态文明与反贫困”主题论坛已连续举办5届、“后发赶超”论坛持续举办8届。设立中国社科院学部委员贵州工作站，支持贵州省社科院建设博士后科研工作站，指导贵州省社科院编辑出版贵州蓝皮书系列，《贵州法治发展报告》《贵州社会发展报告》连续多年入选中国社科院创新工程学术出版项目。中国社科院研究生院、中国社科院大学等承办的国际研修班，也多次把贵州当作课堂，向世界展示多彩贵州的自然风景、人文景观和发展成就。贵州省是最早和中国社科院签署战略合作协议的省份之一，也是合作协议执行成效最为明显的省份之一。

这段时间，贵州省政府正在与中国社科院协商续签合作协议。我希望，要把已有的合作成果巩固好、把新一轮合作内容谋划好，切实起到深化合作、优势互补、互利共赢、协同发展的作用。

今年是中国决战脱贫攻坚、决胜全面小康的收官之年，本次会议将主题定为中国减贫奇迹的地方篇章，目的就是要深入探讨、科学总结各地脱贫攻坚的典型经验，为世界减贫的中国奇迹的经验总结和凝练表达做出贡献。党的十八大以来，习近平总书记率先垂范，带领全党和全国人民全面打响脱贫攻坚战，贫困地区群众生产生活条件显著改善，贫困群众获得感显著增强，脱贫攻坚的显著成就，创造出了世界减贫的奇迹，得到了国际社会的充分肯定和高度评价。联合国秘书长古特雷斯指出："精准减贫方略是帮助贫困人口、实现《2030年可持续发展议程》宏伟目标的唯一途径。中国已实现数亿人脱贫，中国的经验可以为其他发展中国家提供有益借鉴。"

10多天前，习近平总书记在第七个国家扶贫日到来之际做出重要指示，要求各地区各部门总结脱贫攻坚经验，发挥脱贫攻坚体制机制作用，接续推进巩固拓展攻坚成果同乡村振兴有效衔接，保持脱贫攻坚政策总体稳定，多措并举巩固脱贫成果。习近平总书记的重要指示，对于我们做好当前和今后一个时期的脱贫工作和乡村振兴，具有重要指导意义。我希望，本次会议的与会专家，要围绕习近平总书记的重要指示，结合各地实际，做好研究阐释。一是要深入研究、科学总结各地的脱贫攻坚重要经验，为世界减贫事业贡献中国智慧和中国方案。中国各个省区市的情况都不一样，脱贫攻坚的经验也不尽相同，这种差异化的减贫经验，恰好为禀赋相似国家的脱贫提供了宝贵的样本经验。二是要深入研究、认真谋划好"十四五"时期的脱贫和乡村振兴工作，确保脱贫攻坚和乡村振兴有效衔接，为全面深入推进乡村振兴战略做出社科理论界的贡献。三是要深入研究、合力推动国际减贫智库建设。习近平总书记高度重视智库建设，推动世界各国建立减贫智库，发起成立国际减贫智库联盟，共享全球减贫经验和智慧，为实现《2030年可持续发展议程》各项目标和消除全球绝对贫困做出新贡献。

最后，预祝本次会议取得圆满成功！

作者简介：李培林，全国人大常委会委员、社会建设委员会副主任、中国社会科学院学部委员。

在第八届中国·贵州“后发赶超”论坛暨第二十三届全国社会科学院院长联席会议上的讲话

王世杰

值此第八届中国·贵州“后发赶超”论坛暨第二十三届全国社会科学院院长联席会议开幕之际，我谨代表贵州省人民政府向论坛的召开表示热烈的祝贺，向李培林副主任、各位专家学者的到来表示诚挚的欢迎！

党的十八大以来，在以习近平同志为核心的党中央坚强领导下，在全党、全国、全社会的共同努力下，我国的脱贫攻坚取得了决定性的成就，脱贫攻坚的目标任务接近完成，贫困人口从2012年年底的9899万人减少到2019年底的551万人，贫困的发生率由10.2%降至0.6%，区域性整体贫困基本得到了解决，创造了人类减贫史上的伟大奇迹，特别是今年以来，面对新冠肺炎疫情和严重的洪涝灾害的考验，以习近平同志为核心的党中央，审时度势，沉着应对，团结带领全党全军全国各族人民同舟共济、共克时艰，统筹打好疫情防控和脱贫攻坚两场硬仗，取得了抗疫斗争的重大战略成果，脱贫攻坚工作有力有效地推进，即将迎来历史性的伟大胜利。贵州是全国脱贫攻坚的主战场，这些年来我们深入学习贯彻习近平新时代中国特色社会主义思想和习近平总书记对贵州工作的重要指示精神，牢记嘱托、感恩奋进，始终坚持以脱贫攻坚统揽经济社会发展全局，深入实施大扶贫战略行动，探索实施了“四场硬仗”“五个专项治理”“八要素”“五步工作法”等一系列精准管用的“贵州战法”，牢牢掌握了按时高质量打赢脱贫攻坚战的主动权、制胜权，创造了脱贫攻坚的贵州样板。党的十八大以来，全省累计减少贫困人口892万，每年减贫超过100万人，贫困发生率从26.8%降至0.85%，57个贫困县脱贫摘帽，从全国贫困人口最多的省份转变为减贫人数最多的省份，书写了中国减贫奇迹的精彩篇章。

中国·贵州“后发赶超”论坛是中国社会科学院和贵州省人民政府战略合作的重要内容，是全面总结和宣传贵州经济社会发展和哲学社会科学事业成就的重要学术论坛。自2013年以来，论坛已连续成功举办了7届，形成了一系列重要成果，为贵州后发赶超和经济社会发展提供了重要的理论服务和智力支持。今年是脱贫攻坚决战决胜之年，再过2个月，我们将彻底撕掉贵州千百年来的绝对贫困标签，实现贵州人民千百年来的历史夙愿，与全国人民一道实现全面小康，这是我们这一代贵州人的重大责任，也是最大光荣。本届论坛以“中国减贫奇迹的地方篇章”为主题，呼应时代背景，紧扣贵州实际，相信通过大家的共同努力，一定能够取得丰硕的理论成果，为贵州决战脱贫攻坚、决胜全面小康进一步凝聚共识、增强动力。

作为论坛主办方之一的贵州省社会科学院成立至今已整整60年，60年来，贵州省社会科学院紧紧围绕中心、服务大局，为全省经济社会发展积极建言献策，取得了显著成效，成为省委、省政府和全社会信得过、靠得住、用得上的一流“思想库”和“智囊团”。借此机会，也一并表示热烈的祝贺，并向60年来为省社科院工作付出辛勤努力的全院干部职工致以崇高的敬意和衷心的感谢！

最后，预祝本届论坛取得圆满成功！

(根据录音整理)

作者简介：王世杰，贵州省人民政府副省长。

在第八届中国·贵州“后发赶超”论坛暨第二十三届全国社会科学院院长联席会议上的致辞

吴大华

时间似流水，稍纵即逝。2010 年 4 月 16 日，我从贵州民族学院（2013 更名为贵州民族大学）调任贵州省社科院，补上空缺了 2 年多的贵州省社科院院长之职，一来就筹办 50 周年院庆，当时的情景还历历在目，恍然间，10 年就过去了。岁月催人老，但对一个单位，特别是对一个科研机构来说，岁月却能层累出历史的厚重感，沉淀出学术的影响力。

贵州省社科院 60 年的历程，是不平凡的，有过关停并转，有过停滞不前，但更多的是开拓进取、发展进步。60 年来，特别是改革开放 40 多年以来，我们在诸多领域取得了历史性、开创性、原创性成就，积累了不少成功的经验。借此机会，向各位领导和专家做个简要汇报。

一、强化顶层设计　理清发展思路

改革开放以来，特别是进入 21 世纪以来，我院紧跟时代发展需要，科学研判院情，审时度势，在顶层设计上不断明确发展思路、做出科学定位。

2009 年，召开第一次科研工作大会，启动实施“科研立院、管理兴院、人才强院”三大战略。2013 年，召开第二次科研工作大会，出台《关于加快实现以质量为中心的科研转型升级的实施意见》及多个配套文件。2017 年，出台《关于建设高端智库的实施办法》。明确提出打造贵州省和西南地区的知名高端智库的中长期目标。2019 年底，国家治理体系和治理能力现代化地方实践高端智库获贵州省委宣传部批准为全省首批新型智库之一，智库成立不久即斩获国家社科基金重点项目。

二、全面深化改革　激发科研活力

一是改革传统体制，科学调整内设机构和学科布局。在院党委的领导下，按照“有所为，有所不为”的原则，提出了学科调整和机构设置的基本框架，新设马克思主义研究所、工业经济研究所，为一些所更名。调整后的研究所，改过去的“小而全”为现在的体现优势、突出特色、重点发展。进入21世纪，大力推进跨所、跨学科、跨院的院属研究中心或研究基地的建设。截至目前，有各类研究中心（基地、院）等20多个。这些研究机构，让在该领域有所建树、干事创业有激情有想法的年轻人担任具体负责人，培养锻炼了学术团队，培育出了新的研究领域。设立智库工作处，专门负责成果转化和推广应用。

二是强化制度建设，注重制度的与时俱进与落地落实。多年来，我院不断完善课题管理办法、经费管理办法、科研成果奖惩办法、重点学科建设、著作出版资助、创新工程管理办法、智库管理办法等多项制度。为强化科研工作过程管理，我院在信息化方面下大力气，研发了“科研全过程动态管理系统”，所有的科研项目全部实现网上申报、网上审批、网上管理、网上考核，科研管理突出痕迹化、动态化、规范化、透明化。

三是建立科研快速反应机制，提高科研队伍打快仗、打硬仗的能力。针对中央和省委、省政府的重要会议、重大决策、重要方针政策，以及全省改革发展进程中的重大问题，我院建立了由院主要领导挂帅，主管领导一线指挥，不同研究所和不同学科专家、院内外精英灵活组合的集体攻关机制。

三、立足贵州　研究贵州　服务贵州

一是与时俱进开展应用对策研究。积极主动承担省委、省政府及有关部门交办委托的研究任务，围绕实现我省经济社会历史性跨越的重大问题，开展专题调研，及时提供相关对策和理论咨询，向省领导和有关部门提交了许多有价值、高质量的研究报告。

二是久久为功开展基础理论研究。鼓励并创造条件，让从事基础理论研究的学者“甘坐冷板凳”。地方历史文化研究、阳明文化研究、红色文化研究、民族文化研究、沙滩文化研究、民族法学研究等在省内外有较大影响。近年来，又开辟了三线文化、黔学、军民融合等新的研究领域。

三是拓宽渠道服务党委政府决策。从以前仅有《社科内参》为成果报送渠道，到近年来，形成了以“省领导指示、圈示课题”、《社科内参》《甲秀智库专报》《舆情信息》《蓝皮书》为主要渠道的多元化服务省委省政府决策咨询机制，成效明显，并逐步完善。许多研究成果直接或间接进入省委、省政府和有关部门的决策，每年有约 20~40 项。

四是实施全省哲学社会科学创新工程。2017 年、2020 年分别获批全省哲学社会科学创新工程第一期、第二期工程建设。一期工程已于 2019 年底顺利完成。自主研发的贵州省哲学社会科学云服务平台作为创新工程的重头戏，已于 2018 年 5 月正式上线运行，被媒体誉为全国社科院系统第一朵“社科云”。

四、创新选才用才机制　打造“双高”人才队伍

改革开放以来，我院的人才队伍建设有过无法企及的辉煌，也出现过青黄不接的窘境。总结经验和教训，近年来，贵州省社科院着力打造一支与新型智库建设相适应的、结构合理的人才队伍。

1978 年 12 月，贵州省哲学社会科学研究所恢复重建后，对外发布《1979 年研究生招生简章》，从 600 多名报考者中择优录取了 47 名学员。“研究生班”学员结业后，绝大部分都留在了我院。在后来相当一段时期内，“研究生班”学员都是贵州省社科院的骨干力量。

到了 21 世纪，经过几年的探索，我院初步建立了岗位设置为基础，以公开、平等、竞争、择优为导向的选人用人机制，实行了全员聘用制，完善了专业技术职务评聘体制，逐步形成职务能上能下、人员合理流动的体制。同时，用好目标绩效考核这根指挥棒，继续完善分配制度，重实绩、重贡献，使收入分配政策向有实绩有贡献的人倾斜。

五、以开放促发展　借外力谋发展

10年来，我院从过去的默默无闻逐渐发展到远近有名。这与我院以开放促发展、强化对外交流合作的办院思路是分不开的。

一是开门办院，“合纵连横”。用好中国社科院与贵州省人民政府战略合作平台，与中国社科院开展了全方位、深层次的合作。依托中国社科院建立了贵州省第一个文科博士后科研工作站，建立了贵州省唯一的学部委员工作站，联合开展重大项目研究，其成果获党和国家领导人肯定性批示多次。此外，创新“院院、院地、院校、院企、院团”合作机制，与省内有关厅局、高校、民主党派、市（州）、县（区），省外高校、部分企业等建立了战略合作关系，协助部分市（州）建立了社会科学院。

二是开门办会，广交贤达。近年来，我院主动作为，积极举办各级各类会议，不但锻炼了队伍，而且扩大了知名度和美誉度。每年主办或承办的国际性、全国性、全省性活动达10余次。如，连续举办5届生态文明贵阳国际论坛之“生态文明与反贫困”主题论坛，连续举办8届“后发赶超”论坛等。

三是开门办刊，渐成品牌。20世纪八九十年代，我院创办了《贵州社会科学》《西部开发》《开发》《贵州史学丛刊》等一批在当时较有影响的报刊。创刊于1980年的《贵州社会科学》经过40年的改革发展，连续多次入选南京大学、北京大学等核心期刊目录。刊物连续多年获得国家社会科学基金专项资助。

四是开门办网，媒体发声。近年来，我院精心建设自有的“一网两微”，网站更新“全年无休”，年发布信息近千条，访问量超10万次。“一网两微”活跃度稳居全国地方社科院前列。此外，还加强与媒体的合作，一是近年来频频在《人民日报》《光明日报》《经济日报》刊发理论文章；二是与中国社会科学报、贵州日报、多彩贵州网、当代先锋网等建立合作关系，为专家发声提供高端平台；三是邀请中央媒体和省内媒体参与报道我院举办的各类学术活动。

回顾历史，我们一起走过了难忘的岁月，我们一起奉献了最宝贵的年华，取得了令人振奋的成绩；展望未来，我院科研事业发展站在了一个新的起点。

贵州省社科院下一个新的60年仍需跋山涉水、同心奋斗！借此机会，我代表贵州省社科院，对中国社科院长期以来的指导和支持，对贵州省委、省政府的坚强领导，对贵州省委宣传部的有力指导，对兄弟社科院和战略合作单位的关心和帮助，表示衷心的感谢，对全院离退休干部、历届领导班子和在职干部职工，表示崇高的敬意。

作者简介：吴大华，贵州省社会科学院党委书记，二级研究员，博士生导师。

在第八届中国·贵州“后发赶超”论坛暨第二十三届全国社会科学院院长联席会议上的总结讲话

张学立

各位领导、各位专家学者，大家好！

经过一整天紧张而热烈的讨论，论坛到了闭幕和总结阶段。我听下来，感觉这次会议有三个特点。

一是时机非常特殊。无论对党和国家，还是对我院来说，今年都是非常特殊、重要的一年。党的十九届五中全会刚刚胜利闭幕，“十四五”即将扬帆起航，我国即将开启全面建设社会主义现代化国家新征程，脱贫攻坚进入最紧要关头，同时也是贵州省社科院建院60周年的喜庆之年。我们把论坛和第二十三届全国社科院院长联席会议一起开，也就是想和全国社科院的领导和专家一起见证、一起分享这特殊的时刻。

二是主题非常聚焦。本届论坛以“共话中国减贫奇迹的地方篇章”为主题。与会专家学者的演讲和发言，都是紧扣这一主题，将各个省份脱贫攻坚的经验在会上作分享。每个省脱贫攻坚的作为和经验，共同构成了中国减贫奇迹。中国减贫奇迹，不但让我们在世界人民面前扬眉吐气，而且让全世界对中国刮目相看。这一奇迹，是中国对人类作出的巨大贡献。

三是研讨非常深入。无论是入选论文的质量，还是专家发言的水平，都体现了大家对脱贫攻坚这一领域的深入研究，对脱贫攻坚成绩的评价是客观的，对脱贫攻坚经验的总结是科学的，提出的对策建议是可操作的。我们从论文和PPT中，都看到了大量的数据、案例和图表，这充分反映了与会专家学者的认真负责态度和严谨治学精神，体现了大家真正把双脚踏在祖国大地上、把论文写在大地上的情怀与担当，而且大家就讲好减贫脱贫中国故事、中国奇迹背后的道理学理哲理做了重要的工作，真正用中国理论阐释中国实践，用中国实践升华中国理论。

谢谢大家！

作者简介：张学立，贵州省社会科学院院长，二级教授，博士生导师。

巩固拓展脱贫攻坚成果与乡村振兴有效衔接

陕西加快脱贫攻坚与乡村振兴有效衔接研究

司晓宏　罗　丞

摘　要： 陕西全面贯彻落实党中央、国务院关于打好精准脱贫攻坚战的决策部署，把脱贫攻坚作为重大政治任务、头等大事和第一民生工程，因地制宜，扎实推进产业扶贫、易地搬迁、危房改造、就业创业、生态补偿、医疗救助、教育支持、兜底保障“八个一批”工程，成功走出了一条具有地方特色的脱贫攻坚道路。下一阶段，要从解决绝对贫困向缓解相对贫困转变，从特惠性政策供给向普惠性政策供给转变，从注重贫困地区的点到推动广大农村地区的面转变，从着重于产业发展、移民搬迁、基础设施改善扩展到乡村治理、民生保障及体制机制构建等更多方面转变，推动陕西脱贫攻坚向乡村振兴转型。

关键词： 陕西　脱贫攻坚　乡村振兴　衔接

贫困问题始终伴随人类历史进程，受到国际社会广泛关注。精准扶贫精准脱贫以来，在以习近平同志为核心的党中央坚强领导下，在习近平新时代中国特色社会主义思想指引下，陕西全社会共同努力，扶贫工作发生翻天覆地的变化，取得了历史性成就并在更高起点上推进乡村全面振兴。

一、脱贫攻坚的历史性成就

陕西省委、省政府全面贯彻落实党中央、国务院关于打好精准脱贫攻坚战的决策部署，把脱贫攻坚作为重大政治任务、头等大事和第一民生工程，因地制宜、多措并举，扎实推进产业扶贫、易地搬迁、危房改造、就业创业、生态补偿、医疗救助、教育支持、兜底保障“八个一批”工程，成功走出了一条具有陕西特色的脱贫攻坚道路，谱写了脱贫攻坚的辉煌篇章。

（一）产业扶持脱贫一批

陕西始终坚持把产业发展作为脱贫攻坚的根本，立足资源禀赋和产业基础，统筹当前脱贫目标与长远发展，打造“3+X”扶贫特色产业体系，形成多门类多渠道多层次的扶贫产业发展格局，带动贫困户实现长期稳定增收。

实施“3+X”产业扶贫工程，发展以苹果、奶山羊、棚室栽培为代表的果业、畜牧业、设施农业3个支柱产业和茶叶、核桃、食用菌、猕猴桃、花椒等区域特色产业，拓展光伏、旅游、电商等新产业新业态，制定56个贫困县优势特色产业菜单，总结推广22种模式35个范例，通过以奖代补、先建后补等方式引导新型经营主体1.4万家参与产业扶贫，把贫困户嵌入产业发展链条，使有劳动能力、发展意愿和发展条件的贫困户每户至少有1个稳定增收的产业项目。

（二）就业创业脱贫一批

陕西始终坚持把就业创业扶贫作为脱贫攻坚的重要抓手，充分发挥龙头企业、合作社、“双创”示范基地、产学研示范基地等的带动作用，拓展多元化的就业扶贫工作格局，实现贫困户高质量创业就业。

围绕兴建社区工厂、组织开展职业培训、促进转移就业、鼓励创新创业、设置公益性岗位等方式，开展系列就业扶贫行动，确保有劳动能力且符合条件的建档立卡贫困户每户至少有1人稳定就业。探索推广“村级劳务公司+用工企业主体+贫困劳动力”、培训就业“二合一”等模式，持续开展国企“合力团”、校地结对“双百工程”“万企帮万村”等工程。新建扶贫车间（社区工厂）526家，新培育就业扶贫基地336个，吸纳贫困劳动力1.12万人就业，有组织劳务输出8.42万人，公益岗位新上岗4.1万人，选聘生态护林员2.04万人。

（三）生态补偿脱贫一批

陕西始终坚持“绿水青山就是金山银山”的理念，通过公益性岗位、林下经济、生态补偿补助、生态扶贫工程等方式，带动贫困户实现脱贫增收。

开展生态公益岗位扶贫，落实国家生态护林员政策，2016年以来，选聘生态护林员 5.03 万名，带动 18 万贫困人口达到稳定脱贫标准。落实并完善生态补偿补助机制，确保及时兑现贫困户的补偿资金。落实新一轮退耕还林补助政策，2019 年退耕还林惠及贫困群众超过 13.30 万户 45.07 万人，户均增收 1423 元；落实公益生态林补偿政策，公益生态效益补偿惠及贫困人口 40.75 万户 134.06 万人，户均增收 352 元。开展生态产业扶贫，推进林下经济与林业产业发展，现有特色经济林超过 2240 万亩，林下经济规模达到 1820 万亩，林业产业产值达到 1319 亿元，带动贫困人口 20.56 万户 66.09 万人，户均增收 952 元。

（四）易地搬迁脱贫一批

陕西始终坚持把易地搬迁作为脱贫攻坚的重大举措，统筹“搬得出、稳得住、能脱贫”，确保有劳动力的搬迁家庭就业有岗位，创业有门路，增收有渠道，生活有幸福。

严格对标中央政策，对“一方水土养不起一方人”地区贫困人口实施易地扶贫搬迁，确保具备搬迁安置条件的贫困人口应搬尽搬、逐步实现同步搬迁。以“四靠近（城镇、园区、农村新型社区、中心村）”为原则，以岗定搬、以业定迁，全面统筹推进安置住房、基础设施和产业配套建设，同步跟进就业、就医、就学、文化等公共服务设施配套，帮助贫困群众挪穷窝、立新业、融入新生活。“十三五”期间 24.9 万户 84.39 万人易地扶贫安置房全部竣工达到入住标准。

（五）危房改造脱贫一批

陕西始终将农村危房改造作为助力脱贫攻坚“两不愁三保障”的重要举措、重大民生工程和头等大事，不断探索创新，精准施策分类补助，切实做到“让加固改造户不花钱、新建翻建户少花钱”，减轻群众负担。

扎实推进农村危房改造，简化农村危房鉴定程序，规范对象认定办法，严格执行国家关于建档立卡贫困户 D 级危房拆除重建面积标准，改造一户，销档一户。按照对象贫困程度、房屋危险程度和改造方式，完善分类补助标准，加大对深度贫困户的倾斜支持，明确不同地区、不同类型、不同档次分类补助，并结合实际测算，制定具体分类补助标准，建立完善对象、鉴定、改造、验收四个清单，形成责任闭环的“四清一责任”工作机制，持续推进存量危房清零工作。2017 年以来累计改造危房 13.08 万户。

（六）医疗救助脱贫一批

陕西始终坚持把医疗救助脱贫作为巩固脱贫成果的重要环节，从医疗卫生服务、医疗保障、疾病防控和公共卫生等方面，加快推进公共服务均等化，有效缓解致贫返贫问题。

将建档立卡贫困人口全部纳入基本医疗、大病保险、医疗救助三重保障框架，全面落实县域内定点医院住院“先诊疗后付费”“一站式”结算服务，25 种大病患者救治率 99.89%，签约服务慢病患者 63.3 万人，6.3 万名大骨节等地方病重度患者建立健康档案并得到有效救治，探索建立陕西“健康云”平台，开展覆盖到村的远程培训和远程诊断。

（七）教育支持脱贫一批

陕西坚持把教育扶贫作为提升脱贫质量的关键，从基础教育、职业教育和降低贫困家庭就学负担等方面，采取具体措施，逐步消除贫困地区贫困户子女因学致贫的问题，阻断贫困代际传递。

强化控辍保学“七长责任制”，精准资助建档立卡贫困学生 48.1 万人，将乡村教师生活补助扩大到所有贫困县，为贫困县招聘特岗教师 545 人，累计改善 6895 所义务教育薄弱学校基本办学条件，基本实现了贫困人口义务教育有保障的目标。

（八）兜底保障脱贫一批

陕西始终坚持把综合兜底保障作为脱贫攻坚的重要保障，从社会救助、社会保险、社会福利制度、基本养老保障等方面，筑牢社会保障安全网，解决特殊困难群体和弱势群体的脱贫问题。

扎实推进综合保障性扶贫，统筹各类保障措施，重点为完全丧失劳动能力和部分丧失劳动能力且无法依靠产业就业帮扶脱贫的贫困人口提供兜底保障。健全完善农村低保标准动态调整机制，将农村低保标准提高到 4310 元/年，把符合条件的贫困人口按规定程序全部纳入农村低保或特困人员救助供养范围。

加强和改进临时救助工作，全省1312个乡镇（街办）全部建立临时救助储备金制度，残疾人"两项补贴"惠及96.3万人。

二、后脱贫时代陕西乡村振兴面临的困难与挑战

经过多年的发展，包括贫困地区在内的全省农村经济社会发生了巨大变化。但仍然存在一些问题，制约乡村振兴战略的顺利实施。

（一）巩固提升脱贫成果已经成为紧迫任务

1. 贫困发生率大幅降低，但巩固脱贫成果任务仍然较重

2019年末，陕西贫困发生率降至0.75%，农村贫困人口减少至10.74万户18.34万人。剩余贫困户中，因病、因残致贫占比59.3%，剩余贫困人口中，丧失劳动能力、无劳动能力和弱（半）劳动能力占比78.44%，技能劳动力不足5‰，"无业可扶、无力脱贫"问题比较突出。部分已脱贫人口自我发展能力不强，外出务工收入占比高且不稳定。同时，贫困地区教育、医疗等公共服务硬件基本到位，但基层人才匮乏、能力不足的问题仍然存在，巩固脱贫成果的任务仍然比较重。

2. 深度贫困地区脱贫攻坚成效明显，但扶贫工作仍需继续推进

陕西11个深度贫困县和94%的深度贫困村位于灾害易发区、生态保护区叠加的秦巴山区，自然条件差，面临脱贫攻坚与生态保护双重压力。深度贫困县县域经济发展滞后，地方财政自给能力低，产业基础薄弱，持续发展能力不足，极易因灾导致基础设施损毁。深度贫困地区仍然是最难啃的"硬骨头"，仍然是陕西脱贫攻坚的主战场，各类帮扶措施需要继续推进。

（二）推动乡村全面振兴面临较大挑战

1. 产业融合度低，经营主体创新能力不足

陕西农村各产业之间融合度不高、融合水平低。主要表现为：一是产业融合链条短，利益联盟松散。农村第一、第二、第三产业的利益联盟以订单农业为主，但订单农业缺少制约，违约率较高，股份制和股份合作制等紧密型利益联盟方式比例较低。二是农业生产效益偏低，农业产业化水平还不

高。生产加工链条还不够长，农业产业效益与耕地面积还不匹配，增值效益不明显；农户种养殖规范化、产业化、多样化、专业化水平还不高。三是农业多功能挖掘不够，雷同严重。休闲、旅游和观光农业发展质量不高，文化传承、人物历史、风土乡俗等触及不多，高品位、多样性、特色化不足。四是合作社发展能力不足，行业协会服务能力不强。农村新型经营主体结构单一、管理粗放、经营能力不强，部分合作社“有名无实”，家庭农场和专业大户规模小，参与融合能力差。农村行业协会“只开会、不服务”，“多收钱、少办事”，在推进农业标准化、品牌化建设方面服务不足。

2. 生态环境薄弱，基础设施建设水平低

一是农民生产生活基础设施建设水平不高，不能适应农村社会经济发展需要。公路设施普遍标准偏低，后期维护没有及时跟进，导致已有基础设施破坏严重，难以长期发挥效益。全省宽带、有线电视、天然气、电子商务配送点、村内主要道路路灯等设施的建设远低于全国平均水平。二是农田水利基础设施薄弱，耕地质量不高。全省农村人均耕地仅1.6亩，水田和水浇地仅占常用耕地面积的39.1%，农田有效灌溉面积占比31.0%，居全国第22位，干旱仍然是制约陕西农业发展的主要因素。三是生态环境恶化。长期以来，化肥在提高农业生产效率中起着重要的作用，但化肥农药的使用导致农产品质量下降，价值降低；农用塑料薄膜使用回收率低，耕地污染问题较为突出。四是环境治理困难。随着现代化进程的加快，在城市环境日益改善的同时，农村污染问题越来越突出。在城市环境问责从严管理情况下，个别企业为了利益私自将工业“三废”向农村排放，污染耕地和水源，致使农村生活环境恶化，不仅影响人畜健康，对农产品也造成污染。

3. 人口素质下降，乡风文明有待提升

一是农村人口红利不足。随着经济社会的快速发展，城市发展迅速，对人才吸引力提高，大量青壮年农民进城务工，农村大学生完成学业留城就业，致使滞留农村劳动力年龄偏大，文化水平偏低。据省统计局空心村调查，农村“三留守”人员占常住人口的一半以上，其中60岁以上留守老人占常住人口的51.1%。二是群众文化生活单调。由于农村青壮年向城镇流动，乡村人口结构趋于两极化，文化活动单调，乡村社会缺乏活力。特别是遇到节假日打麻将、赌博等陋习较为普遍，影响社会安定和家庭和睦。三是传统陈规陋习依然存在。婚丧嫁娶大操大办，高额彩礼让农村家庭难以承受，有些家庭可能因婚致贫。四是村庄建设规划无序。为了出行方便，房屋靠近村级主干公路建设，又不愿意放弃旧宅基地，导致村内空闲宅基比比皆是，甚至出现了空心村，土地利用率下降。

4. 社会治理困难，村集体融资难度大

农村社会治理方式明显滞后于经济社会的变化，一是管理人才缺乏。依赖传统乡村熟人社会、伦理道德的村民自治制度面临巨大挑战，村民自治既缺少高素质、有能力、能够带领村民致富的村干部，也缺少有文化、懂技术、会经营的新型农民。二是资产管理不够规范。一些村级财务民主监督和审计制度还不健全，党务、村务、财务公开还不够透明，导致个别村集体资产出现流失、被挪用等现象。村集体积累少，底子薄。三是融资难度较大。村集体收入来源主要是出租集体土地、林场等。由于缺少经营管理人才，农村产业发展滞后，加之可盘活的固定资产少，缺少信用抵押，村集体上项目融资困难，发展集体经济举步维艰。

5. 增收空间受限，农民增收难度加大

2019 年，陕西农村居民人均可支配收入 12326 元，比全国低 3695 元，为全国平均水平的 76.9%，在全国 31 个省（市、自治区）中居第 27 位。当前农民增收还面临诸多困难，一是随着城镇化的推进，农村空心化和老龄化使农村劳动力短缺，影响农业现代化进程，也影响到农民收入的持续提高。二是当前疫情冲击还未消除、经济企稳还不明显、产业结构转型升级艰难、生态环境保护压力大，农民务工增收面临严峻考验。三是农民工年龄结构老化、综合素质较低，就业和薪资面临瓶颈。四是养老金等转移性收入政策依赖性强，增长空间不足。五是农村集体经济实力弱。村集体发展不足，收入少、带头致富效果不明显，农民从中获得的分红等财产性收入较少。

三、加快推进乡村全面振兴的政策建议

2020 年之后，全省农村工作重心，将由精准扶贫向乡村振兴转换。要客观分析面临的新趋势、新问题，在更高起点上推进乡村全面振兴。

（一）建立稳定脱贫长效机制

1. 激发贫困人口内生动力

培育主体意识。从思想上拔穷根，营造脱贫光荣、致富光荣的氛围，实现“要我脱贫”向“我要脱贫”转变。运用典型引领示范，改变低收入群体对贫困的认知，提高其参与发展的主动性，激发其摆脱贫困的斗志与强烈意愿。

完善奖惩机制。完善正向激励机制，采取生产奖补、劳务补助、以工代赈等方式，激发群众主动作为、勤劳致富动力。实行反向约束，对“因懒致贫、因赌致贫、因子女不赡养老人致贫”等问题，建立失德、失信、失孝负面清单，加强教育引导，必要时采取司法干预，帮助其走上勤劳致富之路。

弘扬文明乡风。培育发展新乡贤理事会等新乡贤组织，组织当地政治强、威望高、有经验、有能力的老党员、老干部、老模范、老退伍复转军人、老教师，建设新时期乡贤文化。推动文化与德治融合，创建文明村镇，推进移风易俗，不断提升农民素质和生活品质，塑造农村文明新风。

2. 发展壮大村级集体经济

由县、镇政府选派政治素质过硬、熟悉本地情况、年富力强的后备干部，担任村支书、村委会主任、合作社董事长三合一人选。发挥村党组织对集体经济组织的领导核心作用，防止内部少数人控制和外部资本侵占集体资产。盘活村集体资产，用好光伏电站收入，通过能人推动集体经济发展，带动村民合作经济发展，解决农村公益性资金需求缺口。

3. 完善灾害风险防范机制

加大农业保险实施力度，着力减小农户遭遇自然灾害时的损失，提高农户规避自然灾害的风险的能力，防止农户“因灾返贫”。将事后救助政策与农村养老、基本医疗、最低生活保障、工伤保险等政策结合起来，通过综合性手段，降低农民家庭生计的脆弱性，降低风险。

4. 保持扶持政策的稳定性

把习近平总书记关于“贫困县党政正职要保持稳定，做到摘帽不摘责任；脱贫攻坚主要政策要继续执行，做到摘帽不摘政策；扶贫工作队不能撤，做到摘帽不摘帮扶；要把防止返贫放在重要位置，做到摘帽不摘监管”的重要指示落到实处，防止脱贫摘帽后工作松劲懈怠。

保持社会保障、健康扶贫、教育扶贫等政策的稳定性。全面实现农村最低生活保障制度与扶贫开发政策有效衔接，逐步提高保障水平。坚持健康扶贫两手抓，完善“四重保障机制”，减少贫困人口医疗支出。持续抓好控辍保学工作，精准资助各学段贫困家庭学生。

（二）升级减贫战略和工作体系，平稳迈向乡村振兴

1. 着重解决产业基础薄弱问题

优化产业联结机制，嵌入分散农户。鼓励各经营主体之间以资本、技术、品牌、信息为纽带，通过股份合作、工序衔接、产销对接等方式，组建利益共同体。引导家庭农场和专业大户、农民合作社以土地经营权、劳动力等要素入股龙头企业，鼓励龙头企业以资金、技术等要素入股家庭农场和合作社，实现联合体内各经营主体深度融合发展。鼓励新型经营主体与小农户建立契约型、股权型利益联结机制，带动小农户专业化生产，提高小农户自我发展能力。开展直接面向小农户的农业生产托管，为小农经营提供产前、产中、产后的全产业链社会化服务。

促进三产融合发展，培植新型业态。促进产业深度交叉融合，形成“农业+”多业态发展态势。推进农业与加工流通业融合，发展中央厨房、直供直销、会员农业等。推进农业与文化、旅游、教育、康养等产业融合，发展创意农业、功能农业等。推进农业与信息产业融合，深入推进“互联网+”现代农业。

引导社会资本投入，共谋产业振兴。推进政府与社会资本合作。创新运营模式、挖掘商业价值，建立项目合理回报机制，将项目建设与优质资产开发整体打包，吸引社会资本参与乡村振兴。破除城乡要素流动体制机制障碍，推动城乡要素合理、自由、高效流动。发挥乡村要素成本低、潜力空间大的优势，主动承接产业外溢和功能疏解，培育建设一批镇（街）、园区等空间载体，使其成为集聚力强、效益显著的城乡统筹融合平台。出台融资贷款、配套设施建设补助、税费减免、用地用电用水等扶持政策，促进城市资金、技术、人才等要素向乡村流动，激活乡村各类资源。

建设区域公用品牌，带动特色产业。围绕陕西“3+X”农业产业体系，由政府引导农业龙头企业、行业协会，共同制定“十四五”时期农产品区域公用品牌创建规划，力争形成涵盖区域主要特色农业产品的区域公用品牌体系，建

立品牌标识、标准、使用、推广等一系列管理制度，发挥品牌带动效应。构建政府、企业、社会组织等共同参与的农产品品牌宣传推介机制，借助中央媒体和省市各类媒体，农产品博览会、展销会等渠道，以及新媒体等新兴手段，加强品牌市场营销。

提升乡村旅游水平，拓宽收入来源。规划、改造、建设乡村旅游公路，串联美丽乡村、旅游小镇、景区景点，完善沿线公共厕所、休息区、观景台、充电桩等设施。推进民宿业成为乡村经济增长新动能。按照“多规合一”要求，编制民宿（农家乐）产业发展规划，明确民宿经济产业布局。对于易地扶贫搬迁户待拆除旧房，处于适宜开发地区且建筑物安全的，经审批立项后可以通过公司统一作为民宿产业开发经营。利用自身资源禀赋优势，结合现有产业发展条件、乡土人文风情特点，合理确定民宿示范项目、民宿村、民宿集聚区，推动民宿业规范化、标准化发展。

2. 大力实施人才、生态、文化、组织全面振兴

把人才振兴作为关键一着。吸引培养社会各类人才，增加编制经费，稳定基层人才队伍，及时补充大学生村官、“三支一扶”等优秀人才。加强脱贫乡镇事业单位专业人才招聘，继续向脱贫地区定向培养免费师范生、全科教师和定向医学生。鼓励外出农民工、大学毕业生和退休人员返乡参与乡村振兴，大力培育新型职业农民，创新乡村人才培育引进使用机制，培养造就一支懂农业、爱农村、爱农民的“三农”人才振兴队伍。

把生态振兴作为基本前提。加大生态系统保护力度，严守各类开发建设活动生态底线。持续开展大规模植树造林。以农村垃圾、污水治理和庭院环境为重点，实施农村人居环境整治三年行动和“厕所革命”，逐步实现主要水源地、农村集中居住生活垃圾污水有效治理，农村厕所全面完成改造。严格落实“三长”治河，加强农业面源污染防治，落实县镇村三级农村环境保护主体责任，严禁工业和城镇污染向农业、农村转移。

把文化振兴作为精神内涵。一是通过教育引导、舆论宣传、文化熏陶、道德教化、实践养成和制度保障，培育和践行社会主义核心价值观。二是进一步保护和挖掘当地文化资源，保护乡村文化健康长效发展。三是加快实现乡村文化产业化，运用市场化的手段，做好“文化+旅游”“文化+市场”“文化+产品”等产业，保持乡村文化的生命力和创新力。

把组织振兴作为根本保障。发挥基层党组织在乡村振兴中的引领作用，通过目标激励、树立正确导向夯实农村基层党建根基，增进乡村组织振兴。持续推进乡村治理创新，完善村民自治管理、民主监督和"一事一议"制度，推进平安乡村建设。

3. 建立健全统筹、投入、监督工作体系

强化规划引领和统筹协调。加强与主体功能区规划、土地利用总体规划、"十四五"经济社会发展规划等基础性、全局性规划的衔接，推进形成城乡融合、产业融合的规划体系。统筹绝对贫困集中攻坚和相对贫困持续消化，统筹贫困村和非贫困村、贫困户和非贫困户发展关切，分类制定出台普惠、优惠、特惠支持政策，构建既有差别又有共享的全覆盖乡村振兴政策体系。持续把农村基础设施、公共服务建设作为重点，推动乡村基础设施、公共服务均等化。

加大农村投入保障。健全财政投入保障制度，创新投融资机制，加快形成财政优先保障、金融重点倾斜、社会积极参与的多元投入格局。在项目立项申报源头上实现涉农资金整合，实现各类资金在"大类间打通""跨类别使用"。改革财政支农机制，积极实施"拨改投、投转股"，变无偿为有偿，引导带动社会资本投入"三农"发展。深入推进金融精准扶贫工作，加大金融支持新型经营主体发展力度。组建农业担保公司、特色产业发展基金和投融资平台。推进金融机构服务创新，大力开发更多符合"三农"发展需要的金融产品，进一步降低"三农"贷款融资门槛和成本。

加强责任落实和考核监督。坚持和完善协调工作推进机制，强化党政一把手负总责责任制，建立脱贫攻坚和乡村振兴战略实施进展定期汇报制度。突出产业培育、基础建设、政策服务，强化脱贫攻坚、乡村振兴战略实施督查考核，健全党政领导班子和领导干部推进脱贫攻坚、乡村振兴战略的实绩考核制度，将考核结果作为选拔任用、评优树模的重要依据。

作者简介：司晓宏，陕西省社会科学院党组书记、院长，教育学博士，二级教授，博士生导师；罗丞，陕西省社会科学院农村发展研究所副所长，管理学博士，研究员。

构建产业支撑
推进脱贫攻坚与乡村振兴有机衔接

李同新　张富禄

摘　要：推进脱贫攻坚与乡村振兴有机衔接，是顺利实现“两个一百年”奋斗目标交汇过渡的战略选择，有其深刻的历史逻辑、理论逻辑和现实逻辑。其中，产业发展是推进脱贫攻坚与乡村振兴的重点和难点。构建产业支撑、顺利推动二者的衔接，需要在把握减贫、贫困治理和乡村振兴内在关联的基础上，着力推动理念衔接、目标衔接、成果衔接、作风衔接和政策衔接，在城乡融合、产业振兴、社会保障、公共服务等重点领域和关键环节，创新谋划、统筹推进。

关键词：脱贫攻坚　乡村振兴　有机衔接　产业支撑

一、产业支撑助推脱贫攻坚与乡村振兴有机衔接

2020年3月6日，习近平总书记在决战决胜脱贫攻坚座谈会上强调：“要接续推进全面脱贫与乡村振兴有效衔接。”脱贫攻坚与乡村振兴有机衔接，就是要顺应发展形势和战略的演进，推动工作理念、工作重点、方式方法等进行及时有效的总结、拓展和提升，实现目标任务的统一、战略思路的持续、发展阶段的贯通、政策举措的结合、发展效能的提升，从而进一步巩固提升脱贫攻坚成果，接续推进乡村全面振兴和农业农村现代化，对于助推全面小康、实现“两个一百年”奋斗目标具有重要意义。

从脱贫攻坚与乡村振兴各自的特点出发，二者既具有突出的互补性、一致

性，也具有鲜明的差异性（见表 1）。互补性主要体现在战略目标和实施时间上，脱贫攻坚是乡村振兴的首场硬仗，二者具有基本目标的统一性，尤其是在 2020 年这一关键时间节点上，二者目标任务高度重合，脱贫攻坚为乡村振兴奠定基础，乡村振兴在巩固扩大脱贫攻坚成果的基础上，进一步拓展提升农业农村发展目标；一致性主要体现在实施内容和体制机制等方面，二者都包括经济、社会、文化、生态等诸多内容，尽管具体要求和标准有别，但内容的层面和维度高度一致，并在组织机制和督导考核等具体工作机制上一脉相承；差异性主要体现在作用对象、解决问题、施策方式等方面，也是基于二者互补性尤其是在战略目标、实施时期延伸之后需要进行适当的转换、调整和提升。从脱贫攻坚与乡村振兴各自的关键点来看，二者的重中之重都是产业支撑，在产业发展方面需要深入研究产业经济理论。

表 1　脱贫攻坚与乡村振兴的联系与区别

特点	项　目	脱贫攻坚	乡村振兴
互补性	战略目标	专项目标。重点解决贫困群体的“两不愁三保障”和区域性整体贫困问题，消灭绝对贫困	整体目标。决胜脱贫攻坚，并在此基础上解决脱贫后的持续发展问题，推动农业全面升级、农村全面进步、农民全面发展，从根本上解决“三农”问题，实现农业农村现代化
	实施时间	阶段性，2013—2020 年	时间较长，2017—2050 年
一致性	实施内容	产业扶贫、人才帮扶、文化扶贫、生态扶贫、党建扶贫等	乡村产业振兴、乡村人才振兴、乡村文化振兴、乡村生态振兴、乡村组织振兴
	体制机制	中央统筹、省负总责、市县抓落实，党政一把手负总责，五级书记抓脱贫攻坚，强化脱贫攻坚督查考核	中央统筹、省负总责、市县乡抓落实，党政一把手是第一责任人、五级书记抓乡村振兴，严格督查考核

续表

特点	项　目	脱贫攻坚	乡村振兴
差异性	作用对象	针对性、特殊性、局部性	综合性、整体性、全局性
	贫困瞄准	绝对贫困	相对贫困
	施策方式	特惠性、福利性、紧迫性、突击性、超常化、阶段性	普惠性、发展性、渐进性、持久性、常态化、长期性
关键点	产业基础	产业支撑和产业经济理论	产业支撑和产业经济理论

二、产业脱贫攻坚实例分析

（一）林州市产业脱贫攻坚情况

林州地处晋冀豫三省交界，是红旗渠精神的发祥地、“四有”书记谷文昌的故乡，总面积2046平方公里，辖16个镇4个街道办事处和1个国家级经济技术开发区，542个行政村、41个居委会，116万人，是典型的山区县（市），“七山二岭一分田”，县域86%为山地和坡地，是河南省“三山一滩”重点片区县（市）。脱贫攻坚战打响后，林州市累计投入资金8.7亿元用于完善农村基础设施、发展壮大扶贫产业等脱贫攻坚各项事业，收获了令人欣喜的战绩：4年来，73个贫困村全部完成脱贫出列，8566户22898贫困人口顺利脱贫，贫困户人均年收入由2016年的4482元增长到2019年的9667元，贫困发生率由2016年底的1.91%降至0.18%，脱贫攻坚战已进入决胜阶段。2019年全市生产总值610亿元，较2016年增长24.23%；一般公共预算收入30.26亿元，较2016年增长82.3%，居民人均可支配收入27000元较2016年增长25.9%。

林州市发展产业助力脱贫攻坚。立足本身实际，因地制宜，科学谋划，一方面把优势产业扶贫作为重头戏来抓，立足优势，壮大产业；另一方面要着眼长远，科学谋划，培育壮大新兴产业，使产业成为脱贫致富和乡村发展的力量之源。

一是始终坚持党的绝对领导。东西南北中，党政军民学，党是领导一切的，必须坚定不移地坚持党的领导，充分发挥各级党组织领导核心作用和广大党员先锋模范作用，严格贯彻执行党的脱贫攻坚方针政策，一级带着一级干，一级干给一级看，形成了全市动员、齐抓共管、逐级负责、合力攻坚的奋进态势，广泛凝聚起打赢脱贫攻坚战的最强合力。

二是培育壮大特色产业，强化扶贫支撑能力。把产业发展作为脱贫攻坚的重要支撑，重点发展特色农业、建筑业、乡村旅游业、工业、光伏五大产业，确保贫困户都能享受到产业扶持措施。在特色农业扶贫上，谋划了建筑面积约24000平方米的红旗渠现代农业产业园，打造扶贫基地52个，流转贫困户土地9977亩，覆盖带动5806户贫困户增收。在建筑业扶贫上，采取“一对一、一对多”的形式与贫困户结对帮扶，80家建筑企业、436个项目经理与2050户贫困户建立了结对帮扶关系，850人实现了建筑业转移就业。在乡村旅游业扶贫上，通过创业、就业、资产租赁、资产入股、帮带等形式共带动贫困户735户1809人增收，培育出了石板岩镇桃花洞村、临淇镇万泉湖和黄华镇庙荒村等乡村旅游扶贫典型。在工业扶贫上，积极鼓励各类工业企业履行社会责任，通过就业、帮带等形式带动5133户贫困户增收。在光伏扶贫上，纳入国家光伏扶贫系统电站152个、装机总量33.2兆瓦，带动5774户贫困户增收。在生态扶贫上，结合公益林管护和森林防火工作，聘用贫困户护林员13名，通过林业生态建设工程带动455名贫困人口增收。

三是多渠道开发就业岗位，积极推进就业扶贫。免费为贫困劳动力提供政策咨询、岗位信息、职业介绍等服务，围绕产业集聚区企业、乡镇企业和农业合作社，开发设置了3500多个技术含量相对较低、适合贫困劳动力的岗位。针对外出就业困难的贫困劳动力，积极开发环卫、保绿、治安巡逻、交通劝导员等公益性岗位，就近安置就业。

四是深化金融扶贫，加大扶贫资金投入，促进扶贫产业持续发展。严格落实“五万元以下、三年期以内、免担保免抵押、基准利率放贷、财政贴息”扶贫小额信贷政策，坚持“户借户用户还”原则，推广“贫困户+合作社+龙头企业”产业发展模式。设立政府风险补偿金，建立风险分担机制，实行银行统一申请、财政季度贴息制度。累计发放扶贫小额信贷1889户1330万元，为贫困户自主创业、发展产业提供了有力支撑。严格财政扶贫资金项目管理。健全与脱贫攻坚相适应的投入保障机制，集中财力补短板、强弱项，提升项目资金使用效益。2016年以来，在建设667个扶贫项目的同时，通过建立完善项目管护机制，强化日常监管和行业指导，使财政扶贫资金项目的效益得到充分发挥。

林州市的产业扶贫形成了全覆盖机制。按照村村有脱贫产业、户户有增收项目的要求，对照检查贫困村、贫困户脱贫效果，不达标准的及时补课，统筹推进贫困户产业增收和贫困村村级集体经济同步发展，重点发展当地有资源和技术优势、市场前景好、家家户户都能参与的成熟产业。在扶持方式上坚持因户施策，根据自身能力和发展意愿，扶持其自主创业、发展力所能及的种养业、入股企业和产业合作社、能人经营主体带动发展及通过发展村集体经济带动贫困户获得收益。

1. 有产业基地带动

创办和培育多种所有制形式并存的新型农业产业经营主体，要求每个贫困村及贫困人口较多的村一定要建立 1 个以上有规模的扶贫产业基地，提高产业发展水平和贫困户发展产业的组织化程度，推动扶贫产业向规模化、标准化、生态化、品牌化的方向健康发展，对符合奖补办法要求的扶贫产业基地，政府预计适当资金扶持。

2. 有合作组织和利益联结

要进一步健全合作社带贫益贫机制，把贫困户全部联结到产业链条上，确保每户贫困户至少有 1 项扶贫产业，至少加入 1 个扶贫合作组织。贫困户加入合作社采取“政府扶持、农户自愿”的方式，原则上坚持市场化准则，完善合作社的章程、管理制度和利益分配办法，贫困户对合作社的经营管理和财务状况享有知情权，要合理组织贫困户参与合作社的生产劳动并取得报酬。

3. 有光伏电站兜底增收

充分发挥光伏电站作用，电站收益主要用于村级安排贫困人口尤其是老弱病残等弱能贫困人口力所能及的公益岗位就业劳务补贴，村内小型公益事业和贫困户自主脱贫、发展产业等小微奖补。

4. 有电商站点销售

继续加大贫困村站点建设力度，力争年底实现贫困村全覆盖。培育电商脱贫产业，组织贫困村电商站点协助采购货源，以电商平台带动贫困村村民参与农产品线上销售，通过电商站点开展代买、代卖业务，扶持脱贫产业，培育发展贫困村专业合作经济组织。建设一批“乡村旅游脱贫示范村”，组织贫困村村民将闲置用房建设为“乡村驿站”，参与民宿、农家乐等旅游产业链，并利用村级电商平台进行推广，实行“旅游+电商”模式，帮助贫困户增收。

5. 有商业保险降低灾害损失和市场风险

市财政出资资助贫困户开展家庭财产、产业灾害和农产品价格风险等多重商业保险，降低贫困户遭受自然灾害损失和农业产业市场风险。贫困户的各类保险都要以户为投保对象并逐户出具保单，政府、农户共同出资投保，贫困户个人保费出资比例应控制在20%以内，有贫困户入股的合作社除政府资助外，其余保费由合作社负担，不得转嫁给贫困户。

（二）宝丰县产业脱贫攻坚的做法

宝丰县位于河南省中西部，隶属平顶山市，辖12个乡镇、1个办事处、1个林站、1个示范区，320个行政村（社区），总面积722平方公里，总人口52万人。建档立卡之初，全县共有贫困村39个，建档立卡贫困人口2.4万人，贫困发生率为6%。2019年底，建档立卡总数为7740户24070人，已累计脱贫6991户22583人（脱贫享受政策3987户11659人，脱贫不享受政策3004户10924人），其中2019年脱贫1599户3538人，出列9个贫困村，贫困发生率降至0.3%。截至2020年5月30日，剩余2个贫困村未出列，742户1475人未脱贫。在剩余贫困人口中，因病致贫401户，占比54.1%；因残致贫259户，占比35.0%；缺劳动力致贫61户，占比8.2%；因学致贫12户，占比1.6%。

宝丰县大力发展产业扶贫。紧扣“市场主导、政府引导、龙头带动、基地共建、合作社组织、贫困群众参与、金融支持、保险保障”产业扶贫八要素，以“县有支柱、乡有主导、村有特色、户有项目”为目标，突出“一乡一业、一村一品”的产业发展思路，持续发力，保障基本收入底线。严格按照“贫困人口年人均纯收入不低于4000元”的标准，实现脱贫增收目标，夯实乡村振兴基础。

一是党委政府主体责任进一步强化。强化县级组织领导。根据人事变动，及时调整完善由县委书记任第一组长，县长任组长，所有县委常委和相关县政府副县长任副组长、42个主要部门负责人为成员的县脱贫攻坚领导小组，加强对脱贫攻坚工作的组织领导。围绕《宝丰县打赢脱贫攻坚战三年行动计划》，谋划12个重大专项工作，成立指挥部，由县级领导分别担任指挥长，当好推进工作的“施工队长”。

二是以“二区、五带”的产业扶贫格局为方向，推进扶贫产业深度化、规模化发展。以“产业集聚区”“特色商业区”；“花椒、食用菌为主的特色种植业带；温室大棚、农产品冷藏的设施农业带；秋月梨、核桃林果产业带；生猪、肉蛋、鸡、奶（肉）牛的养殖产业带；白酒、米醋、汝瓷等产业为主的特色加工业带”的“二区、五带”发展主线，在现有规模的基础上，着重向产业体量规模化、产品加工深度化、产业链条延长化、产业产品品牌化的方向聚力发展。其中每乡确定一个主导产业，初步构建了4个特色产业区域（分别是大营镇和观音堂林站的特色林果种植业；李庄乡、闹店镇和石桥镇的农作物种植业；周庄镇和肖旗乡发展的高效农业园区；张八桥镇和杨庄镇的养殖区域）。

三是规范引导带贫主体经营，提升带贫主体品质，以强化社会责任感，多样化完善、建立长效稳固的带贫联结方式。以规范各类带贫主体的经营行为为前提，引导支持带贫主体的壮大发展；以“企业高质化，产品品牌化，发展团结化，竞争有序化，资源共享化”为方向，培育提升带贫主体品质，增强市场竞争力；以正向宣传，政策激励等方式增强带贫主体社会责任感，鼓励指导主体建立带贫紧密、长效的联结方式。真正实现市场、龙头企业、合作社（村集体经济）与贫困户的高度融合、稳固联结，促进产业扶贫分长远发展。

四是以消费扶贫、电商扶贫等形式，协同联动，助力产业扶贫，发展扶贫产业。积极构建以产业扶贫为根本，以消费扶贫、电商扶贫等为助力与补充的部门联动机制，聚合力，通渠道，全链条引导扶贫产业的良性可持续发展，同时推动大产业发展，助力乡村振兴。推选34家企业、合作社的80余款产品在“农购网”上线，初选农批商超企业等需求单位100余家。县商务、扶贫部门帮助贫困户销售红薯25万斤、白萝卜近17万斤、白菜15万斤、大葱1万多斤、香菇1万多斤、蘑菇2万多斤、草莓5000多斤，总计销售农户农产品60余万斤。

五是强力推进项目建设。完善项目库。结合实际及时调整完善县级脱贫攻坚项目库。2019年脱贫攻坚项目库项目50个，资金总量7288.1万元。加快项目实施进度。将上级下拨的资金及县配套的3000万元资金共计6593万元全部对接到项目上，对接率100%。安排扶贫项目49个，其中基础设施项目38个，资金2424.4万元。截至2019年底，所有项目已全部完工，累计支出6425万元，支出比率97.47%。提升项目质量。依照2019—2020年项目库，对建设项目进行逐一排查，纠正资金项目中存在的项目进度缓慢、资料不完善等问题，共发现问题23条，现已全部整改到位。

宝丰县的产业扶贫工作注意突出“三个重点”。一是重点发展产业扶贫。着力解决贫困户产业发展过程中积极性不足，乡、村两级扶贫产业不明确的问题，认真研判户、村扶贫产业的发展方向，制定有关扶持政策，确保“户户有产业、人人有产业”。二是重点发展就业扶贫。以产业项目为依托，结合贫困家庭的劳动力状况，做好就业扶贫政策宣传和就业培训，发挥公益岗位的增收作用，落实各项就业扶贫政策，保证县域内所有贫困劳动力全部就业。三是重点发展金融扶贫。围绕产业发展需要，进一步提升户贷户用准确率，带动贫困群众主动发展产业致富。规范带贫企业的资格评定，降低逾期还款的风险指数，保证金融扶贫的资金安全。

（三）长垣市浆水李村的扶贫车间

2017年底，河南省社会科学院驻村工作队利用省派第一书记专项资金在长垣市芦岗乡浆水李村建成了360平方米的扶贫车间，主要进行服装加工和被褥加工。利用扶贫车间的优势，就近就地解决本村及邻村妇女就业问题，增加稳定收入，技能熟练后，月工资可达1200元左右，有的熟练工每月可拿到3000元，目前已有14人签订了务工合同，其中建档立卡贫困户5人，带贫比例达到36%。同时结合县级帮扶单位长垣职业中等专业学校（简称“长垣职专”，将3000多名学生的被褥加工业务介绍到村扶贫车间，介绍本村妇女就近就业，不仅可以增加村民收入，同时增加村集体经济收入10万元左右。

当然，芦岗乡从事服装加工的作坊较为普遍，临近的孟岗镇新建成了职业装生产小镇，受周边影响，浆水李扶贫车间的服装加工多是零星订单，很难形成大的规模。被褥加工方面，受地域限制较大，缺乏稳定的合作伙伴，目前只与帮扶单位长垣职专建立了生产合作联系，产出效益还不太明显，对村集体经济发展的推动作用相对较弱。

在下一步的产业扶贫工作中，发挥优势，为帮扶村产品打开市场销路，积极联系各类学校，基于加工学校军训服装、校服、被褥等产品，与意向合作单位建立长期合作关系，为合作单位提供高质量的产品服务，壮大浆水李村集体经济，推动供需合作稳定双赢发展，积极发挥省派驻村工作队的志智双扶作用。

三、构建产业支撑实现脱贫攻坚与乡村振兴有机衔接的实现路径

要破解产业发展及脱贫攻坚与乡村振兴有机衔接的困境，需要抓住产业发展的关键影响因素，在全面把握二者衔接基本逻辑的基础上，突出问题导向、目标导向、需求导向和市场导向，遵循乡村发展规律，推动理念衔接、目标衔接、成果衔接、作风衔接和政策衔接，强化战略规划引领、政府市场协同、资源要素保障、体制机制创新和风险防范化解，高质量实现脱贫攻坚与乡村振兴有机衔接。

（一）强化理念衔接，充分发挥战略规划的引领作用

强化战略规划有机结合，在区域总体发展规划、土地用总体规划等框架下，充分体现遵循乡村发展规律、发展实际和发展趋势，统筹脱贫攻坚、乡村振兴的目标任务，科学编制衔接期发展规划、专项方案、行动计划等。强化乡村规划与县域规划有机结合，发挥县域作为脱贫攻坚和乡村振兴主战场的功能，坚持乡村发展与县域治理一盘棋统筹谋划和一体化推进实施，积极优化县域产业链空间布局，形成“县有龙头企业、乡有产业园区、村有扶贫基地、户有增收门路”的产业布局，持续拓展脱贫攻坚与乡村振兴有机衔接的战略空间。

（二）强化目标衔接，推动政府与市场有机协同

充分发挥市场决定性作用和市场供给灵活性优势，尤其是在乡村产业发展上，要遵循市场规律和产业发展规律，注重以市场的力量汇流资金、人才、技术、信息等资源要素，延伸产业链，提升价值链，打造供应链，推动农业全面升级。更好发挥政府在规划引导、政策支持、公共服务、市场监管、法治保障等方面的积极作用，加快补齐基础设施和公共服务短板，尤其要以新型基础设施建设为契机，加快建设智慧农业、数字乡村，在补齐短板的基础上着力推动提档升级，积极健全农村公共服务体系和社会保障体系，完善产权制度和要素市场化配置改革，激发各类主体活力。

（三）强化成果衔接，优化乡村资源要素配置

重点解决人、地、钱三大要素。一是着力推动乡村人才振兴，加快培育新型农业经营主体，打造一支强大的乡村振兴人才队伍和“三农”工作队伍。二是着力探索乡村振兴的用地保障机制，深化农村土地制度改革，完善设施农业、乡村旅游等用地管理政策，优化城乡建设用地和乡村建设用地布局，探索盘活农村闲置宅基地和闲置农房的有效途径，用足用活新增耕地指标和城乡建设用地增减挂钩节余指标跨省域、市域、县域调节机制。三是着力强化投入保障，加快农村金融创新，促进金融支持由特惠性向普惠性的过渡，推动农村金融机构回归本源，把更多金融资源配置到乡村振兴的重点领域和薄弱环节。

（四）强化作风衔接，提升体制机制创新效能

一是加强组织保障，推动脱贫攻坚领导小组及其办公室向乡村振兴领导小组及其办公室的过渡，过渡期间可“两办”合署。二是完善工作机制，持续完善“五级书记”齐抓共管机制，落实主体责任，强化政治担当，坚持动真碰硬攻坚克难；持续完善第一书记工作机制。三是持续提升基层干事创业积极性和创造性，加强政治培训和业务指导，引导扎根基层、勇担使命、锐意创新、服务人民，进一步提高乡村干部待遇。四是积极创新治理模式，持续探索相对贫困治理机制，完善贫困治理体系，创新贫困治理模式，提高贫困治理能力；不断健全自治、法治、德治相结合的乡村治理体系。

（五）强化政策衔接，提高风险防范化解能力

针对脱贫攻坚中可能潜藏的风险，要推进脱贫攻坚与乡村振兴有机衔接，必须对各种风险源进行系统研判，加强动态监测、实时预警。在经济风险防范上，着力推动产业政策从差异化、选择性向普惠化、功能性转换，着力优化农村营商环境，创新乡村产业振兴基金、特色农产品保险、期货等运行模式，推动农村产业发展向特色和优势、质量和效益努力，加大转型升级力度，延伸产业链、提升价值链、打造供应链，着力推动特惠金融向普惠金融转换，完善风险补偿机制和风险防控机制，处理好严格规范管理与大胆改革创新之间的平衡，让金融更好地服务乡村振兴。

参考文献

[1] 郭晓鸣，高杰．脱贫攻坚与乡村振兴政策实施如何有效衔接［N］．光明日报，2019-09-16（16）．

[2] 张琦．稳步推进脱贫攻坚与乡村振兴有效衔接［J］．人民论坛，2019（S1）：84-86．

[3] 豆书龙，叶敬忠．乡村振兴与脱贫攻坚的有机衔接及其机制构建［J］．改革，2019（1）：19-29．

[4] 魏后凯．当前“三农”研究的十大前沿课题［J］．中国农村经济，2019（4）：2-6．

[5] 汪三贵，冯紫曦．脱贫攻坚与乡村振兴有机衔接：逻辑关系、内涵与重点内容［J］．南京农业大学学报（社会科学版），2019（5）：8-14+154．

[6] 孙久文，夏添．中国扶贫战略与2020年后相对贫困线划定：基于理论、政策和数据的分析［J］．中国农村经济，2019（10）：98-113．

[7] 李小云，苑军军，于乐荣．论2020后农村减贫战略与政策：从“扶贫”向“防贫”的转变［J］．农业经济问题，2020（2）：15-22．

[8] 张晓山．巩固脱贫攻坚成果应关注的重点［J］．经济纵横，2018（10）：1-11．

[9] 左停．脱贫攻坚与乡村振兴有效衔接的现实难题与应对策略［J］．贵州社会科学，2020（1）：7-10．

[10] 朱冬亮．贫困“边缘户”的相对贫困处境与施治［J］．人民论坛，2019（7）：58-60．

[11] 叶兴庆，殷浩栋．从消除绝对贫困到缓解相对贫困：中国减贫历程与2020年后的减贫战略［J］．改革，2019（12）：5-15．

[12] 汪三贵，曾小溪．从区域扶贫开发到精准扶贫：改革开放40年中国扶贫政策的演进及脱贫攻坚的难点和对策［J］．农业经济问题，2018（8）：40-50．

作者简介：李同新，河南省社会科学院副院长；张富禄，河南省社会科学院工业经济研究所所长。

乡村振兴视角下西藏防止返贫研究

多　庆　方晓玲

摘　要： 乡村振兴战略实施的第一步任务是建立乡村振兴有关的制度框架和政策体系，这一时间段基本与西藏脱贫攻坚时期重叠。为实现与乡村振兴战略的有效衔接，需要着重做好防止返贫工作。以“防返贫奔小康”思路统揽县域经济大局，以“产业振兴”为目标促进农牧业产业提质增效，以联动治理体系构筑防返贫的安全网，以援藏力量的乡村延伸助力防返贫，以基层党建发动防返贫工作的强大引擎，为西藏乡村的全面振兴打牢多种基础。

关键词： 乡村振兴　西藏乡村　防止返贫

2017年党的十九大报告指出，农业农村农民问题是关系国计民生的根本性问题，解决好“三农”问题是全党工作的重中之重，为此，要在坚持党管农村工作、坚持农民主体地位、坚持乡村全面振兴等原则指导下，实施乡村振兴战略。乡村振兴战略的“三步走”任务中，计划到2020年乡村振兴有关制度框架和政策体系要基本形成，这个时间段与西藏脱贫攻坚时期基本重叠，为此，只有将西藏的脱贫攻坚工作特别是巩固脱贫成果、防止返贫有关工作放置在乡村振兴的视角下，探索既符合西藏脱贫攻坚工作实际又贴近乡村振兴发展目标的实践路径，才能使西藏脱贫攻坚和防止返贫工作与乡村振兴的全面实施进行有效衔接，才能实现到2035年西藏农业农村基本实现现代化、乡村振兴取得决定性进展的第二步目标。

一、西藏乡村振兴战略的实施需要防止返贫工作的无缝对接

在党的十九大提出乡村振兴战略后，西藏根据自身社会主要矛盾和特殊矛盾的变化，依据实现西藏全体人民共同富裕的时代逻辑，对照西藏脱贫攻坚战和全面小康社会的现实逻辑[1]，确立了西藏乡村振兴战略的实施。2018 年 7 月，习近平总书记针对乡村振兴战略做出重要指示[2]，重点体现在三个方面，均显示了巩固乡村现有发展成果、总结各地乡村发展规律开展乡村振兴工作的重要性。一是强调“全面振兴”“因地制宜”，各地乡村发展现状不同，短板、弱项不同，在实现乡村产业振兴、人才振兴、文化振兴、生态振兴、组织振兴的各项工作推动中，要抓的重点和难点也各不相同；二是强调“人民中心”“内生动力”，在乡村振兴战略的实施过程中，要尊重广大农民的真实意愿，激发广大农民的积极性、主动性、创造性；三是强调“科学规划”“分类实干”，即农业农村农民的问题有着自身的发展规律，在战略实施初期要注重科学规划、规划先行，再依照规划分类推进、以实干促振兴。习近平总书记的这三点重要指示，对于西藏乡村振兴战略的实施意义重大，对于西藏乡村实际来说，就是要抓住西藏贫困面广、深度贫困现象较为突出的现实特征，巩固脱贫攻坚已有成果，以广大农牧民群众的内生发展动力实现乡村经济可持续发展，以产业实干促进发展、以机制保障防止返贫。

2019 年 11 月，根据《中共中央办公厅国务院办公厅〈关于建立贫困退出机制的意见〉的通知》《中共西藏自治区委员会办公厅西藏自治区人民政府办公厅关于印发〈贫困村（居）退出与贫困县（区）摘帽考核办法〉的通知》有关规定及要求，西藏自治区通过考核对当时仍未脱贫的 19 个县（区）进行退出前公示[3]，标志着西藏脱贫攻坚工作取得阶段性进展，也标志着防止返贫工作正式提上议程。只有将防止返贫工作做扎实，确保扶贫产业的可持续发展、乡村基础设施建设有效提升、乡村教育医疗卫生等公共服务网络初步建立，才能为乡村振兴战略实施初期制度框架和政策体系的确立提供现实依据，做好支撑与衔接。

做好防止返贫工作、无缝衔接好乡村振兴战略，是以习近平同志为核心的党中央在近 2 年一直强调的。2019 年 4 月，习近平总书记在重庆考察并主持召

开解决“两不愁三保障”突出问题座谈会，再次强调防止返贫工作的重要性。习近平总书记指出，农村绝对贫困人口实现脱贫和贫困县摘帽，并不意味着农村贫困的消失，也不意味着扶贫工作的结束，要建立完整的退出评价体系和保障措施把好“脱贫关”，增强“造血”功能建立稳定脱贫长效机制，防止返贫[4]。做好防止返贫工作、无缝衔接好乡村振兴战略，也是西藏自治区党委、政府一直努力的。2020年3月，西藏自治区党委常委会（扩大）会议专门学习了习近平总书记在决胜脱贫攻坚座谈会上的讲话、国务院扶贫办和中央第三巡视组关于西藏脱贫攻坚工作有关意见和精神，提出在今后脱贫攻坚整改和防止返贫工作中落实主体责任、坚持细化实化工作举措，抓好产业支撑、政策激励、就业优先、援藏扶助、社保兜底等各项工作[5]，确保广大农牧区群众真正脱贫、不再返贫。防止返贫工作，已成为当前西藏“三农”工作的重中之重。

今年8月28日至29日，中央召开了第七次西藏工作座谈会，习近平总书记在会议上强调“要在巩固脱贫成果方面下更大功夫、想更多办法、给予更多后续帮扶支持，同乡村振兴有效衔接，尤其是同日常生活息息相关的交通设施、就医就学、养老社保等要全覆盖”。

二、西藏脱贫攻坚成效及其薄弱环节治理

2016年以来，西藏坚持以脱贫攻坚统揽经济社会发展全局，坚持精准扶贫、精准脱贫基本方略，围绕贫困人口脱贫、贫困村退出、贫困县摘帽和全面解决区域性整体贫困问题，做出了不懈努力，走出了一条党委领导、政府主导、社会参与、群众主体，精准扶贫与社会保障相衔接，普惠性与特惠性政策相配套，基础建设与产业发展相促进的脱贫攻坚路子，成效显著，但也在防止返贫方面遗留了漏洞。

（一）西藏脱贫攻坚显著的成效

脱贫攻坚，是西藏全面建成小康社会的底线任务和标志性指标，是西藏实施乡村振兴战略的优先任务。4年的攻坚，西藏在脱贫攻坚工作上取得显著成效，最直接的就是高质量完成了中央关于县域脱贫攻坚的总体目标，为全面建成小康社会补齐了突出短板。

首先，贫困人口不断减少，贫困发生率不断降低。评价西藏脱贫攻坚的成效，就要基于脱贫攻坚工作开展前西藏自身的贫困现实。2015 年西藏贫困人口合计 14.87 万户[6]，这是 2013 年国家实施精准脱贫战略后通过精准识别得出的西藏数据。当时西藏的贫困面覆盖广，包含了地方病高发贫困区、灾害频发贫困区、深山峡谷贫困区、高寒纯牧贫困区和边境特殊贫困区等多种类型。基于这种现实，西藏脱贫攻坚工作能在 2018 年底实现全区建档立卡贫困人口农牧民人均可支配收入连续 3 年增幅达到 16%以上，减贫人口总量、贫困人口存量相当于 2015 年底建档立卡贫困人口的 81.2%和 25.5%[7]，并在 2019 年底最后 19 个县（区）推出贫困县（区）序列，最后 15 万建档立卡贫困人口脱贫，是十分不易的。

其次，西藏脱贫攻坚的过程，也是西藏乡村的基础设施建设提升、乡村教育医疗卫生等公共服务逐步健全及乡村社会保障机制不断完善的过程。乡村基础设施建设的大力提升，促使西藏农牧民群众的生产生活条件不断得到提高。西藏贫困治理的“难”，很大一部分原因来自地理条件约束、资源环境约束，因此脱贫攻坚战的过程中，农牧区基础设施建设占据了较大比重。脱贫攻坚中，西藏投到乡村基础设施建设的项目涵盖小型水利工程、人畜饮水安全巩固提升工程、新修或改造农村电网工程、农村公路建设、建制村村邮站、行政村光纤通达、电子商务公共服务中心、电商物流配送中心的乡级服务站和村级服务点，以及县乡各级医院和疾病预防控制中心、农牧科技成果转化基地、乡镇综合文化站、村级综合服务中心等①，极大地提高了贫困农牧民的生产生活条件。基础设施建设也为农牧业的产业化发展提供了基本条件，或城镇就业、就近就便，或立足当地资源禀赋和比较优势，着力培育带动性强、辐射面广的扶贫产业，西藏现有青稞、牦牛、藏猪、藏羊、奶牛、饲草、蔬菜等特色产业均离不开脱贫攻坚的助益。教育，是西藏农牧区彻底摆脱贫困走向乡村振兴的长远之计，因此西藏在脱贫攻坚战中将教育扶贫作为阻断贫困代际传递的根本举措，建立健全覆盖各级各类教育的政策体系，做好深度贫困地区控辍保学工作，提高学龄前至高中阶段免费教育“三包”生的年均标准，全面落实“三免一补”政策，同时大力改善乡镇村各级学校的办学条件，构建学龄前教育体

① 西藏自治区农业农村厅访谈，2019 年 11 月。

系。针对贫困人口的社保兜底工作同时也带动了西藏乡村社保机制的完善，农村最低生活保障标准得到提高，推进落实“先诊疗、后付费”“一站式”即时结算机制，建立起“基本医保+大病保险+医疗救助”三重医疗保障线，将贫困人口全部纳入城乡居民基本医疗保险、大病保险和医疗救助保障范围，将包虫病、白内障纳入大病救治病种范围。

（二）西藏脱贫攻坚薄弱环节

西藏脱贫攻坚战的成效巨大，不仅各贫困县的经济社会各方面得到改善，为后续发展奠定了良好基础，同时，在脱贫攻坚过程中不少县、乡政府也逐渐探索出了一套本地适用的科学治理办法，乡村党组织凝聚力、战斗力明显增强，为乡村振兴打下了治理基础。但脱贫攻坚战时间短、条件差、任务重，遗留部分薄弱环节在所难免。薄弱之处，即易使脱贫人口重返贫困之处，也是无缝衔接乡村振兴战略的难点所在。

第一，脱贫攻坚战中以贫困线为标尺重点扶持了贫困线以下的贫困人口，但是刚过贫困线、未被划入贫困人口的“边缘户”，在脱贫攻坚战中未能得到有效扶持，形成比上不足、比下有余的尴尬现状，站在贫困的边缘。

第二，乡村振兴，在于产业振兴、人才振兴、文化振兴、生态振兴、组织振兴的全面振兴，这几个方面在脱贫攻坚战中得到提升的程度各不相同。扶贫产业获得大力发展，对于解决贫困乡村“两不愁、三保障”提供了大力保障，相比之下，西藏乡村人才、文化、生态、组织等方面的发展还有欠缺。特别是乡村教育和乡村就医的现有质量都与乡村振兴的基本要求存在差距。即使是自身基础已经发展较好的农牧业产业，也仍存在产业基础薄弱、组织化程度低，经营单元小、发展层次低，产业化程度不高等薄弱之处。再如脱贫攻坚战中，西藏乡村地区的基础设施条件有了很大改善，但相比起乡村振兴战略实施的基础设施条件要求，仍然滞后，特别是深度贫困地区的道路建设、饮水安全、电力、通信设施等方面，仍存在打通“最后一公里”问题。

第三，农牧民群众稳定收入或增加收入问题，这是衔接乡村振兴的最直接问题。脱贫攻坚战中，西藏建档立卡贫困户家庭经营性收入占40%左右，财政转移性收入仍占主导地位，这个数据表明利于乡村振兴战略实施的“内生性”动力与能力不足。如脱贫攻坚战中，通过易地搬迁脱贫了一批贫困人口，但搬迁点的配套基础设施和公共服务有待改善，搬迁后的后续扶持政策有待完善，搬迁群众如何融入当地产业发展、促进转移就业，形成每户至少有 1 个劳动力稳定就业的稳定收入局面，仍需深入探究。再如脱贫攻坚战中，纳入国家重点生态功能区补助范围的贫困人口，通过生态补偿方式也脱贫了一批，但因补偿而脱贫毕竟是暂时的，在保护生态和发展经济始终处于辩证关系的西藏乡村，如何使受生态功能区划分影响的农牧民得到可持续性的稳定收入，成为保护生态功臣的同时也能自主就业、稳定增收，也值得进一步探究。

三、乡村振兴视角下西藏如何防止返贫

脱贫攻坚战，是党中央在决胜全面建成小康社会的紧要关头做出的重要战略部署，为全面建成小康社会道路上步调稍后的贫困地区提供了政策支持。脱贫攻坚与乡村振兴，有着深刻的内在逻辑关系，乡村振兴战略的适时提出，是对脱贫攻坚战的有力助推。乡村振兴视角，有助于反思脱贫攻坚战中的产业发展的可持续性、劳动力就业增收的稳定性、民族文化的传承、生态保护的落实、基层党组织建设的完善，以及文化和精神力量、精神关怀的重要性[8] 等，以更加全面的思维、更加久远的谋划看待脱贫攻坚成果及其不足，加深对防止返贫工作的深刻认识。因此，在新国际形势和挑战下，在我国现代化建设目标指引下，需要设置一个巩固期以实现脱贫成果的常态化和持续化，牢牢把握防止返贫的战略重点，为开启相对贫困治理奠定良好基础[9]，进一步推动西藏乡村振兴和现代化建设。

（一）以“防返贫奔小康”思路统揽县域经济大局

西藏各县的贫困退出十分不易，应以实际行动珍惜这个结果，提前规划出台关于巩固提升脱贫攻坚成果逐步走向全面小康的纲领性文件，明确全面建成小康社会关键过渡期的总体要求、工作目标、工作步骤及关键环节、组织保障等。如拉萨市作为西藏地区第一批脱贫市县，于 2018 年率先从监测预警、产业全覆盖、政策保障、贫困群众素质提升、党建促脱贫和投入保障等方面建立了 6 项稳定脱贫长效机制[10]，值得后来者借鉴。近期脱贫的县乡更要严格按照 2016 年中共中央办公厅、国务院办公厅《关于建立贫困县退出机制的意见》

中关于"贫困人口、贫困村、贫困县退出后，在一定时期内国家原有扶贫政策保持不变，支持力度不减，留出缓冲期，确保实现稳定脱贫"的要求，结合各地实际情况确立有针对性的政策举措，并以政策精细化方式避免脱贫不脱政策带来的消极效应[11]。构建防止返贫的保障性政策体系，为县域经济的整体性可持续发展提供政策条件。特别针对乡村学前教育和初级教育、县级中等教育及地市级职业教育做好短期发展规划，以教育资源供给侧结构性改革为切入点[12]，准确定位目标、加大培训力度，保障乡村教师供给及质量，在职业教育规划中注重结合当地产业发展方向及人才需求；针对乡村医疗卫生服务做好短期发展规划，注重大病预防与跟踪工作，避免因病返贫；针对产业经济，建立配套的金融支持政策[13]、设施农业政策、标准化厂房补助政策、促进就业创业政策等，以安全有效的政策体系激活企业生产热情，促进当地群众对地方特色产业的融入。

（二）以"产业振兴"为目标促进农牧业产业提质增效

坚持农牧业产业化发展方向，是县域经济大局中的重要环节，是防止返贫的重要举措，也是对接乡村振兴中产业振兴的基础[14]。要依托特色农牧业，带动小农牧户对接大市场，充分挖掘各县乡独特的自然或文化资源，推动乡村农牧产业与文旅产业的融合发展，保护并有效利用良好的生态优势资源，推进绿色生态产业发展并提质增效[15]。注重在边境地区以边境口岸城镇群[16]为中心，发展边境旅游；在县域经济大局中以产业经济为轴心促进城乡一体化[17]。对已经形成一定发展基础的产业，注重技术、信息、资金等方面的扶持，引导提质增效，对发展基础尚未稳定的产业，帮助精准定位发展方向、谋划发展策略[18]。确保农牧业产业化的发展在巩固脱贫攻坚成果中发挥基础性作用，还要注重地方产业与当地农牧民的利益联结机制，使地方产业在吸纳就业、促进增收方面发挥实质性作用。

（三）以联动治理体系构筑防返贫的安全网

乡村振兴中，乡村治理体系及治理能力的现代化是一大主题。适用各地乡村发展实际的治理体系无法在短期内建立，乡村治理能力也无法一蹴而就，两者都需要治理理论与治理实践的长期磨合，防止返贫的过渡期，恰好是乡村治理体系不断完善、治理能力不断强化的关键期。反过来，各地基层政府要妥善完成防止返贫目标，也需要以趋于现代化的治理方式构筑安全网。如河南省舞阳县以县乡村三级联动治理方式建立防止返贫的监测预警体系，非常值得西藏借鉴，舞阳县将预警监测作为防返贫工作的第一要道，针对返贫风险户和边缘户，实行“返贫预警、未贫先防”，通过县乡村三级联动的治理网络，形成有效的网格化监测体系，对全县农户进行病、学、灾等多种类型的动态监测[19]。联动治理体系的构建及其运用于防止返贫工作中的重要性，还在于这种“多元、共建”特征的治理方式，将最大范围地拉动广大农牧民群众参与防止返贫工作、投入乡村振兴大潮，并在参与中增进自身的获得感、幸福感、安全感[20]，而这正是脱贫攻坚战和乡村振兴战略的最终目的所在。

（四）以援藏力量的乡村延伸助力防返贫

西藏脱贫攻坚战的过程，得到了中央政府的特殊关怀、兄弟省市的无私援助。过去几年，援藏力量在扶贫产业项目、加强西藏扶贫领导班子力量、培训西藏基层干部和技术人员及改善农牧区公共服务水平等方面，发挥了重要作用。在防止返贫过渡期，仍需要援藏力量的继续扶持且以向乡村地区更深入延伸的方式助力西藏农牧区不返贫。面向西藏的乡村振兴，援藏力量更要厚植西藏本地系统性的可持续发展能力[21]，通过促进县域经济的包容性发展、推动乡村社会事业繁荣、提升农牧区基本公共服务水平、优化生态保护与经济发展关系等，强化西藏本土的自我造血功能，为将来西藏乡村的自主发展与振兴提供基础性条件。

（五）以基层党建发动防返贫工作的强大引擎

脱贫攻坚战中，西藏广大基层党组织在以习近平同志为核心的党中央号召下带领农牧民群众进行了不懈的努力，2020 年开始如何巩固拓展脱贫成果，仍是以习近平同志为核心的党中央的初心和使命的内在要求，也是西藏基层党组织继续努力的方向。新阶段的防止返贫任务依然艰巨，需要基层党组织继续带领乡村群众不断巩固拓展脱贫成果，提升经济发展质量，治理显性或潜在的相对贫困。为实现基层党组织在防返贫工作中以有效领导发挥强大引擎作用，就要明确基层党组织作为领导者、引导者、激励者、创新者等多方面的角色定位[22]。坚持基层党组织的领导核心地位，确保乡村贫困治理工作朝着正确的政治方向前进，保证最广大人民群众的根本利益得到维护；明确基层党组织作为引导者和激励者的角色定位，促成社会组织协同、乡村民众参与的防止返贫工作局面；激发基层党组织作为创新者的角色潜能，确保防止返贫的工作思路站在乡村振兴的理论与实践前沿，为无缝衔接乡村振兴提供组织保障。

参考文献

[1] 张建伟．图登克珠．西藏乡村振兴战略：历史逻辑、时代逻辑与现实逻辑的审视［J］．西藏发展论坛，2019（6）：18-21.

[2] 习近平对实施乡村振兴战略作出重要指示［EO］．中华人民共和国中央人民政府网，2018-07-05.

[3] 西藏自治区脱贫攻坚指挥部关于2019年19个拟退出贫困县（区）的公示［EO］．西藏自治区人民政府网，2019-11-20.

[4] 把防止返贫摆在重要位置［EO］．新华网，2019-04-19.

[5] 怎样抓好脱贫攻坚整改落实工作 区党委要求这样干［N］．西藏日报，2020-03-24.

[6] 格桑卓玛．民主改革60年来西藏反贫困的成功实践［J］．西藏研究，2019（2）：70-81.

[7] 多庆．消除贫困的梦想正在雪域高原变成现实［J］．西藏研究，2019（2）：57-63.

[8] 张可佳．"乡村振兴战略下藏区精准脱贫与可持续发展学术研讨会"会议综述［J］．中国藏学，2019（4）：238-241.

[9] 张琦．孔梅．"十四五"时期我国的减贫目标及战略重点［J］．农业经济，2019（11）：117-125.

[10] 拉萨市2018年脱贫攻坚工作发展报告［M］//西藏农村发展报告（2019）．拉萨：西藏藏文古籍出版社，2019：139.

[11] 张立伟．何阳．脱贫不脱政策的社会效应与精细化治理［J］．西藏大学学报，2019（2）：156-162+170.

[12] 李梅．精准扶贫背景下民族地区乡村教师培养模式研究［J］．西藏大学学报，2019（1）：216-220.

[13] 唐静，吴玲，吴乾坤．乡村振兴战略视角下西藏林芝市特色金融精准扶贫成效研究［J］．西藏民族大学学报，2019（3）：105-109.
[14] 杨阿维，贾利乐．基于乡村振兴视阈下的西藏农业现代化实证研究［J］．西藏大学学报，2019（4）：147-154.
[15] 林俐．四川藏区乡村产业振兴路径及政策研究［J］．西藏民族大学学报，2019（6）：90-94+101+156.
[16] 徐宁，张香，姬雄华．基于南亚开放重要通道视角下中国西藏边境旅游发展研究［J］．西藏大学学报，2019（3）：200-207.
[17] 楼俊超．杨海波．新时代少数民族地区城乡发展一体化研究［J］．西藏大学学报．2019（3）：153-158.
[18] 龚冰，吕方．“摘帽县”如何巩固拓展脱贫成果?：基于兰考县案例的思考［J］．甘肃社会科学，2020（1）：53-60.
[19] 高阳，李苏．“三项机制”巩固舞阳脱贫攻坚成果［J］．农村·农业·农民，2019（10）：22-23.
[20] 禄树晖．西藏东部乡村振兴的推进路径与模式选择研究［J］．西藏大学学报，2019（3）：140-145.
[21] 师晓娟，蔡秀清，杨啸宇．援藏干部助力西藏脱贫攻坚：成就、经验与启示［J］．西藏民族大学学报，2019（6）：84-89+156.
[22] 方晓玲，邓亚净．党委领导视角下的治理有效性关注：以西藏乡村治理为例［J］．西藏大学学报，2019（4）：193-201.

作者简介：多庆，西藏自治区社会科学院农村经济研究所所长，副研究员；方晓玲，西藏自治区社会科学院农村经济研究所副研究员。

依托生态文明建设促进河北省深度贫困地区脱贫攻坚与乡村振兴有效衔接

张　波

摘　要： 燕山—太行山深山区和张承坝上地区的贫困县域是生态脆弱、资源环境承载力低的地区，是首都地区重要的生态屏障，是集中连片的深度贫困地区。推动该地区脱贫攻坚长期面临摆脱贫困成本高、脱贫成效难巩固、生态环境易恶化等症结性问题，贫困的根源在生态，脱贫致富奔小康的根本出路在生态。着眼长远，实现河北省深度贫困地区脱贫攻坚与乡村振兴有效衔接，必须以生态文明建设为引领，深入践行“绿水青山就是金山银山”的绿色发展理念，系统实施全域化生态评估、多元化生态补偿、保护性生态开发、全方位生态整治、精准化生态受益等多方面战略举措，确保深度贫困地区扶贫开发与生态保护良性互促、协同共进，实现百姓富与生态美的有机统一。

关键词： 河北　深度贫困　生态文明　乡村振兴

习近平总书记强调指出“深度贫困地区是脱贫攻坚的坚中之坚，我们务必深刻认识深度贫困地区如期完成脱贫攻坚任务的艰巨性、重要性、紧迫性，采取更加集中的支持、更加有效的举措、更加有力的工作，扎实推进深度贫困地区脱贫攻坚”。

河北省深度贫困地区集中在燕山—太行山集中连片特困区域，是京津都市区和雄安新区的生态涵养区，是京津冀世界级城市群的生态功能区，生态保护与修复的作用极为重要、任务异常艰巨，经济社会发展最突出的优势是生态、最大的潜力是生态、最明显的短板也是生态。推动全省深度贫困地区脱贫攻坚必须坚持扶贫开发与生态保护相辅相成、互促双赢，走一条经济社会生态效益同步提升的扶贫新路，实现百姓富与生态美的有机统一。

一、河北省深度贫困地区可持续脱贫面临挑战

河北是全国脱贫攻坚任务比较重的省份之一，原有贫困县 62 个、贫困人口 499 万，贫困人口主要分布在燕山—太行山山区、黑龙港流域等地。党的十八大以来，河北省深入贯彻落实党中央扶贫决策部署，贫困县全部摘帽，农村贫困人口全部脱贫。着眼全面建成小康社会和实现共同富裕的中长期目标，以深山区和坝上地区为代表的深度贫困地区是全省的相对贫困地区和特殊类型区，受到生态和产业发展突出矛盾的制约，巩固脱贫攻坚成果的任务依然较重。

（一）治理贫困成本较高

河北省深度贫困地区包括张承坝上地区的康保、沽源、尚义、张北、丰宁、围场和深山区的阳原、阜平、涞源、隆化等 10 个深度贫困县及 206 个深度贫困村，区域内自然气候恶劣、地质灾害频发、土地资源匮乏、劳动力素质低下、基础设施和公共服务欠账较多，依照主体功能区规划全部属于限制开发区和禁止开发区，不适宜产业和人口集聚，单纯依靠市场机制作用无法实现稳定脱贫。在脱贫攻坚阶段，河北省深度贫困县贫困发生率在 15%以上，深度贫困村贫困发生率则接近 35%，深度贫困县人均国内生产总值、人均公共财政预算收入、农民人均可支配收入分别只有全省平均水平的 51%、36%、50%。

（二）脱贫成效持续巩固难度较大

为尽快实现消除“绝对贫困”的阶段目标，深度贫困地区前期各类扶贫项目侧重产业开发，项目选择侧重“短平快”，项目建设主要依靠政府投入，机械式扶贫、运动式扶贫、刮风式扶贫现象也一定程度存在，产业扶贫“一股了之”“一分了之”问题比较明显。脱贫举措解决了贫困群众和贫困地区的“燃眉之急”，却不能解决“长远生计”和致贫的根本性问题，脱贫成效难以持续、脱贫易返贫，贫困人口“等靠要”尚未根本扭转。多年来，河北省太行山深山区相继大规模实施苹果、山楂、核桃等产业扶贫项目，结果都是收效甚微、无

功而返，未能抓住贫困地区脱贫的根本。

（三）生态滑坡风险较大

深度贫困地区快速上马一般类“种养加”项目，可能引发盲目生产、重复建设、同质竞争，后期可能造成市场供给过剩和产品滞销，导致自然资源损耗和能源浪费，如若管控不当极易恶化本就脆弱的生态环境，使贫困地区陷入生态退化、贫困加剧的恶性循环。调研发现，河北省张承坝上的部分贫困地区近年来大规模发展蔬菜种植和畜牧养殖，已经产生地下水严重超采、草场沙化、草原沙化等生态退化问题。

（四）超常扶持政策面临常规转变

河北省近年来对深度贫困地区投入支持力度很大，专项项目资金安排较多，涉及产业、教育、医疗、文化、交通、搬迁等各个方面、多个部门。但是超常规的扶贫项目、扶贫资金和扶贫政策涵盖了经济社会发展的许多方面，条块分割、项目交叉、供需矛盾等日益凸显，财政资金支持的合力和主线尚未有效形成，也为地方财政造成较大的支出压力。2019 年河北省脱贫户工资性收入占 46. 16%、转移性收入占 30. 86%、生产经营性收入占 13. 43%、财产性收入占 9. 51%，脱贫的贫困人口中有 46. 5%是整户无劳动能力等特殊贫困群体，大都是通过财政兜底来解决的。

二、河北省深度贫困地区依托生态文明建设实现精准脱贫的思路与重点举措

河北省深度贫困地区自然生态风貌基本保留原始状态，生态环境良好，但这些地区交通不便、信息闭塞，使得当地的生态自然资源变成“沉默资本”，没有发挥其经济价值。据统计，河北省贫困县区与旅游资源富集县区的契合度高达 60%，特别是燕山—太行山片区既是扶贫攻坚的主战场，也是旅游资源富集的地区。在全省扶贫开发重点区域内，有 4A 级以上景区 50 多个，占全省的近四成，相当一部分位于深度贫困地区，实施旅游扶贫开发能有效挖掘贫困地区资源特色。随着经济社会现代化步伐的加快，都市居民回归自然、向往田园

生活的情结愈发浓厚，人们崇尚自然和生态美的热情更加强烈。河北临近北京、天津，乡村休闲、生态观光的市场需求巨大。改善贫困地区农民的生产生活条件，重点加快对贫困地区农村面貌的改造提升，把“美丽乡村”变成生产力和竞争力，不仅创建“美丽”，更要经营“美丽”，不仅打造景观，更要打造产业，让农村美起来，让农民富起来。

结合生态这一最大发展实际，针对突出矛盾和问题，河北省深度贫困地区彻底摆脱贫困、实现乡村振兴的根本路径在于：以生态文明建设为引领，在扩大自身生态效益的基础上，深入挖掘生态经济效益、生态社会效益、生态文化效益等多重价值，系统实施全域化生态评估、多元化生态补偿、保护性生态开发、全方位生态整治、精准化生态受益等多方面战略举措，实现深度贫困地区扶贫开发与生态保护良性互促、协同共进，夯实贫困人口精准脱贫的生态根基，满足农民群众对美好生活的需要。

（一）全域化生态评估

统筹开展深度贫困县全域自然生态资源普查，摸清山水林田湖草等自然生态资源底数，编制深度贫困地区生态文明建设总体规划，争取设立国家级生态文明建设示范区。

一是开展生态普查。由自然资源部门牵头，协调环保、农业、林业和水利等部门，系统开展深度贫困县山水林田湖草等自然生态资源调查和确权登记，落实各类自然资源资产所有者职责，建立自然生态资源数据库，实现动态监测与评估。

二是制定总体规划。在摸清自然生态资源底数基础上，科学编制深度贫困地区生态文明建设总体规划，明确以生态文明建设为引领促进区域经济社会全面进步的目标、举措和重点工程。建设任务紧迫的深度贫困县要率先制定生态文明建设实施方案，明确“生态大扶贫”具体路径和举措，确保项目建设到村到户。

三是建设示范区。支持深度贫困地区独立或联合申请国家级生态文明建设示范区，争取国家在河北省深度贫困县建设京津冀生态涵养核心区，提高河北省深度贫困地区生态文明建设层级。创新扶贫开发与经济社会发展考核评估办法，率先在河北省深度贫困地区开展绿色 GDP 和生态系统服务价值测算与考核。位于河北省北部、深度贫困地区比较集中的张家口和承德两市，全域开展生态文明示范区建设，取得了一定的成效。习近平总书记视察张家口市时明确提出首都水源涵养功能区和生态环境支撑区的“两区”发展定位，张家口市随即制定了“两区”规划和实施意见并报国家发改委备案；承德市获批国家可持续发展议程创新示范区，重点建设以城市群水源涵养功能区可持续发展为主题的创新示范区。

（二）多元化生态补偿

建立针对深度贫困地区的横向与纵向相结合、财政资金与社会资金相结合的长效生态补偿机制，实施重大生态工程带动贫困人口就近就业，借助碳汇交易、碳排放权交易等市场方式引导更多企业履行生态职责，全面提高深度贫困地区生态保障能力。

一是建立长效补偿机制。以森林草原湿地等生态产品供给为重点，建立针对深度贫困地区的跨区域生态补偿机制，引导京津两地和省内经济发达地区对河北省深度贫困地区开展多种形式的生态补偿。争取中央、省、市、县各级财政生态补偿专项资金支持，用于保护修复深度贫困地区生态。利用碳排放权交易市场引导企业在深度贫困地区投资自愿减排项目，将开展深度贫困地区生态保护修复作为各类主体履行社会责任的实现形式，鼓励金融机构将企业参与深度贫困地区生态保护修复情况纳入信誉评级体系。位于张家口市的官厅水库和位于承德市的潘家口水库，分别是北京市和天津市的重要饮用水水源地，近年来河北的张承地区通过与京津两市沟通，建立了流域生态补偿机制。北京与河北共同签署《密云水库上游潮白河流域水源涵养区横向生态保护补偿协议》，由北京市对密云水库上游潮白河流域河北省承德市、张家口市相关县（区）进行生态保护补偿，对污染治理工作成效进行奖励。河北、天津两地共同签订《关于引滦入津上下游横向生态补偿协议》，由河北、天津共同出资设立引滦入津水环境补偿资金，若考核年度水质达到或优于考核目标，天津市该年度资金全部拨付给河北省。

二是合理利用生态补偿资金。整合相关扶贫项目资金，纳入生态文明建设专项资金，重点支持深度贫困地区生态保护修复工作，着眼长远，筑牢深度贫困地区发展优势。创新生态补偿资金使用方式，提供吸纳更多贫困人口就业的生态公益岗位，依托农村集体组织建立生态管护机构，行使生态资源相关权益，逐步探索自主经营、参与广泛的农村集体生态经济实现形式。

（三）保护性生态开发

坚持在保护中开发、在开发中保护，以高质量发展为主线，积极发展生态农业、生态工业和生态服务业，推进三次产业深度融合发展，构建现代化生态经济体系，增强深度贫困地区自我发展能力。

一是积极发展生态农业。深度贫困地区生态脆弱、资源环境承载力低，发展高产农业不仅不具优势，而且会极大地破坏自然生态，因此，该地区农业发展要走生态主导的新路子，重点生产绿色有机“以质取胜”的农产品。坚持因地制宜、尊重自然、以水定产，积极发展木本油料、特色林果、草食畜牧业等特色生态农业产业，打好“绿色牌”“有机牌”“高山牌”，建设各具特色的生态“种养加”示范基地，实现贫困人口与现代生态农业的有机衔接。承德市围场满族蒙古族自治县发挥自然环境和资源的优势，把发展林下养殖产业作为精准扶贫的突破口，加大扶持引导力度，通过林下药材、林下蔬菜、养殖柴鸡、林下种菌、林下采摘蘑菇等山野资源，实现了贫困户稳定增收。

二是适度发展生态工业。按照零排放、零污染、占地少的基本要求，在有条件的地区适度发展新能源、新材料、信息技术、生物、节能环保等战略性新兴产业，促成深度贫困地区特殊自然生态优势与高端产业的无缝衔接，实现跨越赶超，打造“弱鸟先飞、至贫先富”的“河北样板”。例如，张家口市充分发挥气候凉爽优势、毗邻北京的区位优势和风能发电的能源优势，布局发展大数据产业，实现了绿色智能经济的大跨越。

三是有序发展生态文化服务业。发挥深度贫困地区生态资源丰富、历史文化富集优势，积极发展贫困群众参与度高、辐射范围广的乡村旅游业。坚持保护优先原则，按照休闲宜居标准改造提升贫困乡村基础设施、提高公共服务水平，深入挖掘生态休闲、生态观光、生态康养、生态体验等多种功能，建设生产生活生态融合发展的乡村振兴示范区，全面提高贫困群众生活水平。传承优秀历史文化、传统手工技艺和非物质文化遗产，坚持创意开发，积极培育乡村文化产业，推出具有地方特色的旅游文化产品，通过发掘乡村文化价值带动贫困群众增收。张家口市利用2022年北京冬奥会筹办的有利契机，依托既有的生态和文化资源优势，大力发展以休闲观光、冰雪运动为主题的旅游业，带动了贫困人口可持续增收。

（四）全方位生态整治

统筹深度贫困地区生产生活生态空间，因地制宜实施生态移民搬迁和就地改造提升两大民生工程，加强区域内基础设施建设和公共服务供给，全面改善深度贫困地区农村居民生产生活条件。

一是生态移民搬迁。据统计，河北省空置率50%以上的空心村，90%分布在以深山区、坝上地区为代表的深度贫困地区，解决居民的长远生计，易地搬迁是根本出路。按照群众自愿、积极稳妥的原则，统筹使用支持政策与资金，对生存条件恶劣和生态脆弱地区的农村贫困人口实施易地扶贫搬迁。从解决搬迁户长远生计着手，支持引导贫困户向县城、小城镇和园区、景区周边有序转移，同步抓好工业园区、农业园区、乡村旅游区等建设，完善配套服务设施，解决好贫困户关心的就近就业、就医、子女就学等问题，确保搬迁对象搬得出、稳得住、能致富。

二是建设美丽宜居乡村。科学研判新型城镇化和工业化发展客观趋势，依照主体功能区规划定位，围绕生态环保主线，明确深度贫困地区村庄发展格局。对长久保留的村庄科学制定建设发展规划，加大投入支持力度，全面加强水电路气讯房等基础设施建设，集中开展以垃圾处理、厕所革命、污水治理、容貌提升为重点的农村人居环境整治，建立教育、医疗、社保、养老、文化等城乡一体的基本公共服务体系，着力打造彰显山水田园风光和承载乡愁记忆的乡村振兴综合体。

（五）精准化生态受益

合理利用深度贫困地区生态资源，创新市场利用机制、利益联结机制和保值增值机制，实现资源变资产、资金变股金、农民变股民，农民收租金、挣薪金、分股金，将生态资源经济效益精准落实到每一个贫困人口上，确保贫困人口稳定脱贫、自我发展。

一是发挥自然资源多重效益。盘活森林草原湿地等生态资源，允许集体经济组织灵活利用现有生产服务设施用地开展相关经营活动。对开展营造林、防沙治沙、草原保护、湿地修复等生态保护与修复工程的经营主体，集中连片达到一定规模以上的，允许占用3%治理面积从事旅游、康养、设施农业等相关产业开发工作。鼓励各类社会资本、金融机构、担保机构通过租赁、转让、抵押等多种方式取得自然资源经营权，支持开展自然资源收储担保服务。引导集体林权公开、公平、有序流转，促进集体林业适度规模经营。支持深度贫困地区灵活采用森林湿地草原冠名权等方式吸引社会资本投入生态保护修复领域。

二是完善股份合作制精准扶贫机制。在充分征求贫困户意见，尊重其意愿基础上，将贫困户的扶贫资金、土地等资源，折成相应股份入企入社，让无劳动能力的贫困户以“资本权益”进入产业体系和价值链中来，分享经营收益。探索完善“扶贫资金入股、土地入股、宅基地入股、劳务入股”等多种受益模式，将贫困户增收与自然生态资源经营紧密相连，使其共享生态文明建设发展红利。

三是形成小农户与现代农业有机衔接的长效机制。深度贫困地区的贫困群众绝大多数是小农户，生产方式落后、专业技能匮乏、管理经验贫乏、抗风险能力极弱，需要通过相关主体辐射带动融入社会化大生产。要积极培育并鼓励农业产业化龙头企业通过设立风险资金、提供信贷担保、领办或参办农民合作组织等多种形式，与贫困户建立稳定的订单和契约关系，深化“市场+龙头企业+基地+合作社+农户”等利益联结模式。完善农业社会化服务体系，通过订单生产、产品代销、生产托管、资产租赁等方式，支持新型农业经营主体与贫困户建立多方共赢的利益联结机制。

参考文献

[1] 习近平. 摆脱贫困［M］. 福州：福建人民出版，2014.

[2] 陆汉文，黄承伟. 中国精准扶贫发展报告（2017）［M］. 北京：社会科学文献出版社，2017.

[3] 涂圣伟. 脱贫攻坚与乡村振兴有机衔接：目标导向、重点领域与关键举措［J］. 中国农村经济，2020（08）：2-12.

[4] 邢成举，葛志军. 集中连片扶贫开发：宏观状况、理论基础与现实选择：基于中国农村贫困监测及相关成果的分析与思考［J］. 贵州社会科学，2013（05）：123-128.

[5] 李晓西，刘一萌，宋涛. 人类绿色发展指数的测算［J］. 中国社会科学，2014（06）：69-95，207-208.

[6] 李佳. 中国连片特困地区反贫困研究进展［J］. 贵州社会科学，2013（12）：87-91.

[7] 孙馨月，陈艳珍. 论脱贫攻坚与乡村振兴的衔接逻辑［J］. 经济问题，2020（09）：12-17.

作者简介：张波，河北省社会科学院农村经济研究所副所长，研究员。

巩固脱贫成果　协同推进脱贫攻坚与乡村振兴

魏　霞　张进贤

摘　要：贵州在国家脱贫攻坚成效考核中连续4年综合评价为“好”，从贫困人口最多省份变为减贫人口最多省份，脱贫攻坚成效显著。协同推进脱贫攻坚与乡村振兴是贵州巩固脱贫成果的重要抓手，文章认为，巩固脱贫攻坚成果，应从稳定扶贫政策措施、筑牢乡村产业振兴根基、完善体制机制建设、强化基础基层建设、加强后续扶持体系建设等方面着力，协调推进全面脱贫与乡村振兴的有效衔接，确保按照高质量、打好收官战的要求，巩固脱贫成果、衔接乡村振兴，在育新机、开新局中推动高质量发展。

关键词：协同推进　脱贫攻坚　乡村振兴

党的十八大以来，贵州认真贯彻落实习近平总书记关于扶贫工作的重要论述和党中央、国务院打赢脱贫攻坚战决策部署，坚持精准扶贫精准脱贫基本方略，全省累计减少贫困人口892万人，贫困发生率降至0.85%，57个县摘帽退出，连续4年在国家脱贫攻坚成效考核中综合评价为“好”，从贫困人口最多省份变为减贫人口最多省份，牢牢掌握了脱贫攻坚的主动权和制胜权，脱贫攻坚取得决定性成就，是中国减贫的一个缩影。但截至2019年末，贵州贫困人口仍占全国贫困人口的1/9，尚有9个未摘帽的深度贫困县和3个剩余贫困人口超过1万人的拟摘帽县，其中深度贫困地区贫困人口占全国贫困人口的72.1%。贵州是全国脱贫攻坚最难啃的硬骨头，是最难攻克的堡垒。贵州在反贫困工作中面临的难题是世界性难题，攻克这些难题，不仅事关中国脱贫和全面建成小康社会目标的实现，也必将对人类减贫事业做出重大贡献。

2020年是脱贫攻坚决战决胜之年、全面收官之年。随着脱贫攻坚的推进，贵州及全国脱贫攻坚目标任务接近完成，农村贫困人口将如期脱贫、贫困县全部摘帽，我国区域性整体贫困将基本得到解决。今年 3 月，习近平总书记在决战决胜脱贫攻坚座谈会上指出，"脱贫摘帽不是终点，而是新生活、新奋斗的起点。要接续推进全面脱贫与乡村振兴有效衔接，推动减贫战略和工作体系平稳转型，统筹纳入乡村振兴战略，建立长短结合、标本兼治的体制机制"。① 习近平总书记的重要讲话，为我们打赢脱贫攻坚战、确保全面建成小康社会指明了努力方向、提供了根本遵循。贵州脱贫任务的艰巨性和特殊性，正如原贵州省委书记孙志刚所言：在脱贫攻坚伟大历程中，贵州所遇到的困难和挑战前所未有，所做出的探索和努力前所未有，所发生的历史性巨变前所未有。因此，要按照确保高质量、打好收官战的要求，着力巩固脱贫成果、衔接乡村振兴，在育新机、开新局中推动高质量发展。

当前，我省正处在乡村振兴战略与精准脱贫攻坚并行的特殊时期，要充分认识乡村振兴战略与打好脱贫攻坚战的关系，抓紧推进全面脱贫与乡村振兴有效衔接，提高乡村振兴与脱贫攻坚协调推进、融合推进的认识，努力实现二者相互支撑、相互配合、协同推进的良性互动格局。

一、巩固脱贫攻坚成果，协调推进全面脱贫与乡村振兴有效衔接

历史性地解决绝对贫困问题，足以彪炳史册。但是也应该清醒地看到，返贫致贫的因素还会存在，相对贫困还会存在，接下来巩固脱贫成果难度更大、要求更高。因此，要加强监测和研判，对已脱贫重点监测户、边缘户和家庭收入骤减或支出骤增的农户加强动态监测，及时监测风险点变化情况、发布预警信息。定期进行研判和处置，协调落实帮扶措施，减少返贫致贫因素。要通过常态化筛查，加强对脱贫不稳定人口、建档立卡之外边缘人口两类人员的监测和动态管理，建立近贫临贫预警、致贫返贫即扶、脱贫持续巩固的帮扶机制，逐村逐户逐项对账销号，防止返贫和新的贫困发生。要以脱贫不稳定户和边缘易致贫户为重点，主要监测建档立卡已脱贫但不稳定户、收入略高于建档立卡

① 习近平在决战决胜脱贫攻坚座谈会上讲话，中国共产党新闻网 http://dangjian.people.com.cn/n1/2020/0309/c117092-31622831.html。

贫困户的边缘易致贫户，重点聚焦残疾户、大病户、五保户等特殊群体及因病、因残、因灾等引发的刚性支出明显超过上年度收入和收入大幅缩减的家庭，逐户制定和落实脱贫措施，对特殊困难人口兜底保障应扶尽扶、应保尽保、应助尽助。全面落实低保、医保、特困人员救助供养等社会保障政策，统筹发挥好社会保险、社会救助、社会福利等综合保障作用，织密织牢兜底保障网，兜住基本民生底线，确保符合条件的贫困人口不漏一户、不落一人纳入动态保障，让脱贫成果经得起检验。

二、稳定扶贫政策措施，推进全面脱贫与乡村振兴有效衔接

打赢脱贫攻坚战，既要立足当下补短板、强弱项，又要切实保持脱贫攻坚政策稳定。要按照时任贵州省委书记孙志刚的要求，即严格落实“四个不摘”要求扶上马送一程，对退出的贫困县、贫困村、贫困人口扶上马送一程，过渡期内严格做到摘帽不摘责任、摘帽不摘政策、摘帽不摘帮扶、摘帽不摘监管。全面巩固和深化脱贫成效，防止返贫。对已经脱贫摘帽的地方，坚持摘帽不摘责任、不摘政策、不摘帮扶、不摘监管，政策支持力度和工作力度只能加强、不能减弱。要保持财政专项扶贫资金投入力度不减，保持帮扶干部与贫困群众的结对关系，贫困村第一书记和驻村工作队不能撤。[①] 有脱贫任务的85个县（市、区）要按照制定的巩固提升脱贫攻坚成果方案开展工作，坚决防止松劲懈怠。重点是稳定基本医疗政策，延续贫困人口基本医保、大病保险参保费财政资金补贴政策，完善基本医保、大病保险、医疗救助、慈善救济保障机制，巩固贫困人口县域内定点医疗机构住院“先诊疗后付费”和“一站式”结算机制，持续推进慢性病签约服务，加强贫困地区乡镇村卫生室标准化和乡村医生队伍建设，实现基本医疗卫生服务全覆盖。稳定教育扶贫政策，实施贫困学生精准控辍保学台账式管理，扩大高职院校招生计划规模，重点面向贫困县招生，进一步做好高校贫困家庭毕业生就业服务工作，建立贫困家庭毕业生信息

---

① 坚决高质量打赢脱贫攻坚战 彻底撕掉贵州千百年来绝对贫困的标签——新华网专访全国人大代表、贵州省委书记、省人大常委会主任孙志刚，新华网 http://www.gz.xinhuanet.com/2020-05/24/c_1126022962.htm。

库，多措并举帮助其就业创业。稳定住房、饮水安全政策。将住房和饮水安全问题及时纳入返贫致贫预警帮扶范围，采取维修改造和安置在养老院、集体公租房、幸福院等办法，确保困难户住房安全。

三、筑牢乡村产业振兴根基，推进全面脱贫与乡村振兴有效衔接

产业扶贫是扶贫开发工作的核心和关键，是解决贫困地区和贫困人口生存发展的根本手段，是实现稳定脱贫的必由之路和根本之策。产业兴旺是乡村振兴的重点，要坚持不懈抓好发展产业这个根本之策、长远之计。贵州要彻底拔掉穷根，增强发展能力，多措并举夯实贫困地区产业基础，只有把乡村产业基础打牢，提升产业发展质量，才能为乡村发展培育新动能。要大力推进农村产业革命，统筹规划扶贫产业项目与乡村振兴产业项目，提升产业层次、拓展产业宽度，实现项目之间的有效衔接。要按照乡村振兴中“产业兴旺”的内在要求，深入推进“一县一业”发展，重点向农产品加工业、农业服务业拓展延伸，有序推进“产业扶贫+乡村振兴”，借助电子商务平台，走农村电商发展之路，多举措推进“产业扶贫”与“产业振兴”衔接，全面引导特色养殖转型发展，培育新型农业经营主体，强化产业发展利益联结机制，培植效益好的“短平快”产业，引入“乡村车间”，推行“公司+基地+农户”的模式，完善“林下经济”等发展模式，用活小额信贷、产业扶持资金，持续扶持龙头企业、合作组织、家庭农场等新型经营主体发展壮大。大力发展庭院经济，引导扶持贫困户发展小种植、小养殖、小手工、小买卖、小电商、小作坊等“短平快”增收致富小产业，形成稳定减贫的长效机制，既让群众成为“租金+股金+薪金”的“三金农民”，又能实现产业兴旺，筑牢乡村振兴的发展根基，实现三产融合发展，让产业成为助推经济增长的新引擎，为乡村振兴这个“新起点”打基础、谋长远。要坚持不懈纵深推进农村产业革命，不断推动思想观念、发展方式、工作作风的革命性转变，深入对照“八要素”强弱项补短板，持续深化“六个转变”，走出一条符合贵州省情实际的现代山地特色高效农业发展新路，真正把贵州的绿水青山变成金山银山，让贵州农民群众生活更富裕、日子更美好，携手奔向百姓富、生态美的多彩贵州新未来。

四、完善体制机制建设，推进全面脱贫与乡村振兴有效衔接

部分贫困人口在“输血式扶贫”过程中滋生了“福利依赖”，缺乏依靠自身实现可持续脱贫的动力。要持续推进全面脱贫与乡村振兴有效衔接，推动减贫战略和工作体系平稳转型，统筹纳入乡村振兴战略，建立长短结合、标本兼治的体制机制，坚持“扶志”与“扶智”相结合，在“扶志”上下足功夫，努力激发欠发达地区和农村低收入人口发展的内生动力。要加强思想教育，使其克服“等靠要”思想，要坚持不懈扶思想，扶观念、扶信心，激发群众内生动力。对自立自强稳定脱贫的，要给予物质、精神奖励，强化典型引路，加强思想、文化、道德、法律和感恩教育，弘扬自尊、自爱、自强精神，通过正面引导，确保脱贫攻坚成果长期可持续。要抓好就业扶贫，统筹整合扶贫开发信息、农民工就业创业服务等系统，及时、准确掌握贫困劳动力就业创业需求和就业创业情况，夯实民生之本，积极完善贫困劳动力培训补贴政策，依托职业学校、技工学校、龙头企业等机构，建设一批就业创业实训基地，对有培训意愿的贫困劳动力，开展有针对性的培训，做到“应培尽培，能培尽培”。要多渠道促进就业。通过劳务对接实现转移就业，依托种养基地、产业园区、乡村旅游、扶贫车间、社区工厂、扶贫龙头企业等途径帮助转移就业；采用以工代赈、以奖代补、劳务补助等措施，带动其参与农村公路、水利和基本农田等小型基础设施建设；通过造林绿化、森林管护、环卫保洁、巡逻值守等公益性岗位安置就业。要吸引汇聚各类乡村建设急需的人才，采取就地扶持培育、引导返乡创业、支持人才回流等措施，积极培育致富带头人。

五、强化基础基层建设，推进全面脱贫与乡村振兴有效衔接

乡村振兴不仅是经济的振兴，也是生态的振兴、社会的振兴，文化、教育、科技的振兴，以及农民素质的提升。要以维护农村和谐稳定，以满足农民

群众对美好生活的需要为根本目标，加强和改善党的领导，加强农村基层基础建设工作，创新农村社会治理机制，实现农村长治久安。要围绕“农业强、农村美、农民富”的目标，大力推进乡村振兴战略，把基础设施建好，加快补上农村道路、电网、通信等基础设施短板。要发挥基层党组织战斗堡垒作用，持续向软弱涣散和集体经济薄弱的村派驻第一书记，已派驻的贫困村第一书记和驻村工作队不能撤。要强化村“两委”班子队伍建设，推进实施乡村振兴战略能力培训，培育储备村干部队伍后备力量，提升基层党组织战斗力。要大力发展村集体经济，加强巩固脱贫成果，全面落实党在农村的各项优惠补贴资金，动员组织各类社工机构、志愿服务团队、社会爱心人士开展防止返贫志愿服务，及时了解贫困户需求，对特殊困难人口提供众筹捐赠。进一步加大县、乡、村三级农村医疗卫生服务体系和网络建设，防止“因病致贫、因病返贫”，使农村扶贫走上制度化轨道，解决因城乡差距而造成的资源配置不均问题。要完善农业基础设施建设、完善巩固贫困户脱贫成效的保障条件、完善增加村财政收入的制度机制。统筹社会保险、社会救助、社会福利制度，为无劳动力或丧失劳动力贫困人口提供兜底保障。持续推进农村最低生活保障制度与扶贫开发政策有效衔接，加大临时救助、慈善救助等社会救助力度，支持公益慈善组织设立防止返贫慈善项目、专项救助基金，开展公益慈善捐赠。

六、加强后续扶持体系建设，推进全面脱贫与乡村振兴有效衔接

加强易地扶贫搬迁后续扶持“五个体系”建设。巩固脱贫成果，一项十分重要的工作是加快易地扶贫搬迁“五个体系”建设，确保搬迁群众稳得住、可就业、逐步能致富。要进一步完善基本公共服务体系，突出抓好公共教育、医疗卫生、社会保障、社区服务等要素配套建设；进一步完善培训和就业服务体系，提高培训的针对性和有效性，强化短平快的精准培训、人岗相配的岗前培训，千方百计挖掘就业潜力；进一步抓好文化服务体系建设，推动感恩教育、文明创建、公共文化、民族传承“四进社区”，激发群众内生动力；进一步抓好社区治理体系，实现机构设置科学化、社区管理网格化、居民自治规范化、治安防控立体化，不断提高搬迁安置社区治理现代化水平；进一步抓好基层党

建体系，聚焦基层党组织政治领导力、思想引领力、群众组织力、社会号召力建设，把基层党组织打造成为安置点社区的坚强战斗堡垒。

党的十九大报告提出实施乡村振兴战略，史无前例地把这个战略庄严地写入党章，作为全面建成小康社会的重大战略部署，为农业农村改革发展指明了航向。我国正处于脱贫攻坚和乡村振兴战略实施的交汇期，决胜脱贫攻坚战是乡村振兴的初心和归属，谋划乡村振兴战略是脱贫攻坚的补充和升级。站在“两个一百年”奋斗目标的历史交汇点上，要以习近平新时代中国特色社会主义思想为指导，持续巩固脱贫成果，扎实做好脱贫攻坚战与乡村振兴战略的有机衔接，真正实现乡村产业兴旺、生态宜居、乡风文明、治理有效、生活富裕目标任务，确保按照高质量、打好收官战的要求，巩固脱贫成果、衔接乡村振兴，在育新机、开新局中推动贵州经济高质量发展，携手奔向百姓富、生态美的多彩贵州新未来。

作者简介：魏霞，贵州省社会科学院区域经济研究所研究员；张进贤，贵州省纳雍县农业农村局党组副书记、副局长。

加快脱贫攻坚和乡村振兴的有效衔接

刘伯霞　王　田　刘　杰　程　婷　何　强

摘　要： 脱贫攻坚与乡村振兴是两大国家战略。当前，脱贫攻坚进入决胜阶段，乡村振兴处于战略起步阶段。值此两大战略的交汇时刻，分析两大战略的内在关联，思考其有效衔接的路径，对于更好地促进两大战略衔接具有重要意义。本文在厘清脱贫攻坚和乡村振兴历程、现状和任务的基础上，分析二者的关系，找出阻碍有效衔接的问题，并从五个方面提出做好衔接工作的对策建议。

关键词： 脱贫攻坚　乡村振兴　衔接　问题　对策

2020年是决胜全面建成小康社会、决战脱贫攻坚之年。习近平总书记强调，“接续推进全面脱贫与乡村振兴有效衔接。脱贫摘帽不是终点，而是新生活、新奋斗的起点”。贯彻落实这一重要要求，需要针对目前脱贫攻坚和乡村振兴工作现状、存在问题，理清工作思路，推动减贫战略和工作体系平稳转型，统筹纳入乡村振兴战略。

一、脱贫攻坚和乡村振兴的历程、任务、现状

（一）脱贫攻坚发展历程与现状

从我国扶贫历程看，1949年至今先后经历了五个阶段：1949年至1978年为小规模救济式扶贫，1978年至1985年为体制改革推动扶贫，1986年至2000年为大规模开发式扶贫，2001年至2013年为整村推进式扶贫，2013年至今为精准式扶贫，实现了我国农村扶贫工作由粗放扶贫向精准扶贫的历史性转变。

从时间节点看，以2020年为时间节点，精准扶贫可划分为消除绝对贫困（2013—2020年）与解决相对贫困（2020年以后）两大阶段。2020年所有贫困地区和贫困人口一道迈入全面小康社会，绝对贫困人口消除，但并不意味着脱贫攻坚任务全部完成，而是将脱贫攻坚的重心转向“解决相对贫困”。因此，党的十九届四中全会提出：坚决打赢脱贫攻坚战，建立解决相对贫困的长效机制。而其中一个很重要机制就是“解决相对贫困与乡村振兴统筹衔接机制”。

（二）乡村振兴战略的目标任务及发展阶段

2017年中央农村工作会议提出了实施乡村振兴战略的目标任务和基本原则。按照党的十九大提出的决胜全面建成小康社会、分两个阶段实现第二个百年奋斗目标的战略安排，明确实施乡村振兴战略的目标任务是，到2020年，乡村振兴取得重要进展，制度框架和政策体系基本形成；到2035年，乡村振兴取得决定性进展，农业农村现代化基本实现；到2050年，乡村全面振兴，农业强、农村美、农民富全面实现。要按照产业兴旺、生态宜居、乡风文明、治理有效、生活富裕的总要求，建立健全城乡融合发展体制机制和政策体系，统筹推进农村经济建设、政治建设、文化建设、社会建设、生态文明建设和党的建设，加快推进乡村治理体系和治理能力现代化，加快推进农业农村现代化，走中国特色社会主义乡村振兴道路，让农业成为有奔头的产业，让农民成为有吸引力的职业，让农村成为安居乐业的美丽家园。按照实施规划，目前乡村振兴还处在第一个发展阶段——制度框架和政策体系基本形成阶段。也正如习近平总书记所说，“打好脱贫攻坚战是实施乡村振兴战略的优先任务”，那么“脱贫攻坚”也正好是在乡村振兴的第一个阶段进行的。

二、为什么要建立脱贫攻坚与乡村振兴之间的衔接机制

脱贫攻坚与乡村振兴两大战略各有侧重，前者关注贫困问题的解决，具有局部性和专业性；后者是对乡村发展的全面布局，偏向于整体性和系统性。同时两者还存在短期与长远、特惠与普惠等方面的差异[1]。但同为扶贫开发战略，两者也有着一些相似或相通之处。

（一）脱贫攻坚与乡村振兴发展相辅相成，共同推进

从实施的时间节点看，脱贫攻坚与乡村振兴是叠加关系，是一脉相承的短期和长期结合，都是为实现"两个一百年"中国梦而实施的国家战略；从目标任务看，二者的目标均是实现共同富裕，只是由低至高、逐步推进。脱贫攻坚是乡村振兴的前提，它的胜利为乡村振兴战略的实施奠定了基础，而且绝对贫困固然消失，相对贫困仍然存在，乡村振兴战略实施过程中，返贫和扶贫也将作为一项重点工作来抓，从这个角度看乡村振兴又是脱贫攻坚的终极目标。

（二）脱贫攻坚为乡村振兴创造基础条件，积累宝贵经验

首先，脱贫攻坚和乡村振兴都把农村产业发展作为突破口，"产业脱贫"和"产业兴旺"是实现两大战略的重要基础，也是解决农村一切问题的前提。扶贫产业的发展为乡村振兴产业兴旺打下了坚实的基础，也带动了周边其他地区"一县一业""一乡一品"产业基地的形成。《国务院关于促进乡村产业振兴的指导意见》中提出的产业发展方向包括现代种养业、乡土特色产业、农产品加工流通业、休闲旅游业、新型服务业、信息产业等6大产业与脱贫攻坚产业扶贫项目库建设方向基本保持一致。所以，从产业发展方向上看，两者可以顺利实现自然衔接。

其次，打赢脱贫攻坚战，为贫困地区实施乡村振兴奠定了物质、人才、科技和体制建设基础，如，脱贫攻坚以来政府和社会的广泛参与和支持，政策资金的倾斜，农村基础条件的改善，交通、教育水平和公共服务能力的提升，乡土人才的培养和年轻人的返乡创业，贫困户思想认识的提高，等等，都为乡村生态宜居创造了有利条件。尤其是选派第一书记和驻村工作队全覆盖的运行模式，以及扎实的组织形式和工作机制为乡村振兴、治理有效提供了机制体制支撑，并积累了宝贵经验[2]。

（三）脱贫攻坚与乡村振兴已经具备了衔接基础

从政策方面来看，二者的有机衔接已经具备了相应的政策条件。习近平总书记在2018年"两会"上提出，"要把脱贫攻坚同实施乡村振兴战略有机结合起来"。这是重要的理论和实践创新[3]。

从实践方面来看，一方面，党的十八大以来，我国农业农村发展取得了历史性成就。农业供给侧结构性改革取得明显成效，农业生产能力和水平不断提高，土地制度改革和集体产权制度改革深入推进，农业生产经营方式发生重大变化。城乡一体化发展迅速，农民家庭年人均收入快速增长，农民生活水平不断提高。农村基础设施建设快速发展，文化、教育、卫生等各类公共服务配套完善，农村人居环境大为改观，整个农村社会和谐稳定。经过几十年的建设和发展，农村地区在各个方面都取得了巨大的成绩，尽管仍有部分农村地区发展建设水平不均衡，但总体的或某些方面的进步都在客观上为脱贫攻坚和乡村振兴的实践提供了相对有利的条件，成为实现二者有机衔接的坚实实践基础和平台。另一方面，脱贫攻坚的实践推进也客观上为实现自身与乡村振兴有机衔接创造了有利条件。脱贫攻坚不仅解决了农村贫困地区和贫困人口绝对贫困的问题，实现了贫困人口的全部脱贫、贫困人口收入的快速增长及贫困地区发展内生动力的不断增强的目标，而且通过各项政策措施的实施，引发了农村贫困地区多方面的深刻变化。产业帮扶为农村经济建设奠定了产业发展基础、增强了经济生产能力、提升了经营管理水平。劳动技能培训和劳动力转移就业帮扶增强了农民就业能力，拓宽了农民增收渠道，促进了城乡一体化发展。基础设施建设帮扶解决了农村基础设施薄弱问题，夯实了农村建设发展的基础。文化教育帮扶提高了农民的思想文化素质，丰富了农民的文化娱乐生活，为农村发展提供了精神支撑。驻村帮扶、结对帮扶、考核评价等制度机制加强了农村基层党建和组织建设，改进了农村工作方式，提高了农民参与治理的能力和积极性，打破了农村相对封闭的状态，加强了农村农民与外界的交往联系。脱贫攻坚所有这些成效为其实现与乡村振兴的有机衔接共同搭建了一个良好的实践平台[4]。

三、脱贫攻坚与乡村振兴衔接的瓶颈制约与短板

（一）脱贫攻坚与乡村振兴衔接的瓶颈制约

1. 体制机制衔接不畅与思想行动“两张皮”并存

（1）政策机制衔接不到位

虽然大多贫困地区已经制定乡村振兴规划、实施方案和脱贫攻坚行动方

案，但就脱贫攻坚后如何与乡村振兴相衔接，尚未制定具体的衔接措施、路径，缺乏系统性的衔接设计；此外，诸如“五级书记”组织工作、驻村干部帮扶、资金使用、监督考核等很多有效的脱贫攻坚工作机制，尚未有效应用到乡村振兴中来。

（2）组织协调衔接难

有些地区已成立了实施乡村振兴战略工作领导小组，但涉及产业、生态、文化、组织、人才等内容时，就划分给不同部门负责，组织协调没有形成合力。

（3）项目规划协调难

调研发现，目前无论是项目规划，还是项目实施方面，都没有完全做到乡村振兴项目与脱贫攻坚项目的有效衔接、统一部署。不少地方在项目具体实施工作中，往往就乡村振兴谈乡村振兴，就脱贫攻坚搞脱贫攻坚，存在“两张皮”现象[5]。

2. 自主发展内生动力不足与自治能力水平偏低并存

（1）脱贫内生动力不足

由于扶贫政策存在一定的福利性诱惑，客观上助长了一些贫困户的惰性和“等靠要”思想，扶志问题没有得到根本解决，甚至有的村民调侃说“要当就当贫困户”。

（2）农民参与乡村振兴的主动性不够

调研发现，目前一些地方在实施乡村振兴过程中，大多是政府在唱“独角戏”，部分农户由于知识水平有限，对乡村振兴战略理解不深，参与度不高，“要我振兴”没变成“我要振兴”。

3. 扶贫产业根植性偏弱与产业扶贫益贫性不足并存

（1）扶贫产业发展存在单一化、低端化、短期化现象

目前，我国产业扶贫一般都是专项的、单一的产业，多集中于农业，且与其他产业融合程度不高，大多都是初级农产品生产。在脱贫攻坚中，一些地方扶贫资金主要投向周期短、见效快和易评估的扶贫产业项目，与后续的乡村振兴战略的需求联系不紧密，造成某些扶贫资源的浪费。

（2）扶贫产业可持续性不强

在脱贫攻坚中，一些地方一哄而上产业扶贫项目，虽然产生了立竿见影的

效果，但缺乏后续发展空间，且产业发展特色不足、同质化现象严重，对预期的市场前景和市场风险考虑不足，可持续性较差，为乡村振兴阶段的产业发展埋下隐患。以光伏产业为例，对贫困户脱贫效果很明显，但后期运维管护机制尚未建立健全，一旦补贴降低或取消，产业后续发展乏力。与此同时，产业扶贫已形成了大量扶贫资产，但扶贫资产后续管理机制尚未建立[5]。

4. 要素保障能力不强与关键领域改革亟待破题并存

（1）资金投入机制不健全

脱贫攻坚与乡村振兴均需要大量资金投入，当前财政涉农资金规模其实并不少，但分属部门众多，涉农财政资金整合力度不够，资金多头下达、零敲碎打、平均用力、“撒胡椒面”等问题，仍是基层干部群众反映比较强烈的问题。由于乡村资产资源绝大多数属于无效抵押担保物，金融贷款不但不能进入乡村，反而通过金融机构虹吸掉了大量农村资金，而且社会资本参与度不高。

（2）农村土地制度改革有待于深化

虽然国家、省级层面都出台了有关农村集体产权制度改革、农村承包地“三权分置”等意见，农村宅基地“三权分置”改革试点正在开展，但土地经营权抵押贷款尚未形成有效的经验模式，土地承包权有偿退出仍然在试点探索中，农村集体经营性土地入市、宅基地“三权分置”改革的具体操作细则、相关配套政策尚未细化出台。

（二）脱贫攻坚与乡村振兴衔接存在短板

1. 乡村治理现代化水平较低

乡村治理现代化是乡村振兴的重要体现。党的十九大要求“健全自治、法治、德治相结合的乡村治理体系”，为推进乡村治理现代化指明了方向和路径。但是，部分地区的乡村治理依然存在不少困难和问题，总体来说乡村治理现代化水平还比较低。例如，有些地方因为青壮年劳动力大多外出务工，形成了空心村，乡村治理的成本和难度加大；有些地方村民自治的平台和载体不多，主要依靠乡镇政府、村党支部、村委会三者共同完成，乡村治理结构固化，村民参与积极性不高；有些地方乡村公共产品和服务供给的效率和质量还比较低，乡村治理缺乏凝聚民心的基石。

2. “一懂两爱”人才缺口大

党的十九大要求“培养造就一支懂农业、爱农村、爱农民的‘三农’工作队伍"。但由于"一懂两爱"人才缺口较大，已经成为制约部分地区，尤其是贫困地区脱贫攻坚、实施乡村振兴战略的重要瓶颈。很多学农的大学毕业生都不愿意从事农业专业工作，人们对农业的看法仍然没有改变，农业人才短缺现象并没有从根本上消除[1]。

四、加快脱贫攻坚和乡村振兴有效衔接的对策建议

做好脱贫攻坚同乡村振兴战略的衔接，面广、量大、任务重，关键要找准乡村振兴和脱贫攻坚契合点，编好麻花辫、打好组合拳、画好同心圆，因此脱贫攻坚与乡村振兴的有效衔接必定要采用组合方案来推进。

（一）做好机制衔接，建立健全"两张皮"向"一张蓝图"转变的规划体系

统筹脱贫攻坚与乡村振兴有机衔接，关键在于体制机制的畅通。

1. 做好规划衔接

组建省级"乡村振兴专家讲师团"，指导市县乡的振兴顶层规划，解读国家乡村振兴战略和农村改革及强农惠农政策，开展科技培训和现场技术指导，全面增强广大农民的整体科技素质，培养一批农村脱贫致富带头人，尽快制定出台脱贫攻坚与乡村振兴有机衔接机制的实施意见，解决现有各类规划自成体系、缺乏衔接等问题，实现乡村振兴与脱贫攻坚"同频共振"。

2. 做好组织领导协调机制衔接

坚持"五级书记"齐抓，建立省负总责、市县抓落实的组织工作机制，成立由党政一把手为第一负责人的统筹脱贫攻坚与乡村振兴有机衔接领导小组，领导小组办公室设在农业农村部门，确保乡村振兴与脱贫攻坚"一盘棋、一体化"式推进。

3. 做好脱贫攻坚与乡村振兴体制机制的整合融合

将推动脱贫攻坚一整套有效机制办法与乡村振兴"打包配套"使用，探索建立脱贫攻坚与乡村振兴有机衔接的决策议事机制、统筹协调机制、项目推进机制、事项跟踪办理机制等。

4. 做好考核评价机制衔接

借鉴脱贫攻坚所形成的较为成熟的评价机制，分类分地区制定统筹推进脱

贫攻坚与乡村振兴有机衔接成效评估标准和体系，科学评估衔接效果，并将其作为一项重要的考核指标纳入地方领导考核体系中。

（二）做好观念衔接，建立健全“被动扶”到“主动兴”转变的动力体系

1. 做好观念衔接

一方面，把乡村振兴的理念贯穿到未来解决相对贫困的全过程，因为只有真正实现了乡村振兴，才有可能从根本上解决相对贫困；另一方面，把解决相对贫困问题作为实施乡村振兴战略的优先任务，推动相对贫困治理与乡村振兴有机结合、相互促进，把扶贫经验应用到实施乡村振兴战略当中，推动乡村走可持续发展道路[6]。

2. 典型引领示范

加强城乡间和地区间的人口流动，在增强“比较”和“竞争”的基础上激活农户的发展意愿。借鉴脱贫攻坚扶贫扶志扶智经验，通过宣传自力更生、脱贫致富和乡村自治组织树立振兴样本点，进行引导典型示范；以新时代文明实践中心为平台，开展脱贫攻坚和乡村振兴等扶志教育及创新自助扶贫方式等，提高其主体地位和责任意识[7]。

3. 实施乡风文明行动

总结推广“乡风文明行动”经验、模式，制定出台“乡风文明行动”实施方案，因地制宜制定适应新时代易操作、可落实、能见效的乡规民约、家训，让“等靠要”懒人文化在乡村绝迹，让乡风文明诠释乡村振兴，实现脱贫攻坚与文化振兴相衔接。

4. 建立农民意愿表达机制

打造创新群众参与、交流通道平台，充分尊重并倾听农民意愿；同时，建立农民建言献策奖励机制，鼓励广大农民积极为脱贫攻坚与乡村振兴建言献策。

（三）做好产业衔接，建立健全“短平快”向可持续转变的支撑体系

1. 因地制宜发展特色产业

摒弃“短平快”的扶贫思维，根据不同贫困村的发展现状、区位条件、资

源禀赋及贫困户客观需求，明确重点特色产业发展方向与规模，将重点产业与新型经营主体、农户（贫困户）、村集体对接，提升贫困人口参与产业发展的深度和广度，支持"一村一品"示范村镇建设，探索多种方式村级集体经济发展模式，实现扶贫产业可持续发展与产业振兴有机衔接[8]。

2. 大力推进一二三产业融合发展，健全农村产业融合发展和产业链增值分享机制，实现脱贫攻坚与乡村振兴的紧密结合

支持贫困县创建一批全国农村一二三产业融合发展先导区、国家农村产业融合示范园和具有区域特色的农村创业创新示范区、实训孵化基地；支持农业产业化龙头企业与贫困地区合作，创建优质农产品原料标准化生产基地，支持贫困地区组建一批农产品加工企业集团，大力发展农产品精深加工；大力推进"互联网+农业"，做大做强电商平台，探索"电子商务+智能提货柜""贫困小农户与城市消费者直接对接的'蜂巢市场'"产销对接模式，培育一批叫得响、有影响力的区域公用品牌，不断延伸农业产业链，提高产品增加值，让贫困户享受到增值收益，促进小农户和现代农业发展有机衔接。

（四）做好要素衔接，建立健全政府主导主体向多方协同参与转变的保障体系

实现脱贫攻坚与乡村振兴的统筹衔接，需要做实做细做好"人、地、钱"等要素投入保障。

1. 要"人"尽其才

推动城乡人才要素的双向流动，创新乡村人才工作机制，引导返乡下乡人员积极参与乡村产业发展，支持科技人员以科技成果入股农业企业，建立健全科研人员校企、院企共建双聘机制[2]；此外，将扶贫第一书记、驻村工作队、致富带头人培育、干部培训等政策制度，延伸推广到脱贫攻坚与乡村振兴有机衔接工作中来，重点实施贫困地区脱贫攻坚帮扶干部的人才留住行动计划，探索村党组织书记跨村任职机制，选优配强村级党组织书记，培育新型职业农民，鼓励外出农民工、退伍军人等人群返乡创业，实施新乡贤参与脱贫攻坚和乡村振兴计划，造就一支懂农业、爱农村、爱农民的"三农"工作队伍。

2. 要"地"尽其用

通过完善农地制度，使农地配置在产业融合发展中拥有更大的空间，赋予

农地经营者更为稳定的预期。延续脱贫攻坚时期用地优惠政策，探索总结农村承包地“三权分置”试点经验，完善和落实农村承包地“三权分置”办法，推广多种形式的适度规模经营；加快完成农村集体建设用地使用权确权登记颁证，出台允许农村集体经营性建设用地入市的细则、办法；在合法合规的前提下，探索农村宅基地“三权分置”具体操作细则，加快推进农房“房地一体”不动产统一登记和农民住房财产权抵押贷款工作，加大土地规划调整，盘活农村存量建设用地。

3. 要“钱”尽其效

建立科技支撑乡村振兴专项资金，鼓励大学和科研院所到农村开展科技共建、科企合作、专家科技承包等活动，建设区域特色科技示范基地，带动农业产业高质量发展；加大对农村基础设施的投资力度，提高农村各类要素的生产率和全要素生产率，以此激励城镇现代要素更多地流入农业农村；延续脱贫期间专项资金转移支付、金融信贷等政策，整合归并各类涉农资金，设立脱贫攻坚和乡村振兴相衔接的“资金池”，统筹用于乡村振兴和精准脱贫攻坚的产业发展、基础设施建设等；创新投融资机制，探索建立封闭运行的统筹脱贫攻坚与乡村振兴相衔接的贷款风险金制度，出台关于支持社会资本更多更好参与脱贫攻坚与乡村振兴的意见，形成财政优先保障、金融重点倾斜、社会积极参与的多元投入格局。

（五）做好组织衔接，放大农村多种集体组织对农民的带动功能

脱贫攻坚和乡村振兴战略都与农村集体组织的职能紧密相关，可通过激活农村集体组织来实现两者的衔接。主要有两种方式。一是充分发挥村“两委”的带动作用，健全村民和村“两委”的利益联结机制，推举具有责任感和市场经营能力的成员组成领导团队，带动集体实现农村资源与市场需求的对接。二是充分发挥农村集体经济组织的辐射功能。当前我国农村出现了专业合作社、股份合作社等新型经营主体。应进一步完善财政金融政策，深化农村要素市场改革，降低城乡市场交易成本，为这些集体经济组织的发展提供条件，使其能够同时助力脱贫攻坚和乡村振兴[9]。

参考文献

[1] 董陈丽. 跑好脱贫攻坚与乡村振兴“接力赛”[J]. 当代广西，2020（15）：16-17.

[2] 潘百涛，石建华. 脱贫攻坚与乡村振兴衔接的思考[J]. 辽宁农业科学，2019（06）：74-76.

[3] 魏后凯. 把握乡村振兴战略的丰富内涵[N]. 人民日报，2019-02-28.

[4] 孙馨月，陈艳珍. 论脱贫攻坚与乡村振兴的衔接逻辑[J]. 经济问题，2020（09）：12-17.

[5] 张宜红，万欣. 统筹推进脱贫攻坚与乡村振兴相衔接：内在逻辑及政策选择[J]. 农业考古，2020（01）：250-258.

[6] 张亚平. 科技引领脱贫攻坚与乡村振兴有效衔接[J]. 中国科学院院刊，2020，35（10）：1211-1217.

[7] 杨竟艺. 乡村振兴战略与脱贫攻坚有机衔接推进策略[J]. 乡村科技，2020，11（22）：49-50.

[8] 马园园. 发挥脱贫攻坚力量 有效衔接乡村振兴战略[J]. 山西农经，2020（17）：1-3.

[9] 高帆. 加快推进脱贫攻坚与乡村振兴战略有效衔接[J]. 国家治理，2020（28）：33-35.

作者简介：刘伯霞，甘肃省社会科学院区域经济研究所研究员、甘肃农业大学财经学院硕士生导师；王田，甘肃农业大学财经学院在读硕士研究生；刘杰，甘肃农业大学财经学院在读硕士研究生；程婷，甘肃农业大学财经学院在读硕士研究生；何强，甘肃农业大学财经学院在读硕士研究生。

“十四五”时期江西推进脱贫攻坚与乡村振兴有效衔接研究

张宜红

摘　要：恰逢谋划“十四五”、开启全面建设社会主义现代化国家的伟大新征程“第二个百年奋斗目标”的交汇时期，推进脱贫攻坚与乡村振兴有效衔接，是江西省“十四五”时期的重要任务。“十四五”时期，江西省推进脱贫攻坚与乡村振兴有效衔接有基础、有条件，但两者衔接存在防止返贫压力仍然较大、扶贫产业升级迭代缓慢、主体内生动力不足、体制机制衔接不畅、要素保障能力不强等主要困境，需根据贫困状况的变化对减贫战略和帮扶方式及时进行转型调整，与实施乡村振兴战略统筹规划、一体实施，进一步激发欠发达地区和农村低收入人口发展的内生动力，进一步提升帮扶的精准性，促进贫困人口稳定脱贫和逐步迈向富裕。

关键词：脱贫攻坚与乡村振兴 有效衔接“十四五”

2020年3月6日，习近平总书记在决战决胜脱贫攻坚座谈会上的讲话进一步提出，接续推进全面脱贫与乡村振兴有效衔接，“脱贫摘帽不是终点，而是新生活、新奋斗的起点，”“要千方百计巩固好脱贫攻坚成果，接下来要把乡村振兴这篇文章做好，让乡亲们生活越来越美好”。习近平总书记的一系列重要讲话为新时代推进脱贫攻坚与乡村振兴有效衔接提供了根本遵循。当前，恰逢谋划“十四五”、开启全面建设社会主义现代化国家的伟大新征程“第二个百年奋斗目标”的交汇时期，推进脱贫攻坚与乡村振兴有效衔接，是江西省“十四五”时期的重要任务，事关江西省农业农村现代化的进程与成色。“十四五”时期，江西省推进脱贫攻坚与乡村振兴有效衔接有基础、有条件，但也应注意几个衔接难点，推动江西省减贫战略和工作体系平稳转型，统筹纳入乡村振兴战略统筹规划、一体实施。

一、江西省推进脱贫攻坚与乡村振兴有效衔接的基础扎实

“十三五”时期，江西省脱贫攻坚取得决定性成效，脱贫攻坚四梁八柱已初步构建，乡村振兴实现良好开局，已探索形成了一系列有效衔接的实践模式，为“十四五”时期全省推进脱贫攻坚与乡村振兴有效衔接奠定了坚实基础。

（一）脱贫攻坚取得决定性成效

全省100个县（市、区）中，有原中央苏区县54个，罗霄山片区县17个，贫困县25个，“十三五”贫困村2900个，深度贫困村269个。2013年末，全省建档立卡贫困人口346万人，贫困发生率9.21%。近年来，江西省认真贯彻落实习近平总书记关于扶贫的重要论述，牢记习近平总书记寄予江西“要在脱贫攻坚上领跑，不让一个老区群众在全面小康中掉队”的厚望重托，按照中央决策部署，坚持把脱贫攻坚作为头等大事和第一民生工程，聚焦重点难点，下足“绣花”功夫，全省脱贫攻坚取得决定性成效。井冈山市在全国率先脱贫，25个贫困县全部脱贫摘帽，“十三五”3058个贫困村全部退出，贫困人口减至9.6万人，贫困发生率降至0.27%，在2019年省级党委和政府脱贫攻坚成效考核中被评为“好”的等次、国务院办公厅通报表扬，在国家2019年度财政专项扶贫资金绩效评价中被评为“优秀”等次。

（二）乡村振兴四梁八柱基本构建

一是组织领导体系基本建立。成立了以省委书记为组长、省长为第一副省长的实施乡村振兴战略工作领导小组，下设领导小组办公室，实现党委书记履行“第一责任人”职责，一级抓一级、“五级书记”抓乡村振兴的责任体系基本建立。

二是政策框架体系不断完善。《关于实施乡村振兴的意见》《江西省乡村振

兴战略规划（2018—2022）》先后出台，各部门制定出台了实施乡村振兴规划战略专项规划或实施方案，形成了全省实施乡村振兴战略“1+1+N+1”政策框架体系，大部分市县出台了地方规划或方案，上下衔接的规划体系初步形成。

三是考核激励机制不断健全。印发《江西省实施乡村振兴战略实绩考核暂行办法》，从七个方面对市县推进实施乡村振兴战略工作成效进行考核，并将考核结果作为选拔任用干部的重要依据和政策试行、项目安排、资金分配优先考虑的依据，乡村振兴实绩考核制度和激励机制不断建立健全。

（三）乡村振兴实现良好开局

一是现代农业根基进一步巩固。粮食、生猪等重要农产品保障能力持续增强，连续7年粮食产量稳定在430亿斤以上，2019年生猪出栏2546.8万头、外调生猪1186万头，为保障国家粮食安全、生猪供应做出了“江西贡献”。高标准农田建设成效显著，截至2019年底全省累计建成高标准农田2544万亩，占全省耕地面积比重达54.89%；全省农业科技进步贡献率达59.5%，主要农作物综合机械化率达到74.35%，高于全国平均水平4个百分点。

二是乡村产业发展提质增效。绿色生态农业高质量发展，农药化肥使用量连续4年保持负增长，主要农产品抽检合格率稳定在98%以上，赣南脐橙、万年贡米、宁都黄鸡、庐山云雾、宜丰蜂蜜等10个入选“2019农产品区域公用品牌”；农产品加工业做精做细，2019年农产品加工业总产值6223亿元、增长9%；休闲农业和乡村旅游业蓬勃发展，总产值945亿元，接待游客突破6500万人次；一批农村一二三产业融合载体加快培育，永修县、南丰县、乐平市、德兴市、广丰区、湘东区6县市入选全国农村一二三产业融合发展先导区创建名单，创建了省级田园综合体15个，省级现代农业示范园291个，国家现代农业产业园4个。

三是乡村面貌发生显著改观。在全国率先全面启动了“五定包干”村庄环境长效管护，65%的村组完成新农村整治建设任务，全省93.6%的村庄纳入城乡环卫一体化体系，农村集中供水率达到88%，自来水普及率83%，村庄生活垃圾有效治理率达到97.6%，78个县推行了第三方治理，28个一类县无害化卫生厕所普及率达84.57%，55个二类县卫生厕所普及率达94%，具备通车条件的建制村通客车率达100%，累计改造危旧房35.74万户，农村人居环境明显改善。

四是乡村治理取得新成效。集中整顿软弱涣散村党组织，2019 年全省共配齐配强村党组织书记 252 人、调整撤换村党组织书记 131 人，清理不符合条件的村干部 565 人，基础党组织建设不断加强。选择了 19 个县和部分乡村开展乡村治理体系试点示范，余江区等 5 个县（区）成功申报全国乡村治理体系建设试点单位，3 个乡（镇）、30 个村被列为全国乡村治理示范村镇，探索出了上饶"好客王家"通过"基层党组织+村规民约"引领乡风文明一系列乡村治理模式。全省 55%的村成立了红白理事会等议事组织，引领乡村移风易俗。

五是农村改革深入推进。截至 2019 年底，全省土地承包经营权确权登记颁证率达 97.31%，农村土地流转率达 46.6%，比上年提高 0.9 个百分点。全省近 21.2 万个农村集体完成清产核资工作，核实资产 994.5 亿元；近 6500 个农村集体认定集体经济组织成员 3580 多万人，量化集体资产 140 多亿元。培育壮大农村集体经济，村集体年经营收入 5 万元以上的村占比 79%左右。

（四）有效衔接实践模式初步探索形成

近年来，全省各地在推进脱贫攻坚和乡村振兴发展的过程中，已初步探索形成了一批可复制可推广的发展模式，如余江区以农村宅基地制度改革为契机，激发当地基层干部和村民参与乡村治理的"双向积极性"，探索出一条乡村善治的道路；横峰县坚持"党建+脱贫摘帽、富民强县实现乡村振兴战略"不动摇，创建"秀美乡村、幸福家园"的探索已成为"全省的样板"；永丰县大力发展以家庭农场为主力军的新型农业经营主体，因地制宜探索农业产业化联合体带动、订单收购带动、入股分红带动、土地流转带动等紧密型利益联结机制模式，带动农户特别是贫困户增收致富。诸如此类的模式，已成为江西省推进脱贫攻坚与乡村振兴有效衔接的实践注脚。

二、"十四五"时期江西省推进脱贫攻坚与乡村振兴有效衔接面临的主要困境

虽然江西省推进脱贫攻坚与乡村振兴有效衔接有基础、有条件，也有一些实践探索但随着脱贫攻坚全面决胜，脱贫攻坚将转向相对贫困常态化推进治理

阶段，两者有效衔接仍然存在诸多困境。

（一）防止返贫压力仍然较大

打赢脱贫攻坚战后，绝对贫困消除了，但相对贫困仍将长期存在，大部分贫困地区仍然是欠发达地区，大部分贫困群众仍然是低收入人口，在技能、资产、志气、智力等方面还存在较为明显的短板，处在脱贫和返贫的临界线边缘，抵挡自然风险、市场风险、人身风险的能力较弱，存在脱贫的不稳定性；另外，还有一些收入处于贫困线边缘的农户存在致贫风险，一旦遭遇疾病、灾害或意外，可能陷入贫困陷阱。

（二）扶贫产业升级迭代缓慢

脱贫攻坚以来，江西省各地采取农林产业扶贫、电商扶贫、光伏和小水电扶贫、旅游扶贫等一系列政策举措，发展了一大批扶贫产业基地，实现了乡村产业从“无”到“有”全覆盖，但从“有”到“强”的产业振兴之路仍然有很长一段距离要走。一是产业“小、散、弱”，同质化较重。不少扶贫产业刚刚起步，“短平快”种养项目多，与其他产业融合程度不高，大多是初级农产品生产；长效主导产业少，产业个数不少，却形不成支柱，叫不响品牌，“一县一业”“一村一品”的发展格局尚未形成，同质化现象严重。二是产业可持续性不强。在脱贫攻坚压力下，一些地方扶贫资金主要投向周期短、见效快和易评估的扶贫产业项目，对预期的市场前景和市场风险考虑不足，产业竞争力不足，成为“烂尾”产业，与乡村振兴产业发展要求不相符。三是贫困户参与度不高。调研发现，江西省贫困农户参与扶贫产业的意愿不强、能力不足，基本上就靠简单的“分红了之”。实地调研发现，很多种养项目本质上以土地入股，领取租金和直接分红，分红期限短，大多是3~5年，分的红基本上是财政资金或贷款贴息，没有真正让贫困户参与到产业价值链当中，与产业兴旺相悖。

（三）主体内生动力不足

一方面，一些地方在激发贫困群众内生动力方面重视不够、做得不够，有的发钱发物“一发了之”，有的统一入股分红“一股了之”，有的低保兜底

"一兜了之"，导致有的贫困户依赖感越来越强，形成"政策养懒汉"，既不能增强自我发展能力，还引起了其他群众的不满。另一方面，贫困户脱贫内生动力不足，农户参与乡村振兴主动性不够，一些贫困户仍然存在"要我脱贫"的依赖思想和"我穷我有理"的心安理得，甚至有的村民调侃说"要当就当贫困户"；江西省一些地方在实施乡村振兴过程中，大多是政府在唱"独角戏"，农民参与度不高，"要我振兴"没有向"我要振兴"转变。其中很重要的一个原因是厚葬薄养、人情攀比、红白喜事低俗娱乐表演等不良风气仍然存在，部分乡村还存在"乡村恶霸"，甚至个别地区宗族势力较为庞大，乡风文明亟待培育，乡村治理存在"盲点"。

（四）体制机制衔接不畅

一是政策机制衔接匮乏。虽然江西省大多地方已经制定乡村振兴规划、实施方案和脱贫攻坚行动方案，但就脱贫攻坚后如何与乡村振兴相衔接，尚未制定具体的衔接举措、路径，缺乏系统性的衔接设计。二是组织协调衔接难。江西省成立了实施乡村振兴战略工作领导小组，但涉及产业、生态、文化、组织、人才等不同部门，脱贫攻坚与乡村振兴分属扶贫和农业农村两个部门，各管一段，组织协调没有形成合力。三是项目规划协调难。调研发现，目前江西省无论是项目规划，还是项目实施方面，都没有完全做到乡村振兴项目与脱贫攻坚项目的有效衔接、统一部署。不少地方在项目具体实施工作中，往往就乡村振兴谈乡村振兴，就脱贫攻坚搞脱贫攻坚，存在"两张皮"现象。

（五）要素保障能力不强

一是乡村人才匮乏。江西省脱贫攻坚过程中，打造了一支"走不了"的工作队伍，但与人才振兴目标要求相比，仍然有很大差距。目前，江西省乡村人才依旧主要流向城市，回乡创业人才平台缺乏吸引力；部分村党组织涣散，"头雁"式的乡土人才、致富带头人稀缺，懂技术、会生产、善经营的"田秀才""土专家"等农村实用人才缺口较大，基层农技人员青黄不接，通过定向培育招录的农技人员大部分被安排于其他岗位，占编占岗不履职，缺位现象普遍；高素质农民培养效果停留在"发了多少结业证"上，而缺乏培训后的跟踪服务。二是农村"三块地"改革亟待深化。全省农村土地承包权有偿退出尚待破题，土地经营权流转不规范、不彻底，不少经营者碰触农地红线，打“擦边球”违规用地，陷入“农业不挣钱，动辄就违法，随时遭强拆”的状况，“用地难”问题依旧存在。农村集体经营性土地入市、宅基地“三权分置”改革的具体操作细则、相关配套政策尚未细化出台，缺乏市场进入与退出机制，流动性和经营性均较差，农村产权制度改革滞后，一定程度上制约了江西省推进脱贫攻坚与乡村振兴有效衔接。三是资金投入机制亟待健全。“十四五”时期，江西省巩固脱贫成果，接续推进乡村全面振兴，需要大量资金投入，但目前全省财政涉农资金整合不到位，多头下达、零敲碎打、撒胡椒面等问题仍较突出；全省土地经营权抵押贷款办法仍然停留在探索阶段，农村金融产品创新不足，农村金融机构仍担任着资金的“抽水机”，社会资本参与脱贫攻坚与乡村振兴明显不足。

三、“十四五”时期江西省推进脱贫攻坚与乡村振兴有效衔接的若干关键举措

“十四五”时期，江西省要把脱贫攻坚与乡村振兴的“接力棒”交接好，就需根据贫困状况的变化对减贫战略和帮扶方式及时进行转型调整，与实施乡村振兴战略统筹规划、一体实施，进一步激发欠发达地区和农村低收入人口发展的内生动力，进一步提升帮扶的精准性，促进贫困人口稳定脱贫和逐步迈向富裕。

（一）保持政策稳定，建立可持续减贫长效机制

防止返贫和继续攻坚同样重要，也是“十四五”时期江西省推进脱贫攻坚与乡村振兴有效衔接的重要标志。一是保持过渡期政策稳定。从脱贫攻坚到乡村振兴，不是要另起炉灶，千万要防止搞政策“急刹车”。明确“十四五”作为过渡期，严格按照“四不摘”要求，做到频道不换、靶心不变、力度不减，主要脱贫攻坚政策保持总体稳定，对已摘帽的贫困县、贫困村、贫困户不能马上撤摊子、甩包袱、歇歇脚，要“扶上马送一程”。二是构建防止返贫监测和帮扶机制。建立数据预警监测系统，加强对贫困边缘户、非持续稳定脱贫户及因疫情或其他原因收入骤减或支出骤增户的监测和预警，织密防止返贫“保障

网"，对易致贫返贫对象开展精准、有效帮扶。三是全力做好易地扶贫搬迁"后半篇文章"。保障水、电、路、网等基础设施，配套公共服务体系；坚持搬迁安置与产业配套同步推进，开发就业岗位，健全安置区公共就业服务体系，加大就业帮扶；构建安置社区人人有责、人人尽责、人人享有的社会治理共同体，提升搬迁群众的社会融入感，保障其合法权益。

（二）提升产业可持续发展能力，统筹衔接产业扶贫与产业振兴

提升扶贫产业可持续发展能力，统筹衔接产业扶贫与产业振兴，是"十四五"时期江西省推进脱贫攻坚与乡村振兴有效衔接的核心。一是延伸整合产业链。围绕扶贫产业，打通加工、流通、销售等上下游产业，将依托乡村资源衍生的新业态融入产业大链条，重点扶持和培育各个产业链条上的龙头企业，促使一二三产业融合发展。二是提高产业抗风险能力。实施"产业特派员"进村工程，创新开发产业扶贫保险险种目录，支持更多农业保险品种上市，实现主要农业保险应保尽保，提高产业抵御自然风险、市场风险、技术风险的能力。探索政府和帮扶单位从生产到销售全部包揽的逐步"退出"机制。三是建立更加稳定、紧密、互利的利益联结机制。构建"订单收购+分红""保底收益+按股分红""要素入股+务工工资+返利分红"等多样化利益联结模式，让农民能在产业链条上或与产业经营主体建立利益联结，共享乡村产业振兴的红利，促进小农户和现代农业有机衔接。

（三）统筹政策机制衔接，推动减贫战略和工作体系向乡村振兴平稳转型

绝对贫困解决后，减贫战略和工作体系必须统筹纳入全省乡村全面振兴的框架中去，实现平稳转型。一是减贫战略向相对贫困现代化治理转型。制定出台第三个跨越十年的农村扶贫开发纲要，即《江西农村扶贫开发纲要（2021—2030）》，在此基础上制定《江西省"十四五"时期脱贫攻坚与乡村振兴有效衔接的实施意见》。科学地划定一条"相对贫困监测线"，实行农村减贫与城市减贫并重，全面统筹治理城乡贫困问题。把促进收入增长、缩小收入差距及实现社会公共服务均等化作为解决相对贫困的主要内容；把低收入和自身发展、生计能力不足的老弱病残群体作为实施相对贫困战略的重点对象。二是减贫工

作体系向乡村振兴常态化推进体系转型。做好规划统筹衔接，把脱贫攻坚规划需要持续推进的任务、工程、项目等纳入乡村振兴规划，直接或改造沿用脱贫攻坚的组织领导、驻村帮扶、资金投入、金融服务、社会参与、责任监督、考核评估等工作体系，推动减贫工作体系向乡村振兴常态化工作体系衔接，不断丰富和完善乡村振兴体制机制，激发市场、主体和要素活力。三是减贫政策向乡村振兴制度化保障体系转型。保留一批：对于基础设施、公共服务、人居环境整治、扶贫公益性岗位、控辍保学等政策措施，可直接纳入乡村振兴的常规性政策中。延期一批：对于易地扶贫搬迁等政策，尚需要做好后续扶持工作。整合一批：对于产业扶贫、就业扶贫等措施，在调整升级后可纳入乡村振兴的常规性政策中；对于保障兜底、医疗扶贫等措施，在经过改造完善后可纳入统一的社会保障体系。取消一批：对于那些临时性或者已经完成历史使命的政策措施，可以取消。

（四）增强欠发达地区和农村低收入人口发展的内生动力，推动从“被动扶”向“主动兴”转变

脱贫攻坚与乡村振兴有效衔接，应更加注重激发群众内生动力，把扶志扶智提升至推进振兴的更加突出位置，让群众真正从“帮我脱贫”转变为“我要振兴”。一是加快补齐农村人居环境短板，实现生态宜居。加大农村人居环境整治资金扶持力度，持续推进农村“厕所革命”，加快推进农村生活垃圾处理、生活污水处理、农业面源污染治理、农业废弃物资源化利用等设施建设，不断改善农村人居环境，拓展和创新“两山”转换通道，把生态资源转换成经济优势，实现生态振兴。二是夯实农村基层党建根基，实现治理有效。更加注重组织领导衔接，实施村党组织带头人素质提升行动，持续整顿软弱涣散村党组织，形成“五级书记”齐抓乡村振兴的局面。探索在村党组织领导下开展村民说事、百姓议事等自主协商活动，探索积分制等激励管理方式，提高乡村治理效能。三是推动文化振兴，实现乡风文明。依托乡村特色文化资源，实施“文化+”战略，推动文化与旅游业、制造业、农林业等相关产业融合，激发乡村自主造血的能力与动力。以社会主义核心价值观为指导，深化扶志扶智行动，尽快出台全省移风易俗建设乡风文明的实施方案，倡导广大农村家庭加强良好家风家训建设，深入推进移风易俗。四是增强低收入人群自我发展能力。采取

生产奖补、投工投劳等鼓励式、竞争性的方式，引导低收入人口积极参与致富产业培育、人居环境整治、基础设施改善等工作，提升其参与感和获得感，激发其自我奋斗的内生动力。

（五）实施精准帮扶，促进逐步实现共同富裕

实现共同富裕是实现乡村振兴的根本目的，也是社会主义的本质要求。一是加快构建资源要素“四优先”机制。“人”尽其才。重点实施贫困地区脱贫攻坚帮扶干部的人才留住行动计划，选优配强村级党组织书记，培育新型职业农民，加大农技推广人员和防疫人员的定向培养力度，鼓励外出农民工、退伍军人等人群返乡创业，实施新乡贤参与乡村振兴计划。“地”尽其用。完善农村承包地“三权分置”制度，加快农村集体经营性建设用地入市步伐，打通进城落户农民自愿退出的宅基地入市渠道，让土地成为乡村振兴的核心要素。“钱”尽其效。延续脱贫攻坚期间专项资金转移支付、金融信贷等政策，以“政府出资为主、银行出资为辅”，探索建立乡村振兴贷款风险补偿基金制度，出台江西省关于支持社会资本参与乡村振兴的意见。推动保险机构增加具有江西特色的农产品险种，推动险种设立权限下移。二是提升低收入人群建设能力。建立低收入人群技能培训和有效就业机制。通过适度扩大兜底扶贫对象、适度拓展兜底扶贫内容、适度提升兜底扶贫标准，建立低收入人群的社会保障兜底的政策体系。三是增加乡村公共服务供给。探索建立完善统筹城乡公共服务优先投入机制，加快提升农村教育、医疗、卫生、社会保障、文化体育等公共服务水平。推动社会保障制度城乡统筹并轨，推动县一级的公共服务下乡，推动县乡一级的行政服务向行政村延伸，建立村级公共产品产权清单制度，规范乡村公共产品和服务管理，构建具有江西特色的乡村公共服务供给体系。

参考文献

［1］郭玮．如何做好脱贫攻坚与乡村振兴的有效衔接？［M］//2020 年《政府工作报告》学习问答．北京：中国言实出版社，2020.

［2］魏后凯．如何实现全面脱贫与乡村振兴的“有效衔接”［N］．光明日报，2020-4-3.

［3］农民日报评论员．健全防止返贫机制 确保高质量打赢脱贫攻坚战：一论

脱贫攻坚与乡村振兴有机衔接［N］. 农民日报，2020-8-31.
［4］农民日报评论员. 在乡村振兴中巩固脱贫攻坚成果：二论脱贫攻坚与乡村振兴有机衔接［N］. 农民日报，2020-9-1.
［5］农民日报评论员. 把解决相对贫困纳入乡村振兴战略：三论脱贫攻坚与乡村振兴有机衔接［N］. 农民日报，2020-9-2.
［6］高帆. 加快推进脱贫攻坚与乡村振兴战略有效衔接［J］. 国家治理，2020(28)：33-35.
［7］涂圣伟. 脱贫攻坚与乡村振兴有机衔接：目标导向、重点领域与关键举措［J］. 中国农村经济，2020（8）：2-12.
［8］高强. 脱贫攻坚与乡村振兴有效衔接的再探讨：基于政策转移接续的视角［J］. 南京农业大学学报（社会科学版），2020（4）：49-57.

作者简介：张宜红，江西省社会科学院副主任，副研究员。

协同推进脱贫攻坚
和乡村振兴的实践与启示
——基于河北威县的调研

赵然芬　穆兴增

摘　要：推进脱贫攻坚与乡村振兴有效衔接是“三收官之年”的核心工作，更是我国如期建成小康社会，全面实现农业强、农村美、农民富的重要支撑。多年来，威县始终坚持农业农村优先发展原则，向改革创新要动力，统筹推进脱贫攻坚与乡村振兴协同发展的做法，不仅使之快速成功脱贫，获得了“中国最具特色经济发展潜力县”等荣誉称号，而且为贫困地区实现乡村振兴提供了示范“模板”。借鉴威县经验，协同推进脱贫攻坚和乡村振兴，要从三面发力。一要着力推进两大战略体制机制等有效衔接，二要着力推进产业脱贫与产业振兴协同发展，三要着力推进扶智、扶志与乡风文明、治理有效协同发展。

关键词：脱贫攻坚　乡村振兴　威县

2020年是全面打赢脱贫攻坚战、建成小康社会的收官之年，亦是乡村振兴全面发力的起承之年。协同推进脱贫攻坚与乡村振兴，不仅是现阶段“三农”工作的核心任务，更是确保我国如期建成小康社会，全面实现农业强、农村美、农民富的重要支撑。河北威县仅用几年时间，不仅成功脱贫摘帽，而且获得了“中国最具特色经济发展潜力县”“河北省经济发展先进县”等一系列荣誉称号，其开创的协同推进脱贫攻坚和乡村振兴的“威县模式”，尤其值得学习和借鉴。

一、威县协同推进脱贫攻坚和乡村振兴的主要做法

多年来，威县县委县政府始终坚持农业农村优先发展原则，向改革创新要动力，统筹推进脱贫攻坚与乡村振兴协同发展，取得了显著成效。总结其经验做法，主要有以下几点。

（一）以推进农村三产融合发展为抓手，探索五大扶贫机制，推进产业扶贫向产业兴旺转变

威县曾是典型的农业大县、工业小县、财政穷县。农业种植结构单一，以棉花为主，全县110万亩耕地中棉花种植连续20年在80万亩以上，生态环境恶化，全县森林覆盖率仅为10.3%，16万亩沙化宜林地需造林绿化。如何把调整农业结构与促进农民增收、改善生态环境有机统一，是威县亟待解决的重要课题。

2012年，威县投资160万元聘请中国农科院部分专家，高起点谋划，编写了《威县现代农业示范区总体规划》，确定了围绕“三带三园六板块”总布局。以此为蓝本，威县大力调整种植结构，按照“三带三园”发展布局和思路，启动实施沿西沙河优质林果带、沿106国道设施蔬菜带、沿金沙河“南鸡北牛”畜禽养殖带、4.5万亩现代农业园区、君乐宝乳业园区、宏博肉食加工园区等项目建设，着力打造了“五个示范区”（产业结构调整示范区、三产融合示范区、园区机制创新示范区、标准化生产示范区、环境友好发展示范区）。紧扣“农业供给侧结构性改革”的要求，抢抓“京津冀一体化”战略机遇，探索“农业+”新模式，以重点项目建设带动农业产业发展升级，不断延伸农产品加工链条，加速推进农旅融合发展，实现了农业产业“接二连三”，初步形成了以林果、畜牧、蔬菜、粮棉为主导的农村一二三产业融合发展的现代农业产业体系。

同时大胆改革创新，按照“产业、政策双扶持双兜底”的扶贫思路，探索实施“四个动起来、四个全覆盖”（党委政府动起来、富民产业全覆盖，企业农户动起来、股份合作全覆盖，银行保险动起来、金融支撑全覆盖，社会各界动起来、帮扶救助全覆盖）脱贫路径，探索出了金鸡、白羽、威梨、根力多、

金牛等五大扶贫机制，在大力推进农村三产融合发展、建设现代农业的同时，有效带动了贫困户稳定增收。

以金鸡模式为例。2015年9月，在国务院扶贫办、中财办、中农办、财政部、农业部、河北省委省政府的大力支持下，威县将德青源一二三产业融合发展模式引入其扶贫开发事业中，合作实施全国首个"金鸡产业扶贫项目"，探索财政扶贫资金的资产收益扶贫机制，取得了显著成效，带动固献等4个乡镇、126个村（贫困村48个）、2117户、4424名贫困群众稳定脱贫。核心是国企融资建厂、扶贫资金入股、企业租赁经营、贫困群众分享、集体经济收益。2014年，威县政府注入县属经济林权、城市背景林带权、4万亩河道确权国有土地等优质资产，在县级层面成立了集投资、融资、担保、建设、管理为一体的河北威州现代农业投资有限公司（简称"农投公司"），总资产14亿元。2015年，农投公司与德青源合作开展蛋鸡资产收益精准扶贫试点工作。农投公司投资2.5亿元，建成总规模240万只的金鸡产业扶贫生态园。其中，从中国农业发展银行申请到期限为15年、年利率为4.9%的贷款1.25亿元，由威县威州城镇化建设投资集团有限公司做资产抵押担保；发改委第三批专项重点项目建设基金0.3亿元、河北省扶贫办支持威县试点0.2亿元、县政府整合各类涉农资金0.75亿元，建设金鸡项目的"八区四场"：2个后备鸡场、6个蛋鸡场、1个饲料厂、1个屠宰厂、1个食品厂、1个沼气厂，以及总规模240万只的金鸡产业扶贫项目生态园。项目建成后，德清源公司投入1.25亿元（生物资产）承包经营，承租期25年。前15年，每年按照农投公司固定资产总投资的10%，支付资金2500万元；后10年，每年支付租金1000万元。农投公司还本付息1538万元后，剩余962万元，由农投和合作社对2117户、4424名贫困群众，按照每人每年分红1000元的标准，半年一次拨入贫困户卡上，总计442.4万元；列支480万元，按每村每年10万元标准，由农投和合作社通过乡镇财政拨入48个贫困村账户作为集体收入，用于公益事业建设与维护，剩余资金作为专项建设资金分红。此外，德青源每枚鸡蛋提取1分钱，设立"蛋基金"支持村集体经济。德青源项目不仅实现了"资源变股权、资金变股金、农民变股民"，对所有贫困村户"精准滴灌"，而且创造就业岗位1038个，包括环卫、安保等公益岗位288个，配套物流、包装业岗位600个以上，保洁、绿化等爱心岗150个，优先录用有劳动能力的贫困群众，让其通过力所能及的劳动增加收入。

（二）以构建自治、法治、德治“三治合一”现代乡村治理体系为抓手，探索“1+5”社会治理模式，大力开发公益性扶贫岗位，实现治理有效和就业扶贫的协同推进

威县把脱贫攻坚作为乡村基层干部考核的重要内容，通过修订完善村规民约、健全群众民主议事管理机制、确立公开公正规范的运行规则等手段，探索建立了以村党组织为核心、自治组织为主体、群团组织为纽带、经济组织为支撑、服务组织为补充、维稳组织为保障的“1+5”农村社会治理模式，同时，积极开发公益性岗位，推动有劳动能力的贫困户就业增收，形成了社会治理和就业扶贫良性互动的新格局。

一是抓党建，全面优化提升农村基层党组织。威县大力优化乡村领导班子结构，优选推选致富带头人、外出务工有成人员、大学生村官等“能人”担任村两委领导班子。同时强化干部培训，针对新任村支书和村主任、优秀村支书、贫困村村支书及其他乡村干部，威县开展了多内容、多形式的党建及业务培训；定期组织村支书参加邢台前南峪、山东西霞口、保定狼牙山等省级示范培训，其中181个贫困村支书实现全覆盖。二是强管理，筑牢农村社会治理的“桥头堡”。2019年，威县出台了《关于深入推进农村“领头羊”工程的实施方案》（威办【2019】6号），梳理出21项重点工作，列出任务单和时间表，每年1、7月组织全县各村支部书记就任期承诺、年度承诺等事项落实情况，进行“双述双评”，对连续两次或累计三次年终考核不称职的村党组织书记，予以调整退出；发挥健全凭绩定星、以星定酬、绩酬统一的村党支部书记星级化管理机制，把土地流转、脱贫攻坚、合作社建设作为评选表彰红旗支部、功勋支部的“硬条件”，评定“红旗支部”46个、“功勋支部书记”10名、3星级以上支部书记174人，评选出1名全省“千名好支书”、7名全市“百名好支书”，选拔5名村支书为乡镇公务员，纳入财政供养人员28名。三是重协同，“五种组织”各司其职，实现多维化社会治理。威县坚持以党组织为核心，积极引导社会组织参与社会治理，构建了以村党组织为领导核心、村民代表会议为常设议事机构、村民委员会为执行机构、村务监督委员会为监督机构的村级自治组织，红白理事会、共青团、妇联等配套群团组织，村“两委”干部、

党员、农村"能人"等领办创办的专业合作社等经济组织，志愿者服务组织，"五位一体"（治保会、警务室、民调会、巡逻队、宣传队）治安防控组织等五个组织，共同参与农村社会治理；大力开发经济组织和治安防控组织中的就业岗位，优先安排有劳动能力和就业意愿的贫困户就业，形成了就业扶贫和社会治理齐头并进的良好发展格局。

（三）以挖掘传承"孝"文化为抓手，树立良好家风村风，强化贫困老人人文关怀，打造孝亲敬老文明乡风

威县以推进孝亲敬老村建设为抓手，以培育孝亲敬老良好村风民风为重点，以建设县域孝亲敬老之乡为目标，坚持党委引导、乡镇负责、社会协调、公众参与的原则，精心打造了220个孝亲敬老村，探索出一条以孝亲敬老村建设为载体，以"村民自治、典型带动"为抓手的乡风文明建设之路。

一是打造一批孝亲敬老村。威县县委以"中国好人"付宏伟为样板，争取中央和省专项资金56万元，把孙家寨建设成为社会主义核心价值观涵育基地，引导各村学习孙家寨"孝道村"发展模式。出台《关于敦促赡养人履行赡养义务的通告》，重点针对贫困村，用法规形式明确子女对父母的赡养扶助义务，规定儿女每年给老人的赡养费不低于1000元，以及对不履行赡养义务人员的惩戒措施。二是引领农村风尚健康发展。2017年以来，威县先后制定出台了《关于在全县农村进一步加强红白理事会、道德评议会和村规民约建设的实施方案》《中共威县县委、威县人民政府关于推动移风易俗树立新时代新风尚的实施意见》等一系列文件，推动全县522个行政村成立红白理事会、乡贤评议会、移风易俗理事会，管理统一全村婚丧嫁娶事宜和标准，杜绝大操大办、奢靡浪费，开展各类主题活动等。同时推出一系列模范遴选活动，如每季度推举"威县好人""道德模范"等各类先进典型；每年度推荐20个孝亲敬老示范村；在各乡镇村评选"好媳妇""好公婆""好儿女""好妯娌"等。充分发挥典型模范的示范带动作用，引领带动村民树立好家风、好民风。

二、协同推进脱贫攻坚与乡村振兴的几点建议

借鉴威县经验，协同推进脱贫攻坚和乡村振兴，要着力做好以下几方面

工作。

（一）推进脱贫攻坚与乡村振兴体制机制等有效衔接

脱贫攻坚与乡村振兴两大战略是党的十九大提出的，着眼于实现两个“一百年奋斗目标”的标志性目标和重大战略。尽管二者在政策导向、施策区域、施策主体、施策对象上存在不少差异，但在消除贫困目标、建设内容、工作机制和参与主体等诸多方面存在着较高的耦合性。当前正处于两大战略实施的历史叠加时期和机遇交汇期，要加快形成脱贫攻坚与乡村振兴战略相互支撑、相互配合的良好格局，首要任务是做好两大战略的有效衔接。

一是做好脱贫攻坚和乡村振兴规划的有效衔接。深度贫困地区乡村振兴规划的制定，要以巩固脱贫攻坚成效、防止返贫为基础，注重相对贫困、多维贫困人口的脱贫工作。以发展为主基调，主要依靠产业发展和社会事业建设来实现脱贫和乡村振兴两大战略的协同推进。在乡村振兴视域下，梳理脱贫攻坚规划，把其与乡村振兴战略相互融通、相互契合的建设内容，经过甄选整合后的重复建设项目，纳入乡村振兴规划和相关实施方案中，如延续“两不愁三保障”作为乡村振兴民生领域建设内容，具有长效发展潜力的扶贫产业项目纳入乡村产业项目建设中等。

二是做好脱贫攻坚和乡村振兴政策的有效衔接。延续现有开发性扶贫政策3~5年，并推动其转化为覆盖低收入群体的常态化扶持政策。研究扶贫政策内容，对不适应打赢脱贫攻坚战后新的扶贫形势、以及脱贫和乡村振兴两大战略重点需要的扶贫政策，建立逐步退出机制；适应的政策，通过政策内容、实施方式的细化和调整，纳入乡村振兴政策体系中，如将公共服务领域的特惠性扶贫政策，拓展为乡村居民都能够享受的普惠性政策；在保证脱贫成效的基础上，将到村到户的福利性产业扶贫政策和资源，像贫困户小额信贷等，整合调整为提升乡村发展能力的扶持政策。

三是做好脱贫攻坚和乡村振兴体制机制、制度体系的有效衔接。与一般地区相比，深度贫困地区的经济、社会、生态等多类基础都很薄弱，其乡村振兴战略的实现，前期必须借助外部力量来推动。要充分利用社会主义制度集中力量办大事的重大优势，延续中央统筹、省负总责、市县抓落实的管理体制，层层落实责任、“五级书记”一起抓、向贫困村派驻村干部和第一书记的工作帮扶机制，以及财政专项扶贫资金管理机制、结对帮扶的社会动员机制、第三方评估考核评价机制等成功做法，构建深度贫困地区集中力量推进乡村振兴的领导体制、工作机制及责任、监督、考核评估等制度体系。

（二）推进产业脱贫与产业振兴协同发展

产业脱贫是实现贫困人口收入增加、摆脱贫困的重要手段，脱贫攻坚实践中，70%的扶贫资金用于产业扶贫。而产业兴旺是实现乡村振兴的核心和关键动力。脱贫攻坚过程中形成了大量的扶贫产业，在乡村振兴视域下推进这些扶贫产业的持续长远发展，既是巩固脱贫攻坚成效，实现贫困地区、贫困人口稳健脱贫的基础和保障，亦是实现产业兴旺、推进乡村振兴的重要基础和关键内容。

一是推进扶贫产业优化升级。受贫困地区自然资源禀赋、区位交通等条件及脱贫摘帽行政压力影响，贫困地区的扶贫产业多以"短平快"的简单种养和初级加工为主，产业链和价值链较短，市场竞争力和价值空间开拓能力不强。推进产业扶贫与产业振兴协同发展，要在立足贫困地区独特资源禀赋的基础上，大力发展特色产业，强化科技支撑作用，推动特色种养业向绿色化、品牌化、质量化发展。充分利用扶贫优惠政策，引导城市生产要素融入扶贫产业，延长产业链条，开发农业多种功能，鼓励"农业+"多种业态发展，推动贫困地区农村产业融合发展。探索生态产品价值实现机制，牢固树立"绿水青山就是金山银山"的理念，把生态与产业紧密结合，推动资源变资产、资产变资金、资金变资本，生态产业化，产业生态化。

二是培育产业发展主体。激发贫困地区农民主体内生动力，通过采取典型引领、开办"农民讲习所""农民大课堂"等方式，引导贫困地区农民改变"等靠要"观念，提高主体自觉性和发展主动性，让乡村振兴观念"内化于心""外化于行"。开展多元化的农民素质提升行动，强化新型农业经营主体的技能和素质培训，全面建立职业农民制度，针对贫困地区特色农业发展，建立公益性和经营性相结合的农业科技推广转化机制，广泛开展地方院校与贫困地区人才培养、合作与交流机制，构建集技能培训、职业教育、人才培养于一体的智力开发机制。积极培育产业发展带头人，深入推进农村双创工作，加大贫困地区农村创业创新平台及载体的搭建创建，实施更大力度的优惠政策，鼓励引导从贫困地区走出去的成功人士回乡创业就业。强化贫困地区“领头雁”的“内育”，积极推进村干部、本土涉农经济组织发起人、地方农产品加工企业家等地方能人发挥带头作用，通过成立专业合作社、产业化联合体等方式，组织带动贫困地区农户生产与现代农业有机衔接。

三是大力发展集体经济。深化农村集体产权制度改革，加快完成清产核资工作，建立健全贫困地区农村集体资产成员界定制度、股权量化机制，以及资产收益分配机制等。统筹挖掘县域内贫困地区生态资源、自然风热资源、水资源、历史人文资源，以及农村承包地、“四荒地”、林地、闲置宅基地、集体建设用地等农村集体资产，以县为范围，探索构建农村集体资源资产化路径与模式，有效盘活农村集体资源。成立农村集体经济组织，鼓励其通过资源、政策的充分利用和产业业态的多元化发展实现资产的升值和增殖。一方面大力支持集体经济组织发展生产性服务业，为农户、新型农业经营主体等提供农资供应、技术支持、营销流通等生产生活服务，以及为外来投资主体提供物业管理、用工协调、物业管理等配套服务；另一方面通过财政购买服务方式，支持集体经济组织承接政府基础设施、公共项目建设，公共服务供给，以及生态环境改造，探索与政府乡村建设同步发展模式下的集体经济增长机制。鼓励农村集体经济组织创办、领办、参办合作社、农产品加工企业等农业经营组织，以集体资产入股企业、合作社、家庭农场等新型农业经营主体，探索多村集体经济组织合作联营发展模式，构建集体经济稳定发展的长效机制。脱贫攻坚中由财政投资形成的扶贫产业，做好清产核资工作后，计入集体经济资产，在保证贫困人口扶贫收益的基础上，实现资产升值。

（三）推进扶智、扶志与乡风文明、治理有效协同发展

“以党建促脱贫”是我国深度贫困地区打赢脱贫攻坚战的重要法宝和宝贵经验。“五级书记一起抓”“驻村扶贫工作队”“第一书记”等制度的实施，利用纵向党组织联结横向的行政系统和事业单位的方式，通过外部组织和资源注入及内生力量的强化，把农村基层组织打造成脱贫攻坚的“桥头堡”，充分发挥脱贫攻坚中农村基层组织的核心引擎作用，不仅在贫困治理上取得了巨大成就，而且实现了社会治理和乡村治理的重塑。深度贫困地区推进乡村振兴，要在深度借鉴该经验的基础上，实现“以党建促脱贫”向“以党建促振兴”的

转变，推进智志双扶与社会治理、乡村治理的协同发展。

一是加强农村基层党组织建设。构建深度贫困地区“以党建促振兴”的农村基层组织发展机制，推进“五级书记抓扶贫”、扶贫驻村工作队、扶贫第一书记等组织体制、工作机制和帮扶制度等向“五级书记抓振兴”、乡村振兴驻村工作队、乡村振兴第一书记等转变并落实，探索政府部门、企事业单位、社会组织等共同参与的深度贫困地区乡村“大振兴”格局。着力提升农村基层组织治理能力和服务效能，严格激励考核制度，强化党员党性建设和服务意识提升，健全完善党员服务群众的体制机制、方式方法等，把农村基层组织打造成推进乡村振兴的坚强堡垒和排头兵，以强大组织力量促进乡村振兴。

二是以农村基层组织为核心，健全农村社会治理体系，推进智志双扶与“三治合一”耦合发展。建立健全村民自治组织和制度，完善民主决策机制，强化农民集体意识和合作精神，鼓励和支持贫困地区建立健全配套群团组织、经济组织、服务组织等，结合当地社会、文化、经济特点自主协商制定乡规民约，宣传党的路线方针政策，开展法制宣传教育，宣传社会主义核心价值观和中华传统美德，组织农业科技和技能培训，组织开展系列道德模范评比，建立脱贫摘帽贫困户乡村振兴奖勤罚懒机制等，增强村民民主意识、法制意识和思想品德，营造村民自我管理、自我教育、自我约束、自我发展、积极向上的良好氛围。

作者简介：赵然芬，河北省社会科学院副研究员；穆兴增，河北省社会科学院所长，研究员。

关于脱贫攻坚与乡村振兴有效衔接的几点思考

韦　佳

摘　要： 脱贫攻坚和乡村振兴是实现我国“两个一百年”奋斗目标的战略安排，前者立足于“全面建成小康社会”的实现，后者着眼于向“社会主义现代化强国”迈进。推动脱贫攻坚与乡村振兴战略的有效衔接，做好脱贫攻坚与乡村振兴的深度融合，是“两个一百年”奋斗目标顺利实现的重要保证，做好二者的有机衔接和协同推进，有利于巩固脱贫攻坚成果，更有利于促进农业农村优先发展，推动乡村全面振兴。

关键词： 脱贫攻坚　乡村振兴　衔接

中共中央政治局委员、国务院扶贫开发领导小组组长胡春华，在出席部分省脱贫攻坚与实施乡村振兴有机衔接工作座谈会上强调，要深入贯彻习近平总书记关于扶贫工作重要论述，认真落实全国两会精神，在确保如期打赢脱贫攻坚战的基础上，接续推进脱贫攻坚与乡村振兴有机衔接。脱贫攻坚与乡村振兴战略都是我国为实现“两个一百年”奋斗目标而确定的重大国家战略。只有脱贫攻坚和乡村振兴战略统筹兼顾、协调推进，才能更好地促进“两个一百年”奋斗目标的实现。

一、正确理解脱贫攻坚与乡村振兴战略的内在关系

摆脱贫困是乡村振兴的前提，打赢精准脱贫攻坚战，是乡村振兴战略的重要内容。二者的关系是相互联系、内在统一的。

（一）脱贫攻坚是实施乡村振兴战略的前提和基础

中央农村工作会议提出，走中国特色社会主义乡村振兴道路，必须打好精准脱贫攻坚战，走中国特色减贫之路。近几年来，以习近平同志为核心的党中央围绕脱贫攻坚做出一系列重大部署和安排，全面打响脱贫攻坚战，脱贫攻坚力度之大、影响之深、规模之广前所未有。我国贫困人口从 2012 年年底的 9899 万人减少到 2019 年年底的 551 万人，贫困发生率由 10.2%降至 0.6%。但也要看到，深度贫困地区还有不少未脱贫人口。这些地区往往是偏远山区，基础薄弱、交通不便、信息不畅、生态脆弱、人才不足，既面临生态修复和治理的重任，又面临产业发展难、脱贫成本高的挑战。虽然同过去相比，未脱贫人口的总量不大，但都是贫中之贫、困中之困，是最难啃的硬骨头。只有如期实现现行标准下的农村贫困人口全部脱贫，才能实现全面建成小康社会的目标，才能为实施乡村振兴战略打下坚实基础。没有农村贫困地区的如期脱贫，就没有乡村振兴。脱贫攻坚、摆脱贫困是乡村振兴的基础和前提。是否能如期打赢脱贫攻坚战，将深刻影响乡村振兴战略实施的进程。

（二）脱贫攻坚是实施乡村振兴战略的重要内容

2018 年 2 月，中共中央、国务院印发了《乡村振兴战略规划（2018—2022 年）》，明确提出“把打好精准脱贫攻坚战作为实施乡村振兴战略的优先任务，推动脱贫攻坚与乡村振兴有机结合相互促进，确保到 2020 年我国现行标准下农村贫困人口实现脱贫，贫困县全部摘帽，解决区域性整体贫困”。这说明我国正处在两大战略的政策叠加期、历史交汇期，需要立足脱贫实际和乡村振兴发展要求，通盘考虑、统筹谋划，尽快拿出应对之策，促进乡村振兴与脱贫攻坚有机衔接。

《中共中央　国务院关于实施乡村振兴战略的意见》明确提出，实施乡村振兴战略的头一个目标任务就是到 2020 年，乡村振兴取得重要进展，制度框架和政策体系基本形成。其重要任务之一，就是现行标准下农村贫困人口实现脱贫，贫困县全部摘帽，解决区域性整体贫困。脱贫攻坚本身就是实施乡村振兴战略的重要组成部分。脱贫攻坚的目标任务，和党中央关于乡村振兴战略的总要求，从内在逻辑、政策支撑和内容实质上来说都是相互衔接、相互统一的。脱贫攻坚的成效，将直接决定实施乡村振兴战略的模式和质量。

（三）实施乡村振兴战略为脱贫攻坚提供新的动力和保障

在完成脱贫攻坚任务的基础上，推进高质量发展，深入实施乡村振兴战略，更好适应国内外环境变化是对我国农村改革发展提出的新要求。农业、农村和农民问题，始终是我国革命、建设和改革的根本问题。近年来，我们党坚持把解决好“三农”问题作为重中之重，统筹推进工农城乡协调发展，出台一系列强农惠农富农政策，农业连年丰收、农民收入持续提高、农村社会和谐稳定，农业农村发展取得了历史性成就。同时也要看到，新时代我国社会主要矛盾已经转化为人民日益增长的美好生活需要和不平衡不充分的发展之间的矛盾，当前我国最大的发展不平衡是城乡发展不平衡，最大的发展不充分是乡村发展不充分。党的十九大明确提出实施乡村振兴战略，这是党中央着眼“两个一百年”奋斗目标、补齐农业农村短板做出的战略安排。实施乡村振兴战略，通过出台相关政策、制度、措施，加大对贫困乡村的道路、水利、教育、卫生等基础设施和公共服务设施的支持力度，推动资本、技术、人才资源往乡村流动，进一步提升产业发展水平，巩固和扩大脱贫攻坚成果，将极大激发贫困地区脱贫致富的内生动力和外在活力，也必将为脱贫攻坚提供新的动能和支持保障。

二、找准脱贫攻坚与乡村振兴的衔接点

乡村振兴是农村治理的新时代，是脱贫攻坚的升级版。对于刚刚脱贫奔小康的贫困地区而言，解决群众所关注的痛点、难点，正是实施乡村振兴战略需要谋划和致力的焦点、重点。

（一）注重规划体系的衔接

要做好脱贫攻坚与乡村振兴战略规划的有机衔接，将脱贫攻坚规划部署中仍需巩固拓展的基础设施建设、产业培育、幸福美丽乡村打造、农旅融合发展等项目，有机嵌入乡村振兴发展规划中，增强规划的持续性和衔接性。要紧密结合实际，制定完善乡村振兴战略规划，加强总体规划与其他各类规划统筹联动，防止各类规划自成体系、内容冲突、缺乏衔接，形成城乡融合、区域一

体、多规合一的规划体系。

（二）注重政策支撑的衔接

政策和策略是党的生命线。在坚持脱贫"摘帽"不摘责任、不摘政策、不摘帮扶、不摘监管"四个不摘"的前提下，以中央《关于实施乡村振兴战略的意见》为准绳，寻找到脱贫攻坚政策与乡村振兴政策对农民扶持的支撑点、对农业发展的交叉点、对农村治理的结合点，实现脱贫攻坚与乡村振兴梯次推进。同时，要抓实乡镇行政区划调整改革，构建起适应乡村振兴和高质量发展需要的乡村行政管理体制。

（三）注重愿景统一的衔接

受历史、经济、自然的制约，落后地区的乡村振兴是一个相对长远的过程，各个地区实施乡村振兴战略，必须坚持因地制宜、循序渐进、分类推进。正如相对贫困会长期存在一样，乡村也不可能同步全覆盖振兴。要深入做好宣传和解释工作，让广大农民群众深刻认识到乡村振兴，是根据不同地区的自然禀赋、经济社会发展状况及脱贫攻坚质量等综合因素，基于发展基础的渐进式振兴。

三、关于脱贫攻坚与乡村振兴有效衔接的几点思考

（一）要加快政府职能转变，注重从市场调整中挖掘稳固脱贫成果的内生动力和产业活力，从阶段性攻坚向可持续发展转变

要打赢脱贫攻坚战，完成决胜全面建成小康社会、决战脱贫攻坚的目标任务，还要在巩固提升脱贫成果和防止返贫上面着实着力下一番功夫。让脱贫成效可持续，让脱贫群众稳定走在致富路上，归根结底要靠内生动力。把扶贫同扶智、扶志深度融合，激发和培育群众脱贫内生动力，提高贫困地区自主脱贫和自我发展能力，就能形成持续反贫困和促进发展的长效机制。

激发内生动力，要提升和理清脱贫群众自身的志气和思路。当前脱贫中的"硬骨头"除了深度贫困，还有"精神贫困"，部分贫困户依然在不同程度上存在着"等靠要"的思想，脱贫靠国家、靠政策，而把自身努力抛之脑后，引

导和改变脱贫群众思想观念，让他们坚定战胜贫困的信心和决心，发扬自尊、自爱、自强精神，充分调动个人积极性、主动性和创造性。

激发内生动力，要以教育扶贫阻断贫困的“代际传递”，是让贫困不再卷土重来、彻底改变贫困内因、激发内生动力的有力举措。有智力支持，个人才能改变贫穷命运，有人力资源支撑，产业发展才会开花结果，扶贫工作重点已由过去单纯重物质资本开发建设转向与人力资本投资开发并重。重视人口素质问题，加大教育扶贫力度，让东西部扶贫协作持续发力，促进教育资源特别是人才资源向贫困地区倾斜，发挥义务教育在教育扶贫中的重要作用，广泛开展职业教育，促进贫困家庭子女的非农就业，等等，不仅让脱贫人口能够“站起来”，而且能够“走得远”。脱贫摘帽不是终点，而是新生活、新奋斗的起点，从根本上让贫困群众摆脱能力贫困和意识贫困，从“源头”激发内生动力，脚踏实地巩固提升脱贫攻坚成果。通过激发村民们强烈脱贫致富、追求美好生活的内生动力，让村民从“让我富”转变为“我想富”。

（二）要培育脱贫产业“造血”功能，激活产业与市场经济中的自主能力，让脱贫产业顺应市场发展规律

产业扶贫是精准扶贫的治本之策。把发展扶持产业作为扶贫工作的重点，加大贫困村产业培育扶持力度，因地制宜发展贫困村特色产业，通过优化产业结构、延伸产业链条，进一步激发乡村发展活力，巩固农村发展成果。如鼓励贫困户利用自有土地发展“短平快”种养项目，加强对产业奖补政策的解读和指导，对建档立卡贫困户实施产业项目补助，对产后销售进行补贴，极大提高贫困户发展生产的积极性，产业“造血”功能不断增强。同时，积极培育引进新型经营主体，推广“新型经营主体+基地+农户”模式，提高经营组织化和规模化，积极推进适度规模经营，激发农村发展活力，进驻企业综合实力得到不断提升。通过加强对贫困户的就业技能培训、举办贫困劳动力专场招聘会、设置乡村公益性岗位等措施，激发贫困群众自我发展的自觉性，引导贫困群众从“要我脱贫”转变为“我要脱贫”。同时，通过“造血”帮扶培养出一批技术过硬的人才，为打赢脱贫攻坚战奠定基础。

（三）要加强基层党组织的建设，推动乡村振兴行稳致远

农村基层党组织作为乡村振兴战略落地落实的力量源泉，其建设水平和能

力，直接决定着乡村振兴各项工作的进展与成效，按照“融入扶贫抓党建、抓好党建助扶贫”的思路，以基层组织建设为引领，充分发挥党组织、党员先进模范作用和集体经济在补齐发展短板、扶危济困方面的积极作用。一是积极发挥基层党组织战斗堡垒作用。聚焦脱贫攻坚工作，充分发挥党员干部在脱贫攻坚中的先锋模范作用，以实际行动助力脱贫攻坚。积极推行“党支部+合作社+贫困户”模式，通过党组织领办创办经济合作组织，带领群众增收致富。二是精准选派驻村干部队伍。统筹选派驻村扶贫工作队成员，充分发挥帮扶单位和驻村干部自身优势，帮助贫困村解决脱贫攻坚面临的突出困难和问题，确保扶贫工作队选派精准、力量充足。三是着力强化集体经济建设。不断强化基层党组织在村集体经济发展壮大过程中的引领作用，积极探索多元化发展路子，推广创建以合作与联合为主要形式的“支部+支部”“党委+支部”“党委+党委”集体经济发展模式，鼓励支持村级组织利用资源资产优势，领办创办专业合作经济组织，形成党建引领发展的良好局面。做好组织建设工作，促进脱贫攻坚与乡村振兴的有效衔接。

“求木之长者，必固其根本。”党的基层组织作为党的肌体的“神经末梢”，是确保党的路线方针政策和决策部署贯彻落实的基础。只有不断提升基层党组织的“号召力”“感召力”，才能最大限度地凝聚人心、汇聚起磅礴力量，为打赢脱贫攻坚决胜全面建成小康社会、实施乡村振兴战略提供坚强的组织保证，确保乡村振兴行稳致远。

在决战决胜脱贫攻坚座谈会上，习近平总书记强调“接续推进全面脱贫与乡村振兴有效衔接”，要求“要针对主要矛盾的变化，理清工作思路，推动减贫战略和工作体系平稳转型，统筹纳入乡村振兴战略，建立长短结合、标本兼治的体制机制”，为更好完成脱贫攻坚目标任务、实施乡村振兴战略指明了方向、提供了遵循。要充分认识推进全面脱贫与乡村振兴有效衔接的重大意义，把脱贫攻坚同实施乡村振兴战略有机结合起来，锐意进取、攻坚克难、扎实工作。

作者简介：韦佳，中共遵义市委党校公共管理教研部副教授。

典型山区推进脱贫攻坚与乡村振兴有效衔接的路径探索

——以安徽舒城为例

刘丽萍

摘　要：我国多数山区经济社会发展相对滞后但生态功能意义重大，在脱贫攻坚和乡村振兴两大战略的交汇期，推动两者有效衔接是山区面临的重大课题。安徽省舒城县是我国长三角地区重要的生态安全屏障、水源涵养区及生物多样性保护功能区，脱贫攻坚和乡村振兴战略的顺利实施，不仅关系百姓美好生活，更关系着生态文明建设与可持续发展。通过推进观念认识、工作重点与工作机制、政策保障、产业扶贫与产业振兴、规划和基础设施建设、筑牢治理基础与实现有效治理等几方面的衔接，实现典型山区脱贫与生态环境保护的双赢。

关键词：典型山区　脱贫攻坚与乡村振兴　有效衔接　舒城

一、引言

打好脱贫攻坚战，实施乡村振兴战略是党的十九大提出的实现全面小康的标志性目标和重大战略，是党的三农工作的总抓手。2018 年 2 月，《中共中央国务院关于实施乡村振兴战略的意见》正式提出“做好实施乡村振兴战略与打好精准脱贫攻坚战有机衔接”工作。2020 年 2 月，《中共中央 国务院关于抓好“三农”领域重点工作确保如期实现全面小康的意见》，要求“加强解决相对贫困问题顶层设计，纳入实施乡村振兴战略统筹安排。抓紧研究制定脱贫攻坚与实施乡村振兴战略有机衔接的意见"。聚焦开展推进脱贫攻坚与乡村振兴有效衔接的研究，对加快形成脱贫攻坚和乡村振兴战略相互支撑、相互配合、有机衔接的良性互动格局具有重要意义。

舒城县地处安徽西部、大别山北麓、合肥近郊，集山区、库区、老区、贫困地区、巢湖生态屏障及合肥饮水水源保护区于一体，辖 22 个乡镇（开发区）394 个村，面积 2109.6 平方公里，人口 100 万。按照《安徽省生态保护红线》界定，域内有 526.87 平方公里位于大别山北麓中低山水源涵养及水土保持生态保护红线内，占全县面积 24.98%，属于生态环境极敏感区，在水源涵养、生物多样性维护、水土保持等方面都具有重要作用。舒城县 2012 被确定为国家扶贫开发重点县，2014 年，全县建档立卡贫困村 80 个，贫困群众 40893 户 10.9 万人，贫困发生率 12.44%。2018 年舒城县退出贫困县序列，提前 2 年实现脱贫摘帽。80 个贫困村全部出列，全县累计脱贫 38179 户 110888 人，目前尚有未脱贫 1092 户 2424 人，贫困发生率降至 0.28%。

近年来，舒城作为首批"生态省建设综合示范基地"、全国第五批"国家级生态示范区"，坚持"生态立县"，围绕脱贫攻坚与乡村振兴两大战略，在空间格局、生态产业、制度建设、要素保障等方面积极探索绿色发展之路。本文基于对山区资源环境与经济社会发展之间关系的分析，总结阐述推进脱贫攻坚与乡村振兴的意义、经验，并以现实问题为导向，提出具有可操作性的建议，以期为其他典型山区推进脱贫攻坚与乡村振兴提供借鉴。

二、文献回顾与战略意义

（一）文献回顾

从整体来看，中国贫困地区普遍面临着产业发展水平低、乡村发展动力不足、生态环境问题突出等问题。贫困问题可看作典型的生态环境问题，贫困区域与地理环境的空间分布具有极高关联的特征①，生态脆弱区的贫困问题是生态、经济与社会的综合性问题。

---

① 刘七军、李昭楠：《生态脆弱区精准脱贫的现实困境与政策选择》，《北方民族大学学报》（哲学社会科学版）2019 年第 5 期。

近年来，国内外学者围绕脆弱生态环境与贫困的关系开展了一系列研究。1987 年，世界环境委员会①对撒哈拉以南地区的相关研究表明，没有其他任何一个地区更悲惨地承受这种由贫困引致的环境退化的恶性循环痛苦，而环境退化又进一步导致了贫困。生态限制在扶贫开发中占有举足轻重的地位，生态资源富裕的地区其贫困发生率较低。王海英②等对武陵山特困区脆弱生态环境及其贫困耦合的关系进行了空间分布研究，资源、环境与贫困之间存在一种相互影响、彼此制约的关系，资源和环境对贫困的形成（加剧）或减弱具有明显的双重影响效应。祁新华③认为目前鲜有协同生态保护与扶贫的研究，不同利益主体难以协调，在实践中摆脱“贫困陷阱”的成功案例并不多见。生态脆弱地区往往陷入贫困与生态环境恶化的“贫困陷阱”，或面临着因保护生态环境而致贫问题（“生态致贫”），导致已经上升为国家战略的扶贫与生态环境保护面临着两难选择。陈阿江④将某一地区因环境恶化而引发的贫困恶性循环，界定为“生态贫困”，提出恢复植被进而恢复生态系统平衡是切断生态脆弱区贫困问题的优先之策。陈润羊等⑤基于西部地区的新农村建设问题，提出了整体上以“环境优先”为目标，以农村城镇化、重点区域、关键产业、农村空间“四位一体”协同推进的发展模式。

（二）战略意义

贫困与生态环境恶化是生态脆弱区面临的巨大挑战，各国都试图通过扶贫与生态环境保护摆脱“贫困陷阱”恶性循环的束缚。不同于一般地区，生态脆弱区的经济发展既要以提升民众收入为目标，也要以保护环境为前提，探索“环境友好型”的生计模式是解决贫困问题的根本之策。

为回答经济发展与资源环境关系问题，实现人与自然和谐发展，习近平总

① 戴维·皮尔斯、杰瑞米·沃福德：《世界无末日——经济学·环境与可持续发展》，张世秋等译，中国财政经济出版社，1996，第 313 页。

② 王海英、贾萍：《武陵山特困区脆弱生态环境与贫困耦合关系空间分布研究》，《河南师范大学学报》（自然科学版）2017 年第 45 卷第 06 期。

③ 祁新华、叶士琳、程煜、林荣平：《生态脆弱区贫困与生态环境的博弈分析》，《生态学报》2013 年第 33 卷第 19 期。

④ 陈阿江、闫春华：《从生态贫困到绿色小康——生态脆弱区的乡村振兴之路》，《云南社会科》2020 年第 01 期。

⑤ 陈润羊：《西部地区新农村建设中环境经济协同模式研究》，经济科学出版社，2018。

书记创造性提出"绿水青山就是金山银山"的两山理论，并战略性部署脱贫攻坚和乡村振兴战略。打赢脱贫攻坚战是2020年全面建成小康社会的底线任务，是乡村振兴战略实施的基础与前提，而乡村振兴为脱贫攻坚提供内生动力与制度保障，是实现2050年建成社会主义现代化强国长期目标的实践方略。脱贫攻坚与乡村振兴的不同点在于脱贫攻坚具有特殊性、局部性、紧迫性和突击性的特点；而乡村振兴则具有综合性、整体性、渐进性和持久性的特点。在当前国内外环境发生深刻变化的严峻形势下，实施脱贫攻坚与乡村振兴可以不断释放内需潜力，在更大范围、更广领域实现国内国际双循环的新发展格局。许多学者①通过建立脱贫攻坚与乡村振兴指标体系，采用交互耦合的协调度模型实证检验两者统筹衔接现状，分析衔接过程中存在的问题，提出可操作性解决办法。高静等分析了脱贫攻坚与乡村振兴有效衔接的动力机制，指出人力资本、产业发展、乡村治理等内生动力夯实了有效衔接的基础，集体经济壮大、农民增收渠道拓宽、基础设施完善、人居环境优化提供了持续动力，基于自然资源的乡村复兴项目、有效的法律支持则提供了外生动力。

三、舒城推进脱贫攻坚与乡村振兴有效衔接的经验做法

舒城县在2018年退出贫困县序列后，即启动脱贫攻坚与乡村振兴同步精准衔接推进工作。一是坚持精准衔接。进一步巩固脱贫攻坚成果，推动乡村全面振兴。二是坚持分阶段有序推进。一方面以脱贫攻坚夯实乡村振兴基础，将"产业兴旺、生态宜居、乡风文明、治理有效、生活富裕"的乡村振兴战略总要求融入具体的脱贫攻坚行动；另一方面，以乡村振兴特别是以产业振兴和文化振兴引领扶贫工作，为巩固提升脱贫成果提供新要求、新动力和新保障。三是坚持分类推进原则。针对22个乡镇（开发区）、394个村发展基础和阶段的差异性，先行先试，逐步完成衔接。

（一）守住生态"生命线"

大别山区是安徽省耕地比重最少的一个区域，种植结构较为单一，农业总

① 王志章、杨志红：《西部地区脱贫攻坚与乡村振兴战略的融合之路——基于10省85村1143户的微观调查数据》，《吉首大学学报》（社会科学版）2020年第41卷第02期。

产值中粮食生产占了绝对优势。人们为了生存，对自然资源往往采取掠夺式开发，毁林种田、陡坡开荒、毁草种粮等时有发生，草场退化、水土流失、山体滑坡、旱涝灾害等问题时有发生。“要像保护眼睛一样保护生态环境，像对待生命一样对待生态环境，把不损害生态环境作为发展的底线”。多年来，舒城县坚持生态立县，结合脱贫攻坚和乡村振兴战略实施，高标准推动生态文明建设。

把生态保护红线、环境质量底线、资源利用上线贯穿到政策制定、产业发展、基础设施建设等经济社会发展中。严把拟建项目环评关、在建项目环保验收关和建成项目环境监管关。以《舒城县生态县建设总体规划》和《万佛湖生态环境保护总体方案》的实施为抓手，多措并举，全面推进生态安全评估、饮用水源保护、生态环境保护、污染源头控制、产业结构调整和环保能力建设。结合“三线三边”整治和美好乡村建设，加大农村环境综合整治力度，切实做好生活废水收集处理和垃圾清运处置等。万佛湖水质常年保持地表水Ⅱ类，杭埠河水质提升到Ⅱ类。推进易地扶贫搬迁，搬迁 217 户 599 人。将生态创建工作纳入政府年度目标综合考评，强化行政问责，引导发展绿色 GDP。结合生态创建工作，加大环保宣传力度，利用多种形式，充分调动有关部门、社会团体和人民群众参与环境保护的积极性，广泛开展送环保知识进企业、进社区、进校园等生态文明宣传教育，大力倡导绿色消费、有机消费和低碳生活。

（二）打造生态产业“升级版”

绿水青山是自然系统产出的优良生态产品，一方面具有外在的、显性的自然价值，为人类生存发展提供必需的自然环境；另一方面还有内在的、隐形的价值，体现为商品属性、经济价值，特别是优质、稀缺的生态产品，价值等同于金山银山①。习近平总书记指出，“发展产业是实现脱贫的根本之策”。舒城县发展当地特色产业始终是各地脱贫攻坚的重中之重，有效增强了贫困地区发展产业实现脱贫致富的能力和水平。

抓好“四带一自、以带为主”产业扶贫，发展壮大光伏扶贫、“四有一

① 李仙娥、闫超：《习近平的绿色财富观及其理论创新探析》，《生态经济》2017 年第 33 卷第 3 期。

网”电商扶贫、“三业一岗”就业扶贫。投入财政资金5.07亿元，实施产业扶贫项目3313个，涵盖80个贫困村，覆盖贫困户总数的81.2%，新型农业主体与贫困村、贫困户紧密联结。在淘宝、京东、苏宁易购、邮乐农品网等平台建立舒城特色馆4个，位居2018年阿里研究院发布的“贫困县农产品电商50强”排行榜第二名。在全省最早建立扶贫车间（驿站），率先探索“四有”就业模式，即乡镇有扶贫基地、村有扶贫车间（驿站）、组有扶贫庭院、人有一技之长，56家扶贫车间带动476贫困人口就业。

坚持产业先行，把“产业兴旺”摆在重要位置，筑牢乡村振兴的基础。出台《实施“五个一批”工程推进乡村产业发展工作意见》，贯彻《安徽省人民政府办公厅关于加强长三角绿色农产品生产加工供应基地建设的实施意见》，坚持产业先行，筑牢乡村振兴的基础，形成了一批农产品加工强县（区）、强园、领军企业、加工企业和品牌。“舒城小兰花”“万佛湖鳙鱼”获得国家地理标志认证；全县农业产业化龙头企业181家，其中省市级101家、亿元以上企业30家，被省农业农村厅授予“全省农产品加工20强”称号。形成了全国农业产业强镇——晓天镇、全省电子信息专业镇——杭埠镇、中国淘宝村——城关镇仁和村、七星村等一批特色镇。舒城县乡村振兴开局良好，在产业振兴方面，形成了六安模式、舒城经验。

（三）打造基础设施“高配版”

把经济社会发展的红利释放为基本公共服务的“福利”。以超常规的举措和力度，锲而不舍补齐交通短板。投入80亿元，实施国省干道升级改造和农村扶贫道路建设项目，形成“一环五射”交通格局，城乡交通环境极大改善，（投资15亿元对山库区6贫困乡镇，建设环万佛湖旅游扶贫公路，带动沿线26万群众脱贫致富；“一元公交”覆盖全县所有乡镇和90%以上的行政村，年运输旅客2800万人，每年为群众节约出行成本2.5亿元）获得了“全国城乡交通运输一体化示范县”“全国‘四好农村路’示范县”两项国家级荣誉。394个村全部达到“五通”（通安全饮水、通生产生活用电、村内主干道和较大自然村庄通水泥沥青路、通广播电视、通宽带网络）标准。依法取缔184家废旧塑料加工店，关停220家采砂场，关闭115家养殖场。全面实施农村环境“三大革命”，2020年底，将完成改厕38610户，全县农村卫生厕所普及率达到

85%。建成省级美丽乡村中心村136个，创建省级美丽乡村示范村20个、重点示范村10个，万佛湖镇被评为全国环境优美镇。

创新性建立“救急难”工作机制。“救急难”是对遭遇突发事件、意外伤害、重大疾病等难题，导致基本生活陷入困境，其他社会救助暂时无法覆盖或救助后基本生活仍有严重困难的家庭或个人，给予应急、过渡性救助。坚持应救尽救，坚持适度救助，坚持公开公正，坚持制度衔接，坚持资源统筹，实行政府救助、社会帮扶、家庭自救的有机结合。将“救急难”资金纳入财政预算，积极鼓励、引导、支持社会组织、企事业单位和爱心人士等，开展慈善捐助，形成“救急难”合力。

四、推动典型山区脱贫攻坚与乡村振兴有效衔接的路径建设

当前正处于打赢脱贫攻坚战和实施乡村振兴战略的历史交汇期，要深刻领会并贯通把握习近平总书记关于扶贫工作重要论述和乡村振兴战略思想精神实质，牢牢把握脱贫攻坚“基础版”和乡村振兴“升级版”的关系，在确保打赢脱贫攻坚战的基础上，推动二者多层次、多领域有效联结，实现互相促进、平稳转型，全面实现乡村振兴。

（一）推进观念认识的有效衔接

一方面，要继承“精准”理念，系统总结脱贫攻坚经验，在战略上和方法上形成有效衔接的统一认识；另一方面要推动“要我脱贫”向“我要脱贫”，“要我振兴”向“我要振兴”意识的转变，实现激发内生动力与提升乡风文明的同步推进。

（二）推进工作重点与工作机制的有效衔接

要在建立从脱贫“攻坚战”到乡村振兴“持久战”的机制上着力，坚持省县乡村联动，推动社会治理和服务重心向基层下移，把更多资源下沉到乡镇和村，推进脱贫攻坚和乡村振兴在领导班子、工作班子、人员队伍、体制机制上的有效衔接，推动工作重心从针对绝对贫困的脱贫攻坚调整为针对相

对贫困的日常性帮扶措施，施策方式从精准扶贫、精准脱贫到协同推进农业农村现代化上。

（三）推进政策保障的有效衔接

全面分析县乡在公共服务方面存在的短板与不足，制定常规性基本公共服务提升行动计划，避免"政策悬崖"引发的贫困村与非贫困村、贫困户与非贫困户的"悬崖效应"问题的出现；更进一步，要把临时性帮扶政策转成常态化支持政策，强化脱贫攻坚政策与农村社会保障政策的衔接，逐步将针对绝对贫困的脱贫攻坚举措调整为针对相对贫困的常规性社会保障措施，推动脱贫攻坚特惠政策转变为乡村振兴普惠政策，实现农村基本公共服务更大范围、更广领域、更高水平的整体提升。

（四）推动产业扶贫与产业振兴的有效衔接

把减贫和绿色发展结合起来，从省级层面建立完善生态保护和生态补偿机制，对因环境保护丧失发展机会的区域内居民直接进行补偿。鼓励多元产业发展，在原有扶贫产业基础上，充分发挥市场主体作用，在长三角一体化发展视域下发现打造比较优势，支持县乡发展特色产业，建立优质农产品示范基地，推动一、二、三产业融合发展，延长农业产业链、价值链，巩固产业扶贫成果。加快实现乡村文化产业化，运用市场化的手段，做好"文化+旅游""文化+市场""文化+产品"等产业，保持乡村文化的生命力和创新力。

（五）推进规划和基础设施建设的有效衔接

结合编制的"十四五"规划纲要，明确乡村振兴重点任务、主要政策和具体举措，明确衔接路径方法，解决现有各类规划自成体系、缺乏衔接等问题，推动基础设施提升与生态宜居衔接，实现乡村振兴与脱贫攻坚在规划和基础设施建设上的"同频共振"。

（六）推动筑牢治理基础与实现有效治理的有效衔接

通过"内育"与"外引"相结合，补足农村人才短板，提升村民乡村治理参与能力，打牢乡村振兴战略的人才基础；此外，要为乡村社会"赋权增能”。通过培育和发展各种乡村社会组织，恢复和提升乡村公共物品的自我生产和合作供给能力，增强乡村认同感、归属感，培育乡村公共意识和公共精神，提升乡村社会自我治理能力，健全乡村治理工作体系，实现有效治理。

作者简介：刘丽萍，安徽省社会科学院助理研究员。

加快脱贫攻坚与乡村振兴有机衔接：国内研究综述

虞 洪 牛卓美

摘 要：2020年前后正是国家大力实施乡村振兴战略的新阶段期，也是脱贫攻坚战的决胜期和攻坚期。处在脱贫攻坚与乡村振兴的历史交汇期和过渡阶段，首先必须要理清两者的逻辑关系，深刻领会脱贫攻坚与乡村振兴有机衔接的必要性。在此基础上，研究思考统筹推进脱贫攻坚战役与乡村振兴战略有机衔接实施所面临的困境，并对其提出具体的实践路径方式。本文将基于近几年相关文献主要观点的梳理，对加快推进脱贫攻坚与乡村振兴有机衔接的相互关系、必要性、实践困境与实施路径研究进行分类概述。

关键词：脱贫攻坚　乡村振兴　逻辑关系　实践困境　实施路径

引言

为加快统筹推进脱贫攻坚与乡村振兴的有机衔接，中共中央、国务院发布了一系列的政策文件。其中，《乡村振兴战略规划（2018—2022年）》指出，要把打好精准脱贫攻坚战作为实施乡村振兴战略的优先任务，推动脱贫攻坚与乡村振兴的有机结合和相互促进。① 2019年中央一号文件也明确提出要做好脱贫攻坚与乡村振兴的衔接，对摘帽后的贫困县通过实施乡村振兴战略、巩固发展成果，总结脱贫攻坚的实践创造和伟大精神，及早谋划脱贫攻坚目标任务

① 中共中央国务院印发《乡村振兴战略规划（2018—2022年）》。

2020年完成后的战略思路。[①] 2020年中央一号文件提出将解决相对贫困问题顶层设计纳入实施乡村振兴战略统筹安排中，并要求抓紧研究制定脱贫攻坚与实施乡村振兴战略有机衔接的意见。[②]

脱贫攻坚实施以来，全国累计减少贫困人口9348万人，年均超过1300万人，贫困发生率从2012年末的10.2%下降到2019年末的0.6%，[③] 创造了中国乃至世界减贫史上最好的成绩。脱贫攻坚战作为全面建成小康社会目标背景下的“补短板”工程，创造性地解决了影响中国几千年的贫困问题，同时也促进了中国乡村治理体系建设诸多难点问题的实践与完善，为下一阶段的农业农村改革和乡村振兴战略的实施升级奠定了物质基础，积累了宝贵经验。乡村振兴战略要在消除绝对贫困的起点上，按照“产业兴旺、生态宜居、乡风文明、治理有效、生活富裕”[④] 的乡村发展总要求，借鉴脱贫攻坚经验，建立全方位支持乡村振兴政策体系和总体性激活乡村内生动力，从而进一步巩固脱贫攻坚的政策和理论成果。因此，脱贫攻坚与乡村振兴一脉相承，有着紧密的逻辑衔接关系，理清两者逻辑关系，统筹推进两大任务，对于高质量、高效率实现“三农”振兴具有重大意义。而在当前2020年脱贫攻坚战收官之际，加快推进脱贫攻坚与乡村振兴衔接的内在逻辑、实施困境和路径研究，是找准脱贫攻坚与乡村振兴的内在结合点、战略定位点、实践发力点的必要政策设计与举措构建的关键。

一、脱贫攻坚与乡村振兴的逻辑关系研究

贫困和反贫困问题一直是全世界关注的焦点，乡村作为反贫困工作的载体和渴求快速发展的主体，为有关乡村发展与农村贫困问题内在机制的研究提供了丰富的理论素材。脱贫攻坚和乡村振兴战略的提出包含了中国乡村治理和建设百年探索的历史经验继承和升华，两大战略各有侧重又不可分割，路径差异

---

① 《中共中央、国务院关于坚持农业农村优先发展做好“三农”工作的若干意见》，2019年1月3日。

② 《中共中央、国务院关于抓好“三农”领域重点工作确保如期实现全面小康的意见》，2020年2月5日。

③ 人民网：《2019年全国农村贫困人口减少1109万人》，2020年1月24日。

④ 《中共中央　国务院关于实施乡村振兴战略的意见》，2018年1月。

又相互联系，展现出深刻的理论渊源和逻辑联系。因此，对中国而言，做好脱贫攻坚与乡村振兴的有机衔接研究，应先准确把握两者的"同"与"不同"。

（一）脱贫攻坚与乡村振兴具有差异性

脱贫攻坚作为一场消除贫困的攻坚之战，要求确保到 2020 年现有标准下农村绝对贫困人口全部脱贫、贫困县和贫困村全部摘帽。而乡村振兴则是没有规定时间节点的持久之战，作为一项惠及贫困及非贫困地区乡村发展的长期性的历史任务，与脱贫攻坚战以政府主导型相比，其参与主体也更加广泛，包括政府、社会组织及其个人的全员参与等，其政策设计领域相对于经济提升为主要手段的脱贫攻坚来讲也更加宽泛。

对此，学者们从性质、时间、空间等不同的视角对两者的差异点进行了研究。张琦（2019）从脱贫攻坚与乡村振兴的任务性质出发得出脱贫攻坚具有特殊性、局部性、紧迫性和突击性的特点，而乡村振兴则具有综合性、整体性、渐进性和持久性的特点。从精准脱贫在于解决贫困群众基本发展需求的目的出发，张军（2018）认为乡村振兴的目的在于解决城乡二元分离结构下的工业主导农业和城市主导乡村的这种非均衡发展模式所造成的乡村凋敝问题。对此，冯丹萌（2019）从两者背景出发概括出脱贫攻坚主要解决发展中的不平衡问题，乡村振兴主要是通过解决不充分问题来解决不平衡问题。卢黎歌、武星星（2020）将乡村振兴与脱贫攻坚作为战略和战役，从时间节点上对两者进行了区分，乡村振兴战略是作为党和国家为实现中华民族伟大复兴的第二个百年奋斗目标所做的重大战略部署，而脱贫攻坚即是在乡村振兴的战略框架内，为实现 2020 年全面进入小康社会的第一个百年奋斗目标而组织的重大攻坚战役。此外，从两大战略实施空间的角度出发，庄天慧（2018）指出精准脱贫主要是聚焦以集中连片特困区和以"三区""三州"为代表的深度贫困地区，而乡村振兴涉及的区域则基于城乡融合覆盖整个农村区域。从政策举措的领域对两者进行区分，马文武（2019）认为乡村振兴战略相关政策涉及所有贫困与非贫困地区"三农"发展、城乡协调等诸多领域，涉及的范围更为广泛。

（二）脱贫攻坚与乡村振兴具有有机互补性

随着脱贫攻坚和乡村振兴两大战略的不断推进，二者的深刻内涵和作用关系也在不断发展和加深，既体现了内容的延续性和耦合性、战略目标作用上的协同一致性，还表现在脱贫攻坚与乡村振兴相互依存和相互促进的关系。乡村振兴战略正是对脱贫攻坚成果进行有效巩固的重要战略，也是稳步提升脱贫质量的长效机制。因此，脱贫攻坚与乡村振兴并不是相互独立的，而是相融共进、相辅相成的一种关系。

1. 内容的延续和耦合性

内容的延续和耦合性体现在精准扶贫中产业扶贫、生态扶贫、文化扶贫、党建扶贫等多种扶贫脱贫方式与乡村振兴战略的主要内容具有内在一致性。豆书龙等人（2019）总结出乡村振兴战略实施的主要内容有质量兴农战略、农村一二三产业融合发展体系、小农户和现代农业发展有机衔接、乡村绿色发展、繁荣兴盛农村文化、构建乡村治理新体系和提高农村民生保障水平等，对此，汪三贵（2019）认为脱贫攻坚过程中创造的各类经过实践检验而有效的政策有一部分可以为乡村振兴直接借鉴，如脱贫攻坚中强调的产业扶贫、生态扶贫、文化扶贫和组织扶贫政策等为实施乡村振兴提供良好的政策和经验借鉴。因此，实施脱贫攻坚和乡村振兴战略是当前建设乡村小康社会的两块基石，二者在内涵和本质上都是为解决全面建设小康社会期间分配均衡而进行的制度设计。

2. 目标作用的协同一致性

目标作用的协同一致性主要体现在两者都是党和国家在新的时期解决好“三农”问题的国家战略举措。刘焕等（2020）将脱贫攻坚作用导向归结于消除绝对贫困，缩小贫富差距，使全体人民共享改革发展成果；乡村振兴则针对解决相对贫困，缩小城乡差距，满足人民群众对美好生活的向往。

3. 实践举措的互补共促性

两者的互补共促性主要体现在脱贫攻坚为乡村振兴提供物质基础，乡村振兴巩固提升扶贫成果。一方面，具体表现在脱贫攻坚为乡村振兴奠定了坚实的物质和组织基础，谢撼澜等（2017）还指出扶贫脱贫成效的显著成果极大地减轻了乡村振兴的实施压力，而乡村振兴所匹配的政策、资源和项目均可为决胜脱贫攻坚提供物质保障，从而有利于将乡村振兴与脱贫攻坚有机结合起来。脱贫攻坚作为一个阶段性的战役，一旦实现脱贫目标后，扶贫政策和力量的大量推出将使得部分贫困地区和贫困人口返贫风险增大。左停（2019）认为这些地区扶贫产业刚刚步入正轨，经济发展的基础还较为薄弱，公共服务和基础设施条件依然是短板，需要建立一个长效稳定机制来继续巩固提升脱贫攻坚的成果。另一方面，从乡村振兴的角度来分析，高强（2019）认为产业兴旺能够防止绝对贫困的产生，并建立起富农增收机制，解决农村人口的相对贫困问题，同时，乡村振兴还将通过改善农村基础设施和公共服务机制，全面提升农村教育、医疗、养老、文化和社会保障水平，解决多维度贫困问题。

二、脱贫攻坚与乡村振兴衔接的必要性研究

随着中国进入特色社会主义新时代，社会主要矛盾已经由人民日益增长的物质文化需要同落后的社会生产之间的矛盾转化为人民日益增长的美好生活需要和不平衡不充分发展之间的矛盾。脱贫攻坚在一定程度上依然属于为旧的社会矛盾向新时代社会主要矛盾过渡所做的准备，而乡村振兴战略则是在随着全面建成小康社会进入决胜阶段，大多数农民的需求从基本生存转向美好生活的现实境况下提出的。因此，推进脱贫攻坚与乡村振兴的有机衔接是对新旧时代矛盾的转换过渡，也是避免两者平行运作的弊端，更是适应新时代稳定发展的必经之路。

（一）是避免两者平行运作弊端的必经之路

脱贫攻坚和乡村振兴并不是相互割裂的两项任务、体系，其目标导向是协同一致的。在具体实践中不断探寻脱贫攻坚所累积的经验和乡村振兴战略的实施方法，及乡村振兴战略所提供的政策和机制如何提升巩固脱贫攻坚成果的方法，是有效避免脱贫攻坚与乡村振兴独立运作、分离矛盾的路径。对此，陈文胜（2020）提出各地方政府要逐渐形成因地制宜、协调推进乡村振兴与脱贫攻坚统筹推进和有效衔接的规划，即避免杨世伟等人（2019）提出的脱贫攻坚与乡村振兴运作中存在的“两张皮”现象。

（二）是推进乡村高质量长效发展的内在要求

脱贫攻坚与乡村振兴的有机衔接机制包含对脱贫攻坚实践经验的总结和理论的升华，也是推进脱贫攻坚与乡村振兴有机衔接是推进后扶贫时期减贫佛南

工作与实现乡村整体发展的理论诉求。对此，陆益龙（2018）将乡村振兴的战略目标分为三步走：第一步就是实现农村全面脱贫、第二步则是重建恢复乡村社会经济功能、第三步是创新实现乡村社会现代化。将其延伸到贫困和乡村主体上来看，高晓兰（2019）将脱贫攻坚视为最终解决贫困人口的生存问题及后续的保障性措施持续有效进行、乡村振兴战略的实施则是在此基础上对人们更高层次上的满足，是对如何把日子过好，如何让人的价值更好的发挥的体现。

（三）是加快城乡融合发展的重要路径

在全面建成小康社会的整体性治理视角下，城乡融合极为重要。我国社会长期性历史性的城乡分治是当前乡村发展最为突出的制度性壁垒。虽然脱贫攻坚与乡村振兴的主战场在农村，但城乡融合发展既有利于将城市的人才输入农村、城市的市场投入农村及城市的科学技术应用到农村，又有利于缩小城乡居民的收入差距，为城乡居民供给均等化和一体化的公共服务和社会保障等，解决发展不充分及发展不平衡问题。因此，统筹推进脱贫攻坚与乡村振兴的有机衔接与城乡一体化进程有着密切的关联。对此，郭忠兴（2019、2020）提出城乡融合有助于落实益贫式机制和导入外部活力因子。一方面在推动城乡融合过程中要注重精神、感情层面，关注低收入群体，带着理性帮助低收入群体；另一方面在激发乡村内部的内生动力基础上更需要拆除城乡制度壁垒以导入外部供给。

三、脱贫攻坚与乡村振兴衔接的实施困境研究

乡村振兴包含了经济、文化、生态、治理等多方面的任务，对乡村的发展定位更全面、层次更高。在加快推进脱贫攻坚与乡村振兴有机衔接的实践层面，如果不能实现乡村振兴与脱贫攻坚全面、系统和有效的全方位对接，不仅会导致两者实施过程中出现重复投入建设和资源的浪费，而且脱贫攻坚作为乡村振兴工作的一个前期准备和基础部分，对乡村的资源要素利用、经济社会效益提升的结果都会对乡村振兴的全面、高效实施产生影响。具体表现在五大方面。

1. 产业衔接方面

主要表现在：产业发展形态、产业可持续发展动力不足及带动农户能力较

弱等方面影响着脱贫攻坚的高质量完成，制约着乡村振兴战略的统筹实施。第一，从贫困地区产业发展业态的角度分析，尉成辉（2020）认为贫困县工业底子薄，单一化、同质化问题突出，城乡融合层次低，农业产业化和现代化基础相对薄弱。第二，在产业发展"短板"基础上，学者们还发现产业扶贫也存在"就事论事"问题，如刘明月（2020）指出产业扶贫还存在扶贫工程项目短期化、产业链条短、部分新型经营主体发育不足等问题，不利于产业持续发展和产业兴旺目标的实现。第三，从利益联结角度来看，叶敬忠（2019）则认为一些地方为了快速完成脱贫任务，产业扶贫异化为单纯的资产收益扶贫，贫困户未能参与产业发展，导致产业扶贫与产业兴旺衔接中存在一定的困难，影响乡村长期整体产业可持续发展。

2. 人才衔接方面

由于农村的自然条件与历史因素，资金、技术、人才等各种要素单向流入城市，造成农村严重"失血"，并成为脱贫攻坚与乡村振兴衔接后备力量注入的主要制约因素。对此，马越（2019）对各专家提出的观点进行总结，得出人才衔接的限制因素主要有：农村人才留不住、引不来，培训经费短缺和"碎片化"，以及缺乏人才成长机制和保障环境等。

3. 文化衔接方面

农村文化人才匮乏，封建残留思想、迷信思想，基层文化建设投入不足，财政经费未对农村文化建设倾斜等问题普遍存在。对此，王超等（2019）认为这些问题将严重影响着城乡融合与农村社会良好民情的塑造。

4. 生态衔接方面

存在生态扶贫和振兴体制机制衔接不畅、基层部门生态项目评估成本较高、生态产业升级困难等问题。这些问题被胡钰等（2019）归结为贫困地区还一定程度上存在绿色产业发展"一拥而上"和环境保护"一刀切"的问题。

5. 组织衔接方面

贫困地区普遍存在基层党员结构不合理，自身素质有待提高，服务带动能力不足，村级组织运转资金缺口较大。陆聚华等（2020）将上述问题归结为村集体经济发展薄弱、基层组织开展工作缺乏经费来源及农户"等靠要"思想使之缺乏内生发展动力。

此外，一些学者还从整个社会视角出发提出脱贫攻坚与乡村振兴进行衔接的现实困境。贾晋（2020）认为由于城乡二元体制障碍尚未根除，全面建成小康社会和建设社会主义现代化强国的最薄弱环节仍在农村，农业农村发展滞后的根本问题没有得到有效解决。左停（2020）则通过乡村振兴与脱贫攻坚的对比，东部地区发展较为领先，西部地区刚刚脱贫，因此乡村振兴不能像脱贫攻坚一样通过设立全国统一标准来引领各地开发工作和统筹推进政策。

四、脱贫攻坚与乡村振兴衔接的实施路径研究

脱贫攻坚与乡村振兴二者虽然在性质和地位的差异性导致了协同推进的错位和矛盾，但其战略内容和具体举措的一致共通性奠定了协同推进的基础和可能性。通过阅读研究相关文献发现，加快推进脱贫攻坚与乡村振兴的有机衔接，关键是能够实现产业脱贫与产业振兴、人才脱贫与人才振兴、文化脱贫与文化振兴、生态脱贫与生态振兴及党建扶贫与组织振兴的五大协同和承接。

1. 产业脱贫与产业振兴衔接

乡村产业发展是脱贫攻坚和乡村振兴战略的共同抓手，脱贫攻坚战的“五个一批”中有“发展生产脱贫一批”，乡村振兴20字总方针中首位就是“产业兴旺”。在促进产业体系建立的研究中，张改平（2019）提出要在确保“两不愁、三保障”基础上，大力推进乡村特色产业发展，壮大村集体经济，提升村集体自我造血能力，以及邓小海（2018）在对贵州省“农业产业革命与脱贫攻坚”为主题的论坛总结中明确提出产业振兴要围绕发展现代农业，注重一二三产业的融合来构建乡村的产业体系。在带动和联结小农方面，鲁可荣（2020）提出强化产业扶贫和就业、创业扶贫三者联动，夯实脱贫攻坚与乡村发展振兴的产业基础，崔红志（2018）提出需要把握的是激活资源和转变并拓宽农民财产性收入，发展现代高效绿色农业。

2. 人才脱贫与人才振兴衔接

人是最具能动性的发展要素，是支撑经济社会发展的第一资源，更是战胜贫困、振兴乡村的核心要素。要想得到乡村长远的发展，必须加强乡村人才建设，对此，尉成辉（2020）提出可以通过“内育”与“外引”相结合，积极培养乡土人才，引进懂科技、懂管理、懂市场、懂法律的现代化人才。从乡村外部角度出发，袁海平等（2018）提出实施乡村人才振兴战略，鼓励高校毕业

生、企业管理者、农业科技人员及留学归国人员等各类人才回乡下乡，将现代科学技术、生产方式和经营模式创新性地引入农村。在人才保障机制方面，姜仕贵等（2020）提出要营造良好的创业环境，制定人才下乡返乡等优惠政策，把更多城市人才引向乡村，激活农村的创新活力。

3. 文化脱贫与文化振兴衔接

扶贫先扶智，只有充分激发出贫困户的内在动力，才能引导其实现从"要我脱贫"到"我要脱贫"的思想的转变。首先，创新文化扶贫模式，豆书龙等（2019）提出文化脱贫到文化振兴的转变可通过典型引领、扶志教育和以工代赈、"以表现换物品"等创新型模式去激发贫困户的内生动力和助力乡村文化的改善。其次，以精神扶贫来强化乡村内生动力为抓手，郭晓鸣等（2019）强调要实施教育扶贫，重塑耕读文化，特别是瞄准贫困家庭的子女，防止其辍退学，资助其接受职业教育、高等教育，提高其就业本领以阻隔家庭贫困的代际传递。在对兴边富民行动和乡村振兴战略衔接的探讨中，萧子扬（2020）提出在文化扶贫和乡风文明融合过程中要注重民族特色与区域特色、传统元素和现代元素的有机融合，进一步继承、弘扬和创新边疆民族地区所特有的民族文化。

4. 生态脱贫与生态振兴衔接

生态扶贫和生态振兴具有内在一致性，都是通过合理利用生态资源发展生态产业，将"绿水青山"变成"金山银山"。一方面要在乡村振兴战略"生态宜居"目标框架下，依托生态脱贫奠定的基础向更高层次的生态振兴转变。对此，涂圣伟（2020）提出需要推动生态补偿减贫向绿色减贫转型，积极探索生态配额交易、生态补偿、生态转移支付、生态产品开发等多种生态产品价值实现方式，引导已脱贫人口实现绿色转产转业。另一方面还要在对地区生态强弱分类基础上加强生态脱贫与生态振兴的协同推进，廖彩荣（2019）将其具体路径归结为：对生态资源较好的地区，有选择有重点地发展种养循环、生态旅游等特色产业；对生态脆弱地区，全面落实封山、禁伐牧养等措施，并在有条件的地方开展生态移民，从而在根本上增强贫困地区生态发展内生动力。

5. 党建扶贫与组织振兴衔接

基于脱贫攻坚与乡村振兴战略的参与主体来源于党和国家，因此，在加快推进两者衔接过程中也要协调基层组织的承接与职责转变。首先在脱贫中的基层帮扶组织基础上，将扶贫脱贫经验进行总结完善并推广到乡村振兴工作中去，苏光华（2020）提出要谋划2020年后脱贫攻坚与乡村振兴领导小组及其办公室的统筹整合，加强对脱贫攻坚帮扶干部能力培训的同时，选派乡村振兴第一书记，派驻乡村振兴驻村工作队等。还有学者创新性提出根据村情与政府部门性质，依据“党群机关弱村、经济部门扶穷村、执法部门包乱村、专业部门包专业村”的原则进行分类帮扶。在对基层有效衔接与治理上，进行乡村法治、德治、自治有机结合，王东宾（2018）提出要加快村民会议、村民代表会议、议事会、理事会等自治组织的运转，“一事一议”等制度能真正发挥作用，必须依托贫困群众的实质参与。

五、结论

当前我们正处于统筹推进脱贫攻坚与乡村振兴的历史交汇期，脱贫攻坚将于2020年全面收官后，广大基层干部和农民群众都对脱贫攻坚成果如何巩固、乡村如何全面发展满怀期盼。而脱贫摘帽不是终点，是新时代做好“三农”工作的重要起步点。要推进全面脱贫与乡村振兴战略有效衔接，推动减贫持续性政策设计和工作体系平稳转型，把历史的接力棒传递下去。为此，首先准确把握了脱贫攻坚与乡村振兴战略的异同点，理清脱贫攻坚为乡村振兴奠定物质基础、乡村振兴是脱贫攻坚成果的巩固、提升、保障的相互逻辑关系。其次，从两者目标导向、战略举措的五大协同性和耦合性出发，找出当前贫困地区推进脱贫攻坚与乡村振兴衔接的挑战、矛盾与困境，探寻出产业、人才、文化、生态和组织有效衔接的五大路径。

此外，本文通过对产业、人才、文化、生态和组织衔接等重点内容进行分析，发现在人才扶贫与人才振兴、党建扶贫与组织振兴方面的研究匮乏。因此，在对脱贫攻坚与乡村振兴有机衔接的研究中必须进一步转变思维观念，始终坚持系统思维和具体思维的结合、全面思维和精准思维的结合来进行科学高效的研究。

参考文献

[1] 张琦. 稳步推进脱贫攻坚与乡村振兴有效衔接[J]. 人民论坛，2019(S1)：84-86.

［2］张军．乡村价值定位与乡村振兴［J］．中国农村经济，2018（1）：2–10.
［3］冯丹萌．国际视角下脱贫攻坚与乡村振兴相融合的探索［J］．当代经济管理，2019，41（09）：43–48.
［4］卢黎歌，武星星．后扶贫时期推进脱贫攻坚与乡村振兴有机衔接的学理阐释［J］．当代世界与社会主义，2020（02）：89–96.
［5］庄天慧，孙锦杨，杨浩．精准脱贫与乡村振兴的内在逻辑及有机衔接路径研究［J］．西南民族大学学报（人文社科版），2018，39（12）：113–117.
［6］马文武．实现"精准扶贫"与"乡村振兴"政策有机衔接［N］．经济日报，2019–08–27（015）.
［7］豆书龙，叶敬忠．乡村振兴与脱贫攻坚的有机衔接及其机制构建［J］．改革，2019（01）：19–29.
［8］汪三贵，冯紫曦．脱贫攻坚与乡村振兴有机衔接：逻辑关系、内涵与重点内容［J］．南京农业大学学报（社会科学版），2019，19（05）：8–14+154.
［9］刘焕，秦鹏．脱贫攻坚与乡村振兴的有机衔接：逻辑、现状和对策［J］．中国行政管理，2020（01）：155–157.
［10］谢撼澜，谢卓芝．中国特色扶贫开发道路研究［J］．探索，2017（5）：142–150.
［11］左停，刘文婧，李博．梯度推进与优化升级：脱贫攻坚与乡村振兴有效衔接研究［J］．华中农业大学学报（社会科学版），2019（05）：21–28+165.
［12］高强．脱贫攻坚与乡村振兴有机衔接的逻辑关系及政策安排［J］．南京农业大学学报（社会科学版），2019，19（05）：15–23+154–155.
［13］陈文胜．牢牢把住接续推进脱贫攻坚到乡村振兴的关键与核心［N］．湖南日报，2020–09–24（004）.
［14］杨世伟．脱贫攻坚与乡村振兴有机衔接：重要意义、内在逻辑与实现路径［J］．未来与发展，2019，43（12）：12–15.
［15］陆益龙．乡村振兴中精准扶贫的长效机制［J］．甘肃社会科学，2018（04）：28–35.
［16］高晓兰，刘晓静，王争亚．乡村振兴战略与精准脱贫攻坚的协同推进：必要性、内容与建议［J］．经济研究导刊，2019（28）：20–22.

[17] 郭忠兴．以整体性治理推动脱贫攻坚与乡村振兴衔接［J］．国家治理，2019（48）：9-11.
[18] 郭忠兴．城乡融合发展机制助推全面脱贫与乡村振兴的有效衔接［J］．农村工作通讯，2020（14）：39.
[19] 尉成辉．实现脱贫攻坚与乡村振兴有机衔接［N］．经济日报，2020-01-13（011）.
[20] 刘明月，汪三贵．产业扶贫与产业兴旺的有机衔接：逻辑关系、面临困境及实现路径［J］．西北师大学报（社会科学版），2020，57（04）：137-144.
[21] 叶敬忠，豆书龙，张明皓．精准脱贫与社会建设的有机衔接：理论逻辑、实践困境与路径选择［J］．南京农业大学学报（社会科学版），2019，19（05）：1-7+154.
[22] 马越．完善扶贫政策体系　加强乡村振兴战略：人社扶贫政策研讨会纪实［J］．中国人力资源社会保障，2019（12）：23-24.
[23] 王超，蒋彬．乡村振兴战略背景下农村精准扶贫创新生态系统研究［J］．四川师范大学学报（社会科学版），2018，45（03）：5-15.
[24] 胡钰，付饶，金书秦．脱贫攻坚与乡村振兴有机衔接中的生态环境关切［J］．改革，2019（10）：141-148.
[25] 陆聚华．关于加强脱贫攻坚与乡村振兴有机衔接的几点思考［J］．农家参谋，2020（19）：17-18.
[26] 贾晋，尹业兴．脱贫攻坚与乡村振兴有效衔接：内在逻辑、实践路径和机制构建［J］．云南民族大学学报（哲学社会科学版），2020，37（03）：68-74.
[27] 左停．脱贫攻坚与乡村振兴有效衔接的现实难题与应对策略［J］．贵州社会学，2020（01）：7-10.
[28] 张改平．助力脱贫攻坚与乡村振兴有机衔接［N］．光明日报，2019-03-11（006）.
[29] 邓小海，吴大华．架起脱贫攻坚与乡村振兴有机衔接的桥梁［N］．贵州日报，2018-11-06（011）.
[30] 鲁可荣，徐建丽．基于乡村价值的农业大县脱贫攻坚与乡村振兴有机衔

接的路径研究［J］．贵州民族研究，2020，41（06）：135-141.
［31］崔红志．乡村振兴与精准脱贫的进展、问题与实施路径：“乡村振兴战略与精准脱贫研讨会暨第十四届全国社科农经协作网络大会”会议综述［J］．中国农村经济，2018（09）：136-144.
［32］袁海平，韦乐盈．乡村振兴视域下新农人与精准扶贫的对接研究［J］．绍兴文理学院学报（人文社会科学），2018，38（06）：39-44.
［33］姜仕贵．做好脱贫攻坚与乡村振兴的有机衔接［N］．贵州日报，2020-08-19（008）.
［34］郭晓鸣，高杰．脱贫攻坚与乡村振兴政策实施如何有效衔接［J］．理论导报，2019（09）：60-62.
［35］萧子扬．兴边富民行动与乡村振兴战略的内在逻辑关系及有机衔接路径研究［J］．广西民族研究，2020（02）：129-138.
［36］涂圣伟．脱贫攻坚与乡村振兴有机衔接：目标导向、重点领域与关键举措［J］．中国农村经济，2020（08）：2-12.
［37］廖彩荣，郭如良，尹琴，等．协同推进脱贫攻坚与乡村振兴：保障措施与实施路径［J］．农林经济管理学报，2019，18（02）：273-282.
［38］苏光华．统筹推进脱贫攻坚与乡村振兴要强化有机衔接［N］．人民政协报，2020-06-29（006）.
［39］关于贯彻落实乡村振兴战略 更好推进新农村建设和脱贫攻坚工作的调研报告：赴延边州调研组［J］．吉林农业，2018（1）：9-11.
［40］王东宾．将乡村振兴与精准脱贫有机衔接［N］．中国城乡金融报，2018-03-21（B03）.

作者简介：虞洪，四川省社会科学院农村发展研究所副所长、研究员；牛卓美，四川省社会科学院农村发展研究所研究生。

减贫奇迹的地方篇章

五步成“绩”脱贫路上的“贵州战法”

杨　未

摘　要：贵州是中国脱贫攻坚主战场，在脱贫攻坚的战役中，“五步工作法”成为精准管用的“贵州战法”。“五步工作法”以习近平新时代中国特色社会主义思想为指导，始终恪守以人民为中心发展理念；是一个系统的思维方式和抓工作有效的科学方法，体现出直面问题、聚集重点、抓住关键、解决问题的辩证思维与实践逻辑，无论是在易地扶贫搬迁工程还是在农村产业革命中都舞活了这个“指挥棒”，脱贫成效显著，五步成“绩”。

关键词：五步工作法　贵州战法　以人民为中心

贵州是中国脱贫攻坚主战场，目前，贵州省脱贫攻坚已进入攻克深贫堡垒、决战决胜、全面收官的最关键时期，确保高质量打好最后的攻坚战，打赢冲刺的歼灭战，科学的方法很重要。在脱贫攻坚的战役中，贵州省结合自身实际情况，探索出一系列整体联动、协调并进的“系统工程”，其中“五步工作法”成为精准管用的“贵州战法”。

政策设计、工作部署、干部培训、督促检查、追责问责的“五步工作法”是贵州省贯彻落实习近平新时代中国特色社会主义思想的一个创新，是坚持以人民为中心的发展思想精髓的体现，是贵州人民对人类发展问题的再思考与实践，是从马克思辩证唯物论出发的求实思维，体现了从客观实际出发的落细、落小、落实各项工作的科学方法。

第一步是政策设计——善于运用辩证思维谋划发展。政策设计涉及总体性思路和政策组合拳。2015 年 6 月习近平总书记在贵州调研时希望贵州协调推进“四个全面”战略布局，守住发展和生态两条底线，培植后发优势，奋力后发赶超，走出一条有别于东部、不同于西部其他省份的发展新路；并强调要善于运用辩证思维谋划经济社会发展。几年的时间，紧扣脱贫攻坚的政策组合拳接踵而至，就贵州整体来说，贫困面广、贫困程度深，减贫任务艰巨，很多领域都有短板，如何将短板变长板，如何走出“有别于东部、不同于西部其他省份的发展新路”，一套套组合拳体现了辩证思维：避开东部曾经走过的弯路，另辟新境，扬“大数据、大旅游、大生态”的长板，“来一场振兴农村经济的深刻产业革命”“农业产业革命‘八要素’”“四场硬仗”“五个体系”“六个坚持”，把中央的决策部署转化成贵州的行动方案，把高质量要求贯穿各项工作全过程，充分发挥后发优势，年年有目标，季季有打法，牢牢掌握了按时打赢脱贫攻坚战的主动权，脱贫攻坚连战连胜。

第二步是工作部署——强化系统思维整体推进。从空间维度上，贵州历史上是落后之地，是欠发达省份，更欠开发，致贫的原因很复杂，有自然生境脆弱的原因，也有交通不便的原因，历史上的贵州各个民族以狩猎、畜牧、“刀耕火种”“轮歇抛荒”的生计方式为主，“一方水土养不起一方人”，拔掉贫根始终难以实现，贵州是中国脱贫攻坚的主战场。从时间维度上，贵州的贫困人口 2015 年是 623 万，贫困发生率 14.3%，如何有效地打赢脱贫攻坚战，只有系统思维才能抓住整体、抓住要害。2015 年 12 月，《中共中央、国务院关于打赢脱贫攻坚战的决定》颁布，提出“采取超常规举措，拿出过硬办法，举全党全社会之力，坚决打赢脱贫攻坚战”。当月，贵州省以冲刺之态，决战之势将挪穷窝、换穷业作为拔穷根的策略在全国率先打响了易地扶贫搬迁攻坚战，这是一项复杂浩大的系统工程，贵州省委、省政府聚焦“搬得出、稳得住”的主线，按“搬迁谁、搬到哪里去、房子如何建、钱从哪里来”进行部署，写好了易地扶贫搬迁的“前半篇文章”；又以抓好“基本公共服务、培训和就业服务、文化服务、社区治理、基层党建”五个体系建设解决“搬出来后怎么办”，做好“稳得住、能致富”，确保做好易地扶贫搬迁后续扶持的“后半篇文章”，做出了长远性、制度性、科学性的系统安排部署。同步进行的针对各领域的问题短板，聚焦工作重点进行清单式、项目化、标准化管理，一系列的工作部署稳步推进。在“来一场振兴农村经济的深刻产业革命”基础上把农村产业革命向纵深推进，强化“产业选择、培训农民、技术服务、筹措资金、组织方式、产销对接、利益联结、基层党建”八要素的相互作用、系统推进。紧盯脱贫攻坚的目标，把贵州省情实际和阶段性特征统筹考虑，以同步小康作为时空坐标来思考部署安排，各种“战法”都注重处理好各要素的自身逻辑，更注重相互影响、彼此之间的有机衔接，坚持挂图作战，从“春季攻势”“夏秋决战”到“冬季充电”，统筹谋划、精准施策保障了高质量打赢脱贫攻坚战。

第三步是干部培训——培养创新思维推动发展。“干部培训是最关键的一环”。干部是政策的主要推行者，必须掌握真本领，练好真功夫，对工作不熟悉，不清楚怎么去干成为工作落实不好的一个障碍，习近平总书记一再强调要提高领导干部的创新思维能力，“建设一支政治过硬、专业过硬、能吃苦、富有开拓创新精神的干部队伍”，所以“每出台一项政策、出台一份文件，都必须对干部进行及时、全面、到位的培训，不能留有盲区”。这一步推动了贵州干部思维方式的变革、作风的转变，丢了老套路、旧观念，立了新理念；弃了老做法、旧体制，有了新思路、新方法；解决了思想观念不新、认识不深、思路不清、办法不多等突出的问题，医了“只要不出事、宁可不干事”的心态，治了“碰到复杂矛盾拖着办、遇到棘手难题绕道走”的心理；培训弥补了干部的知识弱项、能力短板、经验盲区，推动脱贫攻坚的政策从纸上“走”到地上，把各项任务落实，根据群众的要求和接地气的培训和技术指导，发动群众、带动群众、组织群众一起来干，让崇尚实干、狠抓落实在贵州大地蔚然成风。

第四步督促检查——坚持底线思维担起责任。监督是保证上下同心，实现共同目标的重要手段。政策是否执行到位，工作部署是否落实，不仅要靠干部的自觉主动，更要靠制度化、常态化的监督检查，确保政令畅通、令行禁止；正如列宁所说它不仅是“能起生物学上所谓‘适者生存’的作用的自动机制”，还能“保证每个活动家最后都‘各得其所’”。督促检查不仅要从政策设计是否上接“天线”，下接“地气”上入手，更要在工作部署中看是否层层压实，推动落实，确保中央决策部署到哪里，监督检查就跟到哪里，让每项工作有人抓有人管、能落地能见效。

第五步追责问责——突出法治思维，确保落实落地。用好从严治党、从严治政的“利器”，其目的在于唤醒干部的责任意识、激发担当精神。紧盯脱贫攻坚中搞“虚假式”“算账式”“游走式”“突击式”脱贫，进行督查，紧盯关键处、关键事、关键时上全面扫描，督促“关键人”，立下“军令状”，让震慑威力与激励效能并行，有权必有责、有责必担当、失责必追究，形成上下贯通、合力攻坚的工作格局，督促干部勇于负责、敢于担当，真正抓好落实“最后一公里”。

“五步工作法”作为“贵州战法”，以习近平新时代中国特色社会主义思想为指导，始终恪守以人民为中心的发展理念；是一个系统的思维方式和抓工作有效的科学方法，体现出直面问题、聚集重点、抓住关键、解决问题的辩证思维与实践逻辑。以人民为中心是政策设计的出发点和落脚点，注重实干和实效是部署安排、监督检查的目标导向，培训与追责问责则是大处着眼、小处发力的精准实招。无论是在易地扶贫搬迁工程还是在农村产业革命中都舞活了这个“指挥棒”，脱贫成效显著，五步成“绩”。2019 年 12 月，贵州宣布全面完成“十三五”时期易地扶贫搬迁任务，全省累计实施搬迁 188 万人，其中建档立卡贫困人口 154.33 万人，同步搬迁人口 33.67 万人，整体搬迁自然村寨 10090 个，做到了“挪穷窝”与换穷业并举，“拔穷根”丢旧碗与换新碗安居又乐业同步；党的十八大以来，贵州累计减少贫困人口 892 万人，贫困发生率降至 0.85%，57 个县实现摘帽退出，成为全国减贫人数最多的省份。用精准管用的“贵州战法”落实了习近平总书记的“扶贫开发工作进入啃硬骨头、攻坚拔寨的冲刺期，要把握时间节点，努力补齐短板，科学谋划好‘十三五’时期扶贫开发工作，确保贫困人口到 2020 年如期脱贫”的要求；创造了落后贫困省份逆势崛起的“贵州速度”，交上了脱贫的“贵州答卷”，书写了中国减贫奇迹的“贵州篇章”。

［本文系贵州省“三大战略行动”重大专项招标课题“‘五步工作法’在贵州脱贫攻坚中的运用研究”（19GZZB04）研究成果］

作者简介：杨未，黔南民族师范学院党委书记，教授。

中国减贫奇迹的新疆篇章

库兰·尼合买提　苏　成

摘　要：实现2020年我国现行标准下贫困人口全部脱贫、贫困县全部摘帽，是党和国家对世界的承诺，也是中华民族伟大复兴中国梦的重要内容。南疆四地州作为我国“三区三州”的重点难点地区，脱贫攻坚的任务十分艰巨。多年来，新疆维吾尔自治区党委坚决落实国家关于脱贫攻坚的系列举措，迎难而上、开拓创新、团结拼搏，取得了脱贫攻坚的伟大胜利，为全国乃至世界减贫事业做出了积极的贡献。

关键词：脱贫攻坚　三区三州　南疆

2020年是脱贫攻坚的决胜之年，困扰中华民族几千年的绝对贫困问题将在这一刻得到历史性解决。在这一中国减贫奇迹的创造过程中，新疆与全国各地同步，与全国人民一道，共同做出了其应有的贡献。

一、中国脱贫攻坚的难点和重点

习近平总书记多次强调，“脱贫、全面小康、现代化一个民族都不能少”，“全面小康是全体中国人民的小康，不能出现有人掉队”。新疆作为我国民族地区、边疆地区，其南疆四地州是我国脱贫攻坚“三区三州”的重点难点地区，脱贫攻坚面临极大挑战。

据统计，新疆南疆四地州行政区划面积58.63万平方公里，占新疆总面积的35.3%。这里集少数民族地区、边疆地区和集中连片特困地区于一体，区域性整体贫困严重，贫困发生率高，贫困程度深，脱贫难度大，是新疆扶贫对象最多、脱贫攻坚最难啃的“硬骨头”。在国务院扶贫办发布的《国家扶贫开发工作重点县名单》中，新疆有27个国家级贫困县，其中南疆四地州就有21个。全疆贫困村总数的94.03%、贫困人口总数的92.08%都分布在南疆四地州，其贫困人口规模接近全国“三区三州”深度贫困地区的一半。

造成南疆四地州贫困程度深的原因是多方面的。第一，生态环境恶劣，戈壁沙漠占南疆四地州总面积的90%以上，还有偏远的深山区、高寒地带，荒漠化严重、水资源匮乏、土地贫瘠、生态系统脆弱、自然灾害频繁，极大地削弱了贫困人口赖以生存的自然环境和农业资源质量。第二，南疆四地州长期以来是以农牧业为主的典型的绿洲经济。低层次的产业基础导致其难以融入工业化、产业化和新型城镇化的现代发展进程，经济社会发展普遍相对落后。第三，历史和客观原因造成的基础设施和公共服务长期滞后导致低素质、低技能贫困人口众多，贫困的代际传递难以阻断，许多少数民族人口掌握运用国家通用语言能力低、文化知识和科学技术接收能力差，导致劳动力整体素质低，外出务工就业，跨区域、跨领域转移就业难度大，收入来源单一，贫困程度较深。

因此，新疆地区特别是南疆四地州脱贫攻坚的任务非常艰巨、责任非常重大，能否打赢脱贫攻坚战，不仅事关新疆稳定和发展，更直接影响到全国脱贫攻坚战的胜败和全面小康社会建设的实现。

二、决战脱贫攻坚的探索和实践

截至2019年底，新疆已经累计实现292.32万人脱贫、25个贫困县摘帽，贫困发生率由2013年底的19.4%降至1.24%。其中，南疆四地州累计脱贫251.16万人、退出2683个贫困村、摘帽16个贫困县，贫困发生率由2014年的29.1%降至2.21%。在全国省级党委政府脱贫攻坚成效考核中，新疆连续3年综合评价为“好”。到2020年底，将圆满完成剩余10个未摘帽县、559个未退出村、4.21万户16.58万人未脱贫的“硬骨头”，夺取脱贫攻坚战的全面胜利。这些成绩的取得，主要源于以下几个方面。

（一）创造性落实中央一系列脱贫举措

多年来，新疆维吾尔自治区党委坚决落实国家关于脱贫攻坚的系列举措，并在此基础上不断创新，例如：在全国提出"专业扶贫、行业扶贫、社会扶贫"的基础上，增加"援疆扶贫"，形成了"四位一体"的新疆特色大扶贫格局；例如：在习近平总书记2015年在贵州提出"六个精准"的基础上，新疆将2016年确定为"建档立卡精准识别年"，建立"责任在县、重点在乡、关键在村"的落实机制，精准识别每一个贫困对象，当年实现全疆贫困人口识别准确率达到95.92%以上；例如：在国家提出"五个一批"帮扶措施的基础上，增加"土地清理再分配一批和转为护边员一批"，从七个方面灵活施策、精准发力。

（二）着力解决深层次、根本性问题

一是抓住就业扶贫这个关键。近3年来，新疆维吾尔自治区制定实施就业扶贫规划，持续推出"就业扶贫专项培训包"，进行国家通用语言文字培训和基础技能培训，增强长期稳定就业能力。仅过去5年，新疆纺织服装产业就累计完成固定资产投资1700多亿元，新增纺织服装企业2200多家，累计新增就业超过45万人。在大力发展劳动密集型产业和扶贫产业的同时，新疆还积极组织开展劳动力转移就业，鼓励企业更多招用贫困地区特别是建档立卡贫困家庭人员。2014年至2019年，新疆共安排各类技能培训695.7万人次，其中南疆四地州232.5万人次，新增创业37.94万人，带动就业82.74万人，年均创业7.59万人，为脱贫攻坚打下坚实基础。二是抓住产业扶贫这个根本。新疆将政府支持、企业投资与现代农业的发展有机结合，通过发展实体经济，开展产业扶贫，加大对纺织服装、鞋帽、电子组装、假发、养殖等劳动密集型产业的引导和扶持，借助市场的力量为脱贫攻坚开辟广阔空间，不断为产业扶贫增强"造血功能"。三是抓住精神扶贫这个基础。在提供物质帮扶的同时，新疆持续推进精神扶贫、智力扶贫、文化扶贫，治穷先强心、扶贫先扶志。在政策、宣传、服务、教育、培训上综合发力，使贫困群众从内心深处实现从"要我脱贫"到"我要脱贫"的观念的转变，不断提高脱贫攻坚的内生动力。

（三）汇聚各方力量、形成攻坚合力

为了如期完成脱贫攻坚任务，打赢脱贫攻坚战，新疆坚持和加强党的全面领导，坚持党委领导、政府负责、社会协同、公众参与，坚持自治区负总责、地县抓落实、乡村抓落地，坚持五级书记一起抓，加强基层党组织建设，充分发挥广大党员干部示范带头作用、基层党组织战斗堡垒作用、党员先锋模范作用，形成一支永远不走的工作队。

脱贫攻坚责任必须传导到基层、压实到干部。2020 年，新疆 24 位省级领导干部挂牌督战 10 个未摘帽贫困县，37 位省级领导包联督导 69 个县市，实现 79 个有扶贫任务的非贫困县联系全覆盖。13 个地州市和 79 个县市区全部增配 1 名专职负责同志，专司脱贫攻坚之责。实施贫困村“五个一”包联：一个部门单位结对包扶，一个援疆省市帮扶共建，一名县级领导定点联系，一名第一书记驻村领导，一个“访惠聚”驻村工作队驻村工作。全区所有贫困村、贫困户均实现包联全覆盖，使脱贫攻坚责任纵向传递到底、横向压实到边，为脱贫攻坚提供了坚强的组织保障。与此同时，新疆通过实施“先富帮后富、北疆帮南疆、兵团帮地方”“千企帮千村”等举措，充分调动各方面的资源和力量，形成了全社会集中帮扶的工作格局。

在打赢脱贫攻坚战的实践中，党中央和全国 19 个对口援疆省区市对新疆的脱贫攻坚给予了大力支持。据统计，2014 年至 2019 年，中央财政对新疆维吾尔自治区和兵团转移支付从 2636.9 亿元增长到 4224.8 亿元，年均增长 10.4%，6 年合计支持新疆 2 万多亿元。19 个援疆省市全面加强全方位对口支援，累计投入援疆资金（含兵团）964 亿元，实施援疆项目 1 万余个，引进援疆省市企业到位资金 16840 亿元，中央企业投资超过 7000 亿元。

可以说，新疆脱贫攻坚取得的全面胜利，是党和国家正确领导、英明决策的结果，是全国 19 个省区市对口支援的结果，是新疆社会各界、各族干部群众团结奋斗的结果，是新时代党中央治疆方略的成功实践，也是中国特色社会主义制度的优势体现。

三、展望乡村振兴的美好未来

年关将至，我们即将迎来脱贫攻坚的决定性胜利，实现全面小康社会建设目标。在这样一个历史性时刻，2020 年 9 月 25—26 日，党中央在北京召开了第三次中央新疆工作座谈会，习近平总书记发表的重要讲话，全面总结了第二次中央新疆工作座谈会以来新疆工作取得的重大成效，深入分析了当前新疆工作面临的形势，阐释了新时代党的治疆方略，明确了当前和今后一个时期新疆工作的指导思想、目标任务、方针政策、战略举措，全面部署了推动新疆社会稳定和长治久安的重点工作，是指导新时代新疆工作的纲领性文献，是引领新疆工作守正创新、胜利前进的强大思想武器。

党的十九届五中全会审议通过的《中共中央关于制定国民经济和社会发展第十四个五年规划和二〇三五年远景目标的建议》，对我国“十四五”及未来更长时期经济社会全面发展指明了方向，描绘了美好的前景。

“十四五”期间，着眼于乡村振兴战略的推进，新疆将坚持一切工作有利于激发贫困地区和低收入人口发展的内生动力，有利于实施精准帮扶，保持现有帮扶政策总体稳定、持续稳定，严格落实“四个不摘”，即摘帽不摘责任、摘帽不摘政策、摘帽不摘帮扶、摘帽不摘监管，为脱贫攻坚奠定坚实基础。将坚持完善落实防止返贫致贫监测预警和动态帮扶办法，强化“实时监测、即时预警、未返即防”，加强对脱贫不稳定户、边缘易致贫户，以及因疫情或其他原因收入骤减或支出骤增户的监测，加强风险研判，提前采取产业就业、医疗保障、教育资助、综合保障、防贫保险、扶志扶智等针对性帮扶措施，防止返贫或发生新的贫困，进而实现乡村振兴与脱贫攻坚的有效衔接。

当前，中国的发展，包括新疆的发展，正处在一个重要的、历史性的新起点、新阶段，脱贫攻坚、全面小康不是终点，而是新生活、新奋斗的起点。面对乡村振兴和社会主义现代化强国建设的新目标，新疆各族干部群众，将贯彻落实十九届五中全会精神、贯彻落实第三次中央新疆工作座谈会精神、特别是习近平总书记重要讲话精神，完整准确贯彻新时代党的治疆方略，牢牢扭住新疆工作总目标，不忘初心、牢记使命，团结一致、众志成城，为建设团结和谐、繁荣富裕、文明进步、安居乐业、生态良好的新时代中国特色社会主义新疆而不懈奋斗，在新时代谱写好中华民族伟大复兴中国梦的新疆篇章！

作者简介：库兰·尼合买提，新疆社会科学院党委委员，副院长，编审；苏成，新疆社会科学院农村发展研究所副所长，编审。

中国减贫方案的云南实践

陈光俊　张体伟

摘　要：云南以习近平新时代中国特色社会主义思想为指导，坚定不移贯彻落实习近平总书记关于扶贫工作的重要论述和考察云南重要讲话精神，坚持以脱贫攻坚统揽经济社会发展全局，切实把脱贫攻坚作为重大政治任务、头等大事和第一民生工程来抓，脱贫攻坚战全面打赢，为“中国减贫方案”提供了“云南样本”，积累了宝贵的云南经验。在这场波澜壮阔、回肠荡气、史诗般的脱贫攻坚战中，激扬、凝聚了脱贫攻坚伟大精神，为高质量跨越式发展提供了不竭的动力。

关键词：中国减贫方案　云南经验　脱贫攻坚精神

云南是全国脱贫攻坚的主战场之一，农村贫困人口量大面广，贫困人口分布的县域数量居全国第一位，贫困人口数量居全国第二位。2015 年，全省建档立卡人口总量为 471 万人，有 88 个贫困县、8502 个贫困村。其中深度贫困县就有 27 个，11 个“直过民族”和人口较少民族中建档立卡人口达 75.6 万人。云南的贫困问题，既有素质型贫困，也有资源型贫困；既表现在贫困人口个体生产生活困难，也表现在区域性整体发展滞后；既受历史原因、自然条件、市场影响、区域环境、个体素质等因素影响，又与文化习俗、民族宗教、社会治理、边境问题等因素交织，致贫原因复杂多样，脱贫攻坚任务重、成本高、难度大。

一、历史见证辉煌成就

党的十八大以来，特别是 2015 年脱贫攻坚战打响以来，云南省委、省政府坚持以脱贫攻坚统揽经济社会发展全局，牢记“一个都不能少”的庄严承诺，聚焦深度贫困地区，切实把脱贫攻坚作为新时代云南必须打赢的第一场硬仗，紧紧围绕“两不愁三保障”的基本任务，突出“六个精准”，实施“五个一批”，推进“志智双扶”，强化分类施策、挂牌督战，脱贫攻坚战取得决定性胜利。

（一）总体减贫目标实现

经过持续奋斗，截至2020年，现行标准下云南农村贫困人口全部脱贫，8502个贫困村全部出列，88个贫困县全部脱贫摘帽，11个“直过民族”和人口较少民族实现整族脱贫，“决不让一个兄弟民族掉队，决不让一个民族地区落伍”“小康路上一个都不能掉队”的庄严承诺如期兑现，困扰云南千百年的绝对贫困问题得到历史性解决。云南各族人民群众获得感、幸福感和安全感明显提升，边疆地区基础设施条件显著改善，具有边疆民族特色贫困治理体系建立健全，一支有情怀、敢担当、善作为的“三农”工作队伍锻造形成，广大群众不等不靠、踏实苦干、感党恩的主人翁精神明显提振。

（二）深度贫困地区歼灭战圆满收官

随着全国脱贫攻坚战从“打响”向“打赢”“打好”转变，从注重减贫进度向注重脱贫质量转变，云南适时调整工作重心，以全国“三区三州”的怒江州、迪庆州和27个深度贫困县（市、区）为主战场，使深度贫困地区脱贫攻坚歼灭战取得决定性成效。截至2020年，云南深度贫困地区250.3万贫困人口实现脱贫，3539个深度贫困村出列，迪庆、怒江2个州市整体脱贫，27个深度贫困县（市、区）全部脱贫摘帽。深度贫困地区和贫困群众同全国全省各族人民一道迈进全面小康社会。

（三）贫困群众收入水平大幅提高

截至2019年底，全省已脱贫人口人均纯收入达6949元，比2015年增加3044元，建档立卡贫困人口人均纯收入5000元（含）以上的比例由2015年的5%上升到90.6%；贫困地区农民人均可支配收入由2015年的7070元上升到2019年的10771元，年均增长11.1%，增速高于全省平均水平1.5个百分点，提前一年实现“贫困县农村常住居民人均可支配收入到2020年达到10000元以上”的目标。

全省聘用生态护林员 17.04 万名，居全国第一，每人每年平均增加收入 9000 多元，共带动 17.04 万个贫困家庭、70 万贫困人口稳定增收；文化旅游综合带动 80 万贫困人口脱贫增收；电商扶贫带动 68.95 万贫困人口就业创业增收。据农村贫困监测显示，云南贫困地区农村居民人均可支配收入 80%以上主要靠外出务工和产业脱贫，自主脱贫能力稳步提高。全省贫困地区农民人均可支配收入占全省农村居民人均可支配收入的比例由 2015 年的 84.68%，逐年增长到 2019 年的 90.50%（见图 1~图 3）。据测算得出 2012—2018 年全省 88 个贫困县农民人均可支配收入增长对全省农民可支配收入增长的贡献率达 71.72%。

图 1　2012—2019 年云南贫困地区农民人均可支配收入增长变化情况

数据来源：云南统计年鉴、中国农村贫困监测报告（2013—2019 年）

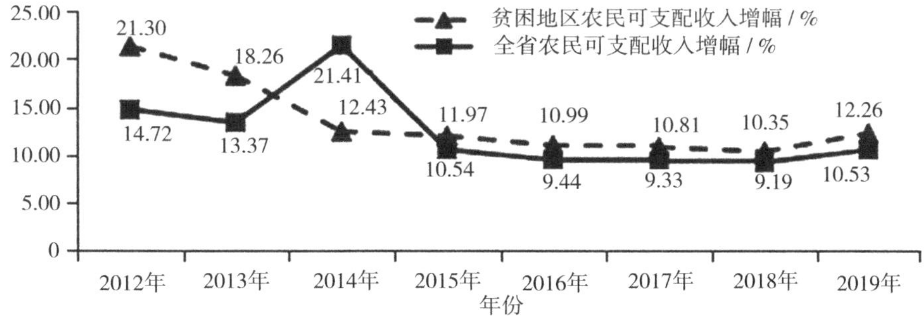

图 2　2012—2019 年云南贫困地区农民人均可支配收入增幅变化情况

数据来源：云南统计年鉴、中国农村贫困监测报告（2013—2019 年）

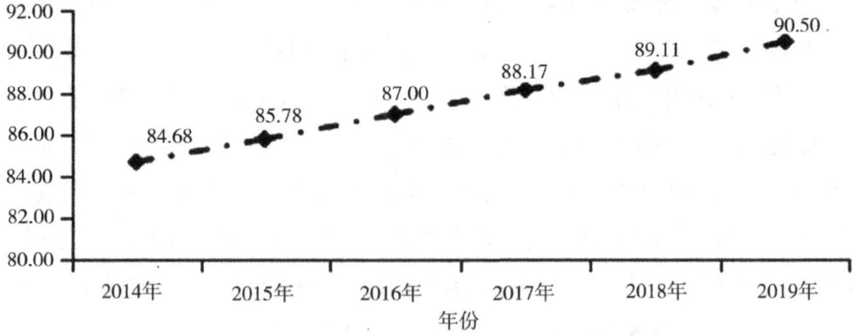

图3　贫困地区农民人均可支配收入占全省比例增长情况 / %

数据来源：中国农村贫困监测报告（2013—2019年）

从贫困地区农民人均可支配收入结构看，除财产性收入增长后劲不足，在人均可支配收入占比一直徘徊在1%以内外，经营性收入占比由2012年的61.11%逐年下降到2019年的46.71%，减少了14.40个百分点。得益于扶贫劳务输出、生态护林员和生态公益林补贴、扶贫车间和乡村公益岗位等就业增收扶贫举措，工资性收入、转移性收入占比逐年明显增加，分别由2012年的23.65%、14.32%，增长到2019年的33.26%、19.28%，分别增加了9.61个百分点、4.96个百分点。（见图4）

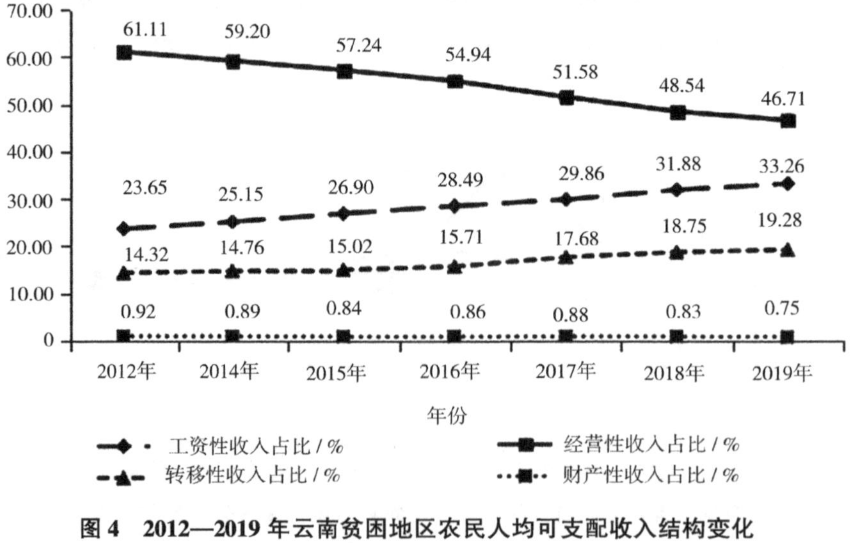

图4　2012—2019年云南贫困地区农民人均可支配收入结构变化

数据来源：中国农村贫困监测报告（2013—2019年）

云南贫困地区农村居民人均可支配收入从 2012 年的 4749 元逐年增长到 2019 年的 10771 元，增幅达 126.81%。其中，工资性收入对贫困地区农村居民人均可支配收入增收贡献率高达 40.83%，拉动收入增长 51.78 个百分点；经营性净收入对增收的贡献率达 35.36%，拉动收入增长 44.84 个百分点；财产性收入对增收贡献率达 23.20%，拉动收入增长 29.42 个百分点；转移性净收入对增收的贡献率为 0.61%，拉动收入增长 0.77 个百分点。（见表 1、表 2）

表 1　2012—2019 年云南农村贫困地区人均可支配收入结构表

单位：元

	工资性收入	经营性收入	财产性收入	转移性收入	合计
2012	1123	2902	44	680	4749
2014	1588	3738	56	932	6314
2015	1902	4047	59	1062	7070
2016	2236	4311	67	1233	7847
2017	2596	4485	77	1537	8695
2018	3059	4657	79	1799	9594
2019	3582	5031	81	2077	10771

数据来源：中国农村贫困监测报告（2013—2020 年）。

表 2　2012—2019 年云南贫困地区农民增收贡献率及拉动收入增长情况

单位：%

	工资性收入	经营性收入	财产性收入	转移性收入	合计
增收贡献率	40.83	35.36	23.2	0.61	100.00
拉动收入增长	51.78	44.84	29.42	0.77	126.81

数据来源：中国农村贫困监测报告（2013—2020 年）。

（四）贫困地区生产生活条件发生巨变

全省贫困地区、人口较少民族聚居区、沿边地区基础设施显著改善。贫困村基本实现通硬化路、生活用电、动力电、光纤、宽带，建成标准化卫生室、"云岭先锋"为民服务站、活动场所等。通过连续实施两轮"兴边富民工程改善沿边群众生产生活条件三年行动计划"，沿边地区"五通八有三达到"目标基本实现，基础设施明显改善、公共服务水平明显提高。贫困地区交通"瓶颈"打通。全省14449个建制村实现100%通硬化路。对27个深度贫困县50户以上不搬迁自然村建成硬化路17647公里、已实现8537个自然村通畅。贫困地区交通基础设施"瓶颈"进一步缓解，怒江、澜沧江"过江靠溜索"的历史一去不复返。2019年，香丽高速香格里拉至小中甸段建成，打破了迪庆没有高速公路的历史；怒江兰坪通用机场通航，打破了怒江没有民航的历史；怒江"美丽公路"沿边国道G219六库至贡山路段建成通车，打破了贡山没有高等级公路的历史。贫困地区群众饮水安全得到充分保障。到2019年底，全面巩固提升了1861.3万农村人口饮水安全保障水平，其中贫困人口280.5万人。

（五）贫困群众精神面貌明显提振

依靠自己的双手摘掉穷帽、斩断穷根的意识逐步增强，自强自立蔚然成风。学先进、赶先进、争先进的良好氛围逐渐形成。"靠着墙根晒太阳、等着政府送小康"的现象大为改观，"脱贫攻坚是干出来的""幸福是奋斗出来的"的观念入心入脑。贫困代际传递已经阻断，"再穷不能穷教育""再苦不能苦孩子""不能让子孙继承贫困'遗产'"等观念深入人心。陈规陋习逐渐破除，健康文明风尚正在形成。村规民约得以遵守，垃圾围村等现象大大减少。少数民族尤其是"直过民族"和人口较少民族安贫乐道的观念已经转变为对美好生活的向往和不懈追求。

（六）边疆民族地区贫困治理能力显著提升

各级干部能力素质大幅提升。2016年以来，全省累计派出了4.47万人（次）党员干部到贫困村担任第一书记、17.97万人（次）干部驻村帮扶，锤炼出了一支过硬的脱贫攻坚干部队伍，打造出了一支"云岭铁军"。边疆贫困治理机制不断完善，精准识别机制、帮扶和管理机制不断完善，产业扶贫利益联结机制、投入增长保障机制、社会参与合力攻坚机制、东西部协作机制及考核评估、贫困退出等机制不断健全。贫困地区治理基础全面加强。贫困地区发展短板不断补齐，群众生产生活条件不断改善，基本公共服务水平不断提高，贫困地区与全省同步全面建成小康社会。

二、总结积累宝贵经验

脱贫攻坚，讲的是政治，干的是民生，体现的是大局，反映的是党性。云南把脱贫攻坚作为全面建成小康社会的关键举措，积累了大量的实践经验，走出了一条具有云南特色、边疆特点的精准脱贫攻坚道路。

（一）坚持党的领导是根本保证

中国共产党领导是中国特色社会主义最本质的特征，是中国特色社会主义制度的最大优势。中国共产党始终坚持把消除贫困、改善民生、实现共同富裕作为社会主义的本质要求，把为人民谋幸福作为自己的初心。云南作为主战场之一，决战脱贫攻坚取得前所未有的成就，首要的、最重要的一条经验，就是坚持党对脱贫攻坚工作的领导。脱贫攻坚战打响以来，各级党组织发挥统揽全局、协调各方的领导核心作用，始终把脱贫攻坚作为全省经济社会发展的头等大事和第一民生工程。正是依靠党的坚强领导，发挥强大的政治动员能力和优势，才迅速高效地动员起各方力量、各种资源，对脱贫攻坚中出现的各种风险和困难及时做出决策，以踏石留印、抓铁有痕的劲头，集中力量打好歼灭战，如期完成脱贫攻坚目标任务。

（二）坚持"一家人都要过上好日子"是奋斗目标

坚持"各民族都是一家人，一家人都要过上好日子"，这是我们党对历史、对人民的承诺和交代。云南坚持把人民对美好生活的向往，作为一切工作的出发点和落脚点，坚持全心全意为人民服务的根本宗旨，坚持以人民为中心的发展思想，坚持人民主体地位，尊重人民的首创精神，团结带领全省各族人民持续向贫困宣战，把太多不可能变成了可能，书写了气壮山河的人间奇迹。全省上下投到史无前例的轰轰烈烈反贫困大战中，践行了不怕苦、不怕累、不怕牺牲的反贫困精神，抒写了以人民为中心的拳拳情怀，最终夺取了脱贫攻坚战的全面胜利。

（三）坚持制度优势是制胜密码

坚持中国特色社会主义制度的显著优势，是打胜脱贫攻坚战的密码。脱贫攻坚取得举世瞩目的辉煌成就，充分彰显中国特色社会主义制度的优越性。立足省情，云南充分发挥社会主义制度集中力量办大事的优势，迸发出巨大的攻坚合力，运用"党委领导、政府主导、社会参与"的工作机制，形成跨地区、跨部门、跨行业、全社会多元主体共同参与的脱贫攻坚体系。制度优势具体体现在扶贫资源动员、整合和精准配置的强大组织能力上，体现在社会各方力量汇聚上，体现在"挂包帮"结对帮扶、中央和集团定点帮扶及跨省（市）东西部扶贫协作上，体现在精准管理、督导检查、挂牌督战各环节上。没有集中力量办大事的显著制度优势，绝对不会有如此"硬核"的脱贫攻坚成就。

（四）坚持精准方略是根本方法

云南脱贫攻坚之所以能够夺取全面胜利，根本方法就是坚持了"六个精准"的基本方略。坚持精准方略，打好精准政策"组合拳"，建立精准脱贫攻坚工作体系，解决了"扶持谁""谁来扶""怎么扶"等问题。始终坚持把精准施策作为打赢脱贫攻坚战的关键环节来抓，始终坚持把精准动态管理作为打赢脱贫攻坚战的重要保障来落实，扎实推进区域发展与精准扶贫"双轮驱动"相结合，探索出"贫困对象家底清、致贫原因清、帮扶措施清、投入产出清、帮扶责任清、脱贫时序清"的六清工作方法，受到国务院的充分肯定，并向全国推广。

（五）坚持资源整合是有效举措

"积力之所举，则无不胜也"。打赢脱贫攻坚战是全党全社会的共同责任。云南脱贫攻坚战之所以能够取得全面胜利，与全省坚持加大投入和强化资金支持的做法分不开，与长期坚持动员和引导全社会力量广泛参与，促进政府、社会、市场协同推进和扶贫资源有力整合的实践分不开。云南充分发挥政府投入主体和主导作用，坚持多元投入保障，着力整合专项扶贫、行业扶贫、金融扶贫、援滇扶贫、社会扶贫等扶贫资源，形成有机结合和互为支撑的大扶贫格局，为打赢脱贫攻坚战提供条件支撑。

（六）坚持群众主体是动力源泉

云南脱贫攻坚战取得胜利，是长期坚持尊重群众主体地位、坚持群众路线、组织群众、发动群众、依靠群众的实践结果。解决贫困问题的关键是发挥群众的主体性和主动性，增强贫困群众自我发展能力是实现减贫可持续的重点。“授贫困者以渔”，使贫困户真正成为主体，激发出贫困户脱贫攻坚内生动力。云南始终坚持群众主体地位，不断激发内在活力，把增加贫困群众收入、“富口袋”作为主要目标，以产业融合为方向，抓实产业扶贫，培强脱贫根基。坚持转变帮扶方式，采用生产奖补、劳务补助、以工代赈等方式，提高贫困群众在扶贫项目各个环节的参与度，树立主体意识，自力更生，艰苦奋斗，激发改变贫困面貌的干劲和决心。

（七）坚持帮扶协作是重要手段

云南打赢脱贫攻坚战，与长期坚持借外力、强内力、形成脱贫攻坚合力的做法分不开，与长期坚持帮扶协作的实践分不开。坚持发挥企业集团在社会扶贫中的主力军，坚持中央定点帮扶，部门挂钩帮扶及社会帮扶有机衔接、协同融合推进。坚持帮扶意识和工作态度到位、政策措施到位、工作机制到位；在资金使用上精准发力，在产业发展、劳务协作、技术培训、社会动员上精准发力。上海、广东两省市加力用劲，把真心真情变为真金白银，跨山海、聚深情，坚持“中央要求、云南所需、沪粤所能”，高位推动，完善工作联席会议制度、高层互访机制，团结协作，务实推进，沪滇、粤滇合作成为东西协作的一大亮点。

（八）坚持党建引领是坚强保障

党建带扶贫、扶贫促党建是云南打赢脱贫攻坚战的一条重要经验。坚持“五级书记”抓扶贫和党政“一把手”脱贫责任制，实行省级干部包县、厅级干部包乡、县级干部包村及驻村工作队、第一书记和乡镇干部包户的“四包”制度，确保每一个贫困县都有领导挂联，每一个贫困乡（镇）、贫困村都有领导和部门、单位挂包，每一个贫困村都有驻村扶贫工作队，每一户贫困户都有干部职工结对帮扶，做到不脱贫不脱钩。把扶贫开发同基层组织建设有机结合起来，抓好以村党组织为核心的村级组织配套建设，把基层党组织建设成为带领贫困地区群众脱贫致富、维护农村和谐稳定的坚强领导核心。脱贫攻坚与基层党组织建设“双推进”，已成为云南的一大特色。

三、时代铸就伟大精神

在这场波澜壮阔、荡气回肠、史诗般的伟大脱贫攻坚实践中，云南各族儿女凝聚了伟大的脱贫攻坚精神。

（一）“敢教日月换新天”的攻坚克难精神

云南各族人民群众在习近平新时代中国特色社会主义思想指引下，坚决贯彻党中央国务院和省委省政府重大决策部署，以初心使命为航标，内化于心、外化于行，持续向贫困宣战，凝聚起最强的攻坚“战力”。拿出了苦干实干精神，脱贫中之贫、解困中之困、攻坚中之坚、克难中之难，以“敢叫日月换新天”的气魄，秉持钉钉子攻坚克难精神，以铁一般信仰、铁一般信念、铁一般纪律、铁一般担当，夙夜在公，殚精竭虑，尽职尽责，善作善成，勇当“尖刀班”“爆破手”，促使独龙族、德昂族等“直过民族”，实现了从整族贫困到整族脱贫、第二个“千年跨越”的历史“蝶变”。

（二）“苦熬不如苦干”的艰苦奋斗精神

在伟大的脱贫攻坚战中，广大干部群众没有向贫困低头认输。面对恶劣的自然环境、艰苦的生产生活条件、面大程度深的贫困现状，没有坐等观望，而是积极响应党中央、国务院的战斗号令，牢记习近平总书记“小康路上一个都不能少”的殷殷嘱托，每天都在进行着新的实践、创造着新的奇迹、书写着新的史诗。“搬家不如搬石头、苦熬不如苦干，等不是办法、干才有希望”的“西畴精神”，把中华民族愚公移山精神生动地写在云岭大地上，是脱贫攻坚路上“最美奋斗者”激扬出来的奋斗精神，是三迤大地上各族儿女勤劳勇敢、自强不息的真实写照，铸就了脱贫攻坚伟大的精神丰碑。

（三）“咬定青山不放松”的坚韧拼搏精神

云南各族干部群众坚定信心不动摇，扛实责任不懈怠，咬定青山不放松，以滴水穿石的韧劲、锲而不舍的实干作风，下最大决心、以最强力度，打起百倍精神，聚力同心，众志成城，坚决啃下最难啃的硬骨头。“不获全胜、决不收兵”，坚决完成贫困人口全部脱贫、贫困村全部出列、贫困县全部摘帽的硬任务、底线任务，坚决如期打赢脱贫攻坚这一场历史性决战，坚决向全省各族人民兑现“全面小康路上一个不能少、一个不能掉队”的庄严承诺。

（四）“尽锐出战，公而忘私”的奉献牺牲精神

云南广大党员干部以“朝受命、夕饮冰”的使命感、“昼无为、夜难寐”的紧迫感和“但愿苍生俱饱暖，不辞辛劳出山林”的奉献精神，奔赴脱贫攻坚主战场，把对云岭每一寸土地、每一个老百姓的爱，化作迎难而上、攻坚克难的强大动力，当表率、做示范，冲在脱贫攻坚战最前沿。云岭大地上已锻造出了一支有情怀、敢担当、善作为且留得住、能战斗、带不走的“三农”干部人才队伍，涌现出了一批批以“人民楷模”高德荣、“时代楷模”朱有勇、“初心如磐使命如山”的郭彩廷、“最美支边人”“背篓医生”管延萍等为代表的先进典型，已成为打赢脱贫攻坚战的“时代中坚”，在广大群众中树立了“一名党员干部就是一面旗帜”的良好形象。党员干部为边疆各族群众脱贫事业呕心沥血，100多位优秀云岭女儿倒在了脱贫攻坚战场上，谱写了一曲曲催人泪下、可歌可泣的英雄赞歌。

（五）“守望相助，八方支援”的团结协作精神

云南以建设民族团结进步示范区为引领，把民族团结进步事业与脱贫攻坚工作“双融合、双促进”，实施了三轮“十县百乡千村万户示范创建工程”行动计划，村帮村、户帮户、结队帮扶攀穷亲等机制，让各族干部群众在摆脱贫困中心手相牵、互帮互助，促进各兄弟民族共同发展、共同进步，增强各民族都是一家人的中华民族认同感，铸牢中华民族共同体意识，促进各民族“像石榴籽一样紧紧抱在一起”。中央定点帮扶，部门挂钩帮扶，企业集团倾力相助，东西部协作扶贫等举措，弘扬了中华民族优良传统，凝聚山海情深、心手相连、扶贫济困、守望相助的大爱精神。

打赢脱贫攻坚战，云南书写了世界上鲜活成功的脱贫故事。百年大党的初心使命，在决胜脱贫攻坚中得到了淬炼和升华。云南脱贫攻坚是中国共产党领导中国人民向贫困宣战的一个生动缩影。云南脱贫攻坚取得决定性胜利，充分印证了中国共产党坚强无比的领导力和强大的组织能力，充分彰显了中国特色

社会主义集中力量办大事的制度优势，充分体现了社会主义大家庭的温暖和中华民族手足相亲、守望相助的团结伟力。在实现第二个一百年奋斗目标的新征程中，全省要以习近平新时代中国特色社会主义思想为指导，深入学习贯彻党的十九届五中全会精神和习近平总书记考察云南重要讲话精神，实现巩固拓展脱贫攻坚成果同乡村振兴有效衔接，奋力谱写全面建设社会主义现代化国家的云南篇章。

作者简介：陈光俊，云南省社会科学院党组成员、副院长，研究员；张体伟，云南省社会科学院农村发展研究所研究员。

湖北省脱贫攻坚成效与创新实践

湖北省社会科学院

摘　要：2020年是脱贫攻坚决战决胜之年。湖北省认真贯彻落实习近平总书记关于脱贫攻坚工作的重要指示精神，全力克服疫情汛情叠加的不利影响，以“不落一人”践行初心使命，以奋战到底的攻坚态势，坚决打赢脱贫攻坚战，取得了显著成效，形成了一批脱贫攻坚创新实践经验。

关键词：湖北省脱贫攻坚　历史使命　成效　创新实践

2020年是决胜全面建成小康社会、决战脱贫攻坚之年，完成现行标准下的农村贫困人口脱贫攻坚任务，是湖北省委、省政府向党中央立下的“军令状”，也是向全省人民做出的郑重承诺，必须如期实现，没有退路、没有弹性。2020年的湖北不平凡、不容易，突如其来的新冠肺炎疫情给湖北经济社会各领域造成重大不利影响，湖北脱贫攻坚原本就有不少硬仗要打，又因疫情出现新的困难和挑战。

疫情发生以来，习近平总书记亲自指挥、亲自部署，多次发表重要讲话、做出重要指示，3月6日召开决战决胜脱贫攻坚座谈会；3月10日赴湖北武汉考察新冠肺炎疫情防控工作；4月29日，主持召开中央政治局常委会会议，研究部署完善常态化疫情防控举措，确定了支持湖北经济社会发展一揽子政策；5月24日，习近平总书记在参加“两会”湖北代表团审议时强调，“坚决完成剩余贫困人口脱贫任务，防止因疫致贫或返贫”。汪洋主席和胡春华副总理到国务院扶贫办调研时对湖北脱贫攻坚提出具体要求。国家部委、全国人民对湖北“搭把手、拉一把”，生态环境部、供销合作总社、国务院扶贫办倾力相助，湖北在党和国家的关怀下，增强了打赢疫情防控人民战争、总体战、阻击战和脱贫攻坚战的决心、信心。

一、湖北省脱贫攻坚的历史使命

湖北省是一个集老、少、边、山、库为一体，贫困人口多、贫困区域面积大、贫困程度深、扶贫攻坚任务较重的中部省份，也是全国扶贫开发和老区建设的重点省区之一。2011 年 11 月，中央召开扶贫开发工作会议，会议重点提出集中力量推进连片特困地区扶贫攻坚，将包括武陵山片区在内的 11 个连片特困地区作为扶贫攻坚的主战场。国家实施的连片特困地区区域发展与扶贫攻坚工程，涉及湖北省大别山、武陵山、秦巴山、幕阜山 4 个集中连片特殊困难地区（简称片区），37 个贫困县、4821 个贫困村，其中 9 个深度贫困县、507 个深度贫困村，2013 年底建档立卡贫困人口 191.5 万户、581 万人。

湖北脱贫攻坚任务艰巨，振兴革命老区的责任重大。在国家的片区区域发展与扶贫攻坚战略部署下，湖北省委、省政府于 2011 年 2 月 16 日、17 日在全国率先启动湖北武陵山少数民族经济社会发展试验区、湖北大别山革命老区经济社会发展试验区建设，先后出台试验区建设指导意见、编制试验区发展规划、制定试验区扶持政策。给资金、给项目、给政策，重点聚焦革命老区、少数民族地区脱贫事业，提出建设“红色大别山、绿色大别山、发展大别山、富裕大别山”的目标要求，加强湖北大别山革命老区经济社会发展试验区建设。按照“生态立区、产业兴区、开放活区、富民稳区”的思路，推进湖北武陵山少数民族经济社会发展试验区建设。

二、湖北省脱贫攻坚取得的成效

党的十八大以来，湖北省委、省政府坚定不移贯彻落实习近平总书记关于扶贫工作的重要论述和考察湖北重要讲话精神，始终把脱贫攻坚作为重大政治任务、重大政治责任、重大民生工程，坚持精准扶贫精准脱贫方略，咬定目标，尽锐出战，脱贫攻坚取得决定性成就。2016 至 2019 年，中央对省级党委和政府的扶贫成效考核中，湖北省连续 4 年被评为“综合评价好”的省份；2013 至 2019 年，国家财政专项扶贫资金绩效评价中，湖北省连续 7 年被评为“优秀”等次。2018、2019 年国家东西部扶贫协作考核中，湖北省、恩施州和浙江省、杭州市连续两年被评为“综合评价好”的省和市（州）。湖北省脱贫攻坚取得的成效具体表现在五个方面。

一是脱贫攻坚目标任务接近完成。全省建档立卡贫困人口由2013年底的581万减少到2019年底的5.8万，贫困发生率由14.4%下降到0.14%，全省37个贫困县全部摘帽，4821个贫困村全部出列，区域性整体贫困得到基本解决。

二是贫困群众收入水平大幅提高。2013至2019年，37个贫困县农民人均可支配收入由7266元增加到12911元，年均增长10.06%，高于同期全国农民人均可支配收入增幅2.56个百分点。

三是贫困地区生产生活条件明显改善。全省农村公路总里程达到25.4万公里，所有乡镇、行政村、20户以上自然村通硬化路。村村都有卫生室和村医，基层医疗服务水平明显提升。贫困地区通动力电达100%，农网供电可靠率达99.8%。贫困村通宽带比例达100%，20户以上自然村光纤通达率达92.7%。

四是贫困地区发展后劲明显增强。发展4.3万家农民专业合作社，培育2.58万个创业致富带头人，累计发放扶贫小额信贷221.15亿元，建成5648座光伏扶贫电站，认定1553家扶贫车间，带动88.7%的有劳动能力贫困人口发展产业增收。

五是贫困地区治理能力明显提升。全省共选派驻村扶贫工作队21575个、驻村干部78746人，驻村第一书记13348人，实现4821个贫困村全覆盖。一大批干部在脱贫攻坚一线得到培养锻炼，农村基层党组织凝聚力和战斗力明显增强，农村基层治理能力和治理水平显著提高。疫情期间，许多驻村扶贫队拉起来就是防“疫”队、战“疫”队，充分发挥共产党员先锋模范作用。

三、湖北省脱贫攻坚的创新实践

湖北始终把学习贯彻习近平总书记关于扶贫工作的重要论述作为增强“四个意识”、坚定“四个自信”、做到“两个维护”的重要内容，作为打赢脱贫攻坚战的根本遵循和行动指南。省委、省政府坚持第一时间传达学习、第一力度贯彻落实以习近平同志为核心的党中央精神，坚持省负总责，压实各方责任，形成了一系列适应湖北脱贫攻坚实际的创新实践。

（一）注重提升农业产业化水平，确保脱贫后能发展、可持续

发展农业产业是实现有效脱贫的重要方式。湖北省坚持推进脱贫攻坚与乡村振兴有机衔接，大力提升农业产业化水平，让农民深度参与农业产业链、价值链，确保脱贫后能发展、可持续。农业产业化发展过程中形成了一系列脱贫致富的典型案例。

比如十堰郧阳区"大集中、大配套、大产业"扶贫搬迁安置模式，把产业扶贫作为治本之策，推行劳务经济+香菇、袜业两个主导产业+N个发展项目的"1+2+N"产业扶贫模式，区建扶贫产业园、镇村建扶贫车间、户建扶贫作坊，上联优质企业、下联贫困户，让贫困群众生活在组织中、依附在产业链上稳定增收。全区19个乡镇贫困群众4173户、15072人，配建1000万棒香菇产业基地和5万平方米袜业扶贫车间，国内袜业龙头企业上海中昊针织有限公司投资约10亿元入驻，带动全区年织袜达10亿双，近万名农村群众在家门口务工。

又如"扶贫车间"产业扶贫模式，将民营企业的扶贫力量有效引入贫困地区，优化资源配置，扩大有效供给，在一定程度上破解了劳动力就地就近就业难题，促进了农村新兴产业培育及第一、二、三产业融合发展。利川市柏杨坝镇永兴家园通过减免租金引进本土企业入驻，目前已建成柏杨豆干制造生产企业、制鞋厂、制衣厂、水厂、面厂、茶厂、电商等扶贫车间78间，提供岗位180余个。柏杨坝镇借此大力弘扬豆干文化和土苗民族文化，建蜡像馆，搞直播带货，打民俗体验牌，打造出人气旺旺的"网红街"。

除了扶贫车间外，湖北各地还探索出"企业+基地+易迁户""公司+基地+合作社+农户+科研院所""农家作坊+旅游商品+特色民宿""电商+基地+合作社+农户/贫困户"等多种共建共赢的联动扶贫模式。巴东县将军山农牧开发有限公司与省农科院合作，引种黄金梨，建设500亩"双臂顺行式棚架"产业园。探索形成由公司统一供种、统一管理、统一品牌、统一经营、统一销售的"五统一分"模式，贫困户与公司按3∶7比例分成经营所得，有效地带动了农民脱贫致富。

（二）注重帮扶的精准性，做到"缺什么、补什么"

湖北省委、省政府切实关注贫困地区发展情况和贫困群众的发展诉求，及

时有效地出台政策实现精准帮扶目的，尤其是在今年疫情暴发时期，茶叶、香菇、柑橘、小龙虾等农产品滞销，贫困农户外出务工受阻的情况下，湖北坚决按照习近平总书记对疫情防控与脱贫攻坚工作要求，统筹兼顾，确保疫情防控底线不破，经济社会发展后墙不倒，脱贫攻坚高质量完成。湖北省扶贫攻坚领导小组发出《关于努力克服疫情影响 坚决打赢脱贫攻坚战的通知》，出台一揽子非常对策。扶贫、财政、农业农村、林业、人社、交通、市场监管等部门相继制定了产业扶贫、就业扶贫、消费扶贫、电商扶贫、兜底保障、社会救助等“一揽子”政策措施。

春季农业生产时节，一系列扶持农业生产政策迅速出台，采取戴口罩分时下地、“天眼”巡田、“云”上种地、远程服务、视频培训等一系列创新式措施，做到春耕不误防疫不误春。在克服种种困难后，今年湖北省夏粮实现增产3亿斤，1至8月，全省农产品出口突破百亿元大关，同比增长37.8%。

针对受新冠肺炎疫情冲击，涉农企业处境艰难问题，湖北省积极出台支持农业经营主体“纾困十条”，从金融、财税、保险等十个方面展开帮扶，累计为2.94万家农业经营主体落实贷款267.36亿元。

针对疫情防控外出务工难问题，湖北省在国务院扶贫办和人社部等部委的支持下，与上海、江苏、浙江、广东等6省开展“6+1”劳务协作行动，目前，全省已有超过203.9万贫困劳动人口外出务工，比去年多13万余人。

针对农产品因疫情销售难问题，湖北省委、省政府向全社会发声呼吁，联合国家部委一致行动“采购湖北山货”，中央和省级媒体倾力为湖北农产品吆喝，县市长走进直播间带货，“荆楚味道走出湖北”，走向全国。到9月底，仅中央部门和单位累计购买湖北农产品就超过16亿元，帮助销售超过160亿元。

（三）注重基层党组织建设，充分发挥共产党员先锋模范作用

湖北省注重加强脱贫攻坚工作中基层党组织建设和城乡基层社会治理，强化基层党组织政治功能和服务功能，充分发挥基层党组织战斗堡垒作用和共产党员先锋模范作用，持续巩固脱贫攻坚成果。

2月2日，疫情严重期间湖北省所有扶贫工作队员接到紧急指令，结束休假，立刻返岗到村，帮助扶贫、参与疫情防控。近2万个驻村工作队6万多人返岗，戴着口罩逐村逐户探访贫困对象。

各地驻村工作队在党组织的坚持领导下，按照当地新冠肺炎疫情防控指挥部统一指挥，在确保疫情不扩散、不增加基层负担、做好自身防护的前提下，迅速进村开展工作。暂不能到驻点村开展工作的驻村干部，必须利用信息化手段积极稳妥推进相关工作。疫情防控期间，驻村工作队协助村“两委”做好疫情防控宣传、村民健康排查、村组封闭管理、重点人群服务、生活物资保障、疫情数据统计、贫困户外出务工需求与发展生产需求排查等工作。同时，指导贫困群众做好春耕备耕生产、务工就业，筹备贫困村扶贫项目开工复工，密切关注已脱贫建档立卡贫困户返贫和边缘户致贫情况，及时采取帮扶措施。高度关注疫情防控封闭管理区域贫困群众生活，帮扶干部与帮扶对象保持紧密联系，开展定期问候、安抚情绪、排忧解难等工作。

在基层党组织的领导下，驻村党员干部充分发挥共产党员先锋模范作用，有力地遏制了疫情在农村地区的扩散，有效地帮助农民化解生活困难，实现农业生产正常开展，为全省脱贫攻坚决战胜利打下坚强的战斗堡垒。

四、湖北省决战脱贫攻坚的举措

在脱贫攻坚的决战决胜的关键之年，湖北省委、省政府强调，越是困难叠加，越要锚定目标；越是冲刺关头，越要坚韧奋进；越是胜利在望，越要克服麻痹思想，以“不落一人”践行初心使命，以奋战到底的攻坚态势和质量更高、成色更好的脱贫成果体现“两个维护”。

湖北省目前仍然剩余5.8万贫困人口，这些都是贫中之贫、困中之困。为实现脱贫攻坚战决胜，湖北省将采取一系列举措。

（一）切实强化责任落实

严格落实“省负总责、市县抓落实”工作机制和党政一把手负总责的限期脱贫责任制，坚持五级书记抓扶贫，深入开展遍访贫困对象行动，不停顿、不大意、不放松。实施最严格的考核评估制度，严肃约谈问责，形成闭环效应。持续推进扶贫领域腐败和作风问题专项治理，切实减轻基层负担，坚决防止形式主义、官僚主义。

（二）切实完成目标任务

采取超常规举措，不因疫情影响降低标准，确保剩余的5.8万贫困人口脱贫质量。对11个县、454个行政村开展重点攻坚，坚决攻克最后堡垒。大力开展社会救助兜底脱贫行动，全面落实“应兜尽兜”保障政策。扎实开展脱贫攻坚普查，不断提高脱贫攻坚成色。

（三）切实巩固脱贫成果

认真落实“四个不摘”要求，保持现有帮扶政策总体稳定，帮扶力量只加强不减弱，主要政策举措只强化不后退，进一步巩固“两不愁三保障”成果，提升脱贫质量。落实稳定脱贫长效机制，继续强化对脱贫监测户、边缘户的监测与帮扶，防止因疫因灾致贫返贫。把脱贫摘帽作为新生活、新奋斗的起点，积极推进脱贫攻坚与乡村振兴融合发展，推动规划、政策、考核、产业全面衔接。

（四）切实深化问题整改

持续推动各类问题整改见底见效，对已完成整改的问题，及时梳理总结，查漏补缺，标本兼治，构建解决问题的常态化、长效化机制。对需要长期坚持整改的问题，严格执行计划，强化措施落实，巩固整改成效，防止问题反弹。

（五）切实凝聚攻坚合力

强化中直单位、省直单位定点扶贫和省内区域协作，全力推进浙鄂东西部扶贫协作。动员商会组织、民营企业对剩余贫困人口进行帮扶，助力454个行政村重点攻坚。发挥“中国社会扶贫网”平台作用，提升帮扶成功率。抢抓“知名民企湖北行活动”机遇，做好对未脱贫人口的爱心认筹活动对接。强化总结宣传，讲好湖北脱贫攻坚故事。

参考文献

[1] 习近平参加湖北代表团审议［C/OL］. 新华社，2020-5-24. http://www.xinhuanet.com/politics/2020lh/2020-05/24/c_1126026879.htm

[2] 省扶贫攻坚领导小组会议召开 应勇主持并讲话：以"不落一人"践行初心使命锚定目标坚韧奋进做到质量更高成色更好[N]. 湖北日报，2020-10-10 (1).
[3] 破解"新考题"：湖北疫情期间战贫记[N]. 湖北日报，2020-5-27 (1).
[4] 湖北省扶贫攻坚领导小组关于努力克服疫情影响 坚决打赢脱贫攻坚战的通知[EB/OL]. 湖北省人们政府扶贫开发办公室，2020-6-17. http://fpb.hubei.gov.cn/fbjd/zcwj/gfwj/202006/t20200617_2393114.shtml.

全方位推进区域协同发展战略 构筑津甘帮扶大格局

靳方华

摘　要：全方位实施津甘扶贫协作和对口支援，体现了中国特色社会主义制度的独特优势。津甘帮扶具有如下特点：以产业结构调整促进经济发展方式转变、以智力扶贫推动贫困源头治理、以线上线下联动开启脱贫攻坚新模式及强调扶贫“供给”与“需求”的精准对接。

关键词：津甘帮扶　智力扶贫　线上线下联动　精准对接

消除贫困，改善民生，逐步实现共同富裕，是社会主义的本质要求，也是我们党的重要使命。习近平总书记指出，东西部扶贫协作和对口支援，是推动区域协调发展、协同发展、共同发展的大战略，是加强区域合作、优化产业布局、拓展对内对外开放新空间的大布局，是实现先富帮后富、最终实现共同富裕目标的大举措。今年是脱贫攻坚战的收官之年，肩负着东西部扶贫协作重要使命的天津人民，坚持精准发力，助力甘肃脱贫攻坚。

一、全方位实施津甘扶贫协作和对口支援，体现了中国特色社会主义制度的独特优势

深入贯彻落实党中央、国务院脱贫攻坚部署要求，全力以赴实施好打赢脱贫攻坚战，在推动东西部扶贫协作和对口支援中，天津立足聚焦深度贫困地区、聚焦重点贫困村、聚焦建档立卡贫困人口，大力推进“精准到户、精准对接、精准帮带、精准覆盖、精准施策”五大工程，聚焦“六大任务”，努力打

通东部扶贫资源流动梗阻。在产业扶贫、就业扶贫、消费扶贫、智力扶贫和捐赠扶贫等方面积极探索扶贫协作新机制，围绕重点项目建设、劳务输出转移、教育文化培训交流、医疗卫生公益援助等健全协作机制，涵盖产业帮扶、消费扶贫、资金支持、劳务协作、教育扶贫、旅游扶贫、健康扶贫、社会动员、干部人才支援、“万企帮万村”、扶贫宣传等多个方面，全方位开展对口支援工作。

东西部扶贫协作，充分凝聚了各方力量，形成了扶贫开发工作的强大合力，彰显了中华民族扶贫济困的优良传统。中华民族是一个团结互助的大家庭，各民族像石榴籽一样紧紧抱在一起，构成了中华民族共同体。先发展起来的地区、有条件的企业和组织有责任、有义务帮助欠发达地区全面脱贫致富奔小康，这也是中国特色社会主义制度优势的集中体现。习近平总书记指出，东部地区支援西部地区，“开创了优势互补、长期合作、聚焦扶贫、实现共赢的良好局面。这在世界上只有我们党和国家能够做到，充分彰显了我们的政治优势和制度优势”。

二、积极推进对口扶贫地区的产业结构调整，促进经济发展方式转变

2019 年 1 月 17 日，习近平总书记在天津考察时指出，自主创新是推动高质量发展、动能转换的迫切要求和重要支撑，必须创造条件，营造氛围，调动各方面创新积极性，让每一个有创新梦想的人都能专注创新，让每一份创新活力都能充分迸发。今年 6 月，习近平总书记在宁夏考察时进一步强调，要坚持不懈推动高质量发展，加快转变经济发展方式，加快产业转型升级，加快新旧动能转换，推动经济发展实现量的合理增长和质的稳步提升。

天津市在对口帮扶甘肃时，把实现产业结构调整、推进经济发展由高速增长向高质量发展作为自己的重要扶贫任务，积极开展产业扶贫。推动天津几十家企业在甘肃落地投资，成立公司和专业合作社，从事农产品的种植养殖、初加工和销售。通过扶持带动能力强的专业合作社吸收精准扶贫户，推动开展“公司+农户”的帮扶模式。以电商扶贫为突破口，突出产销渠道全面拓展扶持建设县、乡、村三级电子商务示范站、示范点及产销一体化平台，打通农村网

络购销运输配送渠道和市场空间。依据受援地区特殊的资源禀赋和地理交通条件建设特色“扶贫车间”，发展药材初加工等产业。

三、高度重视“扶贫先扶智”的智力扶贫，打牢贫困源头治理系统性基础

习近平总书记高度重视智力扶贫工作，“扶贫必扶智，治贫先治愚。贫穷并不可怕，怕的是智力不足、头脑空空，怕的是知识匮乏、精神委顿。脱贫致富不仅要注意富口袋，更要注意富脑袋”，“要继续发挥互派干部等方面的好经验、好做法，把东部地区理念、人才、技术、经验等要素传播到西部地区，促进观念互通、思路互动、技术互学、作风互鉴”。

天津市在对口帮扶过程中，大力推进人才扶贫、教育扶贫等智力扶贫工作，注重将应急性、兜底性的短期帮扶与系统性、基础性的长期谋划结合起来，努力发挥人才、教育精准扶贫的“滴灌式”功效。积极推动两地人才交流，建立津甘两地互派干部挂职锻炼机制，开办帮扶地区干部在津学习培训班，对年轻干部进行政治理论培训和实地调研观摩。积极扩大教育结对帮扶覆盖面，鼓励中小学及示范骨干职业院校与受援地区学校结成对子，深入开展农校对接，通过教师交流培训、名师帮教、义务捐赠等方式教育扶贫，促进观念互通、思路互动、技术互学、作风互鉴。增加投向受援地区的本专科招生计划，自 2016 年起天津连续 4 年成为外省在甘投放普通高校招生计划最多的省份。

四、开启线上线下联动脱贫攻坚新模式，努力实现扶贫防疫双战双赢

在脱贫攻坚的最后关头，面对突发的新冠肺炎疫情，天津市委、市政府不等不靠、主动作为，及时调整扶贫策略，采取一系列创新举措，推动线上线下联动脱贫攻坚。一是推动“云签约”与线下签约联动。今年 4 月疫情刚刚缓解，天津市就组织了线上的“云签约”活动，7 月份又组织了线下的“津企陇

上行签约”活动，在不到半年的时间里，先后举办了天津百家企业“陇上行”、消费扶贫“云签约”活动，取得较好效果。二是优先组织贫困地区劳动力返岗复工。通过网上精准推送岗位、“不见面”就业对接，“点对点、一站式”专车接送等举措，打造“出家门进车门，出车门入厂门”就业扶贫模式，会同对口地区包车发车千余辆，帮助对口地区贫困劳动力在津就业、到其他地区就业23231人。三是优先支持扶贫车间、扶贫企业复工复产。通过安排生产补贴、发挥产业扶持专项资金撬动效应、提供农业技术支持等举措，实现461个扶贫车间、151家扶贫产业项目复工复产。四是优先解决对口地区农畜产品“卖难”问题。推出补贴支持展销展卖、补贴降低物流成本、资助电商平台培训、在津设立对口地区农特产品销售门店等举措，有效解决疫情期间对口帮扶地区农产品难卖问题。

五、推动扶贫“供给”与“需求”精准对接，津甘携手开启美好生活新篇章

2020年3月6日，习近平总书记在决战决胜脱贫攻坚座谈会上指出，“我们要不忘初心、牢记使命，坚定信心、顽强奋斗，夺取脱贫攻坚战全面胜利，坚决完成这项对中华民族、对人类都具有重大意义的伟业！”“要接续推进全面脱贫与乡村振兴有效衔接，推动减贫战略和工作体系平稳转型，统筹纳入乡村振兴战略，建立长短结合、标本兼治的体制机制”。2020年如期打赢脱贫攻坚战，对实现“两个一百年”的奋斗目标和实现中华民族伟大复兴，对实现全球减贫目标，具有重大而深远的意义。但脱贫不是目标，只是迈向美好生活的新起点。东西部扶贫协作和对口支援在新时期有新的需求和任务。

新形势下，深化东西部协作扶贫，还须在细化、完善、创新帮扶机制上下功夫，通过扶贫“供给”与“需求”的精准对接，确保西部贫困地区“接得住、用得好”东部扶贫资源。要筑牢产业扶贫根基，将西部贫困地区潜在产业增长的“未来进行时”与东部地区产业结构转型升级的“现在进行时”有机结合起来，实现贫困地区产业发展需求与东部地区扶贫产业资源要素供给的精准对接。要加大产业扶贫项目的资金投放力度，引导帮扶资金对接贫困地区特色产业、扶贫项目和新型农业经营主体融资需求。要大力实施消费扶贫，不断

扩大对口定点采购规模，搭建东西部政企协作的产销一体化精准扶贫平台，实施“4特”工程，即输出特色产品、推广特色品牌、开通特色旅游、建设特色电商。要充分发挥东部地区教育资源优势和人才优势，开展“结对帮扶”的“同步课堂”，提升西部地区教育教学能力和教师素养。要充分发挥文化在脱贫攻坚过程中的“扶志”“扶智”作用，从文化和精神层面给予贫困地区以扶持，增强其致富本领和文化自信，提高其自身素质、增强其自我发展能力，激发贫困人口内生动力。

新时代、新征程，天津市委、市政府积极落实党中央部署要求，强化目标导向、问题导向、效果导向，争分夺秒，抢抓进度，尽锐出战，升级加力，以“天津力量”展示“天津担当”、传递“天津真情”，并将继续为东西部协作共赢、携手开启美好生活贡献“天津智慧”。

作者简介：靳方华，天津社会科学院党组书记、院长。

改革开放以来贵州扶贫的进程与经验：由二次民族地区扶贫经历谈起

胡长兵　罗承艳

摘　要：贵州历来较为贫穷，尤其是民族地区。在减贫治贫中，民族县乡群众面对困难有挫折更有期望和行动。贵州贫困的成因既有多山少田、农耕艰辛、交通险阻的自然地理条件制约，也有偏处西南内陆，经济社会基础薄弱的历史遗留。改革开放后，贵州致力于发展经济，减除贫困，但增速略弱，成效未达显著。十八大以来，经过总结经验、创新观念，贵州的贫困攻坚决战、经济后进跨越踏上了一条更加合理快速高效的路径：坚持发展与生态两条底线，坚持产业优势特色化路径，坚持扶贫体系精准化原则等。由此，和全国同步小康的战略目标即将实现。

关键词：民族　扶贫　同步小康　贵州

2020年是全面建成小康社会的目标之年。距年底还余数月，收官战如火如荼，贵州“十三五规划”确立的决战脱贫攻坚、决胜同步小康战略即将实现。

作为全国脱贫攻坚的主战场之一，改革开放以来贵州着力于发展经济减除贫困，特别是近10年加速后发赶超，实施“大扶贫战略行动”，制定《贵州省扶贫开发条例》（2013年），印发《关于坚决打赢扶贫攻坚战确保同步全面建成小康社会的决定》（2015年），全力根治长久遗存的积弱贫穷难题。

当前，绝对贫困现象即将全面清除，但新的挑战随之而来。如何巩固脱贫成果，着手应对渐渐凸显的更加复杂隐蔽的相对贫困问题？如何衔接和展开新一轮的乡村振兴国家战略？回顾既往，谋划未来，反思总结，正当其时。

一、贵州民族地区扶贫实例二则

贵州是一个欠开发、欠发达的多民族省份。2002 年，全省 88 个县（市、区）中有 50 个被划作国家扶贫开发工作重点县；总计 11 个民族自治县里，除了玉屏，其他又都归于上列。在此意义上，暂不论团结繁荣的政治意旨，民族县乡的脱贫程度，也标识和检验着贵州整省的扶贫成色。

七八年前，受单位委派，笔者亲历过二次民族地区的扶贫活动，获得了切身的感性体验。这些民族村乡的民生现状及治贫对策，可说是当今贵州农村激流涌动的“向贫困宣战、齐力同赴小康”景象的一幅生动剪影。

其一，高阳村跃进组扶贫调研。2011 年 10 月，笔者参加单位年度下乡帮扶活动，为期 3 天，入驻普安县龙吟镇高阳村跃进组。

跃进组基本情况如下。全组共 50 户 250 余人，其中外出务工者 60 余人；农地 740 亩，其中耕地 140 亩，林地 600 亩；人年均纯收入 1300 元。路、电二项基础设施已到村组：路面为通村的县级柏油路。饮用水系取自塑料管道简单汇流的山间泉水，处于《中国农村扶贫开发纲要（2011—2020 年）》中饮水安全未得保障之列。再简单对照一下，2011 年国家扶贫标准为：农民人均生活水平 2300 元。

调研中，跃进组组长表达了脱贫致富的恳切愿望。据他介绍，该村组除水稻、玉米等现有粮食主业外，气候土壤等自然条件利于开发效益较高的几种潜在产业，一是经济作物，如茶叶、药用的天麻和五加皮等；二是禽畜养殖，如乌骨鸡（食药两用）等。但这些种植养殖业的规模化经营急需技术、资金及销售渠道等方面的外界支持，短期内农家和村组自身解决乏力。

其二，小河村驻村扶贫。2013 年 3 月，笔者作为单位抽调的同步小康驻村工作队员，赴普安县楼下镇小河村帮扶 1 年。

小河村基本情况如下。全村辖 15 个自然村寨，农户 911 户，人口 3578 人，外出劳力 100 余人，村内 4 个煤矿务工 300 余人。作为建制村，村距镇上铺通了水泥路，这也是上述“纲要”设定的目标。

帮扶期间，笔者和村支两委讨论了本村发展的五年规划：一是 3 年内实现道路硬化到户，2015 年末村民年均收入达到 2000 元；二是 5 年内解决饮水安全问题，2018 年末力争全村人均收入 3000 元。此外，笔者参与了镇里下达于本村的核桃产业推广计划的宣传、落实与检查行动。此计划以农户自愿加入为原则，镇政府无偿提供树苗并发放劳务补贴，如农户挖坑一个获 1 元，植苗一棵得 1 元等。

数年过去，虽未实地回访，但资料显示，以上两地大体仍未脱贫。2016 年 1 月，普安县扶贫办公布的第二轮贫困户确认名单里，高阳村跃进组有 16 户，全组占比 32%；小河村 217 户，全村占比 23.8%。① 两个村组贫困发生率依旧高企，超出本县平均水准。

更宽泛一些看，普安亦属前述国家级贫困县。2011 年末，全县辖 8 镇 6 乡 75 个行政村，总人口约 33 万，其中苗、彝、布依等 29 个少数民族占比 28%；尤以所辖的龙吟镇声名卓著，苗族占比 96.5%，民族风情文化保存较好，被省苗学会授名“中国苗族第一镇”。

作为非自治的民族县域，普安官方资料表明：2014 年经精准识别，该县现行贫困率 22.87%，2015 年预计贫困率为 16.62%。② 比较《2016 年贵州省政府工作报告》：“十二五”期间，全省县乡农业人口的平均贫困率已降至 14.3%。

普安，寓“普天之下，芸芸众生，平安生息”之意。在贵州境内，该县其实禀赋天资相对优秀。如矿产资源丰富，包括黄金、煤、铁等 28 种，其中煤炭储量 172 亿吨，且质优埋浅易采，居黔西南之首，省内第六。又如生物资源独特传奇，留存野生古茶树 2 万多株，誉称“中国古茶树之乡”“中国茶文化之乡”，且茶业开采时间全国最早，立春前即可采摘，享名“黔茶第一春”。

但在很长时间的区域发展与治贫实践中，上列优势未能得以合理高效的利用，转化为现实的富民资财，甚至蹚过某些可避的水坑，绕经某些不该的弯路。举例来说，煤矿的开发。

上文里，笔者驻扎的小河村及楼下全镇富藏煤炭。煤业招商由县、镇二级政府负责，小河村辖内就设有县外省外投资的嘉龙煤矿等四座。但必须指出，

---

① 县扶贫办：《普安县精准扶贫建档立卡“回头看”精准识别贫困户二次公告名单（龙吟镇）》，普安县政府网：http://www.puan.gov.cn/html/article/14/13269.shtml；县扶贫办：《普安县精准扶贫建档立卡“回头看”精准识别贫困户二次公告名单（楼下镇）》，普安县政府网：http://www.puan.gov.cn/html/article/14/13270.shtml，2016-10-7 最后访问。

② 普安县扶贫办：《普安县扶贫办 2014 年“减贫摘帽”工作方案》，普安县政府网：http://www.puan.gov.cn/html/article/268/4571.shtml，2016-10-7 最后访问。

这些矿井运营惠民较少，本村直接得益的仅是部分村民就近下井务工；由此招致的种种损害后果却很严重，如水流干涸、田地开裂等，引发了许多的矿群矛盾纠纷。譬如，2011 年对门山等 3 个村组群众赴黔西南州上访，反映因煤田开采导致的饮水困难、房屋裂隙、作物受损等环境破坏问题；2012 年，副州长再次到村调研信访维稳、和谐矿区事宜。2013 年，在村部受镇上指派的核桃种植计划推广中，即有村民向笔者抱怨，现在连村里的人畜日常用水都已极度艰难，哪还谈得上什么浇灌树苗。

煤商赚利润，政府获税金，百姓受益薄。驻村期间，笔者和镇上干部交流中，一位同志也曾感叹，“现今扶的贫是政府的贫，而不是老百姓的贫”。那几年，楼下镇因开矿收益每年向县上缴二三亿元，约占普安财政收入的四分之三。①

资源开发如何兼顾当地民众的生产生活需求，做到利益共享，开采与补偿并重？官方最终表态：“切实做好地质灾害防治、环境治理工作。楼下镇作为全州、全县煤炭重镇，共有 19 对生产矿井，占全县生产矿井的 80%，产能占 90%，由于多年来煤炭资源的开采，地质灾害频发、水源受到严重破坏，要采取谁破坏、谁治理的原则来治理。”②

2020 年 3 月，历经多年的奋斗努力，普安贫困率降至 1.5%，省政府公告，退出贫困县序列，脱贫“摘帽”如愿实现。

二、1978—2010：改革开放 30 年贵州的经济发展与贫困治理

长期以来，由于偏处西南内陆，境内山高岭峻，交通险阻，贵州经济社会处于比较贫穷落后的局面。1978 年末，全省贫困人口数 1840.14 万，贫困率 70.6%，人均工农业产值全国倒数第一。

① 就此类现象，有评论道：“在县、乡、村财政困难的情况下，与维持政府机构的正常运转、保障人员工资、促进三都县财政收入增长和 GDP 增长等目标相比，扶贫还不是最重要的目标”。吴睿：《贵州民族地区扶贫开发资金投入与使用问题探讨》，《农村经济与科技》2014 年第 8 期，第 157 页。

② 李飞：《楼下镇召开“第一书记”座谈会》，普安县政府网：http://www.puan.gov.cn/html/article/18/12063.shtml，2016-10-7 最后访问。

十一届三中全会后，贵州经济开放搞活，发展速度加快，城乡人民收入上涨，生活获得一定改观，绝对贫困现象大幅纾解。至1997年，全省工、农业总产值分别为715.11亿元、417.54亿元，较之1978年时年均增长11.7%、5.3%。不过，此一速率依然慢于全国水平，以致GDP总量、人均GDP等指标排序原地踏步，未得晋升，仍然拖尾在全国榜单的第26、30位。[1] 其时，农业农村的概貌略可参见以下的描述。

> 地区之间的差异很大，除城镇郊区、平坝地区农业经营较集约外，大部分山区农业耕作粗放，仍处在以耕牛为主的手工劳作阶段……农业基础设施仍然薄弱……化肥施用量、农村用电量也低于全国平均水平。农业劳动生产率、土地产出率和农副产品商品率都较低。贵州农业远未摆脱“靠天吃饭”的状态。[2]3

这一时段里，为改善少数特困群众的境遇、改良部分极贫地区的面貌，贵州扶贫减贫工作开始摆上议事日程。初期，扶贫概念虽已存在，却隶属常规普泛的民政范畴，主要为传统救济型的“双扶”项目，扶优（军烈）、扶贫二者并列，后者针对特贫农户发放钱粮财物，维持生存。1986年起，扶贫重要性升格，省委印发《关于加强贫困地区工作的指示》（以下简称《指示》，筹组专门机构，选定重点县域，安排专项资金，赋予优惠政策，转入大规模开发式扶贫阶段。零散、单纯的倚赖外部“输血”的救急形式被着重内生“造血”功能的自立模式取代。1994年，根据国家“八七扶贫计划”精神，《贵州省扶贫攻坚计划（1994—2000年）》首次对全省扶贫事业做出全面规划和战略部署，要求到21世纪末基本解决绝对贫困难题。

迈入新千年，贵州扶贫继续推进。2001年，省委做出《关于切实做好新阶段扶贫开发工作的决定》（以下简称《决定》，力争用10年时间实现稳定脱贫奔小康的目标。截至2010年，全省农村贫困人数已从2000年的860万减至418万，贫困率降到12.1%。

至此，改革开放30年的扶贫减贫成效是重要的、明显的，为后续工作的展开奠定了扎实的基础，但也必须看到，这一成绩远未达到预期的热望。诚如时任省委书记栗战书在扶贫开发讲话中指出的，“这些年来，我们自己和自己比，取得了巨大成绩，但与全国比，特别是与近年西部地区的发展速度比，有的指标是向后退的，有的原地不动”。[3]340 每当国家贫困线标准随着时光的流转更新、人民生活物质条件的进步而逐渐提高时，贵州原已减缩甚多的指标便又退回到先前的严峻状态：2010 年，由省标 400 元升作国标 1274 元，2000 年的贫困率从 9.74%回涨至 27.6%；2011 年，国标接着提到 2300 元，2010 年的贫困率又由 12.1%回复于 33.4%。依照其时省委文件的报告，“2010 年我省农民人均纯收入与城镇居民可支配收入差距扩大到 10708 元，50 个国家扶贫开发工作重点县农民人均纯收入与全省城镇居民可支配收入的差距扩大到 11075 元，与全国农民人均纯收入的差距扩大到 900 元以上”。[3]341

在发展经济、治理贫困中，贵州这些年虽有一些探索做法，总体上仍可谓循规蹈矩、按部就班，许多对策措施简单直线，以致前进步伐不温不火，始终难以后发赶超。譬如粮食问题，从前述 1986 年省委《指示》指导思想中的“要认真贯彻‘绝不放松粮食生产，积极发展多种经营’的方针”，到 1994 年“计划”目标要求项的“人均建成半亩稳产高产基本农田”，再到 2001 年“决定”工作重点栏的“提高粮食生产能力，是稳定解决温饱的基本保证，必须毫不动摇地继续抓好”等，一直注重自力更生、自给自足，不管垦荒扩地抑或改进农技，增产即可。其逻辑如下。贫穷：缺衣少食——应对之策：多种粮棉——小康：丰衣足食。整个因果线条单调生硬，伴随而来的结果是：孱弱生态愈益恶化。按照 2012 年省委报告的记述，全省 88 个县中 78 个不同程度地存在石漠化问题，石漠化范围占国土面积的 19%，冠于全国，且近年来仍以每年 1%左右速度继续扩大。[3]344

作为国内唯一一个没有平原支撑的省份，贵州少田乏粮的天生缺失本当早谋它途，在如今改革开放的年代，完全可从省外富粮地区输入甚或国外进口以补充替代。显见地，全国性市场流通统一、全局式资源优化配置等现代概念晓于纸面，本省自产自恃的传统思想根深蒂固。

三、十八大以来贵州治贫的理路、对策与举措

2010 年后，立足省情、正视差距、总结经验、创新观念，贵州的贫困攻坚决战、经济后进跨越终于踏上一条更加合理高效的路径。至 2019 年末，贵州经济增速连续 9 年居全国前三，最近 3 年连续列全国第一，总量排位从第 25 位

升到第22位，贫困率由26.8%降至0.85%，“从全国贫困人口最多的省变为全国减贫人数最多的省，书写了中国减贫奇迹的贵州篇章”，[4] 探索生成了一种不同于东部、有别于西部的独具特色的贵州经验。

时限同步论。在1985年省委《关于加快贵州贫困地区经济开发的报告》（以下简称《报告》及1986年《指示》里，扶贫的指导思想明确为“坚持自力更生为主、国家扶持为辅的方针”“坚持在改革开放中治穷”。鉴于扶贫事业的长期复杂艰巨，此一决策是自律的、稳健可行的，自那以来贯彻至今。可时移世变，“党的十八大以来，党中央把贫困人口脱贫作为全面建成小康社会的底线任务和标志性指标”，[5] 贵州底子薄，发展慢，时限骤紧，如何确保2020年与全国同步小康？

从国家层面来说，全面消除贫困，实现全体人民共同富裕，共享改革发展成果，是社会主义的本质要求，是党和政府义不容辞的历史责任。这是一项严肃重大的政治任务。当前，贵州依靠自身努力固然能够终究小康，但进程势将拖后10年左右。时间不等人，中央需要加强统筹力度，增大支持幅度，于一般性转移支付、财政扶贫专项、扶贫贴息贷款等方面重点倾斜之外，必要时对易地搬迁、社保覆盖等公益类扶贫项目予以全程财力兜底保障，改帮扶“造血”为直接“输血”，力求圆满不使掉队不余空白。

在地方层面，值此关键期，往前“经济第一、扶贫第二”的方针业已落伍，形势刻不容缓，贵州“十三五规划”下定决心，一改前规、中心对调，将“实施大扶贫战略行动，坚决打赢脱贫攻坚战”列作首要任务，强调“把脱贫攻坚作为头等大事和第一民生工程，以脱贫攻坚统揽经济社会发展全局”，举全省之力决胜同步小康。

底线“两山”论。据统计，贵州80%的水土流失来自陡坡耕地，全省7355万亩耕地中，15度以上的坡耕地又占39.4%。[3]112 自上述1985年省委《报告》以来，“正确处理吃饭与开发的关系”一直处在不断的探索实践中。起初，许多贫困县乡“还是集中全力抓吃的”，满足于吃饱穿暖的基本愿望。1988年，时任省委书记胡锦涛在毕节“开发扶贫生态建设”试验区工作会议上指出，“一个贫困，一个生态恶化，仍然是严重困扰我省经济社会发展的两大突出问题”，毕节试验当勇闯新路，针对水土流失过半的严酷现实，尽快停止人为的生态破坏，“把生态建设和经济开发紧密结合起来”。[3]311,312 2001年省委《决定》进而提出“可持续发展”方针，“扶贫开发必须与资源保护、生态建设相结合”。

“十三五规划”最终定调，“在贵州推进同步全面小康社会建设，必须牢牢守住发展和生态两条底线，坚持既要绿水青山又要金山银山、绿水青山就是金山银山”。脱贫攻坚绝不重蹈“先破坏后治理”的昔日老路，以牺牲生态环境的巨额代价换取眼前一时的浅薄收益。“人不负青山，青山定不负人。”事实证明，退耕还林还草，遏制石漠化，修复美化自然生态，发展绿色产业，同样可以引领山区群众脱贫致富。如数据显示，自2016年来，林下石斛、林下木耳等林下经济由1151万亩增至2019年的2048万亩，总产值超220亿元，覆盖贫困人口48.9万，人均增收近千元。又如旅游业随着山清水秀的重现而作“井喷式”爆发，连续4年总收入涨幅30%以上，累计带动过百万贫困人口受益。① 诚可谓生态效益、经济效益双赢，鱼和熊掌兼得，人与自然和谐共生。

路径特色论。“守着青山不苦熬”，减贫治贫的根本在于变革传统生产方式，调整经济结构，转换增长动能，因地制宜，扬长避短，培育打造优势突出、特色鲜明、前景广阔的现代产业体系。

山地省的天性虽使贵州无缘良田千顷，却补偿了更多得天独厚的生物禀赋：茶叶、油茶、果品、中药材等。茶叶乃贵州原产，宋代已作贡品，全省宜茶面积700多万亩，遍布81个县；果树有43属127种，从南亚热带水果到温带水果均有适宜栽培区；中药材极其丰富，品类达4802种，在全国中药资源普查的363种重点药材里，贵州就有328种，占90.3%。其他如经济作物烟草，全省宜种面积2800万亩；畜禽养殖，有6400多万亩荒坡草场。总体上，贵州可用农地中，宜林宜牧面积约19100万亩，是宜粮耕地的4倍，[2]2 开发潜力雄厚。

新世纪初，着眼资源特长，贵州着手调整农业结构。“十五”时期，农业新增值中畜牧业占比提高近10%，特色经济作物对农业增长的贡献率由8.7%升到23.7%；十一五、十二五规划提出烤烟、茶叶等“精品农业”和生态畜牧业；“十三五规划”展示“现代山地特色高效农业”概念，确立了畜牧、蔬

---

① 苏姝等、王一雄：《“两山论”提出十五周年，贵州的绿水青山生态路越走越宽广》，贵州网络广播电视台网：https：//www.gzstv.com/a/4e1e045c5aa74e4aa4948e87c016d4fe，2020年9月30日最后访问。

菜、中药材等十大扶贫产业。

中药材产业等现正成长为贵州扶贫的"良药"。举例而言，2019 年，茶叶、药材二项栽植面积各逾 700 万亩、660 万亩，分列全国第 1、3 位，产值 451 亿元、150 亿元，带动困难百姓 34.81 万人、41.75 万人。

14 个深度贫困县的"一县一业"产业布局建设中，通过精选地方特产，以工业化推进、品牌化引领，湄潭翠芽、务川白山羊、兴仁薏仁米、从江香猪、玉屏油茶……近年渐次扬名省内外，唱响了县域农业的金字招牌。

工业方面，除了上述特色农产的轻加工业，重工业部门亦有独到发挥之处。与前类似，喀斯特的石灰岩地质同时也馈赠了贵州良好的成矿条件，孕育出富饶的矿产资源，22 种矿藏名列全国前三，煤炭、铝土、磷矿等储量巨大。此外，贵州地处长江、珠江上游，水能资源充沛。"水火互济"的能源、丰富的矿产铺设了贵州相对优质的工业门类之路。"十五"期间，能源工业成长为第一支柱产业；十一五、十二五规划设定"南方重要能源基地"、基于能矿资源组合的"南方重要的煤化工、磷化工基地"等目标；"十三五规划"要求"大力推进新型工业化"，加快传统产业转型升级，促进化工产业精细化、能源产业绿色化。

体系精准论。区域性开发扶贫自 1986 年以来在大规模减贫问题上颇具成效，但比较粗放，存在末端不清、措施不细的缺点。2014 年，面对剩下的数量较少，但贫困程度更深、帮扶难度更大的扶贫攻坚"硬骨头"，升级版的精准扶贫由此而出，亦即"要对扶贫对象实行精细化管理，对扶贫资源实行精确化配置，对扶贫对象实行精准化扶持"，[6] 改大而化之的"大水漫灌"为精微到人的"精准滴灌"，探明"穷根"、对症下药、靶向治疗。

根据以上原则，贵州"十三五规划"在扶贫设计上分类施策，注重系统性、可操作性，做到了对象精准、范围全面、结构完整、重心明确。

对有资源、有劳动能力但无门路的"两有户"，通过产业扶贫致富。此乃扶贫体系的核心，前已详论，不再赘述。

对缺基础设施、缺技术资金的"两缺户"，通过交通基建、惠民金融治贫。黔道难，"地无三尺平"，要想富先修路不过时。截至 2019 年 5 月，贵州投资 380 亿元，完成 8 万公里农村"组组通"硬化路建设，实现 30 户以上村民组 100%通路目标，带动贫困民众 25 万余人，增收 27.1 亿元。金融方面，推出了农户生产小额“特惠贷”、一县一业“深扶贷”等产品。2018 年末，全省精准扶贫贷款 4628 亿元，增速 44.4%。

对无力脱贫、无业可扶的“两无户”，通过社会保障兜底。将“两无”人口全部纳入农村低保范围，并确保低保标准动态稳定地高于国家扶贫标准。2019 年，全省农村低保家庭 88.8 万户 207.3 万人，保障标准 4103 元/年。

对因学、因病致贫的“两因户”，通过教育资助、医疗救助扶贫。全面实行农村贫困家庭子女无障碍入学政策，2015 年以来，累计资助贫困学生 169.35 万人次，金额 53.02 亿元。医保方面，截至 2020 年 5 月，全省贫困人口参保 769.04 万人，达到应保尽保；贫困人口看病就医补偿受益 730.99 万人次，资金 24.72 亿元，实现应报尽报。

对生存条件恶劣、“一方水土养不起一方人”的深山、石山区的“两山户”，通过易地搬迁脱贫。2015 年冬，贵州率先在全国打响易地搬迁“第一炮”，4 年间累计整体搬迁 188 万人，现成为最先完成任务的省份。

结语：乡村振兴新征途

扶贫攻坚战的胜利解除了困扰贵州千年的顽疾，普遍绝对贫困现象终于退出历史舞台，广大的城乡基层民众不再愁吃愁穿，教育、医疗和住房获得基本保障，生活虽未富裕却宽裕。这是一个决定性阶段的结束，也是一个更具雄心时期的起点，新时代的乡村振兴国家战略指出：到 2050 年，乡村全面振兴，农业强、农村美、农民富全面实现。贵州，新的征程即将启航。

参考文献

[1] 贵州省统计局. 贵州统计年鉴（1998）［M］. 北京：中国统计出版社，1998：488-489，498-499，467，483.

[2] 贵州省地方志编委会. 贵州省志·农业志［M］. 贵阳：贵州人民出版社，2001.

[3] 贵州省地方志编委会. 贵州省减贫志［M］. 北京：方志出版社，2016.

[4] 孙志刚. 践行“两山”理论，守牢“两条底线”，书写新时代百姓富生态美多彩贵州新篇章［N］. 中国环境报，2020-08-11.

[5] 习近平. 在深度贫困地区脱贫攻坚座谈会上的讲话［N］. 人民日报，2017-09-01.

[6] 中共中央党史和文献研究院编. 习近平扶贫论述摘编［M］. 北京：中央文献出版社，2018：58.

作者简介：胡长兵，贵州省社会科学院副研究员；罗承艳，贵州省社会科学院馆员。

构建山东省资产收益扶贫的长效机制研究

山东省社会科学院

摘　要：资产收益扶贫是精准扶贫机制的重大创新，不仅让无劳动能力或弱劳动能力的贫困人口分享财政支持产业发展带来的红利，而且在收益分配时优先保障其收益，丰富了对深度贫困人口的精准扶持措施，弥补了脱贫攻坚的薄弱环节。然而，随着山东省脱贫攻坚工作的持续深入，资产收益扶贫实践中一些深层次的矛盾和问题也逐渐显露出来，如何创新扶贫项目的筹建机制、运营机制、收益分配机制和监督管理机制，从而构建资产收益扶贫的长效机制以确保贫困户真正从改革中获益，尚需进一步深入探索。

关键词：资产收益扶贫　脱贫攻坚　长效机制

为了打赢脱贫攻坚战，山东省积极探索精准扶贫的新模式与新机制，在全国率先探索出了一条“扶贫资金资产化、扶贫资产收益扶贫”的新路径，建立了扶贫资产经营、分配和监管制度，并已经取得明显成效：贫困户资产性收入大幅增长，贫困地区和贫困户自我发展能力显著增强。作为一种新的扶贫结构形态，资产收益扶贫的核心是“股权量化、按股分红、收益保底”，其实施路径把细碎、分散的各种资源要素转化为资产，整合到优势产业平台上，扩展贫困人口生产生存空间，让其享受到优质资源，实现脱贫致富。

一、山东省资产收益扶贫的现状分析

山东省扶贫工作已经开展了 30 多年，也已经取得了较大的成绩，但是传统的扶贫工作一是限于当时的经济实力扶贫力度比较小，二是扶贫工作大多数情况下都针对县乡，没有精准到户，三是大多数扶贫资金都被用作短期目的或者消费，没有形成扶贫资金的长久利用。近几年来各级政府对农村贫困地区的扶持保持着持续性、大幅度增加的态势，扶贫力度越来越大。例如，山东各级财政投入的专项扶贫资金连续多年快速增长，2020 年全省财政专项扶贫资金规模达到 80 亿元以上。在全省各地支持实施的扶贫项目加起来有 2.56 万个，年均带动贫困户 42.2 万户。各地市依托本地优势产业带动扶贫项目，如菏泽市利用藤编等产业优势，在村里建立扶贫车间；淄博市依靠本地长毛兔养殖优势，实行长毛兔项目代管，促进贫困户增收，在扶贫的同时，也带动了产业发展。在此情况下，山东省各级政府通过探索和创新，摸索出了多种产业扶贫模式，即把扶贫资金转化为资本投入各类产业发展中，用投资收益来扶贫。这样一来，扶贫资金就不会被消费掉。只要所投资产业有活力，扶贫资金就可以长久产生收益，使贫困农户得到长久收益，不会陷入贫困—脱贫—贫困的循环陷阱中。

按照扶贫资金来源的不同，大体上可以把扶贫资产分为以下三种类型。一是在不改变用途的情况下，财政扶贫资金投入设施农业、养殖、光伏、水电、乡村旅游、就业扶贫车间等项目所形成的资产。如依托扶贫资产"就业扶贫车间"就地就近转移就业模式，是山东首创并在全国范围推广的一种创新扶贫模式：地方政府利用财政扶贫资金在村镇建设就业扶贫车间，与各地农业龙头企业、农村电商、产业扶贫项目积极对接，组织贫困农户开展农产品加工、手工艺制作等生产活动，发展"一村一品"特色产业，让农村贫困人员实现了在"家门口"就业，打破了农村贫困人员"不愿转、不能转"的困局，目前全省已建成"就业扶贫车间"6000 多个，吸纳贫困劳动力就业 9.6 万人，家门口就业、"造血式"扶贫趟出了新路子。

二是以财政扶贫资金为主体，农村集体经济组织、农民合作社、农民等组织以土地、资金、宅基地等资产资源入股投资项目所形成的资产。例如，淄博市朱南村充分利用财政专项扶贫资金，大力发展整村推进项目建设。经过村两委会研究，并经村民代表、贫困户代表民主讨论决定，将 130 万元中央财政专项扶贫资金作为股金投入公司运营，注册成立"杏山新庐旅游有限公司"。为进一步加大旅游扶贫开发力度，朱南村盘活村民闲置的老旧房屋，依托百年杏林自然优势资源，新建、改建 18 户农家乐，实行整体规划、经营、管理，通过不断改善、优化生态环境，吸引游客到此观光、休闲、度假、采摘，把乡村旅游做大做强，打造“杏山新庐”景区。通过项目公司化运营，实现了扶贫资金效益最大化和贫困户、村集体双收益，真正实现了由“输血式”扶贫向“造血式”扶贫转变。

三是通过财政扶贫资金撬动社会资本参与，农村集体经济组织、农民合作社、农民等组织以资产资源入股所形成的资产。例如，沂水县马站镇双龙山果品示范园项目占地3600亩，涉及马站镇荣兴、四山官庄、上高庄等3个村，将上级扶贫项目资金370万元入股园区，荣兴、四山官庄、上高庄等3个村将荒山和小地块进行深翻整理，将新增土地2400亩折算224.4万元入股园区，荣兴大樱桃合作社以前期投入、现有果树及2016年和2017年的投入折算451.2万元入股园区，由镇、村和新型经营主体三方股份化合作经营，实现了资源资产保值增值、村集体持续收入和贫困户稳定脱贫三个保障。

二、山东省资产收益扶贫中存在的问题

（一）产业带动能力整体仍然较弱

在实地调研中发现，由于扶贫工作时间紧、任务重、扶贫年度绩效考核机制不科学，许多地方重点选择一些门槛低、投入少、见效快的扶贫项目，一些投资额度大、具有较强可持续发展能力、辐射带动作用明显和较高潜在价值的项目容易被忽视掉；有些地方扶贫项目同质化、低端化的现象比较普遍，主要集中在农业大棚、养殖业、农业电商、光伏发电等诸多产业，这些项目确实具有本地性、易扎根、快出效益等优点，但这些项目大多规模较小、产业链条较短、精深加工能力较弱、产品附加值不高，在很大程度上影响了扶贫项目的可持续发展能力和整体带动能力，贫困农户难以享受到农业产业链和价值链增值收益的红利；农业属于兼具自然风险和市场风险的弱质产业，而贫困农户抗击农业风险的能力则是相当脆弱的，亟须地方政府建立扶贫项目风险预警和防范化解机制，从而最大限度地减少风险造成的损失和影响，但在调研中发现，地方政府远远没有认识到扶贫项目风险分析和防范预警机制的重要性。

（二）贫困农户在扶贫实践中主体性权利缺失

从经济学的视角看，物质资本、人力资本和社会资本“三维资本”的匮乏

是农村贫困人口陷入贫困陷阱的根源，而且农村贫困人口所面临的贫困往往不是“单一维度”的资本匮乏所造成的，实质上是一种“三维资本”相互关联、相互影响的多重贫困。因此，在产业扶贫实践中，其重点不仅仅是提高贫困农户的收入水平，更为重要的是要建立“以人的可行能力为核心”的扶贫体系，综合提高农村贫困人口的“三维资本”，提升贫困人口的综合素质以拓展他们的生存空间、发展机会和获取各种资源的能力才是扶贫的终极目的。但在当前产业扶贫模式下，有些地方的扶贫开发工作主要依靠行政体系配置扶贫资源，扶贫目标的选择、扶贫资源的整合、扶贫项目的建设运作、扶贫收益的分配和监管等过程基本上都是政府主导的，这种自上而下的垂直管理型扶贫使得农村贫困人口在扶贫开发工作中处于十分边缘的地位，只是被动地接受扶贫，很难在产业扶贫工作中发出自己的声音。贫困农户主体性权利的缺失不但使得他们难以在扶贫实践中综合提高其“三维资本”，而且也会使得他们逐渐形成“等靠要”的惰性心态，从根本上抑制他们自身反贫困的能力和实现内生性发展的动力，造成久扶不脱贫的恶性循环。①

（三）扶贫项目收益分配机制不健全

从实地调研中发现，扶贫项目的收益分配机制主要可以分为以下几类。一是扶贫资产形成后出租给其他主体经营管理，租金分配给贫困农户。如临沂市平邑县卞桥镇立足当地果树种植基地发展需要，利用扶贫资金 100 万元，自筹资金 40 多万元，建立了滩汪湖果蔬交易服务中心，由平邑县玉鑫果蔬种植专业合作社以每年 16 万元的租赁费进行经营管理，收益统一由乡经管站分配给 9 个贫困村的 359 户贫困户。二是扶贫资产形成后交给贫困农户经营。如临沂市沂南县孙祖镇代庄村以扶贫资金为依托建设了占地 200 亩的蔬菜园区，共建成六代蔬菜大棚 39 个，该村 18 个贫困农户以“富民农户贷”为主筹集 7 万元租金获得经营权，经营收益全部由贫困农户所有。三是以扶贫资产入股，贫困农户获得收益分红。如淄博市博山区聂家峪村利用区财政专项扶贫资金 85 万元，村集体自筹 57 万元，建设农家乐乡村旅游项目，村集体将 85 万元财政专项扶贫资金中 70%即 59. 5 万元折股量化给贫困户，人均量化 3459 元，剩余 30%即

---

① 马良灿、哈洪颖：《项目扶贫的基层遭遇：结构化困境与治理图景》，《中国农村观察》2017 年第 1 期。

25.5万元折股量化给村集体。贫困户股金负赢不负亏，扶贫股金保底收益12%，实际收益高于保底收益时，按照实际持股情况进行等额分配。

从总体上看，山东省以扶贫资金股权量化为纽带，积极探索扶贫项目资产收益分配新模式，有效地将贫困农户与扶贫项目经营主体结成利益共同体，并取得了较为显著的扶贫效果。但扶贫项目收益分配机制并不健全，主要存在以下几点问题：一是有些地方为确保扶贫项目取得预期效果，强制规定了扶贫股金保底收益率，通常在8%~12%，远远高于银行五年期贷款利率（4.9%），给扶贫项目经营者造成了较大的经济压力；二是尽管有些地方制定了较高的扶贫股金保底收益率，但是由于扶贫资金额度有限，参与收益分配的贫困农户数量较多，结果平均每个贫困农户能够获取的实际收益并不高；三是每个贫困农户陷入贫困的原因各不相同，贫困的程度也存在较大差异，一刀切式的扶贫收益分配容易忽视贫困人口的个体差异，难以保证良好的扶贫效果；四是扶贫项目收益分配机制正面临着两难的困境，即要确保能够取得良好的扶贫效果，又要激发农户的生产积极性和参与性，避免贫困户落入扶贫“福利陷阱”。

（四）扶贫项目的监管机制亟待完善

借助于当地的乡镇经管站，许多地方在扶贫项目的筹建已经形成了较为完善的扶贫资产监管机制，如对扶贫资产实行台账管理，明确了扶贫项目的责任单位、责任人；专门成立审计督察组，从扶贫项目规划申报立项、扶贫对象确定、资金分配拨付、工程实施验收等方面进行了全程的监管，基本做到了扶贫资金使用管理的精准性、安全性及高效性。但是，扶贫项目建成后，一般会移交给贫困农户、普通村民、村集体组织、农民合作社、工商企业等主体实施经营管理，由于扶贫项目众多、布局分散、运营时间较长，地方政府往往难以真实而有效地掌握每个扶贫项目的财务收支、经营管理、资产效益等情况，从而无法确保扶贫资产经营更安全、收益分配更公平、保值增值更稳妥。特别是当扶贫项目经营主体管理不善破产或者故意套取甚至恶意侵吞扶贫资产时，地方政府如果不能及时掌握情况采取相应的风险防范措施，就可能造成扶贫资产的流失，严重影响产业扶贫的效果。

三、构建资产收益扶贫长效机制的对策

（一）全面提升扶贫产业的辐射带动能力

资产收益扶贫的首要任务是确定所要发展的主导产业和组织形式。究竟选择何种产业作为扶贫的主导产业及扶贫项目如何组织经营，必须要统筹考虑和精心论证，既要判断该地区的整体经济环境、所处的经济发展阶段和发展目标，也要考虑该地区的资源禀赋条件、产业的市场潜力、成长性和生命周期等种种因素。当地扶贫部门应该邀请农村贫困人口代表和相关领域的专家一起科学论证产业扶贫项目，广泛征求扶贫产业项目方案，设计好投资模式、盈利模式、分配模式和运营管理模式，切实提高项目的可操作性；可以借鉴威海乳山市的经验，扶贫项目要依托工商企业、种养大户、农民合作社等具备较强资金、技术、管理能力的规模组织载体来引领，着力打造“公司+订单”“基地+项目”“合作社+产业”等项目发展模式，延长产业发展链条、提高产品精深加工能力、促进三次产业融合发展，从而加强扶贫项目的可持续发展能力和辐射带动能力。

（二）健全扶贫项目收益分配机制

扶贫资金形成的经营性资产，要以优先股的形式，以适宜的比例（如7：3）将资产收益量化给贫困农户和农村集体组织，然后农村集体组织可以拿出自身股份的30%左右设立村级扶贫互助基金，以日间照料的方式帮扶那些高龄、空巢、独居、失能的贫困人口。建立健全收益保底机制，保底收益率不能低于银行五年期贷款利率，但也不宜过高影响到扶贫项目的可持续发展，明确扶贫股保底分红标准，保障贫困农户在项目持续期内拥有稳定的收益。要按照“重点扶持、红利共享”的原则，量化给贫困户的股权实行动态管理、脱贫销号，凡实现脱贫的农户给予3~5年巩固期优惠持股，期满后不再享受股权，原贫困农户所持有的财政专项扶贫资金量化股权或者转授给新的符合持有扶贫股的贫困户，或者收归村集体经济组织持有管理。

（三）完善扶贫项目运营的监管机制

扶贫项目能否取得良好的运营绩效是影响资产收益扶贫模式能否实现既定扶贫目标的重要因素，为了防止扶贫项目经营主体管理不善破产或者故意套取甚至恶意侵吞扶贫资产等行为，必须建立健全扶贫项目绩效评估和运营监管机制。除了让具有直接利益关系的村集体组织和贫困户加强对扶贫项目运行状况的监督外，还可以让乡镇经管站代表贫困村或贫困户的利益，或者以政府购买服务形式委托第三方，加强扶贫项目绩效评估和监督管理扶贫项目运营情况；建立全省统一的农村资产价值评估数据库，逐渐形成相关资产价值评估的客观依据；构建全省统一的财政专项扶贫资金实时监控系统，健全审计检查结果通报制度，对工商资本、农民合作社等扶贫项目载体的财务状况、资金使用情况等进行动态监督。此外，要全面推广淄博市扶贫项目破产强制清算的办法，当扶贫项目经营不善破产清算时，要优先分配扶贫资金，剩余部分由其他股东按比例分配，确保扶贫资金的安全。

（四）加强农村基层组织建设

实践调研中发现，一个坚强有力、有凝聚力、有影响力的村两委班子是资产收益扶贫项目取得良好运作效果的根本保证，必须加强村集体班子建设，保证有责任心、有能力的人担任村集体主要领导。如淄博市博山区上小峰村原第一书记刘昌法在村里任职期间，通过抓党建促脱贫，加强领导班子建设，增强了村委干部的凝聚力和影响力，规范和完善了村内各项规章制度，使村干部在扶贫工作中有章可循，为村庄扶贫资产管理项目的正常运作奠定了基础。在市委、市政府的帮助下，刘昌法共为帮包村争取各类建设项目 14 个、资金 203.7 万元，帮助村里建设实施了拦河塘坝、电网改造、道路硬化、饮水安全、照明设施、乡村旅游、环卫设施、文化书屋、环境综合整治等 10 余个惠民项目，村庄面貌得到了很大改善，集体经济得到了快速发展。如今的上小峰村，是淄博不可多得的休闲养生和乡村旅游宝地。上小峰村地处山东重要的板栗产区，是养蜂基地和淄博唯一一处规模茶场——上园茶场所在地。依托自然生态资源和各级专项扶贫资金，上小峰村先后建设了山泉水加工厂、栗菇养殖基地和生态农业观光园，兴办起了 33 家“农家乐”，为实现村庄通过扶贫资产收益脱贫拓宽了发展路子。仅用 3 年时间，上小峰村便由昔日的省级重点贫困村跻身省级生态文明村、省级特色旅游村，人均年收入由 5000 元翻番增长。

作为村级政治组织，村两委应该有所为、有所不为，扶贫项目的立项、建设、收益分配、监管都需要村集体组织的全身心投入，而扶贫项目的经营管理则应该交给农村贫困户、工商企业、农民专业大户、农民合作社等主体，避免村庄政企不分。沂水县设立村级扶贫理事会，创新群众参与、监督新模式，以第三方力量保障扶贫工作公平公正。沂水县制定了《村级扶贫理事会章程》，有精准扶贫工作任务的村全部设立了村级扶贫理事会。理事会是接受村“两委”领导、乡镇扶贫办指导的群众组织，成员 3~7 人，由老干部、老党员、村民代表、致富能人、贫困户代表和一名村干部组成，按照“自愿参加，义务服务，公平公正，有效监督”的原则，全过程、全范围地参与、监督本村精准扶贫工作。理事会的参与，为村级扶贫工作注入了“润滑剂”。作为村“两委”、贫困群众之间的第三方力量，理事会因其相对中立的立场、较强的公信力，可以帮助村“两委”进行宣传动员、协调利益关系，引导贫困群众参与配合相关工作。同时理事会对本村精准扶贫工作的全过程、全范围、零距离监督，又为廉洁扶贫拧上了一道“安全阀”。各地要借鉴临沂沂水县的经验，以农村贫困人群为主体成立村扶贫理事会，对扶贫项目从论证、实施到验收进行全程参与，对扶贫资产的使用、经验、管理、收益、分配和处置等工作进行全程监管，在干群之间发挥桥梁纽带作用，保证资产收益扶贫工作有序有效开展。

贵州加快发展新型农业经营主体的路径思考

陈康海　赵　琴

摘　要：培育发展新型农业经营主体是贵州推进农村产业革命、巩固脱贫成果、实现乡村振兴的有效途径。近年来，贵州出台了一系列支持新型农业经营主体发展的政策举措，新型农业经营主体数量不断增长，发展质量逐步提升，但也面临着不少问题和困难。本文在掌握大量资料的基础上，总结分析了贵州新型农业经营主体的发展现状和成效，深入剖析了存在的主要问题和困难，并以体制创新、机制创新为切入点，提出了加快发展壮大贵州新型农业经营主体的具体路径和政策建议。

关键词：乡村振兴　产业革命　经营主体　发展路径

随着工业化、城镇化进程的加快推进，我国农业农村劳动力大量向非农产业和城镇加速转移，“谁来种地”问题日益凸显。坚持农村基本经营制度，培育发展多种新型农业经营主体，对于增强农业农村发展新动能，推动农业适度规模经营，促进农民就业增收，加快农业现代化进程，助推乡村全面振兴具有重大意义。当前，积极引导和扶持新型农业经营主体快速健康发展，增强发展实力、经营活力和带动能力，已成为建设现代农业的前进方向和必由之路。因此，贵州必须把加快发展壮大新型农业经营主体作为推进农业现代化的一项重大战略，着力构建以农户家庭经营为基础、合作与联合为纽带、社会化服务为支撑的立体式、复合型现代农业经营体系。

一、贵州培育发展新型农业经营主体的现状及成效

近年来，贵州深化农村改革创新，推动农业农村经济快速增长，全省培育

出大批专业大户、家庭农场、农业产业化龙头企业、农民专业合作社和农业社会化服务组织等新型农业经营主体。据贵州第三次全国农业普查数据，2016 年全省农业经营户为 739.54 万户，规模经营户为 3.93 万户；农业经营单位为 6.04 万个，农民合作社为 4.74 万个。到 2018 年，全省注册登记的农民合作社达 6.81 万个；省级以上龙头企业达 952 家，资产总额 800 亿元以上，其中国家级龙头企业 25 家，占全国的 2%。家庭农场达 8447 家，县级以上示范农场为 3236 家。2019 年，全省又认定了 361 家省级示范家庭农场。贵州各类新型农业经营主体发展不断加快，实力不断增强，水平不断提高，已成为新时代推动农业农村创新发展的关键力量和主要构成。

（一）加大政策支持，推动新型农业经营主体快速发展

贵州制定出台了鼓励支持新型农业经营主体发展的系列政策制度，如《关于进一步支持农业产业化龙头企业发展的实施意见》《贵州省发展农业龙头企业助推脱贫攻坚三年行动方案》《关于大力推广"龙头企业+合作社+农户"生产组织模式的通知》《关于推进农村一二三产业融合发展的实施意见》《关于培育发展新型农业经营主体和服务主体的实施意见》等政策文件。明确提出新型农业经营主体规范发展的目标任务和政策保障，要求加快培育发展规模化、专业化、集约化和市场化的新型农业经营主体，着力构建多元化的新型农业经营体系。以此，不断激发和增强新型农业经营主体发展的动力和活力，有效引导和推动农业农村经济沿着既定目标前进。

（二）坚持改革创新，增强新型农业经营主体发展实力

贵州坚持大力推进农业农村改革发展，增强新型农业经营主体经济实力。一是推动农村"三变"改革向纵深延伸。2019 年，全省"三变"改革试点村累计达 11404 个，覆盖率 72.3%；试点项目覆盖茶叶、蔬菜、食用菌、精品水果、生态畜牧等产业，带动 5.2 万农户增收。加快农村集体产权制度改革，组建股份制农民合作社 5000 余家。二是推动经营方式创新发展。积极推广"龙头企业+合作社+农户"经营方式，构建以农户家庭经营为基础、合作与联合为纽带、社会化服务为支撑的新型农业经营体系。三是提升农业现代化经营水平。2019 年，全省坝区土地流转率达 48%，平均亩产 7500 元，农民人均可支

配收入达 13800 元。积极创建省级现代农业产业园，湄潭县现代产业园成为水城县之后全省第二个“国家现代农业产业园”。全省新型农业经营主体发展实力得到了有效提升，成为乡村振兴的重要推动力量。

（三）完善利益联结机制，提升新型农业经营主体带动力

贵州加快建立完善利益联结机制，使新型农业经营主体的带动力显著提升。积极推进农业全产业链发展，明确经营主体与广大农户在产业链、价值链、利益链中的环节和份额，形成紧密的利益联结机制，着力把小农户逐步引入现代农业发展轨道。2018 年，全省 952 家农业龙头企业销售收入达 750 亿元，辐射产业基地 512 万亩，带动农户 140 万户；农民合作社带动农户达 247.5 万户，带动贫困户 58.49 万户，初步实现县、乡全覆盖；家庭农场经营收入达 23.07 亿元，辐射带动贫困人口 2.37 万人。2019 年，全省各地总结出了生态鸡“五统一”、肉羊“中央厨房”等 11 种畜牧业发展模式，带动 744.3 万农户参与，实现 33.7 万贫困人口增收。

（四）推进农村产业革命，有效提升农业产业化经营水平

贵州坚持纵深推进农村产业革命，做大做强特色优势产业，推进农产品商业化及产业化，目前产业化龙头企业、农民合作社覆盖了全省各地特色优势产业和农业园区。2018 年，贵州农业特色优势产业龙头企业如下：茶业达 238 家，畜禽蛋业省级及以上达 220 家，水果、蔬菜、食用菌类 191 家，粮食类 120 多家，辣椒及其制品行业 76 家，以及茶油及油脂、中药材、刺梨类 120 多家。2019 年，贵州茶叶、蓝莓、李子种植面积全国第一，辣椒产加销全国第一，食用菌、猕猴桃、火龙果、刺梨等名列全国前茅；市级以上畜牧业龙头企业 522 家，规模以上畜禽养殖场 6817 个，同比分别增长 10.4%、10.2%。全省农业产业化经营水平不断提升，加快了农业农村产业转型升级步伐，推动着农村一二三产业融合发展。

（五）加强品牌建设，增强新型农业经营主体市场竞争力

贵州坚持“质量兴农、绿色兴农、品牌强农”，着力打造一批特色优势产业突出的专业县和主产县，培育了一批农业名牌产品，品牌价值不断显现。

2019 年，全省获省级以上名牌产品或著名（驰名）商标的农业龙头企业达 249 家，“虾子辣椒”“兴仁薏仁米”“威宁马铃薯”获中国百强农产品区域公共品牌，“贵州茶一节一会”摘得第二届中国当代茶文化论坛十佳茶事样板桂冠，培育形成了长顺绿壳鸡蛋、乌蒙乌骨鸡等区域性公共品牌 37 个，全省农产品质量安全合格率达 99.7%，全省认证畜禽产品地理标志 24 个，同比增长 33.3%，注册畜禽产品品牌商标 279 个，“黔山屯土鸡”等品牌在长三角、粤港澳知名度快速提升，“贵州黄牛”产品进驻 7 个省会 30 余家盒马鲜生超市。通过推进标准化、品牌化建设，进一步优化调整全省农业种养结构，切实增强了新型农业经营主体市场竞争力。

二、贵州培育发展新型农业经营主体的主要问题及困难

贵州各类新型农业经营主体和服务主体实现了巨大成长，正加速形成具有自身特色的多元化新型农业经营体系，对加快农业农村发展起到了重要作用，产生了多方面经济社会影响。但是，受市场和政策环境等因素影响，全省新型农业经营主体培育仍处于起步阶段，整体发展水平不高，发展不平衡不充分，经济实力不强，可持续发展能力低下等问题突出，还面临着诸多短板和制约因素。

（一）农业经营主体运行管理不规范阻碍着发展

贵州新型农业经营主体经济规模小、技术和管理水平低、经营模式单一等问题突出，影响其持续快速健康发展，内部运行管理亟待加强。一是经营理念比较落后。专业大户和家庭农场业主大多没有经营管理经验，主要采取传统家庭作坊式经营，难以实现规模效益。二是内部运行不规范。很多农民合作组织、家庭农场未正式注册，运行制度不完备，对管理者与会员的权责没有清晰界定；不少龙头企业尚未建立现代企业制度，法人治理结构不健全。三是组织管理比较松散。农民合作组织管理水平不高，民主机制不完善，章程制定不规范，运作管理随意性大。四是财务制度不严格。多数农民合作社没有制定并严格执行财务管理制度，普遍没有建立二次分配机制，普通会员基本享受不到股金分红。部分龙头企业财务制度不规范，缺少专职财务人员，银行难以获取经

营的关键信息。

（二）农业经营主体融资困难不利于扩大再生产

贵州新型农业经营主体经营实力弱，大多有借贷需求，但融资制约瓶颈多，面临着贷款难、贷款慢、贷款贵的问题。其主要原因，一是农村中小金融机构监管难度大，监管部门担心系统性风险，实行严格的准入政策。新型经营主体融资主要依靠地方农商行等金融部门，融资渠道单一，难以满足其发展需要。二是监管部门对农村金融的融资工具、贷款担保和抵（质）押方式等政策规定不具体不明确，新型经营主体缺少专业化生产基地，达不到金融机构的担保、授信标准，很难获得正规金融机构的信贷支持。三是农产品加工生产风险高，属微利行业，吸纳民间资本能力有限，而地方财政实力薄弱，扶持资金少，对农业产业化经营缺乏专项资金支持。因此，贵州政策性金融机构支农倾斜力度亟待加强，融资瓶颈亟待打破。

（三）农业经营主体各类专业性人才极其匮乏

目前贵州新型农业经营主体对人才需求的短缺态势日益加剧。其主要原因，一是新型农业经营主体如专业大户等业主年龄偏大，大量青壮年劳动力既无务农经历，也无心务农，纷纷外出务工。二是城乡差距依然十分明显，政府政策对农村倾斜不够，涉农专业年轻人才、农技专家等不愿到农村去发展。农业经营业主绝大多数是回乡创业、就近创业的本地人，老龄化、妇女化特征明显；农业生产型人才比重大，经营型和技术型人才缺乏，新型职业农民数量更少。新型农业经营主体工作条件差，使得农业农村本土人才大量外流，造成高素质人才进不来、留不住，专业性人才极其匮乏，严重制约着现代农业的快速发展。

（四）土地流转滞后制约农业经营规模化和长期化

贵州山多地少，新型农业经营主体进行规模经营，需要协调多方利益和矛盾，这增加了交易成本，使农村土地流转滞后。一是思想观念和认识有待转变。有的基层干部怕触及农民权益，不愿推进土地流转；有的引导措施不到位，削弱了农民积极性。农村社保体系不健全，农户不愿、不敢流转土地。二是土地流转规范性有待提高。土地流转常以口头协议方式进行，流转平台未普遍建立，流转及监管不完备，影响了流转进程。三是政策法律体系不完备。土地确权落实不到位，影响了农民流转意愿，使新型经营主体土地租期不稳定，影响了土地长期投资。四是缺乏必要的生产建设用地。非本集体所有的新型经营主体不能合法使用集体土地，缺少生产建设用地指标，影响其加快发展。

（五）农业生产经营相关配套基础设施建设滞后

当前，贵州农业农村基础设施配套建设明显滞后，很大程度上影响着新型农业经营主体的加快发展。其突出表现在：农村农田水利、冷藏、物流、信息设施及电商平台等建设落后，如农村道路建设不到位，产品物资转运成本高；雨洪积蓄灌溉设施不匹配，抵御自然灾害能力弱；机械化程度低，农事活动大量依赖人力，农村老年化使用工风险逐年增大；农业设施用地、用电规划设计不合理，供需矛盾突出；电信网络建设不完善，商务信息传递不及时，影响网购、网销效益发挥等。全省农业农村设施建设陈旧、运营低下，不能满足现代农业的发展需求，已成为制约新型农业经营主体快速成长的硬件因素。

（六）农业生产经营社会化服务体系不健全不完善

贵州农业社会化服务体系仍不健全不完善，不能有效满足新型农业经营主体发展需求。一是社会化服务体系发展比较缓慢。农业服务深入农村不够，与农业经营联系不稳定，服务领域拓展不够；农业服务质量不高，服务能力不强。二是社会化服务体系不健全不规范。农业服务以生产机械服务、技术指导、农产品流通等为主，对土地流转、资金借贷、农业保险、市场信息、专业培训等服务较少，缺乏农业市场网络服务。三是社会化服务体系服务不到位。农技推广、农机使用、能源服务及疫病防治等服务不配套；品牌认证程序复杂，费用较高，评审周期长；农业保险和风险评估服务缺位，难以形成对现代农业发展的强力保障。

三、贵州加快培育发展新型农业经营主体的具体路径

当前，贵州培育发展新型农业经营主体正处于成长关键期，亟须加强引导

扶持。作为一个复杂的系统工程，新时代加快发展壮大贵州新型农业经营主体，既需要大力提高其经营管理水平、创新长效运作模式等，更需要政府优化完善政策、资本、土地、人才等外部环境，要注重从内部提升和外部支持两个层面共同推进，实现其快速发展。

（一）大力开展规范提升行动推动高质量发展

坚持实用、高效和可持续发展的原则，深入推进规范提升行动，提高发展质量和水平。一是着力提高标准化生产和经营管理水平。加强管理监督和业务指导，鼓励专业大户、家庭农场、农民合作社完善生产、财务、考核等制度；加强合作社民主管理，避免“一人社”“僵尸社”“休眠社”。二是加快做大、做强、做优龙头企业。鼓励农业龙头企业建立现代企业制度，健全法人治理结构；推进其兼并重组，加快其转型升级，增强其经营实力；强化其品牌建设，提升其产品质量安全水平。三是积极引导各种新型经营主体开展合作经营。鼓励其拓宽发展领域，突破产业发展瓶颈，实现一二三产业融合发展，增加产业附加值。四是推动优势产业集群集聚发展。支持新型经营主体参与建设重要农产品生产功能区、现代农业产业园和产业化示范基地，构建一村一品、一乡一特、一县一业的特色产业格局，提升产业规模效益。

（二）加快建立完善多模式的紧密利益联结机制

新型农业经营主体与农户之间是相互依存、共同发展的关系，必须建立完善两者之间的利益联结机制，保障其实现可持续发展。一是着力打造产业化联合体，积极发展新产业新业态，延伸产业链条，推进农业产业链整合和价值链提升，加快培育增收新模式，吸纳更多农户参与农业生产经营。二是积极创新利益联结关系和组织化方式，以产业为纽带，推行“龙头企业+基地+合作社+农户”为主的运作模式，建立完善入股分红、订单带动、利润返还等新型利益联结分享机制。三是切实提高对农户的辐射带动力，组织实施好财政支农项目，鼓励以新型经营主体带动的农户数量和成效，作为对支农资金和项目审批、验收的重要参考依据。同时，支持农业龙头企业与农户设立风险保障金，形成风险共担、利益共享的经济共同体。

（三）着力完善土地流转政策推动规模化经营

为发展适度规模经营，应着力鼓励和支持新型农业经营主体规范有序地流转土地。一是加快推进土地“三权分置”，进一步落实所有权、稳定承包权、放活经营权，使农民能行使土地转让、出租、入股、抵押、收益等权利。二是建立完善土地流转服务和监管平台，做好政策咨询、供求信息、价格评估、风险保障、纠纷调解、合同签订等服务。三是创新流转模式，开展多种形式的土地流转，如互换并地、代耕代种、土地托管等，保护农业经营主体与转出土地农户的合法权益。四是解决农业生产性建设用地，尽量利用集体建设用地、村庄废弃地、“四荒地”等非耕地资源，不占或少占耕地，遏制耕地流转“非农化”。五是着力完善农村社会保障体系，加快建设农村就业、医疗、住房、养老、低保等制度，解除农民土地流转的后顾之忧。

（四）加大财税政策对现代农业的支持力度

实施政策扶持是促进新型农业经营主体快速发展的基本保障，应健全完善财税政策，加强对现代农业建设的支持。一是积极出台财税扶持政策，加大对新型经营主体的支持。确保财政投入持续增长，加强财税支持、经济补贴、技术指导和风险控制。二是设立产业发展专项资金，扩大财政贴息贷款面。将新型经营主体纳入重点对象，鼓励支持完善生产设施、建设生产基地、扩大经营规模，加强技术改造、建立研发机构和推进品牌建设等。三是进一步完善财政补贴政策，增强补贴的针对性和实效性。向新型经营主体倾斜补贴，综合采用直接补贴、政府购买服务、定向委托、以奖代补等方式，如给予土地流转费用一定补助，生产经营项目一定税收优惠。通过发挥财税政策的导向功能，撬动金融资本、社会资本积极投资现代农业。

（五）加快改革创新金融服务破除融资约束

融资难是贵州新型农业经营主体发展的主要障碍，为此必须加快改革创新农村金融，健全完善金融支农机制和服务方式。一是着力推进农村金融体制改革，通过“金融输血”和“金融造血”，切实加大信贷支农力度，保障农业经营主体的资金支持，激发其发展活力。二是鼓励引导金融机构运用税收、奖补等政策工具，加快开发创新金融产品和服务。加强对农业产业化、产业融合发展等的金融支持，如积极开展大型农机具抵押、生产设施抵押、订单质押等金融服务。三是鼓励支持建立财政出资的农业担保公司，为农业经营主体提供有效的贷款担保。四是建立完善社会信用评级体系，加强对农业经营主体的信用评级监管和统一管理。同时，加快发展农民合作金融，形成良性竞争的农村金融市场多元化格局，为农业经营主体提供信贷支持。

（六）着力加强现代农业发展人才队伍建设

建设现代农业迫切需要扎根农村的本土化、专业化高素质人才。面对农村人口空心化和老龄化等问题，必须实施人才强农战略，着力提高新型农业经营主体的专业化、知识化水平。一是加快培养现代农业人才，对家庭农场经营者、专业大户、合作社带头人等实施分类培育和重点培训，着力培养有科技素质、职业技能和管理能力的各种优秀人才。二是加强职业农民培育，开展线上线下学习、技能培训、就近就地接受教育等多形式教育，大力提高农民职业素质。三是完善科技特派员制度，建立对口帮扶机制，鼓励到农民合作社、龙头企业任职兼职，推行知识产权入股、参与分红等激励机制，推动农业科技成果转化。四是鼓励和支持农民工、大中专毕业生、退伍军人、科技人员等返乡入乡创新创业，积极发展山地特色高效农业，充分发挥其对现代农业建设的带动作用。

（七）加快建设农村基础设施，提高服务水平

针对农业农村基础设施建设滞后的特殊省情和农情，必须加大配套建设力度，着力提升服务水平。一是建立健全长效投入机制，将农业农村基础设施建设作为财政支持重点，与乡村振兴和高标准农田建设有机结合起来，切实建好、管好、护好、运营好，推动城乡基础设施互联互通、共建共享。二是多渠道加大投资力度，积极引导支持社会力量参与农业农村基础设施建设，鼓励与政府实行共建共管，加快改善农村产业发展服务条件。三是统筹规划和建设农村水利、物流、网络及电商平台等基础设施，加强农业经营主体建设用地的政策支持，如对农产品初加工用电实行农业生产电价；农业用水建立精准补贴和节水奖励机制；符合政策规定的生产设施、附属设施和配套设施用地实行农用地管理等。

参考文献

［1］中共中央办公厅、国务院办公厅. 关于加快构建政策体系培育新型农业经营主体的意见［A/OL］.（2017-05-31）http://www.gov.cn/zhengce.

［2］农业农村部政策与改革司. 新型农业经营主体和服务主体高质量发展规划（2020-2022年）：农政改发〔2020〕2号［A］.

［3］韩文龙. 坚持农业农村优先发展，大力培育新型农业经营主体[EB/OL].（2019-04-19）. http://theory.gmw.cn/2019-04/19/content_32758871.htm

［4］周庆元. 新型农业经营主体培育的地方实践与理论构思［J］. 湖南科技学院学报，2018，39（10）：112-114.

［5］赵晓峰，赵祥云. 新型农业经营主体社会化服务能力建设与小农经济的发展前景［J］. 农业经济问题，2018（04）：99-107.

［6］张新文，高啸. 农业经营主体的类型比较、效益分析与进路选择［J］. 现代经济探讨，2019（03）：101-107.

作者简介：陈康海，贵州省社会科学院农村发展研究所研究员；赵琴，贵州省社会科学院农村发展研究所助理研究员。

农业生产托管助推小农现代化进程的理论与实践分析

——基于山西的调研实践

孙秀玲

摘　要：中国人多地少、大国小农的国情农情，决定了从事传统种养业的小农户存在的长期性。从实践看，农业生产托管是农业生产性服务直接服务于农业和农户最具时代意义的方式，有广泛的适应性和普惠性。发展农业生产托管，帮助小农户节本增效，解决小农户分散生产经营过程中的一些共性服务问题，实现小农户与现代农业发展的有机衔接，是推进农业现代化的有效途径。

关键词：农业生产托管　小农户

农业生产托管是新时代乡村振兴战略下的客观要求，也是全面建成小康社会，实现乡村振兴与脱贫攻坚有效衔接的重要路径。2017 年，中央财政专门设立了以农业生产托管为主的农业生产社会化服务补助专项，旨在大力推进农业生产托管，促进全国各地农业生产托管的兴起与发展。农业生产托管模式的创新是对农业产业链纵向协作经营模式的制度选择和制度创新。无论哪种模式，都是对农业生产（耕种防守环节）的规模化、集约化、绿色化的生产模式提升，从而有利于提高生产环节的利益分配比重，保障产业链平稳良性运行，形成利益共享、风险共担的产业链协作机制，从而稳定提升农民收入，推动小农户的现代化进程。

一、农业生产托管兴起

农业生产托管主要源于土地托管。2008 年 10 月，《陕西日报》刊发了《长安 4000 农户实行土地托管》一文，这是最早的关于土地托管的新闻宣传。经过土地托管实践的不断发展，2014 年 11 月，中办、国办下发了《关于引导农村土地经营权有序流转发展农业适度规模经营的意见》。土地托管首次被写入文件。"土地托管"连续四年被写进中央一号文件，得到了国家的重视和推广。2017 年 8 月 16 日，《农业部国家发展改革委财政部关于加快发展农业生产性服务业的指导意见》（农经发 2017 年 6 号）首次正式提出"农业生产托管"的概念，对实践中全国各地农民群众探索开展的"土地托管""代耕代种""联耕联种""农业共营制"等以耕、种、防、收服务为主的部分生产作业环节、全部生产作业环节服务统一概括为"农业生产托管"，并在全国全面推广农业生产托管试点经验，通过项目支持农业生产托管服务组织为普通农户等经营主体提供规模化、专业化、标准化的服务，形成了服务规模经营新路径，农业生产托管大幅兴起。

二、农业生产托管重大意义

（一）农业产业转型发展的必然要求

纵观世界经济发达国家的农业发展历史，尽管其社会经济条件各不相同，但是随着农业生产力的发展，农业生产的社会分工和专业化程度都在不断加深，最终都是通过农业社会化服务实现了农业现代化。美、德、英、法、日等国在 20 世纪 40—70 年代基本实现机械化，韩国在 20 世纪 90 年代基本实现机械化。而在日本农业生产发展过程中，由于人多地少的特点较为突出，单一农业生产经营主体从事的农业生产规模较小，农业劳动力也并不短缺，但是为了提高单位土地面积的农业生产效率而不得不采用更为先进的农业机械和其他科学技术，这就需要更为专业化的农业生产服务。随着我国农业生产力的发展和农业经营规模的扩大，逐渐形成了各种形式的个人、合作组织和企事业单位专门为农业生产提供市场信息、金融信贷、生产资料、生产技术指导，以及农产品收购、储运、加工和销售等内容的农业社会化服务体系。在此背景下，农业生产托管开始进入新的多元化发展阶段。

（二）农业生产要素结构性改变

随着工业化和城镇化的快速发展，青壮年劳动力外出务工，农村劳作以50岁以上人口为主，农村老龄化、农业兼业化成为小农户经营的主要特征。农业劳动力的大量转移，导致农业劳动力价格大幅度上升。农业劳动力所能产生的有效劳动供给是严重短缺的，特别是在农忙时节，农村劳力的价格是平时的3倍以上，这已是一个普遍现象。工业化带来的另一方面影响，就是农业技术和机械装备能力大幅提升。当前我国农机综合机械化率已达到63%，农业科技贡献率达到56%，农田有效灌溉面积为52%，农产品加工转化率也在60%以上，农业生产的规模化、规范化和标准化趋势进一步加强，传统小农户生产方式已很难实现盈利，而旧有的土地细碎化和不完全流转导致大型机械设备无法充分发挥作用。依托现代农业生产经营组织方式，如以服务规模带动规模经营的农业生产托管，成为提升农业生产经营收益的必然要求。

（三）推进多种形式适度规模经营的迫切需要

从实践看，我国农业适度规模经营有两种路径：一是通过土地流转扩大土地经营规模，这是提高农业劳动生产率，实现农业规模经营的一条重要途径；二是农户在不改变承包经营权的前提下，通过接受服务组织提供的专业化、规模化服务实现农业规模经营，这是发展适度规模经营的新路径。发展农业生产托管，有助于丰富农业规模经营形式，让广大家庭经营农户充分参与和分享规模经营收益。

（四）实现质量兴农、绿色兴农的有效路径

当前，我国农业农村经济发展已经从单纯追求数量增长阶段转为高质量发展阶段。发展农业生产性服务业，通过服务组织集中采购农业生产资料，采用先进的农作技术，积极推广标准化生产，充分发挥农业机械装备的作业能力和分工分业专业化服务的效率，能有效降低农业物化成本和生产作业成本，有助

于农业节本增产增效，提高农产品竞争力和全要素生产率。这是推进农业供给侧结构性改革，实现质量兴农、绿色兴农、促进农民增收的有效路径。

（五）农业产业高质量发展的必然要求

将资本、技术、人才、管理等现代生产要素引入农业是建设现代农业的本质要求。发展农业生产性服务业，通过服务组织以市场化方式将现代生产要素有效导入农业，使用先进的品种、技术、装备等，对传统农业进行改造、提高和升级，实现农户生产与现代生产要素的有机结合。这成为转变农业发展方式、提升资源要素配置效率的重要途径。

三、农业生产托管经济学理论分析

农业生产托管作为农业社会化服务的一种具体方式，其产生和发展是劳动分工和规模经济发展的必然产物，也是农户在农业生产经营中出于自身经济利益考虑的必然结果。农业生产托管历史发展自身的内在演化路径及发展趋势，同上述因素也是紧密结合在一起的。

（一）劳动分工和规模报酬递增是农业生产托管产生效应的经济基础

农业生产托管的产生和发展首先是基于农业生产在技术上的可分性。农业生产分工演进过程表现在不同农作物品种生产之间的横向分工及耕地、播种、育秧、栽插、灌溉、施肥、打药、收获等农业生产不同环节的纵向分工。随着农业生产各环节中社会分工愈加细化，专业化程度日渐提升，农业生产所凝聚的技术要素越来越多，技术水平也越来越高。由于单一农户资源配备有限、行为能力不足，高水平的农业生产活动对外界的依赖性不断增强。与此同时，农业机械化水平和农业科技贡献率快速提升，农业生产的规模化、规范化和标准化趋势进一步加强，而土地细碎化和不完全流转又导致大型机械设备无法充分发挥作用，传统小农户生产方式已很难实现盈利。农业生产托管作为农业生产经营的一种组织模式，本质就是在传统农业社会农业生产一般以小农户家庭经营为主体的背景下，基于农业生产环节的可分性，通过农业生产（不同环节的）托管，小农户自给自足农业生产经营行为转化为基于分工和专业化的社会化行为和市场行为，从而使农业生产经营获得了规模效益。

（二）农户行为理论是农业生产托管组织模式创新的基础

当前农业生产经营中的“小农户”主要经营行为表现为，一是生产经营活动主要手段是现代工业装备和先进科学技术的应用，二是生产资料获取和农产品销售均高度依赖外部市场，三是小农户所从事的小规模农业生产经营主要是为了通过市场交易换取货币收入并通过市场购入日常消费品。现阶段小农户生产行为是社会化大生产下的经济人行为。但小农生产的分散、规模小、对接市场能力弱，难以获取更高的市场收益。为了提高农产品品质和市场价格，农民就需要依靠现代育种技术或牲畜品种改良技术来不断更新农产品品种、降低农业生产成本、提升农产品品质。同时为了取得农业规模经济以获得更高的农业经营收益，现代农业的生产规模也必然随着技术和管理水平的提高而逐步扩大。农业生产托管为小农户在有限的要素投入能力和水平范围内提高生产效率、实现规模经济以参与农产品市场经济提供了有效手段，小农户选择农业生产托管也就成为实现自身农业生产规模化发展、获取更高农业生产经营收益的必不可少的条件，因此农业生产托管的服务内容与服务范围开始日益拓展，并向农业产前、产中和产后各个生产环节不断延伸和一体化发展。农业生产托管服务费用不断降低，服务地区也进一步扩大，不同地区、功能的农业生产托管服务组织相互渗透，逐渐形成大规模的农业社会化服务网络，农业生产托管服务作为农业社会化服务体系的组成部分为大多数农业生产经营者所认识和接受，不仅成为农业生产经营的一种新的组织形式，也在引领传统农业向现代农业发展的过程中发挥越来越重要的作用。

（三）产业链整合理论是农业生产托管实现机制

农业产业链整合是指将农产品产前、生产、加工、流通、销售等环节整合成畅通、统一、协调的整体，从而获得协同效应和规模效应。从价值链的角度来看，产业链整合将上下游环节的随机市场购买关系内化为商品契约甚至要素契约关系，可以获得更多的附加价值；不同环节经营主体之间的竞争关系可以内化为一致性利益拥有者，从而获得规模经济报酬。农业生产托管作为服务带动型农业规模经营模式，农户将农业生产的某个环节或全部环节交由托管服务主体统一经营，在支付服务费后获得粮食收益，而托管主体的收益主要来自农资差价、农机服务和粮食贸易。农业规模化集约化生产效益惠及小农户与服务主体，生产端的利益分配比重得以提升，形成高效的利益联结机制，也是农业生产托管发展前景广阔的现实机制。

四、农业生产托管实践价值分析

农业生产托管很好地适应了山西省农业劳动力老龄化、兼业化态势和农户的多样化需求，维护了家庭经营的基础性地位，降低了农业规模经营发展的成本和风险，发挥了农村集体经济组织服务集体成员的重要功能，密切了干群关系，解决了"种不了地""种不好地"和"种了不合算"等问题。

托管服务已从服务方式、组织模式、托管内容、托管形式等方面进行了探索创新，为各地因地制宜选择适应性强的托管模式进行复制推广提供参考和借鉴。在服务方式上，拓展菜单式托管、全程托管、综合托管，如山西洪洞县"菜单式指引、合同式托管、保姆式服务、管家式经营、网格式管理"的"五位一体"田管家农业生产托管模式，聚焦全县小麦、玉米两大粮食作物生产，着力解决小农户规模生产难题，同时有效解决了农户外出打工与种地的矛盾，农户既能得到打工收入，还能得到种地收入。在服务组织模式上，重点促进服务主体多元化，激发主体活力。如山西省长治市屯留区整合农机服务类合作社、家庭农场、农业龙头企业等新型服务主体，成立区级托管服务中心，组建农田、农技、农防服务团队，通过农业生产托管项目引导，探索形成了"六核心服务、三环节套餐"的服务模式，为当地农户提供精准精细化农业生产性服务，有效提升了农业生产的组织化程度，实现了粮食产量和农民收入持续增长。翼城县探索了"三级体系强组织、四化建设保服务、五个降减重落实"的农业生产托管运行模式，为当地和周边县市蹚出了一条农业生产托管发展的新路子。随着农业生产托管的有效推进，托管内容由大田粮食作物向高附加值经济作物等农产品拓展、覆盖，如隰县玉露香梨开始探索新的路径。

（一）经济效益

1. 农业生产托管有助于降低农业生产成本

通过发展农业生产托管，可以进一步促进农田的土壤统筹改良与基础设施建设、农业新技术推广、农业生产资料集中采购、机播机收、统防统治、节水灌溉等机械化生产、集约化经营、规模化服务，充分发挥农业机械装备的作业能力和分工分业专业化服务的效率，减少农资、电力、用水等生产成本投入，实现对各种农业资源的高效利用，有效降低小农户农业生产的物化成本和生产作业成本。

2. 农业生产托管有助于实现农作物增产

通过实施农业生产托管，打破和平整原有小块地块间的沟垄背、小沟渠、小基建，有助于实现粮食作物的规模化、机械化种植，从而实现农产品特别是小麦、水稻、玉米等大宗粮谷类作物增产。同时，农业生产托管也有助于在农业生产中更多地投入和推广农业新产品、新技术，高效利用各种农业资源，以此来提高农产品的产量和品质，实现农业节本增效，这也促进了农作物增产和农民增收。

3. 农业生产托管有助于增加农民收益

通过农业生产托管的规模化、集约化、专业化效应，可以更好地控制农产品品质从而获得更高的市场收益。同时由于农业生产具有显著的季节性、阶段性特征和自然风险，生产托管可以打消农民“打工耽误种地，种地又不经济”的顾虑，农民外出务工经商不用再担心是否会耽误家里农时，不必为耕、种、管、收、加、贮、销各个环节操心费力，节省了农忙时往返城乡的时间和费用，形成了农民外出务工收入和土地托管收入的叠加效应，多渠道促进农民增收。

以山西屯留县为例，2017 年开展农业生产托管服务试点后，农机手收入增加 8000~10000 元，托管试点农户亩均增收 21.3%。以寿阳县为例，农户将农业生产托管后，一是降低服务费用。原来一家一户雇用机械作业机收、秸秆还田、耕地三个环节需要每亩支付 220 元左右，上级补助资金每亩 64 元（不超过 30%）。托管组织进行规模化作业后，农户每亩只需要支付 100~110 元就可以完成上述三个环节的服务，每亩又节约成本 40 元左右。二是托管农户土地后，托管组织可以集中机械、集中时间作业，既节约了作业时间，也节约了作业机械的作业成本。

（二）社会效益

1. 解放农村劳动力，降低劳动强度

托管组织托管土地后，作业全部实现了机械化，农户从土地中解放出来，可以外出务工或从事其他经营项目，从根本上改变了农民躬身劳作的传统方式，降低了劳动强度。

2. 促进集约化经营

开展农业生产托管服务，为土地规模化种植、集约化经营奠定了基础，通过实施托管，打破户与户之间的界限，试行统一耕种、统一管理、统一收割、统一分配的新模式，为土地集约化经营探索出了一条新路子。

3. 增强合作社引领示范作用

如寿阳县平舒乡东辉农机服务专业合作社，通过试点项目，赢得了服务群众的好评，扩大了知名度，为今后扩大服务范围奠定了基础。

4. 有利于更好保护农民的权益

在农业生产托管模式下，土地承包权仍归农民所有，保持了家庭经营的主体地位，农民对托管土地的生产经营活动拥有更多话语权，农民根本利益得到有效维护，也满足了农民"离乡不丢地、不种有收益"的心理安全感。同时，农业生产托管将传统小农户家庭经营的风险独立承担模式转化为农业生产托管主客体双方经营风险共同承担模式，生产托管服务组织的利益诉求与农民共同富裕的目标实现了高度一致，不仅有助于缓解小农户和部分新型农业经营主体在农业适度规模经营中的资金压力，还有助于通过保底产量或收益、股份合作、利润返还等方式，让广大小农户更好地分享一二三产融合发展的增值收益，使农民得到更多实惠。

（三）生态效益

由于自然、历史等方面多种因素的影响，我国农业特别是小农户农业生产经营可持续发展的资源与生态压力较大。发展农业生产托管可以有效推进农业绿色可持续发展。

1. 控制农业面源污染

有助于加快新型农用物资和清洁生产、污染物无害化处理等现代科学技术在小农户农业生产中对常规生产资料和传统生产技术的替代，在提高农业综合生产能力和效益的同时，通过深耕深松、秸秆还田等环节，规范了农业投入品管理，减少化肥、农药、农膜等农资使用数量并减少污染排放，从而控制和减轻农业面源污染，有利于构建将提升农业生产能力与保护生态环境相结合、将自然资源开发同资源永续利用相结合的绿色农业体系。

2. 推进生态农业体系建设

有助于加快推动小农户农业生产的产业链延伸，将小农户种植业、养殖业和农产品加工业有机组合，促进小农户农业生产实现农业生产废弃物能源化、肥料化和饲料化，形成农业生产上下游产品和废弃物再利用循环链，减少农业向系统外输出污染物，构建产业之间相互依存、农产品和中间产品及废弃物交换利用的生态农业体系。

3. 保障农产品质量安全

有助于在农资供应、技术规程、生产监管、质量检测方面统一实施、统一标准、统一管理，极大提升农业生产监管效率，有利于从农产品源头出发规范农业投入品管理，减少农药、化肥、植物生长调节剂等不合规、过量施用，提高农产品品质和生态效益，降低农产品质量安全风险。

作者简介：孙秀玲，山西省社会科学院研究员。

天津市小穿芳峪村“智力扶贫”的经验与启示

石森昌

摘　要：全面打赢脱贫攻坚战后将进入乡村振兴新发展阶段，需要推动减贫战略和工作体系平稳转型。智力扶贫在保持文化扶贫、科技扶贫、教育扶贫等相关政策总体稳定的前提下，要重视推进智库服务下乡进村。围绕乡村产业规划、项目建设、传统文化挖掘及环境建设等方面直接为村一级基层组织提供决策咨询服务，应是新时期中国特色新型智库开展智力扶贫的重要内容。

关键词：脱贫攻坚　乡村振兴　智力扶贫　智库服务

2020年是全面建成小康社会目标实现之年，也是全面打赢脱贫攻坚战收官之年。脱贫攻坚的相关政策和工作体系面临重新调整和转型。习近平总书记在2020年3月6日的决战决胜脱贫攻坚座谈会上强调指出，“要接续推进全面脱贫与乡村振兴有效衔接，推动减贫战略和工作体系平稳转型，统筹纳入乡村振兴战略，建立长短结合、标本兼治的体制机制”。[1] 智力扶贫在全面打赢脱贫攻坚战过程中发挥了重要作用，在新形势下应如何转型以适应新需求呢？本文以天津市小穿芳峪村为例，指出新形势下的“智力扶贫”应突出智库服务下乡进村，重视为村级基层组织提供专业化、建设性、切实管用的对策建议，提高村级组织管理者的综合研判和谋划能力。

一、“智力扶贫”的含义及其新需求

智力扶贫从微观层面来看，主要是指对扶贫对象进行教育、知识和技能的培训，改变其落后思维模式、提升智力素质和推动观念转变，促进扶贫对象能力提升，能够获取更多和更持久的经济效益，实现脱贫致富的目的[2]。从宏观层面上看，智力扶贫主要包括文化扶贫、科技扶贫、教育扶贫等内容和形式。

围绕文化、科技和教育扶贫，国家出台了相应的政策体系。对文化扶贫，《“十三五”时期文化扶贫工作实施方案》中指出，要集中推动贫困地区艺术创作生产、公共文化服务体系建设、文化遗产保护利用、文化产业发展、文化市场健康、人才队伍建设及落实文化部定点扶贫等八个方面的工作[3]。对科技扶贫，《科技扶贫行动方案》中指出，要围绕技术攻关、成果转化、平台建设、要素对接、创业扶贫、教学培训、科普惠农等方面开展行动，推动贫困地区形成创新驱动发展的新模式[4]。对教育扶贫，《关于实施教育扶贫工程的意见》中指出，要围绕基础教育、现代职业教育、高等教育、学生资助、教育信息化等方面，以提高贫困地区人民群众的基本文化素质和劳动者技术技能为重点，推进教育强民、技能富民、就业安民[5]。

贵州省是较早系统性推进智力扶贫的地区。自 20 世纪 80 年代末，贵州省就开始推进“扶智扶本”，将智力扶贫放到重要位置，持续展开循序渐进、形式多样、扎实有效的智力扶贫。在科技扶贫方面，1994 年就制定实施《贵州省科学技术普及条例》，鼓励各市（州）、县（区）积极开展科普活动，举办农业实用技术培训班，组织农业、畜牧、林业、水利等方面的科技人员，深入贫困乡村开展科技服务；在教育扶贫方面，“八七”扶贫攻坚期间，贵州省确立教育优先发展战略，创新教育扶贫方式和途径，把到 2000 年基本普及九年义务教育和基本扫除农村青壮年文盲列为教育工作的重中之重[6]。以实施培训和发展教育为主的“智力扶贫”与“长顺做法”“印江经验”“晴隆模式”“毕节实验”及“集团帮扶”一起构成贵州省早期推进扶贫开发工作的六大模式[7]。

以文化扶贫、科技扶贫、教育扶贫等为主要内容的智力扶贫在我国推进脱贫攻坚阶段发挥了重要作用。在脱贫攻坚全面胜利和乡村振兴进入新发展阶段的形势下，除了继续巩固保持上述工作的相关成果以外，有必要对智力扶贫的工作内容和工作重点进行适当调整，以更好适应乡村振兴战略发展新需求。

近年来，在乡村振兴战略推动下，我国“三农”领域的市场经济体系逐步完善，乡村产业发展取得了积极成效，农民增收渠道持续拓宽，但也存在创新要素不足和发展质量效益不高等问题，亟须加强引导和扶持。为乡村干部、乡村经济组织管理者及乡村创新创业者等乡村经济发展行为主体在乡村产业发展规划、产业项目选择、产业资源整合及乡村环境建设等方面提供理论支持、智力支撑和决策咨询服务等智库服务，应构成新形势下智力扶贫的重要内容。

2016 年以来，天津社会科学院积极践行"把论文写在祖国的大地上"，推动科研人员深入基层，服务乡村建设和产业发展，在天津市蓟州区小穿芳峪村开展了一系列智库服务乡村发展的实践探索。依托地方智库提供的智力支持，小穿芳峪村成功地实现了由传统乡村旅游模式向文旅融合发展模式转变的产业升级。在乡村振兴战略进入新的发展阶段背景下，小穿芳峪村的案例具有很好的借鉴启示意义，充分表明新形势下为乡村基层组织提供智库服务应成为"智力扶贫"的重要组成部分。

二、小穿芳峪村的发展历程

小穿芳峪村坐落于天津市蓟州区东北部的穿芳峪镇，距蓟州城区 12.8 公里，是一个不足百户、近 300 人的山区小村庄。全村土地总面积 761.74 亩，其中山场 200 亩，耕地 295 亩。村庄位于山前洪积扇平原上，地势总体呈平缓坡状。村域始建于明初，从正式建制算起已历经 600 年沧桑。至清代，因地近京师，小穿芳峪村吸引了不少官员及文人雅士前来置地造园，为当地留下了大量建筑与文化遗存，积累下深厚的文化底蕴。

小穿芳峪村历史悠久，周边环境秀丽，但对传统农业而言发展条件并不优渥，长期以来都是周边"穷得有名"的"落后村"。及至 2012 年以前，村子经济发展仍十分落后，既无企业，也无主导产品，村民家庭经济来源主要依靠果品种植和外出打工。特别是在周边村庄依靠乡村旅游已经发展起来的时候，小穿芳峪村与其他村的差距越发显得突出。2012 年，村里人均年收入仅 8400 元，远低于旅游业发展起步较早的周边其他村。小穿芳峪村的落后还突出表现在村庄极度破败的环境上，多数农家的污水随意排放，生活垃圾、建筑垃圾临街堆放，村庄建筑毫无章法，周遭环境气味难闻。

2012 年，小穿芳峪村新一届村领导班子成立后，开始谋划脱贫致富、建设家乡的乡村振兴之路，确立了发展高品质乡村旅游的产业定位，并选择了以壮大集体经济推动乡村振兴的发展道路。2013 年，围绕产业发展，小穿芳峪村成立响泉园农作物种植专业合作社，村民通过流转土地入股，建成195亩苗圃园，育植白蜡树苗；同时实施旅游精品村项目建设，发展具有园林风格和北方民居特色的四合院民宿。2014年，村集体成立井田庐景区管理中心，打造小穿乡野公园，并探索乡村旅游集体经营模式，推行“包院”经营的民宿经营方式。到2016年，小穿芳峪村的村庄环境从内到外发生了翻天覆地的变化，村内街道绿了、环境美了、夜晚亮了，农家小院古色古香、庭院芬芳，更有集乡野小屋、房车基地、花卉种植园等园林景观于一体的国家3A级景区乡野公园，村民人均年收入也提高到26000元，是2012年的3倍还多。

发展乡村旅游给小穿芳峪村带来巨大变化，但周围村庄竞相发展乡村旅游的竞争压力和自身所受到的资源约束使得小穿芳峪村迫切需要为本村旅游产业可持续发展寻找强劲动力源。外部智库的介入为小穿芳峪村的乡村旅游产业升级创造了一个契机。2016年，小穿芳峪村积极联系天津社会科学院的专家学者，对村庄周边区域的历史文化遗存进行深入挖掘。在双方后续合作中，通过彼此思想观念的反复碰撞，村领导班子坚定了依托文旅融合推动乡村旅游升级的发展方向。2017年，小穿芳峪村得到天津市文化产业发展专项资金资助，专门用于挖掘优秀传统文化和开发文化旅游项目。专项资金推动了小穿芳峪村特色历史文化资源的开发利用，提升了小穿芳峪村的旅游吸引力和影响力。同时，在天津市、区有关部门的大力支持下，天津社会科学院在小穿芳峪村创立了“三农”问题高端智库论坛——“小穿论坛”，并将其确立为长期合作项目，为小穿芳峪村的文化品牌形象注入更高层次的养分。通过一系列探索实践，在小穿芳峪村，乡土文脉挖掘保护利用与乡村旅游融合发展的脉络越来越清晰，现代文化产业业态越发得到重视并被渐次引入。小穿芳峪村走上了适合自己的文旅融合产业升级发展道路。

目前，小穿芳峪村已成为远近闻名的旅游“明星村”，获得了众多荣誉，仅国家级称号就包括“国家AAA级旅游景区”“全国休闲农业与乡村旅游示范点”“全国美丽宜居村庄”“中国美丽休闲乡村”“全国生态文化村”“全国乡村旅游重点村”及“国家森林乡村创建工作样板村”等。“产业兴旺、生态宜居、乡风文明、治理有效、生活富裕”的社会主义新农村发展要求正在小穿芳峪村一一落地。

三、小穿芳峪村的“智力扶贫”实践

在小穿芳峪村乡村旅游产业转型升级过程中，天津社会科学院发挥了重要的“外脑”功能，在小穿芳峪村的产业规划、项目建设、传统文化挖掘等方面充分发挥了智库的服务功能，为中国特色新型智库服务乡村振兴做出了积极探索，拓展了地方社会科学院为地方党委和政府决策服务的新路径和新领域，赋予“智力扶贫”新的内容。

（一）借助“外脑”调整产业发展规划

2016年，在天津社会科学院的专家建议和支持下，小穿芳峪村决定充分发挥山水美景和历史文脉优势，以“生态山野·乡会文园·乐农逸居”为核心定位，规划建设文化引领的文旅融合全链条产业体系，推动乡村旅游高质量发展。

首先是调整乡村旅游发展的总体架构。小穿芳峪村2012年确立了“一园二景四功能”的乡村旅游总体架构。其中，“一园”是建设小穿乡野公园，“二景”是打造卧牛山和望牛岭两个风景区，“四功能”是完善四个主要乡村旅游服务功能，即农家食宿、乡野观光、休闲养生、文化体验。2016年，通过强化文化要素，确立了升级版的乡村旅游发展总体架构，即“一园二景四文化”。其中“一园二景”三个空间载体指向基本不变，“四文化”是指重点建设四个文化体验区，即民俗民宿文化区、历史遗留文化区、园林景观观赏区和农耕文化体验区。

其次是做好文旅融合发展规划。按照“事农”“观景”“求知”“访古”“雅好”“养生”“众乐”“逸居”八大版块重新规划小穿芳峪村的旅游资源布局，将丰富的历史文化要素注入乡村旅游活动中，全面提升现有景区和旅游设施所在地文化内涵。重点是依据历史文献文本中对穿芳园林遗迹及景观的描述，用现代的技术手段重新规划设计，与现有的乡村旅游项目紧密结合，打造具有独特乡土文脉韵味的文化旅游体验，提升小穿芳峪村旅游品质和市场影响力。

（二）借助“外脑”开展历史文脉挖掘整理

小穿芳峪村文化底蕴丰厚，曾是众多文人雅士居住、耕读劳作的地方，村子周边区域曾建有李江的龙泉园、王晋之的问青园、李树屏的八家村馆以及井田庐、习静园、问源草堂等园林家舍，留有《龙泉园集》《问青园集》《八家村馆集》《乡塾正误》等古籍文献，记录了先人“创办义塾，植树造林，引种桑树，践行农耕，行医种药，制酒吟诗”的乡居生活，为小穿芳峪村增添了浓重的历史怡芳。通过与天津社会科学院等科研院所合作，推动实施乡村记忆工程，小穿芳峪村积极推进对村庄周边区域明清乡贤文化、农耕文化、园林文化等历史文脉的挖掘整理。

在天津市委宣传部和蓟州区政府支持下，由天津社会科学院与小穿芳峪村两委班子合作，积极推进对小穿芳峪周边区域先贤雅士的历史文化遗珍的收集整理，组织编纂“小穿芳峪文库”，旨在挖掘优秀传统文化资源，建设现代生态文明乡村。目前已经整理出版 6 本书，包括《小穿芳峪艺文汇编》（初编至四编）《龙泉师友遗稿合编》《小穿芳峪发展志略》，总字数约 250 万字。通过对历史文脉的收集整理，还原了乡村的历史原貌，传承了优秀地域文化，让小穿芳峪村有了更为厚重的历史依托。

（三）借助“外脑”策划特色文旅融合项目

依托挖掘到的历史文化资源，在坚持保护、传承与开发利用有机结合原则下，天津社会科学院的专家学者为小穿芳峪村策划了一系列有本地特色的文旅融合旅游体验项目，打造出传统文化与休闲农业、乡村旅游深度融合的特色乡村文化旅游产业。

一是历史园林群落 VR 体验。采用数字 3D 技术，将历史上的八个经典村馆进行复原、重建，并构建成完整的区域景观模型及渲染视图，包括空间布局、景观园林、馆舍建筑、自然风景等，利用 VR 技术完成景观及馆舍、建筑的交互展示和导览，能够实现观者自主导览、变换视角、局部展示等功能。

二是“蝴蝶会”体验活动。将源于古人的餐饮方式“蝴蝶会”植入当今的乡村旅游活动中。“蝴蝶”为“壶+碟”的谐音，意为朋友们各自带着酒和菜来聚会，为今日“AA 制”聚餐之鼻祖。将古代餐饮方式植入当今的乡村旅游活动中，让游客体味古人的生活情趣。

三是“亦爱庐”体验活动。通过建设茅草屋和风景园林，复原古诗“吾亦爱吾庐”“敝庐何必广，取足蔽床席”“草庐寄穷巷，甘以辞华轩”“结庐在人境，而无车马喧"的意境，以穿芳品泉、半壁栖云、花石夕照、片石仙踪、妙沟瀑布、莺歌狐火、梨坞书声等为背景，打造石桌等特色景观，开展读书和休闲活动。

四是农耕文化体验。植树，种菜，养蚕，制药，手工制作特色农产品小烧酒、梨醋、蜂蜜、醉梨、潦豆、雷蘑等，是先人耕读文化生活的主要内容。村旅游公司将古籍中记载的耕读生活加以复原，修建草亭茅舍，组织游客仿效古人的生活，开展具有小穿芳峪特色的农事体验活动。

（四）创设智库论坛——小穿论坛

2017年，天津社会科学院与蓟州区人民政府联合，在小穿芳峪村共同发起成立"三农"发展高端论坛——"小穿论坛"，迄今已连续举办四届。

"小穿论坛"打造智库对接和服务乡村经济社会发展的创新平台，通过加强智库与乡村的交流合作，为开发乡村人文历史资源、生态旅游资源，推进乡村基层社会治理、美丽乡村建设及经济社会发展，提供高水平智力支持服务。围绕"挖掘优秀传统文化资源　建设现代生态文明乡村""乡村振兴——迈进新时代的农业和农村""全域旅游与乡村振兴""回顾全面小康之路 展望乡村振兴之道"等主题，论坛已连续举办四届。邀请了来自国务院发展研究中心、国务院参事室、国家发改委、中国科学院、中国社会科学院、清华大学、中国人民大学、上海交通大学、北京师范大学、中国农业大学、南开大学、天津财经大学、天津工业大学、天津市人民政府参事室、天津市农业科学院、天津社会科学院等政府部门和科研院所的专家学者开展高水平研讨，为推动乡村振兴提供智力支持和解决方案。

"小穿论坛"一是扩大了小穿芳峪村的影响力。每一届论坛，蓟州区和天津市主要电视媒体、网络媒体和纸质媒体，新华网、新浪网、搜狐网、中国社会科学网等国内知名网络平台都会广泛报道，提升了小穿芳峪村的社会知名度。参加会议的专家学者们来自全国各地，小穿芳峪村的发展经验也被带到五湖四海。二是引智入村。论坛围绕新时代"三农"工作中的重大问题设置议题，积极探索乡村振兴特色路径，交流分享地域实践与典型经验，汇聚各方智力资源对乡村发展问题集思广益，打开了小穿芳峪村人的思路和眼界，为小穿芳峪村探索高质量发展之路提供经验借鉴和发展新思路。

四、小穿芳峪村“智力扶贫”的启示与展望

小穿芳峪村的“智力扶贫”实践具有重要的启示意义。

一是乡村旅游需要文旅融合推动产业升级。对广大乡村而言，发展乡村旅游最初可以依靠资金投入改善住宿环境、提高服务质量，但要做强、做优，不断升级，就必须在挖掘文化特色、文化内涵上下功夫。要在充分挖掘、梳理本土文化精髓和特色基础上，利用乡村特有的自然风光、村落格局、生活状态、民俗民居等资源进行内涵呈现和审美阐释，“讲好本村本土故事”。只要能够有效打造出自身文化品牌，凸显独特文化吸引力，小乡村在文旅融合发展上同样可以大有作为。

二是乡村建设和产业发展亟须外部智库服务提升发展质量。由于乡村与城市在现代化进程中的差距，不仅仅是产业形态和物质积累的差距，更存在市场意识上的差距、经营管理理念上的差距、文化审美情趣上的差距及创意思维想象空间上的差距等思想意识领域的差距。推动乡村建设和乡村产业高质量发展需要借用外脑智力资源，把现代性理念、思想同继承优秀传统文化融合起来，让外脑智力与乡土原生智慧充分碰撞，迸发出符合乡村发展实际的创新火花，为乡村发展插上智慧的翅膀。

三是智库服务下乡进村有很大的发展潜力。小穿芳峪村积极引入天津社会科学院这一专业智库机构，在传统优秀文化资源挖掘、产业发展规划调整、产业发展项目策划等方面积极采用专家的专业意见，极大破解了发展中的人才智力“短板”难题。天津社会科学院在为小穿芳峪村的发展提供全方位的信息汇集、政策指导、创意启发和决策支撑过程中，既深入实践了解到乡村发展实情，同时也锻炼了人才队伍，提升智库服务能力。小穿芳峪村与天津社会科学院的智库服务互动案例表明，新形势下，推动智库服务下乡进村，既是实现乡村高质量发展的需要，也是建设中国特色新型智库的需要。

值得一提的是，小穿芳峪村引进外来智力的过程并非一帆风顺。专家学者的前沿思想与乡村干部群众的乡土思维之间不可避免存在一定的差距，不免在交流过程中产生思想冲突。但正是不断坚持这种交流碰撞，才让智库服务更加贴近“三农”实际，也让乡村干部群众充分经受了先进思想的充电和洗礼，让

广大村民不仅口袋"富"了起来，头脑、思想也跟着"富"了起来，真正实现了全面进步。

小穿芳峪村的"智力扶贫"实践提供了智库服务下乡进村的一种创新探索，实现了点到点的智库服务。扩大智库服务乡村建设和乡村产业发展的辐射面和影响力，让更多乡村能够享受到高水平的智库服务应是下一阶段推动智库服务下乡进村要重点解决的问题。要实现这一目标，应充分利用新一代信息技术创新智库服务下乡进村模式。应积极推进建设乡村振兴智库服务云平台，发展乡村智库云服务。依托智库服务云平台把专家学者、科研机构、数据资料、网络信息设备等智库服务资源汇集起来，为更广大农村地区提供多层次和高水平智库服务，让乡村智库服务从线下走到线上，从现场走向云端，形成由点到面的全方位升级的智库实践、智库服务新体系。

参考文献

[1] 新华社. 习近平出席决战决胜脱贫攻坚座谈会并发表重要讲话［EB/OL］.(2020-03-06). http://www. gov. cn/xinwen/2020-03/06/content_5488151. htm.

[2] 许凌志. 广西滇桂黔石漠化连片特困区智力扶贫对策研究［J］. 经济与社会发展，2013（3）：86-89.

[3] 文化部. 落实文化部定点扶贫工作［EB/OL］.（2017-5-25）. http://www. cpad. gov. cn/art2017/8/16/art_1747_843. html.

[4] 科技部. 关于印发《科技扶贫行动方案》的通知［EB/OL］.（2016-10-13）. http://www. cpad. gov. cn/art/2017/8/.

[5] 中国政府网. 关于实施教育扶贫工程的意见［EB/OL］.（2013-9-12）. http://www. cpad. gov. cn/art/2013/9/12/art_50_23748. html.

[6] 刘子富. 智力扶贫：授人以渔［J］. 当代贵州，2016（22）：63.

[7] 鲍光翔. 贵州六大模式推进扶贫开发 两贫困县"减贫摘帽"［EB/OL］.（2012-03-14）. http://www. chinanews. com/df/2012/03-24/3770153. shtml.

作者简介：石森昌，天津社会科学院经济分析与预测研究所副所长、研究员，管理学博士。

全面推进乡村振兴

以促进城乡经济循环激活乡村新动能

——乡村振兴的广东路径研究

严若谷　伍玉娣

摘　要：让乡村发展深度融入国内国民经济大循环，是实现以城带乡、以乡促城、激活乡村发展内生动力的一项战略工作。本文从分析促进城乡经济循环激活农村内生动力的战略方向出发，就促进农村经济融入国民经济内循环，推进乡村振兴提出若干思考。结合城乡关系发展的一般规律和我国城镇化、乡村发展的阶段性特征，应以畅通城乡要素流动、夯实产业链、优化公共资源配置三个方面为主攻方向，加快形成工农互促、城乡互补、全面融合、共同繁荣的城乡经济循环新格局。广东在持续加大财政资金投入乡村建设的同时，将产业、人才、土地要素在农村良性汇聚与城乡之间自由流动作为实现乡村振兴由"输血"向"造血"转变的重要突破口。一是以"一村一品""一镇一业""一县一园"拉动农业生产提质增效，二是以"粤菜师傅""南粤家政""广东技工"拉动人口城镇化，三是以现代农业产业园拉动农业经济规模效益。从当前我国城镇化水平和农村农业发展特点看，突出产业嵌入、平台对接及充分发挥市场作用将成为促进农村参与城乡经济循环的重点工作。

关键词：城乡经济循环　乡村振兴　新型城镇化

实施乡村振兴战略是促进我国城乡统筹发展，解决新时期三农问题的整体战略。其中，激发农村发展内生动力是实现乡村振兴可持续发展的重要命题。2020 年以来，习近平总书记多次强调，要加快形成以国内大循环为主体、国内国际双循环相互促进的新发展格局。从国民经济大循环内部体系看，城乡循环是国民经济循环的重要组成部分，推动农村发展融入城乡经济循环、国内多层次市场体系对于激活乡村内生动力具有关键性作用。广东是经济大省，经济总量约占全国的10.87%。但同时，广东也是城乡发展不平衡矛盾较为突出的地区，广东城乡居民收入比2.55∶1。为加快城乡统筹发展，广东围绕乡村振兴总体战略，整体推进产业振兴、人才振兴、文化振兴、组织振兴、生态振兴“五位一体”工作。特别是在推动农村产业、人才汇聚形成良性循环方面取得了一些积极探索，对于推进农村经济与城市经济、工业经济良性循环互动具有一定借鉴意义。本文从分析促进城乡经济循环激活农村内生动力的战略方向出发，就促进农村经济融入国民经济内循环，推进乡村振兴提出若干思考。

一、以促进城乡经济循环激活乡村新动能的战略方向

让乡村发展深度融入国内国民经济大循环，是实现以城带乡、以乡促城、激活乡村发展内生动力的战略重点。长期以来，重城轻乡的传统发展模式引发了乡村的“失血”“贫血”，唯有打破资金、人才、土地等生产要素单向流向城市的二元结构，才能实现城乡互为资源、互为市场、互为服务的融合发展。结合城乡关系发展的一般规律和我国城镇化、乡村发展的阶段性特征，应以畅通城乡要素流动、夯实产业链、优化公共资源配置三个方面为主攻方向，加快形成工农互促、城乡互补、全面融合、共同繁荣的城乡经济循环新格局。

（一）建立更加畅通的城乡要素流动机制

城乡要素自由流动和平等交换是实现城乡经济循环的前提条件。当前，在农业转移人口市民化、农村集体经营性建设用地与城市建设用地“同权同价”等方面仍然存在着诸多体制机制壁垒。必须建立健全有利于城乡要素合理配置的体制机制，促进人才、土地、资本、技术等要素在城乡之间自由流动汇聚，为乡村振兴注入新动能。在人才双向良性循环方面，要着重解决农业转移人口城镇化问题，建立城市人才入乡激励机制。对于农村转移人口城镇化，关键是“身份”转变背后的原有农村土地权益有偿让渡和城市落户成本分摊问题。应着力提升城市包容性，特别是增强中小城市的人口承载能力，以政府、个人、市场相结合的形式，降低农村转移人口市民化成本。在农村吸引人才、留住人才方面，重点是创新财政、金融等激励政策，支持各类人才返乡入乡创业。在土地有序流转方面，重点要做好农村承包地、农村宅基地、集体经营性建设用

地“三块地”的深化改革。其中，农村承包地改革的核心在于保障农民根本权益基础上进一步放活土地经营权，为现代农业规模化经营提供土地保障；宅基地改革的核心是保障农民房屋财产权益的同时，通过规划和用途管理手段创新促进宅基地盘活利用与集约高效利用；集体经营性建设用地改革的核心是城乡一盘棋统筹推进农村集体经营性建设就地入市或异地调整入市，激发土地要素红利。

（二）建立更加完整的农业产业链和供应链

抓好“粮头食尾”“农头工尾”，实现农业产供销与科技链、金融链、数据链融合发展是加快农业产业化步伐、确保农业农村深度参与国民经济循环的重要突破口。与工业体系相比，我国农业产业链、供应链堵点、断点矛盾更为突出。从数据上看，我国粮食产量已经连续五年稳定在6500亿公斤以上，重要农产品供给比较丰富，已经基本告别农产品总量短缺的时代。① 但我国2016年劳均农业增加值仅为美国的6.36%、英国的10.84%，② 农业农村发展长期滞后于工商发展，甚至部分脱节于我国现代产业体系的发展。因此，加强农业产业链延链、补链和定点连接，对于增强内源性动力意义重大。一方面，要做强农产品加工，大力支持农产品产地初加工、全面提升精深加工和副产物综合利用水平，着重夯实一产对二、三产的支撑作用，提高我国产业链、供应链的稳定性和竞争力。另一方面，要深化推动农业主要产业链各环节及其关联领域与二、三产融合发展，推进形成创新链共享、供应链协同、数据链联动、产业链协作的现代农业产业体系。全面提升我国农业产业链自身能力与韧性，并推动我国全产业链网络、产供销、各类市场主体共同提升创新能力。

（三）建立更加协调的城乡公共资源配置体系

要加快建立完善适宜于新型城乡关系的一体化基本公共服务体系，为城乡经济循环提供基础保障。当前，农村基础设施、社会公共服务历史欠账仍然较多，城乡之间在水电路气房基础设施及教育、养老、医疗、社会保障等方面的

---

① 我国农业农村现代化面临十大不平衡不充分问题。http://www.china-cer.com.cn/guwen/202003242964.html。

② 数据来源：http://wdi.worldbank.org/table/3.3。

差距已经成为我国社会民生发展最大的痛点之一。根据第三次全国农业普查数据汇总结果，2016 年全国仍有 3.5%的乡镇没有幼儿园、托儿所，近 41%的村没有体育健身场所，45.1%的村没有执业医师。二元分割的城乡公共资源配置格局，已成为全方位扩大内需、释放国内大循环市场潜力的首要障碍。按照 2019 年末全国总人口数计算，5.51 亿农村人口将成为我国经济新的消费拉动群体。重点要通过乡村振兴战略，推进城乡基本公共服务均等化。持续扩大农村公共消费，确保农村人口在教育、医疗、养老、托幼等方面的生活服务升级发展。同时要着力推动农村基础设施均等化建设和新型基础设施在农村的普惠发展，以此形成大规模的投资需求，挖掘我国市场规模的巨大潜能。

二、以促进城乡经济循环激活乡村新动能的广东做法

广东总体经济实力处在全国前列，全省城镇化率已突破 70%大关，珠三角城市群正在向世界级城市群迈进。但城乡发展不平衡仍是广东最大的发展不平衡，2019 年广东第一产业增加值对地区生产总值增长的贡献率为 2.6%，分别是同期第二产业的 0.077、第三产业的 0.04。立足省情农情，广东在持续加大财政资金投入乡村建设的同时，将产业、人才、土地要素在农村良性汇聚与城乡之间自由流动作为实现乡村振兴由“输血”向“造血”转变的重要突破口。在推动农村经济融入城乡/区域经济内循环、激活乡村内生动力方面进行了若干有益探索。

（一）“一村一品”“一镇一业”“一县一园”拉动农业生产提质增效

按照经济高质量发展要求，广东以“一村一品”“一镇一业”“一县一园”为抓手，引导农民发展具有禀赋优势的产业，做精做强当地特色产业。根据工作安排，广东计划扶持 1000 个村发展农业特色产业，认定 50 个特色农业专业镇。实施以来，全省实现了具有本地优势、经济效益好的蔬菜、水果、花卉、茶叶、南药等岭南特色农业的快速发展，形成了一批特色农产品优势区和主导产品产业。2019 年全省粮食总产量 1240.8 万吨，农林牧渔业增加值年均增长 4%，农业基础地位进一步巩固。以罗定丝苗米、澄海狮头鹅、连平鹰嘴桃为代表的一系列特色农产品成为高品质、有品牌的农业“金字招牌”。

广东实施“一村一品”“一镇一业”“一县一园”，着重在“特”字上做文

章，从村域、镇域、县域的资源禀赋出发，培育特色产业强镇强村，集中连片发展岭南特色农业。从广东自然条件看，广东耕地少、分布散，人均耕地面积仅为全国平均水平的1/4，难以实施大面积机械化种植。更为重要的是，随着生活水平提高和消费升级，城乡居民对绿色优质特色农产品需求日益增长。要顺应城乡生活消费需求变化，调整优化乡村产业结构和生产力布局。同时，利用一地一特色的方式，聚焦差异化、个性化发展，为广袤乡村地区发展培育若干微型增长极，实现以点带面的梯次发展。

（二）"粤菜师傅""南粤家政""广东技工"拉动人口城镇化

广东大力实施"粤菜师傅""南粤家政""广东技工"，实现农村劳动力人口的高质量城镇化。重点面向农村转移劳动力打造专业性开放技能培训平台，为之提供免费技能培训。同时，建立完善相关的职业资格评价、职业技能等级认定、专项职业能力考核、行业企业岗位要求等多层次评价体系，提高技能人才素质。其中，"粤菜师傅"工程着重支持有意愿农民群众参加专业培训，学习掌握独具特色、闻名海内外的粤菜烹饪技能，鼓励其学成后回乡开办"农家乐"或外出创业发展。计划到2022年，全省开展粤菜师傅培训5万人次以上，直接带动30万人实现就业创业。广东"粤菜师傅"已经成为弘扬岭南饮食文化的国际名片。

"粤菜师傅""南粤家政""广东技工"对于人才振兴和人口城镇化发挥了积极作用。其一，有效促进了农村剩余人口向高素质城市劳动力的转化。当前，全省农村户籍人口4200多万，占全省户籍人口接近1/2；农村劳动力占社会劳动力约2/3；农民工占二、三产业从业人员比重超过一半。特色技能型人才培养、技能创客扶持成为农村人口向市民化转移的重要渠道，有效改变了以往"候鸟式"农民工被动就业模式，推动农民工特别是新生代农民工真正融入城市。其二，为乡村振兴提供了人才第一动力。广东对农村人口的技能培训，不仅仅在于为城市提供劳动力支撑，也进一步深化了技能精准扶贫。通过鼓励农民返乡技能创客，引导农民转移人口实现本地就业、就近创业，为当地农村农业发展注入新生力量。

（三）现代农业产业园拉动农业经济规模效益

广东大力推进省级现代农业产业园建设，以产业园作为实现农业规模发展的重要平台，促进城镇资金、技术、信息等要素资源向农村地区科学流动配置。围绕“主导产业突出、现代要素集聚、设施装备先进、生产方式绿色、辐射带动有力”的要求，全省计划2019、2020年每年建设省级现代农业产业园50个，打造若干千亿产值、具有国际竞争力的现代农业产业集群，形成“百园强县、千亿兴农”的农业产业兴旺新格局。在认定标准上，广东现代农业产业园突出主导产业的集中度、精深度和聚集度，要求主导产业产值占产业园农业总产值的50%以上。同时，重视产业园联农带农效应，鼓励实施主体与农民建立利益紧密的联结机制，要求产业园内农民收入高于当地平均水平15%以上。截至2019年9月，广东省已创建10个国家级、119个省级、55个市级现代农业产业园，基本实现了省级现代农业产业园覆盖主要农业县，带动了全省123万农民就业增收。①

广东以现代农业产业园为发展平台拉动农业经济规模化发展。一是以现代产业园为单元，实现农村土地的规模化开发和集约化利用。生产规模小、生产力布局分散是造成农村发展内生动力不足的一个重要原因。广东现代产业园原则上以3~5个乡镇为地理界线，全面统筹布局生产、加工、研发、示范、服务、旅游等功能板块，有力推动了农用地集中连片开发和现代农业规模化发展。二是以现代产业园为平台，实现农村资源要素与资金链、技术链、数据链的有效对接融合。现代产业园是城市与乡村资源之间各类市场主体、各类生产要素、各类产业链、供应链高效对接的平台，对于推动一二三产融合发展，延长农业产业链、提升农产品附加值具有积极作用。三是以现代产业园为载体，创新农业生产经营组织方式。小规模家庭经营是广东农业的本源性制度。在小农经营为主的基础条件下，要实现农业高质量发展，需要创新小农经济组织模式。以产业园为载体，能够更灵活运用“企业+农户”“大手拉小手”新型联农扶农机制，引导家庭式农场、小农户等小微型农业生产主体融入现代农业生产网络。当前，在现代农业产业园有机联系下，广东省农业龙头企业、农民合作社新型农业经营主体分别达3600家、4.2万家，多样化农业经营体系逐步构建。

三、以促进城乡经济循环激活乡村新动能的思考与建议

如何让乡村振兴发展更好参与城乡经济大循环、国内国际双循环不仅是大

① 广东省已创建184个现代农业产业园，http://dara.gd.gov.cn/nyyw/content/post_2635906.html。

势所趋，更是当下推进农业农村现代化、实现中国经济可持续发展的内在要求。从当前我国城镇化水平和农村农业发展特点看，突出产业嵌入、平台对接及充分发挥市场作用将成为促进农村参与城乡经济循环的重点工作。

（一）突出产业嵌入

以产业连接工农、沟通城乡是促进城乡经济循环的重要举措。一要契合城乡居民生活方式和消费结构的重大阶段性变化，加大高质量农产品供给和乡村旅游等服务消费供给。立足人民群众对农产品的消费升级需求，以及农产品消费日益功能化、多样化、便捷化趋势，在市场细分、市场分层中寻找农业消费的新增长点。二要抢抓信息技术等高新技术变革和新业态、新模式不断涌现带来的新发展机遇，加快推动产业融合发展。关注新一代互联网技术的引入，加快涉农电商与物联网、大数据、云计算、众筹等亮点新经济的融合创新。立足农产品市场流通、物流配送等服务体系的日臻健全，大力培育农业生产租赁业务、农商直供、产地直销、食物短链、社区支农、会员配送等新型经营模式。三要深化农村产业之间的互联互通，打破过去农业产前、产中和产后环节在城乡工农不同领域之间人为分割的被动局面，推动农业融合体系建设。

（二）突出平台对接

以平台为载体，通过多元化的实体园区平台、科创平台，以及虚拟化的融资平台、数字经济平台，实现城乡资源有效整合和良性互动。一要进一步加强对实体农业产业园区的规划建设引导。围绕园区主导农业产业“生产+加工+科技+营销（品牌）”的全产业链布局需要，科学规划、统筹布局，确保规模化土地资源向新型经营主体集中。同时，建立统一的农产品加工储藏、物流、服务业等产后环节社会化服务体系和可溯源、全流程农产品质量安全管控体系。全面实现产业园技术集成、产业融合、创业平台、核心辐射的主体功能。二要前瞻部署数字经济平台和投融资信息平台。完善农村金融服务体系建设，推动农村信用社和农商行回归本源，创新中小银行和地方银行金融产品提供机制，通过设立多元城乡融合发展基金等方式推动城市金融资源与农业资源的互动。加大数字农业平台建设，实现农业发展与数字经济红利的深度融合。

（三）突出市场主体

充分发挥市场主体关键作用，创新“公司+农户”、股份合作等更加多元的利益联结方式，将农村微观主体纳入更广阔的市场体系中。一要充分依托农业龙头企业，实现小规模家庭经营与现代化、规模化、标准化农业生产的有机结合。在“大国小农”基本国情农情下，深化“龙头企业+合作社+基地+农户”的多元模式，让龙头企业带动作用和农户发展联结起来。二要培育新型产业融合领军企业。鼓励一批在经济规模、科技含量和社会影响力方面具有引领优势的企业，大力发展农产品精深加工、流通服务、休闲旅游、农村电商等“农业+”跨界融合产业，带动农业产业链上下游前延后伸，产业间渗透融合。

参考文献

[1] 余淼杰. “大变局”与中国经济“双循环”发展新格局［J/OL］. 上海对外经贸大学学报，2020，27（6）：19-28［2020-09-27］. http://kns.cnki.net/kcms/detail/31.2089.F.20200925.1344.002.html.

[2] 王微，刘涛. 以强大国内市场促进国内大循环的思路与举措［J］. 改革，2020（09）：5-14.

[3] 姚树洁，房景. “双循环”发展战略的内在逻辑和理论机制研究［J/OL］. 重庆大学学报（社会科学版），2020，26（6）：10-23［2020-09-27］. http://kns.cnki.net/kcms/detail/50.1023.C.20200907.1735.004.html.

[4] 蒲清平，杨聪林. 构建“双循环”新发展格局的现实逻辑、实施路径与时代价值［J/OL］. 重庆大学学报（社会科学版）2020，26（6）：24-34［2020-09-27］. http://kns.cnki.net/kcms/detail/50.1023.C.20200817.1402.002.html.

[5] 程郁. 引导金融资源向农村回流的政策性机制研究［J］. 经济纵横，2019（11）：58-69.

作者简介：严若谷，广东省社会科学院企业研究所副研究员；伍玉娣，广东省社会科学院办公室副主任。

乡村振兴中文化治理的进化性、主体性与实践性

杨　舸

摘　要：乡村振兴中文化治理既是工具又是目标。乡土社会的文化治理体现了从文化自觉到文化自信的转向。中国乡土文化兼具时空性与社会性，是社会资本和关系秩序的体现，更是社会治理的地方性实践知识。现阶段乡村文化治理的困境主要体现为：行政平台嵌入与文化主体脱嵌、单一的城市乡愁情感供给改造、移植性实践与项目化治理。因此，在乡村振兴中的文化治理应梳理城乡流动性与文化进化的关系，注重多元实践性与文化共享理念的融合，培育文化主体再生与文化传承的融合。

关键词：乡村文化　文化治理　文化资本　乡村振兴战略

引言

党的十九大提出要“健全自治、法治、德治相结合的乡村治理体系”，开启了新时代乡村治理新思路。乡土社会从而走向了新时代的“强起来”的现代社会，文化治理成为乡村治理的有效手段。文化治理是不同主体在文化自身内在运行规律支配下，优化文化权力、文化资源、文化要素配置，完善文化生产、供给与服务体系，不断助推文化的繁荣与发展。这种文化建设路径与文化治理功能的有机统一，是对文化如何发展的沉思与追问，以及高度的文化自觉。① 从乡村文化建设到文化治理，体现了乡土社会文化自觉之后的文化自信。

① 张世定：《乡村振兴中乡村文化治理的制度构建》，《长白学刊》2020 年第 4 期。

文化是基于实践的心理结构或秩序认同形成的行动逻辑①。文化治理强调治理体系中的文化维度，体现了文化自觉的实践性问题，是基于个体生活的文化自觉②呈现出国家的文化自信。因此，文化治理的经验性和实用性成为关注的焦点。

一、乡村振兴背景下的中国乡土文化

社会变迁下的乡土中国与乡土文化具有密不可分的关系。从治理角度来看，乡土文化是在特定社会时空下的一种资本，这种具有资本属性的文化形成了乡土社会特定的礼俗秩序和价值观念。

（一）中国的乡村

什么是中国的乡村？中国的乡村重点在“乡”上。“乡”既是一种地理空间概念，更是一种社会概念。中国传统乡村代表了小农经济生产模式下形成的社会关系、行为规划和道德准则，用费孝通的话来说，是“差序格局”下的熟人社会。在此背景下的传统乡村文化是“伦理本位、关系导向、阶级无涉”的。

但是，随着城市化的发展，乡村精英外流、乡村经济衰落、乡村衰落的现象不得不面对。今日的乡土中国，与费孝通在1948年前后所描述的乡土中国有了巨大差异。传统乡村文化是指在长期的历史发展过程中村民群体通过乡规民约、文化遗产、民俗活动等实体形式逐渐内化为一整套农民的思想观念体系。③ 改革开放以来的农村剩余劳动力向城市流动，抽离了传统乡村文化的人类资本；经济发展过程中农村供给的土地等生产要素，乡村就会在城镇化大潮中快速衰落甚至消失。④ 保护、传承和发展好乡村文化是提升国家文化软实力

---

① 赵旭东：《从社会转型到文化转型——当代中国社会的特征及其转化》，《中山大学学报》（社会科学版），2013年第3期。

② 赵旭东：《变奏中的乡土设计——后文化自觉时代艺术人类学的乡村应用》，《社会科学》2019年第10期。

③ 张中文：《我国乡村文化传统的形成、解构与现代复兴问题》，《理论导刊》2010年第1期。

④ 赵秀玲：《乡村振兴中的文化发展向度》，《东吴学术》2018年第2期。

和加快文化产业发展的必然要求，也是国家实施乡村振兴战略的具体内容之一。[①] 乡村振兴需要在稳定的社会秩序内进行，“社会秩序乃是为其他一切权利提供了基础的一项神圣权利”。[②]乡村振兴中主要侧重于乡村文化建设。在文化建设过程中必须关注挖掘道德与情感的交融，[③] 因为通过对传统乡村文化秩序功能进行解读，就会发现传统乡村文化既能够为村民群众创造良好的精神生活，也可以规约民众的社会行为，甚至还可以维护社会秩序。[④]

（二）乡土文化的特点

乡村文化不仅有侧重于那些展现乡村意境的因素，也有村落社区中的集体诉求、交往原则、行为习惯，应该说乡村文化涵盖了物质文化、精神文化与制度文化的总称。[⑤] 中国的乡村文化具有如下特点。

1. 乡土文化兼具时空性与社会性

布迪厄（Pierre Bourdieu）的“实践理论”（theory of practice）将“空间”重新纳入社会学研究的视野中，促使了社会学向“空间”的转向。同样，在社会转型过程中，必须考虑文化的时空维度。在费孝通笔下，“土地”的不动产属性，造就了独特的乡土文化的时空格局和特色——“农民是黏着在土地上的”。[⑥] 乡村不仅始终是一种地理意义上的存在，更是一种中华乡土文明、农耕文明的文化守护者，是一种现代化进程中中华民族的心灵栖息地，一种源自本土文化价值守护的精神家园与文化记忆。[⑦] 对于乡村而言，乡村文化是一种“地方性知识”，具有显著的地域性特色和丰富的文化内涵。因此，了解本土的乡村文化资源和现状，是乡村文化振兴的首要任务。

---

① 王敦：《乡村振兴背景下壮民族优秀传统文化传承创新的审美人类学视域》，《广西民族研究》，2018 年第 6 期。

② 卢梭：《社会契约论》，何兆武译，商务印书馆，2005 年第 4 页。

③ 刘铁芳：《重新确立乡村教育的根本目标》，《探索与争鸣》2008 年第 5 期。

④ 赵霞：《传统乡村文化的秩序危机与价值重建》，《中国农村观察》2011 年第 3 期。

⑤ 闫小沛、张雪萍：《城镇化进程中的乡村文化转型：文化变迁与文化重构——基于物质文化、制度文化与精神文化层面》，《华中师范大学研究生学报》2014 年第 1 期。

⑥ 赵旭东：《从社会转型到文化转型——当代中国社会的特征及其转化》，《中山大学学报》（社会科学版）2013 年第 3 期。

⑦ 范玉刚：《乡村文化复兴视野中的乡愁美学生成》，《南京社会科学》2020 年第 1 期。

2. 乡土文化是社会资本和关系秩序

中国乡村文化集大成者的儒家文化是最具影响力的代表，是乡村文化中最有共性的主线，儒家伦理文化思想的另一个重要内容是对“礼”的突出强调，特别是“礼法并重”，强化了中国传统乡村文化的伦理化和规范化内涵。[①]“礼治”是它的一个重要特点。在费孝通看来，中国的社会如果从基层上看去便是乡土性的。它属于一种独特的社会构成形态。在这样一个社会之中，人们并不是以明确的文化特征意识来引导他们的生活实际，而是将文化落实到满足于生活需求而有的种种文化的创造和实践之中。人情、面子、互惠、礼物、非对等性契约……人们在其生活的各方面都会体现出来其文化的创造，但这并非完全有意识地要去创造一种文化而有的自觉实践。[②]

3. 乡土文化是社会治理的地方性知识

乡村文化是时空结合的地方感知。我国乡村应结合村民生产和生活的新习惯，充分整合现有公共空间，为村民提供多样化公共文化场所。乡村作为一种基本的社会文化和经济类型处于核心位置；围绕乡村，知识分子、市场和国家形成相互补充的功能关系，乡村—市场的关系将国家—社会的关系体现为一种生活—文化关系。乡村要面对世界市场，人和土地要素需要释放出来，为此共同体的破坏是必然的，但同时又要防止市场对共同体的过度破坏，[③]立足于本土的乡土文化、惯习，将会将同样的制度呈现出不同的治理效果，形成千村千面的文化特色和治理局面。

二、乡村振兴中文化治理的要义

（一）乡村振兴背景下的乡土文化

乡村文化植根于农耕文明，而农耕文明造就了一种内嵌于乡村生活的人与人、人与自然和谐相处的共同体。尽管乡村文化具有固定不变的传统秩序要

① 沈费伟：《传统乡村文化重构：实现乡村文化振兴的路径选择》，《人文杂志》2020 年第 4 期。

② 费孝通：《乡土中国》，时代华文书局，2018 年第 1 页。

③ 杨清媚：《土地、市场与乡村社会的现代化——从费孝通与托尼的比较出发》，《社会学研究》2019 年第 4 期。

素，并表现出强劲的"意识形态、道德观念及信仰规则"，[①] 但是仍然受经济、社会变迁的影响。

乡村文化，既有自身独特的本真属性，它由农民创造，根植于农民生产生活的长期实践，是维系乡村共同体意识的精神纽带，同时也具有城市文明的包容性和开放性，这是因为样态丰富的乡村社会塑造了传统文化的强大基因库，使之能够吸纳不同的文化要素，也正因如此，才具备文化对接的前提条件。[②]

但是，新型的与现代社会适应的乡村文化尚不能迅速建立，导致民间文化传承开始出现断层，乡村文化渐渐失去了最适宜的生存土壤。[③] 这正是文化转型期所面临的困境，也是乡村振兴背景下乡土文化振兴不得不面对的问题。乡村文化作为一种在乡村生产生活实践中形成和积累起来的特定文化，有其厚重的历史积淀和广泛的群众基础，加之其较强的稳定性，能够为乡村振兴与乡村现代化提供持续的内在动力和文化资本。[④] 乡村的振兴需要政府和市场的合力来优化资源配置结构。[⑤] 同时，也应该从历史与现实的双重向度，关注乡土文化因素。[⑥]

（二）乡村振兴中文化治理的要义

1. 进化性

英国学者卡尔·波兰尼在《大转型》一书中强调，社会的变迁"首先是一种文化现象"。乡村作为一种文化与社会形态，通过文化振兴来避免乡村的崩溃与衰败。从文化自觉到文化自信，体现了社会转型期人在文化进化中的作用。在进化过程中，"故乡情怀""共享乡愁"成为乡村文化进化过程中的

---

① 赵旭东：《乡村何以振兴？——自然与文化对立与交互作用的维度》，《中国农业大学学报》（社会科学版）2018 年第 3 期。

② 唐惠敏：《乡村振兴战略三维向度论纲》，《西北农林科技大学学报》（社会科学版）2019 年第 3 期。

③ 胡剑南：《乡村振兴战略背景下的乡村文化研究》，《重庆社会科学》2019 年第 5 期。

④ 沈一兵：《乡村振兴中的文化危机及其文化自信的重构——基于文化社会学的视角》，《学术界》2018 年第 10 期。

⑤ 吴晓燕、赵普兵：《协同共治：乡村振兴中的政府、市场与农村社会》，《云南大学学报》（社会科学版）2019 年第 5 期。

⑥ 唐惠敏：《乡村振兴战略三维向度论纲》，《西北农林科技大学学报》（社会科学版）2019 年第 3 期。

自觉。

在乡土社会中，乡村精英是乡土社会稳定的中坚，既扮演着调和各种关系与冲突的中介人角色；又发挥着文化教导、伦理指引等功能。但反观现实，乡土社会中非正式组织的乡村精英如寨老发挥的功能逐渐减弱，尤其是在发展乡村旅游的乡村社会结构中，传统的乡贤或精英在现行乡村文化体系运行中的地位迅速被边缘化。① 进化必须要面对进化过程中出现的问题。

2. 主体性

文化重构中不能只关注文化本身而忽略文化主体，也不能只保护文化形态而忽略文化内涵，这就要求在整个文化重构过程中体现出活态性特征，即文化功能与文化传承的活态性，把“文化”与“人”有机统一起来，走“文—人”一体的活态发展路径。②

中国乡村是个熟人社会，它远比冷漠的城市来得亲切自然，互帮互助与团结友爱有利于人们获得一种亲切感、融入感和归属感，亦有益于其身心健康和幸福指数的提高。不论是自然生态还是文化生态，乡村都是丰富多彩的，其传承是保持健全人性和饱满心灵的关键之所在。然而，当那些乡村建筑、戏曲、手工技艺等都迅速消失，一个博大深厚的乡村文化与文明也就一下子被抽空了，剩下的则是文化的表皮甚至泡沫。③ 因此，必须关注掌握承载文化物化形式的主体，只有关注了承载着文化基因的人，文化才能活起来。

人不仅仅是一个生物体，它还活在一种乃至更多种的文化之中，并会借由文化的创造而去证实其自身。④“精英文化”代表的是精英阶层的价值观、审美意识和社会担当。中国乡村文化与大众文化、精英文化关系密切，有时是复杂地纠缠在一起的，必须进行明确辨析。⑤ 构建乡土社会的精英文化，促进文化的逆城市化，作为文化主体的人是关键。

3. 实践性

布迪厄提出了“实践理论”，他试图在社会结构和社会关系中寻找关于实

---

① 李军明、向轼：《论乡村振兴中的文化重构》，《广西民族研究》2018 年第 5 期。

② 李军明、向轼：《论乡村振兴中的文化重构》，《广西民族研究》2018 年第 5 期。

③ 赵秀玲：《乡村振兴中的文化发展向度》，《东吴学术》，2018 年第 2 期。

④ 赵旭东：《变奏中的乡土设计——后文化自觉时代艺术人类学的乡村应用》，《社会科学》，2019 年第 10 期。

⑤ 赵秀玲：《乡村振兴中的文化发展向度》，《东吴学术》2018 年第 2 期。

践的解释，通过“场域”（field）、“惯习”（habitus）与“资本”（capital）等概念的延伸，把实践理解为外在性的内在化与内在性的外在化过程，借此阐释了社会层面的实践过程。

乡村文化源于乡村社会实践，蕴含了淳朴、自然、厚道的文化品格与和谐、共生、互利的价值取向，构成了中华民族共同的心理状态，是乡村民众的精神标识。乡村文化是乡村秩序的建构质素，家族文化通过社会角色定位规范人的行为。家规家风更是造就了家庭成员的气质，规范了家庭成员的思考与行为选择。①

中国的乡村文化内涵的文化资本和关系资本，追求的是强关系下的治理方式，追求的是“无讼”式的休纷止讼方式。乡村文化具有天人合一的生产理念、家国同构的社会观念及和为贵的处世之道。②乡村文化具有调适社会矛盾、治理社会的功能。③ 因此有必要从乡村文化建设、乡村文化重构、乡村文化转型中挖掘乡村文化的自觉和自信，实现乡村文化治理的转向，充分发挥乡村文化的治理价值。要通过文化治理来促进乡村振兴，必须要审视现阶段乡村文化治理的困境。

三、现阶段乡村文化治理的困境

（一）行政平台嵌入与治理主体脱嵌

不论是早期的乡村建设运动，还是之后的新生活运动，甚至最近的新乡村建设，都无法真正从根本上解决农民自身的问题，最主要的原因是农民并没有成为这些社会工程建设的主体，至少许多外来的干预力量都没有考虑到农民自身的需求和认知。④ 众所周知，农民是农村文化的主体，受城市化的影响农村大量的精壮劳动力常年在城市打工，农村只剩下老弱病残幼，俗称“386199 部

① 倪国良：《张世定乡村振兴中乡村文化自信的重建》，《新疆社会科学》2018 年第 3 期。

② 赵旭东，孙笑非：《中国乡村文化的再生产——基于一种文化转型观念的再思考》，《南京农业大学学报》（社会科学版），2017 年第 1 期。

③ 李三辉、范和生：《乡村文化衰落与当代乡村社会治理》，《长白学刊》2017 年第 4 期。

④ 赵旭东：《乡村成为问题与成为问题的中国乡村研究——围绕“晏阳初模式”的知识社会学反思》，《中国社会科学》2008 年第 3 期。

队”，造成农村人力资源和文化精英的抽离。[①] 随着文化主体的抽离，乡村文化呈现出空心化的趋势。[②] 但是乡贤群体的脱域化减弱了乡村文化治理制度构建的在场性。在乡村社会，乡贤群体作为一个精英主体，是乡村社会秩序的维护者，也是乡村文化治理制度构建的参与者。随着乡村社会结构从整体型向离散型转变，乡村社会的新乡贤大多数已经离开了自己曾经出生的村庄[③]。在农民主体逐渐脱离乡村文化场域时，政府只能通过行政力量来振兴。但是由于政府的功能主要是平台建设，因此行政力量在建设乡村文化不能弥补乡村主体缺失的遗憾。“公共问题的解决需要广泛依靠协作关系，远远不能只依靠政府本身”，全能型的政府将会使乡村振兴战略悬空。[④]

（二）城市化进程中的非情感性乡愁供给与改造

城市化进程中，人力资本、土地资源和各种生产要素向城市集聚，城市风险向农村转移。传统文化治理思路中的特色小镇、农家乐、民宿等方面的开发主要是为了城市旅游服务打造。而保护古村落、古建筑、农耕文化民俗活动主要还是为了供给城市。在乡村给城市供给了劳动力、土地等生产资料之后，乡村的文化治理变成了对城市的“乡愁”供给。这种以文化建设为手段，以经济利益为目的的文化重建过程，还离乡村文化治理之路有一定的距离。

（三）移植性实践与项目化治理

有学者认为当下的乡村文化治理中，“行政主导”治理模式的程式化、项目化、任务化突出，导致文化活动载体与价值意义的断裂，使自身陷入功利性、封闭性和技术性治理之中。[⑤] 乡村秩序建构的核心是强调礼俗、惯习而非行政化的教化。干部思维的行政化削弱了乡村文化治理制度构建的服务性。行

---

① 〔法〕孟德拉斯：《农民的终结》，李培林译，社会科学文献出版社，2009，第24-32页。

② 沈一兵：《乡村振兴中的文化危机及其文化自信的重构——基于文化社会学的视角》，《学术界》，2018年第10期。

③ 张世定：《改革开放以来中国共产党乡村文化建设研究》，兰州大学博士学位论文，2019，第259页。

④ 莱斯特·M. 拉萨蒙：《新政府治理与工农行为的工具：对中国的启示》，《中国行政管理》2009年第11期。

⑤ 韩鹏云、张钟杰：《乡村文化发展的治理困局及破解之道》，《长白学刊》2017年第4期。

政化思维，其效率至上的工具理性强烈消解了文化人文关怀的价值理性。[①] 社会变迁绝对不是按照这些社会改造论者的逻辑而展开的，即便在一定时期这个社会被这些人强行改造，在另外一个时期，当这种改造的力量失去其合法性时，社会也会回复到其自身的发展轨道。[②]

四、乡村文化治理的逻辑思路

（一）城乡流动性与文化进化

"在我国数千年以乡土性、封闭性为特征的传统社会中，乡村和城市在功能上虽存差异，但两者文化话语体系一致"。[③] 乡村传统文化与城市现代文化处于不断融合的过程。[④]

费孝通在探索中国城镇化发展道路时也明确指出，中国乡村自救与乡土重建不能破坏传统中国的内在秩序结构，[⑤] 否则就会丧失乡土中国的文化基因。人为地把城市工业文明和乡村农业文明建构成对立关系，不仅无益于认识人类社会发展的阶段性特征，也割裂了工业和农村内在的、普遍的经济联系。[⑥]

（二）多元实践性与文化共享

2020 年 8 月 24 日，习近平总书记在经济社会领域专家座谈会上的讲话中指出，以共建共治共享拓展社会发展新局面。文化治理就是多元主体以合作共治的方式治理文化，并利用文化的功能来达成政治、社会和经济等多重治理目

---

① 张世定，《乡村振兴中乡村文化治理的制度构建》，《长白学刊》2020 年第 4 期。

② 赵旭东：《乡村成为问题与成为问题的中国乡村研究——围绕"晏阳初模式"的知识社会学反思》，《中国社会科学》2008 年第 3 期。

③ 李国江：《乡村文化当前态势、存在问题及振兴对策》，《东北农业大学学报》（社会科学版）2019 年第 1 期。

④ 向天成、赵薇：《社会交往理论视域下乡村文化振兴的实践理路》，《贵州民族研究》2020 年第 6 期。

⑤ 汪晖：《现代中国思想的兴起》（下卷第二部），北京：生活·读书·新知三联书店，2008，第 1292 页。

⑥ 唐惠敏：《乡村振兴战略三维向度论纲》，《西北农林科技大学学报》（社会科学版），2019 年第 3 期。

标的过程。① 文化应该力求保持一种开放性、参与性、批判性的特质，在国家“管理逻辑”、社会“民本逻辑”、市场“效益逻辑”之间寻求一个互相制约与合作的平衡点。②

（三）主体再生性与文化传承

结合乡村文化的现状，乡村振兴的现实需要，建立起以政府为主导、农民为主体、市场为载体、文化组织为纽带的“四位一体”的现代文化治理模式。③“村落的终结”预示着村落共同体的地方知识和伦理结构逐渐趋于解体。虽然城市化的进行带来了工业文明的气息，但“文化在探询如何去理解它时便随之消失，接着又会以从未想象过的方式重新出来。”④ 因此，文化的续延需要重建共同体的文化自信与乡土品格。⑤ 乡村文化复兴有着某种“再乡村化”的意味，它不是简单地回到乡村的“过去”，而是一种现代条件下的新生，不仅是一种乡村文化空间的再构，而且还是一种乡村新人的成长，是传统与现代的融合，并显现于城乡一体化的共在，在根本上是一种“返乡”中的价值重构，目标是指向一种新乡村的前景。⑥

总之，乡村振兴的实现不仅要积极培育社会个体行动“文化自觉”和“文化自信”的土壤，而且还要唤醒基层民众内心集体认同的文化强国动力源泉。⑦

作者简介：杨舸，西安交通大学社会学系博士生，江西省社会科学院社会学所研究员。

---

① 吴理财，解胜利：《文化治理视角下的乡村文化振兴：价值耦合与体系建构》，《华中农业大学学报》（社会科学版）2019 年第 1 期。

② 张良：《论国家治理现代化视域中的文化治理》，《社会主义研究》2017 年第 4 期。

③ 吕宾：《乡村振兴视域下乡村文化重塑的 必要性、困境与路径》，《求实》2019 年第 2 期。

④ 张云华：《农业农村改革 40 年主要经验及其对乡村振兴的启示》，《改革》2018 年第 12 期。

⑤ 斐迪南·滕尼斯：《共同体与社会：纯粹社会学的基本概念》，林荣远译，商务印书馆，1999，第 16 页。

⑥ 范玉刚：《乡村文化复兴与乡土文明价值重构》，《深圳大学学报》（人文社会科学版）2019 年第 6 期。

⑦ 严火其、刘畅：《乡村文化振兴：基层软治理与公共性建构的契合逻辑》，《河南师范大学学报》（哲学社会科学版）2019 年第 3 期。

多种遗产资源整合与乡村振兴协同发展之路探讨

郭　莉

摘　要：中国是世界的“遗产”大国，拥有世界上多种遗产资源项目。福建是中国的“遗产”大省，以福建为例，先比照其各类遗产的分布及其特点，可以看出这些遗产与中国的乡村振兴之间的联系。然后分析实施乡村振兴战略，要切实保护各类遗产资源，依托优秀传统文化，挖掘乡村特色。最后提出如何有效整合这些遗产资源优势、形成合力、构建多维网络、共同促进乡村振兴事业发展的建议。

关键词：多种　遗产　乡村振兴　协同　发展

一、世界主要遗产资源及其类型

“遗产”，在词典里的一种定义为“历史遗留下来的精神财富或物质财富”。在人类历史上，全世界有各种各样的“遗产”，各种遗产有不同的定义，分别由不同的机构评定。最高级别的“遗产”都是由联合国或相应的国际组织评定的。因此，从最大的范畴来说，联合国评定的所有“遗产”项目都可以纳入“世界的遗产”的范畴。广义上，“世界的遗产”的范畴可以外延很大，包括世界文化遗产、世界自然遗产、世界文化与自然遗产、世界文化景观遗产、世界记忆遗产、人类非物质文化遗产、世界线性文化遗产、世界地质公园、国际重要湿地等。与此相适应，中国评定的所有遗产项目都可以纳入“中国的遗产”范畴。

事实上，不同机构评定的各类遗产在外延上或多或少会有交叉和重合的内容。目前联合国评定“遗产”的类型可以按照形态分为物质类、非物质类；可以按照产业类型分为农业类、工业类、工程类；按照传播路径分为线性类、非线性类等。从不同角度评价同一事物，同一事物会有多种不同的评价，因而形成不同类型的“遗产”。本文先按照不同的评审机构来划分世界上的各种“遗产”项目，再对各类“遗产”项目逐个分析。

1. 联合国教科文组织评定的：狭义“世界遗产”“人类非物质文化遗产”“线性文化遗产”“世界记忆遗产”“世界地质公园”

2. 联合国粮农组织评审的：全球重要农业文化遗产

3. 国际灌溉排水委员会评审的：世界灌溉工程遗产

4. 湿地国际联盟组织评审的：国际重要湿地

5. 国际工业文化遗产保护委员会评审的：世界工业文化遗产

二、以福建为例分析各类遗产的分布特点

中华民族留存下来众多的遗产资源，成为我国宝贵的资源，为中华民族永续发展奠定了坚实的基础，也为乡村振兴提供了良好的条件。第四十四届“世界遗产大会”将在福建福州召开，福建是中国遗产大省，世界级、中国国家级的遗产项目，在全国所占的比重较高，福建不仅遗产数量众多，而且类型丰富，遍布全省各地区。全国的遗产数量庞大，以福建为代表分析各类遗产的数量和分布，可以简单明了地看出一些规律和特点，也便于结合乡村振兴进行比照。

1. 狭义“世界遗产”

截至2021年7月25日，中国已有56项世界文化、景观和自然遗产列入《世界遗产名录》，其中世界文化遗产32项、世界文化景观遗产5项、世界文化与自然双重遗产4项、世界自然遗产14项，世界遗产项目总数位居世界第一。中国的56项“世界遗产”中，福建有5项列入，占全国的8.93%，即“世界文化遗产”福建土楼（龙岩、漳州），鼓浪屿历史国际街区（厦门）；“世界自然遗产”中国丹霞福建三明泰宁是其中之一（贵州、福建、湖南、广东、江西、浙江）；“世界文化与自然双遗产”武夷山。2021年7月，在福州

成功举办的第四十四届世界遗产大会上，泉州：宋元中国的世界海洋商贸中心"项目成功被列入《世界遗产名录》，使我国的世界遗产增加至56项。

2. 非物质文化遗产

中国拥有40项世界级非物质文化遗产即"人类非物质文化遗产"，福建独立拥有或含有的就有9项，占全国的比例高达22.5%，涵盖了"人类非物质文化遗产代表作名录""急需保护的非物质文化遗产名录""优秀实践名册"这三个类型。列入"人类非物质文化遗产代表作名录"的有中国雕版印刷技艺（包含福建连城四堡雕版印刷技艺），中国剪纸（包含福建漳浦剪纸、柘荣剪纸、泉州李尧宝刻纸、浦城剪纸），妈祖信俗（福建莆田），南音（福建泉州、厦门）、中国木拱桥传统营造技艺（包含福建寿宁木拱桥营造技艺、福建屏南木拱桥营造技艺），中国传统木结构营造技艺（包括闽南民居营造技艺），端午节（包含福建泉州安海嗦啰嗹习俗、石狮端午闽台对渡习俗）。列入"急需保护的非物质文化遗产名录"的有中国水密隔舱福船制造技艺（福建省晋江市水密隔舱福船制造技艺、福建宁德蕉城区水密隔舱福船制造技艺、福建泉州泉港区水密隔舱福船制造技艺）。列入"优秀实践名册"的有福建木偶戏传承人培养计划。另外，福建还有130项国家级非物质文化遗产。

3. 线性文化遗产

线性文化遗产是由文化线路（cultural route）衍生并拓展而来的。中国已建成国家线性文化遗产网络，目前全国有21条线性文化遗产，与福建有关的2个，占全国的14.29%。

"中国海上丝绸之路"为中国已经通过的线性遗产，目前"中国海上丝绸之路"正在申报世界线性文化遗产。福建的泉州和福州已经列入中国世界文化遗产预备名单，联合国唯一认定的海上丝绸之路的起点就是泉州。

"万里茶道"也在申报世界线性文化遗产，其中就包含福建省武夷山下梅村的万里茶道起点。

与福建有关的中国"线性文化遗产"还有"郑和下西洋线路"。福建福州长乐港就是郑和第七次下西洋的重要港口。因此长乐形成了将郑和供奉为"巡海大臣"的民间习俗，在始建于800多年前的长乐"显应宫"还出土了国内发现的最早的郑和塑像，并且与妈祖同殿并祀，是国内唯一所见。

4. 世界地质公园

2005年2月11日，联合国教科文组织世界地质公园专家评审会将福建泰宁世界地质公园评为第二批世界地质公园。2010 年福建宁德世界地质公园入选世界地质公园名录。至 2018 年，中国共有 36 处世界地质公园，福建就有 2 处，占全国的 5.56%。

5. 世界记忆遗产

2013 年广东省档案局与福建省档案局联合申报的《侨批档案——海外华侨银信》列入“世界记忆遗产”。“侨批档案”是一种“信款合一”的家书，记录了 19 世纪至 20 世纪华侨华人的生计和活动。至 2018 年，中国共有 9 份世界记忆遗产，福建就有 1 份，占全国的 11.11%。

6. 世界灌溉工程遗产

2014 年福建莆田木兰陂被国际灌排委员会评为“世界灌溉工程遗产”。2017 年福建宁德黄鞠灌溉工程成功申报世界灌溉工程遗产并授牌，成为古代水利工程可持续利用的典范。至 2018 年，中国共 17 个项目入选，其中福建 2 个，占 11.76%。

7. 国际重要湿地

2013 年 10 月，位于漳州云霄县漳江入海口的福建漳江口红树林国家级自然保护区被列入国际重要湿地目录。至 2018 年，中国共有 57 块湿地入选，福建有 1 块，占 1.75%。

8. 全球重要农业文化遗产

2014 年福建福州茉莉花与茶文化系统被联合国粮农组织评为“全球重要农业文化遗产”。2018 年“中国南方稻作梯田系统”入选“全球重要农业文化遗产”，福建三明尤溪联合梯田作为“中国南方稻作梯田系统”四个子项目之一。至 2018 年 4 月，全球共有 50 个“全球重要农业文化遗产”，其中中国有 17 个，占全球的 34%。其中福建就占了 2 个，比例占全国的 11.76%。

9. 工业文化遗产

中国的近代工业起步比西方晚，目前中国还没有世界工业文化遗产，但是中国也很重视将中国工业遗产列入保护范围。2018 年，第一批中国工业文化遗产名录出台，中国科学技术协会牵头评选出 100 个项目，其中福州船政（现为马尾船厂厂区及船政文化园区）排在第三位入选。2019 年第二批中国工业文化遗产名录出台，位于福建省厦门市思明区龙虎山路 866 号的上李水库入选。

从表1、表2可以看出：第一，从类型上看，福建省各类遗产的种类齐全，中国获评世界级遗产的7种项目中每种都包含福建的项目，还有1个中国正在申报世界级遗产的"线性文化遗产"，1个中国尚未评上世界级遗产的"工业文化遗产"；第二，从比例上看，福建各类遗产占全国的比例整体较高，最高为"世界非物质文化遗产"，占全国的22.5%，还有4项占全国比例在11%以上；第三，从分布上看，遗产遍布全省各地区，遗产数量最多的集中在闽南地区（泉州、漳州、厦门），凸显了闽南文化对世界的巨大影响，福建各地区的遗产分布相对均衡，闽中、闽北、闽西等地区的遗产数量相对均衡。

表1　各类遗产在福建各地区的数量

占全国比	类型	地区								
		福州	泉州	漳州	厦门	宁德	三明	龙岩	南平	莆田
7.27%	世界遗产		1	1	1		1	1	1	
22.5%	世界非物质文化遗产		6	2	2	3		1	1	1
14.29%	中国线性遗产	1	1						1	
5.56%	世界地质公园					1	1			
11.11%	世界记忆遗产	1	1	1	1	1	1	1	1	1
11.76%	世界灌溉工程遗产					1				1
1.75%	国际重要湿地			1						
11.76%	全球重要农业文化遗产	1					1			
1.00%	中国工业文化遗产	1			1					
遗产总数合计		4	9	5	5	6	4	3	4	3

表 2　福建省各类遗产占全国的比例柱状图

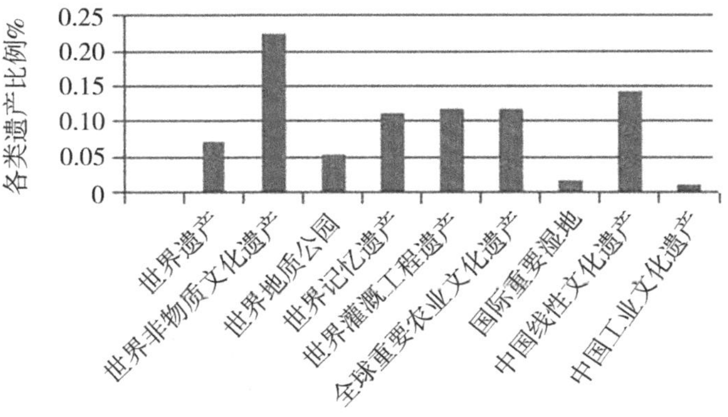

三、各类遗产资源与乡村振兴的关系分析

人类都是从乡村走到城市的，世界上的各类遗产资源也见证了人类发展的这一趋势。因此各类遗产资源与乡村的发展有着千丝万缕的联系。推动乡村振兴是当前一项全面系统的战略性工程，需要发挥各类资源优势，促进一二三产业融合发展。以福建为例，各类资产资源与乡村振兴都有联系，有着一定的关联度。以下按照关联度由主到次，分析了各类遗产与农村发展的关系。

1. 全球农业文化遗产

以全球重要农业文化遗产为代表的农业文化遗产项目，直接以保护和发展农村农业为目标，是与乡村振兴关联度最高的项目。该项目本身就是立足农业、农村，保护人类农业文化的宝贵资源，其丰富的内涵与外延、独特的禀赋和价值等与我国当下实施的乡村振兴战略密切相关。中国是农业人口大国，农业农村问题始终是关系国计民生的大事，因此中国非常重视农业文化遗产项目。我国农业文化遗产发掘与保护已经成为促进农村生态文明建设、振兴乡村发展和农业可持续发展的新动能。

2. 世界灌溉工程遗产

世界上最早出现的灌溉工程，就是直接为农业生产生活服务的。因此“世界灌溉工程遗产”与“农业文化遗产”有直接联系。

3. 非物质文化遗产

保护非物质文化遗产，传承中华民族优秀传统文化，可以助力乡村振兴战略实施。《乡村振兴战略规划（2018—2022年）》有关非物质文化遗产保护的内容，出现在第七篇第二十三章第一节中，从具体标题可以看出其递进的逻辑关系：第七篇题为“繁荣发展乡村文化”、第二十三章题为“弘扬中华优秀传统文化”、第一节题为“保护利用乡村传统文化”。在这第一节的最后部分，以两句话正面提到“完善非物质文化遗产保护制度，实施非物质文化遗产传承发展工程”。乡村振兴不仅仅局限于乡村的经济物质层面，还扩展到了文化层面。在乡村振兴的背景中进一步深入探讨非遗保护这个课题，有助于摆脱仅仅从文化研究层面上看待就非遗论非遗保护这项运动，还将非遗导向积极地、正面地参与到国家社会的发展和人民幸福生活的构建中，融入农村的发展中。

4. 狭义世界遗产

世界遗产的遗产地多数与乡村有联系。世界遗产地周边乡村具有天然的区位及景观发展优势，不少遗产地还蕴含了丰富的非物质文化遗产资源，具有重要的旅游价值。但出于世界遗产的传承保护要求，周边乡村须执行更加严格的生态保护要求。将世界遗产地与乡村建设融合，乡村发展以文化资源传承、景区环境保护、旅游功能更新为出发点，符合乡村振兴战略的发展方向。

5. 国际重要湿地

湿地生态系统是湿地植物、栖息于湿地的动物、微生物及其环境组成的统一整体，具有保护生物多样性、调节径流，改善水质，调节小气候的重要作用。按照广义定义，湿地在地球表面覆盖率仅为6%，却为地球上20%的已知物种提供了生存环境，具有不可替代的生态功能，因此享有“地球之肾”的美誉。中国湿地面积占世界湿地的10%，位居亚洲第一位，世界第四位。湿地为农业发展提供重要的生态保障，产生了丰富的生物品种，也形成了各地农业的独特性，与农业文化遗产有紧密联系。

6. 世界地质公园

根据联合国教科文组织的相关定义，地质公园是以地质景观为主，融合自然景观与人文景观，集特殊科学意义，稀有性，美学价值，考古、生态学、历史或文化价值于一体，促进文化、环境、社会经济可持续发展，可以改善当地居民的生活条件和环境。中国的地质公园有很多分布在农村地区，可以改善当地农村农民的生活条件，促进当地环境发展。

7. 线性文化遗产

线性文化遗产只要是运输线路型的，与农业农村的关联虽然不如以上几种紧密，但是这些线路在推动中国农产品的世界的交流、运输和贸易方面起着重要的载体作用。线性文化遗产也与非物质文化遗产有关联。“中国海上丝绸之路”和“郑和下西洋线路”所使用的最重要的交通工具就是“急需保护的人类非物质文化遗产”福船，可以说没有福船就没有中国瓷器、茶叶、丝绸的对外传播。

8. 世界记忆遗产

世界记忆遗产虽然与农业没有直接联系，但是与农村农民的发展有关系。福建80%以上的人口是农民，但是“八山一水一分田”的地理条件，使得耕地稀少，难以生产足够的粮食。因此福建人发挥“敢闯敢拼”的精神，纷纷“下南洋”做生意，将福建的茶叶和其他特色产品销售出去，以此维持生计。福建侨批是海外华人华侨思念故土的历史见证，这些侨民大多数是从农村走出去的。福建华侨为家乡乡村振兴发挥了重要作用。

9. 工业文化遗产

按照传统的产业分类，农业是第一产业，工业是第二产业，农业与工业是不同的类型，没有直接的联系。但是福建的2处工业文化遗产，与农村农业有一定的关联度。福州船政是近代中国创办的第一家专业机器造船厂，促进了福州近代工业的发展，也为农业生产提供了先进的工具。近代中国最早使用机械制茶的地区，就是福州和汉口。福州用机械生产的红砖茶，主要销售到俄罗斯。福州先进的造船技术，也为清末至近代福建茶运往世界各地提供了物质条件，使得福建茶叶等农产品有机会组团参加“巴拿马万国博览会”并崭露头角。厦门上李水库缓解了厦门岛缺水的问题，为厦门的农业生产提供了宝贵的水源。

四、整合多种遗产资源促进乡村振兴的建议

综合以上分析，人类农业活动在各类遗产项目中的概念定位和价值指向，深刻体现出国际社会对农业问题的反思、补偿和应对。农业遗产与不同遗产体

系的关系纵横交错，是各机构力求在系统间达成互补关系的积极举措。从以上9种遗产资源与农业农村的关系分析中，可以看出各类遗产项目从不同的角度与乡村振兴或多或少都可以产生一定的联系。因此我国应当最大限度地整合这些资源，发挥资源各自的优势，形成合力，构建多维网络，共同促进乡村振兴事业的发展。

1. 应加大国家宏观政策保障，逐级落实各种遗产资源保护机制

一方面，强化政府部门主导的各级纵向保护机制。进一步纵向系统深入挖掘、整理、保护各类遗产资源，将国际上保护的公约条款，根据中国国情和各地实际情况，制定相对应的不同层级的保护法规和评审制度。与国际接轨，通过国内逐级保护、评审、筛选、申报工作，增加中国获评世界级“遗产”项目的数量，进一步提升中国文化的国际影响力。

另一方面，建构以政府为主导的横向保护责任机制。以国务院为最高领导部门，加强横向联动，通过政府力量推动部门联动，健全管理机构，协调涉及各类遗产资源管理的部门参与行动的统一管理协调机构，提高管理效率。政府部门还要与高校、智库、博物馆、社区、企业等多方联合，为各类遗产的发掘整理、动态保护和合理利用提供科学支持。新一轮政府机构改革，各级文化和旅游部门的合并，也是国家更加重视遗产资源综合保护利用的举措。需要乡村内部和外部力量进行整合，通过政府主导、专家介入、社区参与、学校加入等环节建立长效保护机制，运用科学管理方法，使其在乡村社会中保有旺盛的生命力。

2. 以农业文化遗产为主导方向，完善乡村振兴的管理架构

农耕文化是乡村文化的根基与灵魂，以农业文化遗产为主融入乡村振兴，注重有效融合各类优秀遗产资源保护和利用、传承政策。将各类政策、规范、标准等，落实到乡村基层，开展以农业文化遗产保护为抓手的活动，继续加快出台省市县农业文化遗产建设制度，充分挖掘遗产资源，按遗产类型制定保护规划与管理办法。把农业文化遗产保护与传承活动，纳入乡村振兴和美丽乡村建设，结合遗产保护，完善组织管理，充分挖掘农业文化遗产的多种价值，开展对外文化宣传与传播培训，推动农业文化遗产与乡村振兴紧密结合，更深融入乡村经济、文化、社会、生态建设。

3. 发挥重点遗产地景区优势，景村结合深挖周边各类遗产资源

文化旅游不仅要依托自然资源优势，还要更大程度地发挥文化的底蕴和吸引力。目前最能拉动文化旅游产业的有“世界遗产”“地质公园”“重要湿地”等资源，很多都已经是国家认定的“5A”或“4A”级旅游景区。世界遗产地周边乡村的发展直接影响到世界遗产地的保护与传承，因而周边乡村的发展首先应考虑环境保护的问题。同时，为提升世界遗产地的旅游服务质量，周边乡村应积极融入景区的发展建设，缓解景区的人流压力，延续景区文化景观特征，为景区提供互补的功能服务。因此乡村振兴需要在这些优势资源的基础上，进一步扩大辐射范围，将周边地区的特色都融入大区域文化旅游的范畴，以景区的标准建设乡村。乡村文化是乡村旅游发展的灵魂和核心。打造周边地区特色乡村文化旅游，区别于主景区旅游形式，不追求景区的等级和知名度，而是充分利用乡村独特的自然资源和文化遗产资源，在寻找乡愁、回归自然中回归人本。乡村文化旅游要以旅游者了解乡村历史、感受乡村文化、体验乡村生活为主要目的。

4. 发挥非物质文化遗产优势，塑造地域乡村文化特色

非物质文化遗产中有许多项目是乡村传统文化的重要组成部分。发挥非物质文化遗产优势，提炼地域差异化乡村文化品牌，可以彰显乡村的地方特色，以生态保护、文化传承为主干，丰富乡村文化内涵，并且与“建设特色文化小镇”“一村一品”“传统村落保护”等国家战略相得益彰。找到传统文化与现代社会生活的契合点，增强当地传统文化的感染力并放大其价值，将传统文化资源优势转换成特色产业，使其成为推动乡村发展的内生动力。乡村非物质文化遗产借助生产、流通、销售等手段进行生产性保护或者通过挖掘、评估、整合等环节与其他业态相结合，可以吸引青壮年回乡创业，发展乡村多元产业。

5. 综合运用现代科技，跨界发展遗产资源延伸产业链

运用现代数字技术和产业发展模式，对遗产跨界开发，拓展乡村旅游文化品牌产业链，完善各类遗产综合开发的产业结构，将产生“乘数效应”。必须充分挖掘和利用乡村原有的产业基础和资源禀赋，打造农村新领域、新产业、新业态、新模式和新载体，通过原有产业的转型升级，产业链和价值链的延伸，推动产业结构的高端化，促进乡村经济发展的再提速、再提质，提高当地人民收入水平，走可持续的农业现代化发展之路。如通过数字化建设打造福建闽南乡村文化资源数据库和线下闽南文化主题项目体验，形成闽南乡村文化旅游品牌。

参考文献

[1] 联合国粮食及农业组织官网“全球重要农业文化遗产系统”[EB/OL]. http://www.fao.org/giahs/en/.

[2] 国际灌溉排水委员会官网“世界灌溉工程”[EB/OL]. http://www.icid.org/his-award.html.

[3] 闵庆文，曹幸穗. 农业文化遗产对乡村振兴的意义[J]. 中国投资，2018(17)：47-53.

[4] 孙超. 农业文化遗产资源融入乡村振兴的机遇与对策[J]. 江淮论坛，2019(3)：16-19.

[5] 萧放. 民俗传统与乡村振兴[J]. 西南民族大学学报（人文社会科学版），2019(5)：28-36.

[6] 黄永林. 乡村文化振兴与非物质文化遗产的保护利用：基于乡村发展相关数据的分析[J]. 文化遗产，2019(3)：1-12.

[7] 崔瑾. 乡村振兴视域下非物质文化遗产的保护[J]. 农业经济，2019(6)：45-46.

作者简介：郭莉，福建社会科学院精神文明所副研究员。

乡村振兴与农村环境整治的几点思考

陈天琼

摘　要： 要实现全面小康，乡村振兴是必经之路，而乡村环境整治，则是乡村振兴最直观的效果。乡村振兴的目的是让农村更清洁更宜居。乡村环境整治将是政府、村民、市场共创共建共同长期维护的一项系统工程。

关键词： 乡村　振兴　环境　整治

改革开放以来，我国的经济和社会生活都取得了举世瞩目的发展。为了让传统村落不被迅速发展的现代文明所抛下，也不被过度开发所破坏，党中央从2017年开始提出了大力实施乡村振兴战略。2018年1月国务院一号文件公布了《中共中央　国务院关于实施乡村振兴战略的意见》，同年9月印发了《乡村振兴战略规划（2018—2022年）》。至今两年过去了，各地农村根据这一中央精神，积极开展着乡村振兴工作，笔者就农村人居环境的改善问题有一些思考。

一、乡村环境整治的重要性

2017年中央农村工作会议首次提出走中国特色社会主义乡村振兴道路，让农业成为有奔头的产业，让农民成为有吸引力的职业，让农村成为安居乐业的美丽家园。乡村，承载着中国三农问题的全部内涵，乡村环境建设是关乎农民幸福感最直接的体验，如何让农村更清洁更宜居，是乡村振兴工作的重要内容。农村生活垃圾、污水治理是农村人居环境整治的重点和难点，关系到农民群众身体健康和生活质量。我国长期存在的城乡二元化差异，导致农村与城市在人居环境上的文明程度也存在巨大差异。“垃圾靠风刮，污水靠蒸发。”这一度是很多农村地区常见的情景。农村垃圾、污水治理、村容村貌的粗放状态及进而产生的生活习惯和环保意识等都有待在乡村振兴的过程中得以逐渐改善。要实现全面小康，乡村振兴是必经之路，而乡村环境整治，则是乡村振兴最直观的效果。

二、当前乡村环境整治的现状及存在的问题

农村环境整治包含垃圾处理、污水处理和村容村貌的整治。农村环境的特点是长期分散聚居，这与城镇的集中居住所形成的环境状态不同，这就为环境整治提高了难度。

（一）污水处理方面

农村的污水包括生活污水和牲畜粪污，牲畜粪污可以部分作为农作物的肥料加以利用。生活污水则需要进行处理。当下的污水处理分为集中处理和分散处理两种，集中处理需要建立污水处理厂，成本较高，只适合建在人口聚居的乡镇，如果要辐射更远距离的住户，管道布设成本太高，大多数乡村都不适于这样的集中处理。以遵义市的调研情况为例，遵义市一共有 230 个污水处理厂，基本只覆盖到乡镇居民聚居区，即乡镇所在核心区域。另外一种就是分散处理，各家各户在房前屋后自己埋设污水处理池，这种方式成本低易实施，大部分农村使用了这种处理方法。但问题在于这样的设施对污染的终极处理是无法实现的，比如初级处理的污水将排入附近的沟壑地底，部分用作农作物肥料，而余下的污水则会进入大自然的循环系统，这样的污水处理是不彻底的。

（二）垃圾处理方面

随着农民收入的增加，农村生活水平大幅提高，塑料制品、一次性农品等大量进入农民群众的生活中，在物质消费丰富的同时，各类废弃物循环利用率逐渐下降，垃圾产量不断增加，据了解，现在农村人均日产垃圾已达到了 0. 8~1. 3kg。大量白色垃圾涌向农村，加上农村住户多年养成的生活习惯问题。有的村庄直接把垃圾倾倒在河流溪沟，依靠每年夏季河流涨水把垃圾冲走。垃圾乱堆乱放和处理失当是非常普遍的现象。垃圾处理不当容易导致环境污染和疾

病传播，既影响村容村貌，也不利于防疫防病。尤其是今年疫情暴发以后，垃圾处理不当加重了疫情防控工作的难度。

（三）村容村貌的整治方面

村庄建设缺乏统一规划和有效的布局。随着农民收入的增加，对美好生活的愿望愈加强烈，农村自建房的改造与新建都在与日俱增，加之农民工返乡人群的增加，农村的新建住房如雨后春笋一般。农村自建房的特点，无论是外观构造还是功能布局，都有很大的随意性，相比古村落那种因千篇一律的建房造型而形成的统一风格，如今的农村可谓是色彩斑斓，花样百出。人们之所以会把乡村旅游目的地定在某些古村落，是因为大家都向往古朴的农村，那种整齐划一的风格带来的是视觉上的美感。而现在的村庄，村容村貌的美感已经被凌乱的布局破坏了。经过几年的乡村建设，很多农村实现了外观上的硬件布局，比如庭院围栏美化，外墙布置统一，户户通硬化道路的完善等，但庭院花池杂草丛生，房前屋后材草堆集，道路上鸡鸭牛羊随意放养，脏乱差现象时有发生。

（四）“厕所革命”的不彻底现象严重

经过两年的改厕工作，大多数农户都改建了厕所，但为了方便，很多农户的厕所和猪牛鸡鸭等牲畜圈靠得很近，蚊虫苍蝇混迹于此，农村的居住环境仍然堪忧。

三、持续改善农村人居环境的措施建议

以建设美丽宜居村庄为导向，以农村垃圾、污水治理和村容村貌提升为主攻方向，开展农村人居环境整治行动，全面提升农村人居环境质量。

（一）发挥基层党组织的战斗堡垒作用，做好农村环境整治工作的宣传工作

农村人居环境整治工作和其他工作一样，离不开党支部领导、规划及村委会带动。应加强村干部对公共卫生的重视程度和宣传力度，发挥党员村民的带

头引领作用，把环境整治纳入各支部的工作考核中。基层党组织可以采取群众喜闻乐见的方式，编写环境卫生的歌谣和顺口溜，发动群众，积极组织和开展一些培养环境卫生意识的文娱活动，比如“文明之家”评选活动，“村容村貌大扫除”活动等，依靠党员村民做好亲戚、邻里的环境整治宣传。对生活垃圾的治理，村委应设立专门的垃圾堆放场所，布置垃圾分类箱，由党员村民积极组成志愿者参与垃圾监督岗。宣传的目的就是要让村民逐渐把对环境的爱护当成一种习惯养成，让农民在思想上对环境卫生的认识由自发向自觉转化，使农村环境整治达到内化于心，才能持续地外化于行。

（二）加强乡规民约的现实规范作用

农村社会生活的特点是以邻里乡亲为基础的社会关系网，在有的乡村，乡规民约是比法律制度更具有可操作性的约束规范。乡规民约的形成，有其历史传承性，有的乡村甚至依靠族群的力量来维持社会生活秩序，乡规民约的存在基础除了法律之外，更大的依靠的是道德约束，这恰好与社会主义核心价值观所依托的基础有共同之处。核心价值观在公民层面提出的“富强、民主、文明、和谐”已经深入人心，邻里和谐，文明风尚是村民的共同愿望，把环境整治要求写入乡规民约，用简明扼要的语言表达出来，村民更容易接受和践行。比如明确一些具体规定：一是“门前三包”制度，促使村民人人参与，清扫好房前屋后的公共卫生；二是垃圾转运制度，及时清理、运走垃圾池的垃圾；三是家禽、猪牛圈养制度，有效避免村里鸡鸭屎尿遍地、臭气熏天情况的出现；四是卫生奖励制度，村委会每年拿出一定经费对本村环境卫生搞得好的村民，通过评选洁净人家、卫生家庭、卫生标兵等称号给予一定精神与物质奖励；五是保洁制度，对村内保洁员日常工作进行规范，明确其工作职责，规范其保洁工作，达到村内垃圾日产、日清。

（三）着力提升村容村貌，规划先行，审批把关

科学规划村庄建筑布局，大力提升农房设计水平，突出乡土特色和地域民族特点。同一个村落，在房屋外观布局上要有统一设计要求，在宅基地的审批上，对村落布局要有总体设计，特别是涉及公共交通、管网设施的科学布局，在村落规划上要有前瞻性，避免重复投入和资源浪费。全面推进乡村绿化，建设具有乡

村特色的绿化景观。完善村庄公共照明设施。整治公共空间和庭院环境，杜绝私搭乱建、乱堆乱放现象。着力提升田水路林村风貌，促进村庄形态与自然环境相得益彰。通过建立健全符合农村实际、方式多样的生活垃圾收运处置体系，有条件的地区推行垃圾就地分类和资源化利用。开展非正规垃圾堆放点排查整治。

实施“厕所革命”，杜绝形式主义，农村的生产生活特点限制了对环境的整治效果，牲畜养殖即便不是一种产业，也是农村自给自足生活方式的延续，很多厕所改革流于形式，厕所即使不像过去那样与牲畜同室，但为了方便打扫及粪便处理，一般都会把厕所建在牲畜家禽的旁边，卫生隐患可想而知。厕所粪污与生活污水的分级分类处理应纳入建房规划设计，厕所革命应从源头上进行，即在规划设计图的审批上把关。结合各地实际普及不同类型的卫生厕所，推进厕所粪污无害化处理和资源化利用。村庄应适当建设公共厕所，以“因地制宜，便利耐用，惠民实用”的原则配置公共厕所，增强村庄的公共设施布局，合理布局运动休闲场所配套的公厕和垃圾池。对农村生活污水治理，有条件的地区推动城镇污水管网向周边村庄延伸覆盖。逐步消除农村黑臭水体，加强农村饮用水水源地保护。

（四）乡村环境整治的资金支持

乡村环境整治，离不开资金保障，特别是垃圾处理和污水处理，需要一定的设施设备和劳动力成本。应注重资金保障，发挥整体优势。以村委会为代表，要想方设法为村庄环境整治争取资金。一是向上级争取资金，比如“一事一议”的资金，可以为乡村解决一些具体的问题。二是村民自治，号召本村在外知名人士和村民集资。也可以采取以劳代筹的方式利用剩余劳动力参与村容村貌的整治。三是发展农村集体经济，根据本村特色，利用各自优势，招商引资，鼓励民间资本参与。

（五）从制度建设上做好乡村环境治理的顶层设计

根据国务院 2018 年 9 月印发的《乡村振兴战略规划（2018—2022 年）》第二十章的要求，全面完成县域乡村建设规划编制或修编，推进实用性村庄规划编制实施，加强乡村建设规划许可管理。比如对农村自建房的审批制度，从最初只考虑的安全因素要上升到美丽乡村的要求上来。建立农村人居环境建设和管护长效机制，发挥村民主体作用，鼓励专业化、市场化建设和运行管护。充分利用农村集体经济与民营经济在乡村建设中的重要作用，推行环境治理依效付费制度。健全服务绩效评价考核机制。把市场引入农村，建立政府服务与市场竞争双效机制，完善财政补贴和农户付费合理分担机制。依法简化农村人居环境整治建设项目审批程序和招投标程序。完善农村人居环境标准体系。

乡村，是我国传统社会的基石，承载着无数人的乡愁。乡村振兴的目的是让农村更清洁更宜居，让广大农民群众有更多获得感、幸福感、安全感。乡村振兴，是为了保障中国特色主义全面小康跑好“最后一公里”。乡村环境整治将是政府、村民、市场共创共建共同长期维护的一项系统工程。

作者简介：陈天琼，中共遵义市委党校基础理论教研部副教授。

乡村振兴战略下广西供销社深化综合改革研究

刘东燕　覃海珊

摘　要：供销社是党领导下的为农服务综合性合作经济组织，有着悠久的历史、光荣的传统，是推动我国农业农村发展的一支重要力量。本文立足新发展阶段，围绕乡村振兴战略实施的根本要求，全面总结5年来广西供销社综合改革的成就，深入剖析其存在的突出问题和短板，并就广西供销社如何持续巩固改革发展成果，继续下好改革创新先手棋提出对策建议。

关键词：乡村振兴　供销社　深化改革

深化供销社综合改革，是习近平总书记和党中央、国务院做出的重大部署，是供销社自身发展的客观需要和根本动力。党的十八大以来，习近平总书记对做好供销社工作多次做出重要指示批示，特别是在中华全国供销合作社第七次代表大会召开前做出的重要指示，进一步明确了继续办好供销社的使命要求，为做好新时代供销社工作提供了根本遵循。

2020年，正值完成供销合作社综合改革阶段性目标的收官之年。5年来，广西供销社乘势而上、勇担使命，如期实现综合改革目标，为推进广西农业农村现代化和乡村振兴贡献了重要力量，但一些制约供销社为农服务和自身发展的瓶颈问题尚未解决。随着全面建成小康社会目标即将实现和乡村振兴战略的纵深推进，广西农业农村现代化建设对供销社提出了更高的要求，迫切需要进一步探索供销社改革发展路径。

一、5年来广西供销社改革奋力跑出“加速度”

（一）综合实力跃上新台阶

发展质量和效益明显提高。巩固提升农资服务、日用品销售等传统业态，积极发展电子商务、现代流通、金融保险等新兴业务，经营服务领域进一步拓展，七项主要经济指标连续 4 年保持两位数增长，增幅名列全国前十，参见图 1-1。在解决全区供销系统地方政策性亏损挂账、银行历史债务、社有土地确权颁证和解决社员股金再贷款抵押等历史遗留问题中取得明显成效，通过化解历史包袱使全系统增加权益达 16.08 亿元。

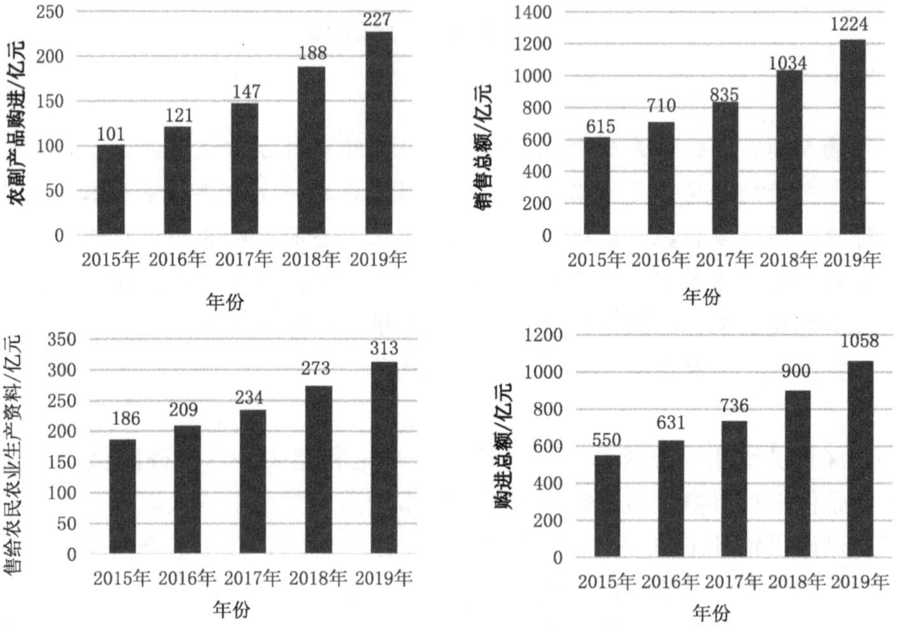

图 1-1　2015—2019 年全区供销社系统主要经济指标完成情况 / 亿元

社会形象不断提升。在全国供销社系统综合业绩考核中，广西总分排名从 2014 年的第 31 名上升到 2019 年的第 19 名，荣获全国供销社系统综合业绩考核优胜单位二等奖。全区各级供销社影响力不断扩大，课题组的调查数据显示，分别有 83.2%、62.3%的供销社系统人员和普通公众认为，近年来供销社的影响力实现了较大提升，"我们乡镇规模最大、档次最高、品种最全的超市大部分都是供销社建设的"这一赞誉得到了广泛认同。

（二）为农服务能力明显增强

农业生产服务方式不断创新。坚持把为农服务摆在首位，主动服务脱贫攻坚和乡村振兴战略，供销社正成为整合涉农资源、凝聚为农服务合力的重要载体。农业社会化服务持续拓展，培育打造土地托管等为农服务供销新名片，因地制宜开展测土配方施肥、统防统治、农机作业、烘干贮藏或冷藏加工、庄稼医院、技能培训等综合服务，有效助推农业高质量发展，实现了农民打工、种地“同增收、两不误”，促进了农业节本增效。截至2019年底，全系统托管土地面积达155万亩，是2015年的68倍。

现代流通服务网络不断健全。依托广东东西部扶贫协作产品交易市场“广西馆”平台优势，聚焦“买广西、卖全国”整合供销社系统内外资源，重点打造农产品购销“两张网”，即打造“供销大集”“14个市供销联盟”等农产品购销平台，构建区内一张收购网；设立粤港澳大湾区、长三角、环渤海等6大农产品运营中心，联合13个省区供销社成立“供销联盟”，构建区外一张销售网，打造壮乡桂品行销粤港澳和全国的“桥头堡”。加快推进线上线下融合发展，逐步建成县有大型购物中心（超市）和配送中心，乡镇有直营店，农村有加盟店和农家店的县域连锁网络。据统计，2020年上半年，全区供销社系统共收购农副产品126亿元。

农村电商迅猛发展。实施“互联网+供销社”，因地制宜打造区域性、专业性电商服务平台，构建以农产品销售为重点的区、市、县、乡、村五级电子商务服务网络体系，推动网上交易、仓储物流、终端配送一体化经营，形成了一批具有供销社特色的电商品牌。2019年，全区供销社系统实现电子商务销售额21.6亿元，是2015年的135倍。

农村金融服务稳步前行。区联社先后与中国建设银行广西分行、广西金融投资集团、桂林银行、广西农业信贷融资担保有限公司签署《战略合作协议》，有序开展农村普惠金融服务，稳妥推进金融试点布局，切实防范金融风险，较大程度缓解了农村融资难、融资贵的问题。2019年，全系统共建成“三农金融服务室”108家、政策性农业保险服务网点108个，金融服务额达1.7亿元。

（三）组织治理机制创新发展

专项试点取得预期成效。作为全国承担两项专项改革试点任务的四个省份之一，试点地贵港市和田东县分别聚焦“构建双线运行机制”“创新供销社合作社联合社治理机制”改革任务，形成了一批成功经验和制度性成果，并通过了全国总社专项改革试点验收，为当前和今后一个时期深化供销社综合改革提供了有益借鉴，也在全国产生了较大影响力。

基层社创新服务格局。聚焦打造供销社为农服务的前沿阵地，因地制宜推进基层社分类改造，发展农民专业合作社及农民合作经济组织联合会（以下简称"农合联"），建设城乡综合服务平台，形成了具有广西特色的基层社、综合服务站、农合联"三位一体"发展新格局。创新发展村供销社，打造以农民为主体的综合性合作社。截至 2020 年 8 月，自治区、市、县供销社覆盖率近 100%，乡镇供销社覆盖率达 86%以上，建成综合服务社（站）7933 个；新发展村供销社 42 个；已领办创办农民专业合作社 4678 个，新增比例占全国各省区市第 2 位；县级供销社全部组建了县级"农合联"，是全国实现农合联县级全覆盖目标的 5 个省（区）之一，联结带动农户 48.2 万多户。

率先探索"县基一体化"新机制。在全国最早提出"在不改变基层社性质、隶属关系和人员身份的前提下，稳步推进全县（市、区）基层社的人财物统一交由县级社管理的新模式"，形成特色鲜明的"县基一体化"治理新机制。截至 2019 年末，全区纳入"县基一体化"管理的基层社数量达 80%以上，县级社"监审合一"覆盖率达 70%。

社有企业转型发展稳中有进。加大长期亏损企业和低效无效资产处置力度，推进社有企业结构性重组和专业化整合，重点对农资、农产品、日用品等传统产业进行资源整合，积极培育农村电子商务等新业务，着力打造新型经营体系，企业发展动能不断增强，联合合作不断深化。先后组建了以广西供销投资集团公司为核心，以广西供销农资公司、广西供销电商公司、广西供销市场建设公司及广西供销农产品公司等为支撑的经营性骨干企业；全区 13 个市供销社、69 个县供销社和 3 个基层供销社成立了资本投资、运营公司（供销集团）。2019 年，全系统共有县及县以上社有企业 505 家，共实现营业收入 82.4 亿元，利润总额 2.5 亿元，比 2015 年分别增长 40.5%、212%。加强与广东、安徽、上海、北京等省市供销社社有企业合作，实现优势互补。

（四）助脱贫战疫情成效显著

充分发挥职能优势，积极融入脱贫攻坚各项工作，并荣获自治区 2019 年度行业扶贫成效考核"综合评价好"的最高等次。通过运营管理广东东西部扶贫协作产品交易市场"广西馆"，举办"抓流通、助脱贫、农产品消费扶贫供销大集"活动等线上线下相结合的措施，打造形成消费扶贫广西品牌。截至 2019 年底，帮助贫困地区销售农产品 20.2 亿元，33 个国定贫困县在扶贫 832 平台已实现全覆盖。依托系统领办的农民专业合作社、"农合联"带动 47 万多户农户发展优势特色产业，帮助农民实现增收 10 多亿元。各地供销社系统加强与村“两委”的合作，开展“党建带社建、社村共建”。平果市等地创新性地引导贫困村以资产资金入股，联合开展综合超市建设等生产生活经营项目。

“国家队”作用有力彰显。在抗击疫情的特殊背景下，全系统承担起保障城乡居民生产生活物资和防疫物资供应“国家队”的重任，积极发挥供应流通网络优势，战疫情、备春耕、助流通。针对部分地区尤其是贫困地区柑橘等农产品滞销问题，加强产销衔接，促进农产品顺畅销售和农民增收。2020 年上半年，全系统共组织 7132 吨生鲜农产品、4919. 8 吨生活必需品、11052 件防疫用品投放市场。

二、广西供销社改革发展面临的主要问题和困难

（一）助力乡村振兴的能力仍滞后于时代步伐

一是服务业态、服务方式仍跟不上现实需求。调研发现，个别地方甚至出现一些联合社发展壮大后，与基层社的关系逐渐疏离甚至脱钩的现象。农机服务方式上仍趋于保守，现代科技服务手段缺乏，整合系统内外资源、创新农机服务的尝试较为鲜见。农资服务曾是广西供销社系统的优势传统主业，如今仅以小散弱的供销农资经营网点为主，难以抵御各类资本的抢滩布局，同时与广东天禾农资公司的合作联营效益未能凸现，在竞争更为激烈的市场浪潮当中日渐出现阵地失守的状况。二是基层社参与农业产业化经营的组织优势受到削弱。基层社历经减债减人、转换机制等改革后，有的全面实行抽资承包，多数职工成为独立开展经营的自营商，散落在充分竞争的市场经济浪潮中，难以发挥系统组织优势。三是桥梁纽带作用尚未充分发挥。一些供销社依然存在社农“两张皮”现象，与农户联结多限于简单的劳动报酬关系，与农民合作社没有资本和产权联结，未能充分发挥作为党和政府密切联系农民群众的桥梁纽带作用。

（二）治理体制机制仍需进一步改革完善

一是双线运行机制改革仍面临深水区挑战。一方面，在行政指导管理这条线上，社有机关“中枢”功能仍需进一步发挥，尤其是在规划、指导和协调行业发展上思想解放还不够、思路创新还不够、得力措施还不够；联合社对成员社的考核、成员社对联合社的评价等制度多停留在形式上。另一方面，在经营

服务这条线上，社有企业支撑仍有待全面提升，社有企业改革滞后、发展活力不足、经济效益不高、规模实力偏小等问题突出，转型发展步履维艰。2019 年底，全区县级以上（含县级）社有企业资产总额 142.1 亿元，负债总额 108.1 亿元，负债率高达 76%，比全国平均水平高出 5 个百分点。同时，囿于"分级所有、分级管理"的传统资产运行体制，缺乏实力雄厚的龙头企业辐射带动，以产权联结等要素契约方式破冰跨层级合作的改革推进难度大。二是新供销基层网络亟待升级重构。多数基层社网络仅在农资、日用消费品等领域经营着几座"经济孤岛"，分散采购、同质竞争现象相当普遍，造成了经营模式原子化与要素聚合市场化需求之间的矛盾凸显、系统内部同业竞争与市场外部同行竞争双重挤压并存的局面，迫切需要织就一张新时代横向到边、纵向到底的为农服务网络，促使基层社经营从"小舢板"向"航空母舰"转型。三是治理改革不平衡不充分问题突出。尽管全系统健全组织架构的工作走在全国前列，但重数量轻质量的问题仍较突出。在治理结构创新、社有资产长效管理等重点领域和关键环节上，具有广西特色的改革发展路径还不明晰；贵港、河池、田东等地好经验好做法仍处于零散的"星星之火"状态，尚未形成强大的"燎原之势"。

（三）历史遗留问题有待全面妥善解决

一是历史债务沉重。目前，通过各地政府的专项补助资金，全系统政策性财务挂账问题已基本得到解决。但经营性历史挂账和在金融机构的不良贷款等问题仍较严峻，且主要集中在基层社。二是"沉睡资产"盘活难。相当一部分土地或因划拨性质变性成本高，或因历史欠债被抵押，或因确权难度大、纠纷复杂，合法权益受到侵占，造成了土地闲置与资产改造迫切需求之间的矛盾日益突出。据统计，截至 2020 年 6 月，全系统已确权登记土地有 22934 亩，占土地总面积的 92.6%，但仍有 1827 亩（约占 7.4%）的土地尚未确权。三是社会保险费欠缴数额大。从欠缴单位数量上看，2014 年全系统欠缴社会保险费的单位为 759 个，2019 年 7 月上升到了 785 个，欠缴负担愈加沉重。从欠缴金额上看，截至 2019 年 7 月，全区基层社和社有企业累计欠缴职工社会保险费用约 23.2 亿元，其中，所欠缴的养老保险费用占全区养老保险费欠缴总额的比例接近 1/3；有欠费单位的市、县分别占到全区市、县总数的 57.1%、63.1%。据贵港社测算，该市社有企业职工每达年龄退休 1 人，企业需补缴养老保险费 10 万~13 万元，负担极为沉重。

（四）人力资源支撑能力仍较薄弱

一是基层人才老化严重。截至 2020 年 6 月，全系统（含机关本级和直属院校、各类学会协会、基层社及社有企业，下同）中，35 岁以下、36~45 岁、46~55 岁和 55 岁以上人员分别占 24.4%、36.0%、30.9%和 8.7%。基层社人员老化现象尤为突出，35 岁以下人员占比仅为 14.8%，46 岁以上人员占比超过四成半。二是整体素质偏低与专业化人才匮乏并存。全系统高中（中专）及以下学历者超过八成，而基层社高中及以下学历者更是高达 93.1%。全系统专业技术人员队伍薄弱，有高级职称的人员占比仅为 1.2%，基层专业技术人员奇缺。三是思想观念固化与用人机制不畅并存。以百色市供销社机关为例，该机关共有 17 个编制，其中 5 个为领导编制，由于流动僵化、调进人员老化，非领导职务人数不断增加，目前处级领导干部已达 11 人，全社共有 7 个科室，甚至出现了一个科长兼任三个科室负责人的现象，队伍不全不精不强问题突出。

（五）外部发展环境亟须进一步优化

尤其在拓展服务领域过程中，存在与政府其他供给主体的边界、职责划分模糊不清或交叉重叠等问题，导致供销社与相关职能部门之间统筹协调不够，与各市场主体之间协同联动不充分。以冷链物流建设为例，商务厅和农业农村厅两部门 2020 年总投入之和超过 3 亿元以上，相比之下供销社全系统 2020 年获得地头冷库项目建设资金仅为前两者的 1/5，且相互之间缺乏联合互动，条块分割、资源分散、效益支离的现象仍较大程度存在。

三、深入推进广西供销社改革发展的对策建议

（一）深化拓展为农服务功能

一是建强农资农技专业化服务体系。探索更多适合不同地域、不同作物的农业生产服务模式。在粮食、水果、油茶、桉树等大宗农林产品集聚区，建设区域性农业生产托管服务中心。建设智能配肥中心，面向小农户提供测土、供肥一条龙服务。支持供销社探索“撂荒地”变为“致富田”的土地整治、土地托管等特色路径，全方位破解撂荒闲散土地问题。联合科研院所研究团队，

把实验室建在田间地头，建设具有供销社特色的优秀科技成果库和科技成果供需对接平台。探索建立集产销对接、科技服务为一体的基层农技服务供销网络。结合区域特点，全力打造“跟着供销社去春耕（秋收）”的为农服务特色品牌。二是建优特色农产品产销对接体系。发展无接触消费、直播营销等新业态新模式。探索“中央智能厨房”“超市+云厨房”等新型农产品加工、销售、配送方式，实现从地头到餐桌的无缝对接。建立健全农产品政策性收储机制。积极对接全国总社“供销 e 家”、扶贫 832 网站等平台，做好贫困地区农产品集采集配，强化消费扶贫带贫机制。创新“买广西、卖全国”发展思路，依托“广西馆”运营好广西名特优农产品粤港澳大湾区运营中心，加快设立长三角、环渤海、东北、西北、西南等 6 大地区农产品运营中心，打通农产品内循环关键节点，构建新供销流通网络。鼓励支持具备条件的市县供销社借鉴贵港市供销社名特优农产品（水果）产销联盟的经验，搭建“供销社+农口部门+专业合作社+农合联+综合超市”的紧密联结平台。三是建齐农产品冷链物流体系。借鉴广东供销公共型农产品冷链物流基础设施骨干网建设经验，加强供销社与农业农村部门、商务部门之间的沟通合作，以合作共建、购买服务等方式，支持供销社参与区域性公共配送中心、冷链物流设施和农贸市场的新建、改建和扩建。参与建设“一点多能、一网多用”的县、镇、村三级物流配送网络，在农产品上行“最先一公里”与农资、日用消费品下行“最后一公里”的充分对接中发挥独特优势。四是建新绿色生态服务体系。积极服务农业绿色生产，主动参与农业面源污染治理，健全部门协同推进机制，支持供销社开展农业废弃物集中统一回收处置。抓住国家实施垃圾分类契机，恢复重建供销社系统集社区回收、集中分拣、市场集散、加工利用等功能为一体的再生资源回收利用体系。五是建好农村合作金融服务体系。建议尽快设立自治区供销社合作发展基金，争取自治区财政资金注入 1.5 亿元；主要用于供销社基层组织和为农服务项目建设、龙头企业培育、产业发展等方面。积极承接各类金融机构的普惠金融服务，打造金融服务资源下乡进村的综合平台。稳妥参与设立各类农村中小型金融机构和构建金融融合合作新模式。

（二）全面提升基层组织建设水平

一是推进基层社扩面提质增效。聚焦“扩面”，注重在现有深度贫困地区全力恢复建立供销社组织机构，广泛吸纳农民和各类新型农业经营主体入社。聚焦“提质”，探索构建产供销一体的农业产业化综合体，与新型农业经营主体和小农户结成利益共同体。聚焦“增效”，培育一批“综合实力强、服务功能全、与农民联结紧密”的基层标杆社。二是创新发展村供销社。坚持“党建带社建，村社共建”，探索在一定人口规模的中心村组建村供销为农服务组织。三是增强农民合作社带动能力。鼓励供销社与村集体经济组织等共建多种类型的农民合作社，广泛开展多元合作，成立区域性、综合性联合社。四是推动城乡社区互动合作。改造建设一批功能完备、便民实用的农村综合服务社，推动综合服务向品质化和多样化升级。引领组建城乡社区互助合作消费联盟，推进城乡社区资源产品双向供给，推行农产品基地直采、社区直配和文化、农游定制下乡。

（三）切实增强社有企业发展活力

一是着力培育壮大社有龙头企业。实施社有龙头企业培育壮大工程，培育一批示范带动作用强的行业龙头企业。以扶持龙头企业发展、搭建服务平台、创新联合社治理机制为抓手，重点深化自治区供销社本级综合改革，重点培育扶持自治区级社有龙头企业广西供销集团。二是推动社有企业转型升级。充分整合产业链上下游企业，共同打造可持续发展的产业链生态。实施骨干企业培育计划，培育壮大一批主业突出、市场竞争力强、行业影响力大的社有骨干企业；进一步推进广西梧州茶厂等企业改制改革；贯彻落实国家集体经济混合所有制改革精神，探索工商资本与基层社合作共赢模式，创新混合经营等多种实现形式。三是深化层级与区域联合合作。强化跨层级上下贯通，探索自治区、市、县级社有企业和基层社的产权、资本和业务相互联结的特色路径，采取重组并购等多种方式，实现上下贯通、联合发展；重点打造农产品、农资、日用工业品、再生资源和茶叶五大经营服务网络。强化横向联合合作，积极谋求与中国供销集团交流合作的创新路径，进一步强化与广东、安徽等省市供销社的战略合作。

（四）创新联合社治理机制

加强党的全面领导，以党建促社建，推进全面从严治社、依法治社，健全“三会”基本制度，进一步优化机构设置、职能配置，提高运用改革思路、市场办法推进工作的能力。理顺社企关系，全面摸清社有资产家底，建立资产数据库。发挥社有资产管理委员会职责作用，探索设立法律、投资、风险防控等专家咨询委员会。进一步完善行业指导的运行机制，健全层级间工作评价和考核机制。

（五）强化政策保障

一是强化政策扶持。将供销社为农服务工作统筹纳入当地"三农"发展重点任务，构建供销社与各部门协调联动机制。支持各级供销社与地方签订战略合作协议，围绕农业社会化服务"一盘棋"开展整市（县）推进试点。各级财政要落实对供销社为农服务工作的投入力度。加强金融扶持，落实供销社、农民专业合作社普惠性涉农贷款政策，健全农产品流通信贷担保制度。二是妥善解决历史遗留问题。坚持在改革发展中破解供销社土地确权、财务挂账、职工社会保障等历史遗留问题，建议从自治区层面，统筹协调财政、自然资源、人力资源、金融等各部门力量，制定一揽子解决方案，帮助供销社摆脱历史负担，实现轻装上阵。三是强化人才支撑。倡导"扁担精神""背篓精神"等优良传统与"担当作为"时代精神深度融合。加快建立健全具有供销社特色的干部人事制度，畅通优秀人才在联合社机关、社有企事业单位和主管社团之间合理流动的渠道，探索构建岗编适度分离、先挂后任和系统内公开遴选等机制。重点培育社有企业"领军人才"，大力选拔和引进急需紧缺人才，探索非驻社常务理事或理事会副主任试点。

作者简介：刘东燕，广西社会科学院农村发展研究所所长，副研究员；覃海珊，广西社会科学院农村发展研究所助理研究员。

乡村振兴战略背景下西部农村基层党组织建设研究

欧明华

摘　要：乡村振兴离不开党组织。与新要求相比，当前西部农村基层党组织存在着组织、功能、文化、社会治理、党员素质差距。加强西部农村基层党组织建设助力乡村振兴，重点是要加强西部农村基层党组织“地位、功能、人才”建设，夯实基础，建强堡垒，加强党组织对西部农村工作的领导，才能解决当前存在的问题，领导乡村振兴。

关键词：乡村振兴　西部农村党建　基层党建　社会治理

中央《关于实施乡村振兴战略的意见》（以下简称《意见》）明确提出，要坚持党管农村工作。毫不动摇地坚持和加强党对农村工作的领导，健全党管农村工作领导体制机制和党内法规，确保党在农村工作中始终总揽全局、协调各方，为乡村振兴提供坚强有力的政治保障。① 加强我国西部农村基层党组织建设是保证西部乡村振兴正确方向的必然要求，在西部实施乡村振兴战略和西部赶超中是关键。

一、乡村振兴对西部农村基层党组织建设提出了新要求

（一）西部农村基层党组织必须充分发挥领导核心作用

党章规定：党的基层组织是党在社会基层组织中的战斗堡垒，是党的全部

① 白杰峰、魏久朋：《乡村振兴战略下村“两委”职能定位及绩效评估研究》，《成都行政学院学报》2018 年第 3 期。

工作和战斗力的基础。《中国共产党农村基层组织工作条例》规定：“乡镇党的委员会和村党支部（含总支、党委）是党在农村的基层组织，是党在农村全部工作和战斗力的基础，是乡镇、村各种组织和各项工作的领导核心。”① 在实践中，西部农村民族、宗族、宗教和其他组织，对党组织权威的冲击日益凸显，挤占了党组织的权威空间。正如有学者指出：“在村民自治制度实行以后，党的领导在一定程度和一定范围内存在着被弱化、被排斥和被否定的现象。”② 十九大报告强调：党政军民学，东西南北中，党是领导一切的。我国西部农村党的基层组织是确保党的路线方针政策和决策部署贯彻落实的基础，③ 要起到引领定向的作用，在乡村振兴战略中要把握绝对的领导权，放开手脚，推动这项事业的健康发展。④ 我国西部农村各种各样的组织，都必须围绕在中国共产党周围，接受党的领导。

（二）农村基层党组织必须具备引领西部农村产业兴旺的能力

乡村振兴战略最重要的目的就是解决目前乡村建设产业薄弱的问题。对于西部农村基层党组织来说，即是否具有培育发展新型农业新业态、把新型农业经营主体做大做强的能力；是否具有积极引进城市的资源和要素、推动城乡融合发展、是否具有推动农业与第二、第三农业融合发展，引导农业产业园区提质增效的能力；是否具有农业科技创新与推广、实施西部农村“互联网+”战略的能力。总的说来，就是西部农村基层党组织要有一个有见识有视野的领导班子，能够新观念迭代旧观念，新办法改进老办法，求新求变，谋求突破，在充分利用乡村现有优势和弥补现有短板的基础上，大力发展西部农村新产业新业态，实现产业新发展，让村民在家门口就业，增加村民收入；就是要有一个有能力有办法的领导班子，能够深挖农业西部农村内部增收潜力，想办法提高农民就业创业技能，加快工资性收入增长，实现土地的良性流转，保证农民的合法财产性收入增长，不断拓宽农民增收渠道，培育新的增长点；就是要有一个有胆识有闯劲的领导班子，能够拓展特色种养殖、乡村特色旅游、产销对接

① 张英：《实施乡村振兴战略必须发挥农村基层党组织作用》，《知与行》2018 年第 3 期。
② 徐建华：《当前影响农村基层党组织建设的主要因素》，《理论前沿》，2008 年第 11 期。
③ 张英：《实施乡村振兴战略必须发挥农村基层党组织作用》，《知与行》2018 年第 3 期。
④ 张英：《实施乡村振兴战略必须发挥农村基层党组织作用》，《知与行》，2018 年第 3 期。

和“互联网+”等新模式，引导更多农民经商做小老板，甚至带领农民勇闯市场，开办企业。总而言之，就是具有带领农民发展经济、带旺西部农村产业、改变西部农村贫穷落后面貌、大步奔小康的能力。

（三）西部农村基层党组织必须具备保障生态宜居的能力

《意见》指出：乡村振兴，生态宜居是关键。建设生态宜居西部农村离不开党的领导。生态宜居就是要改变西部农村以前的依靠过度消耗农业资源的发展方式，坚持绿色导向，生态导向。西部农村相较于城市而言，生态资源就是一大优势。要实现生态宜居，西部农村基层党组织就一定要践行绿水青山就是金山银山的发展理念，把西部农村的生态资源保护好，不走先污染再治理的老路。要落实节约优先、保护优先、自然恢复为主的方针，统筹山水林田湖草系统治理，严守生态保护红线，对西部农村生态系统进行修复、综合治理，着力解决突出环境问题，在发展生态产品等方面做出表率，以绿色发展引领乡村振兴。在加强生态文明制度建设、加大自然生态系统和环境保护力度的同时，挖掘并发挥西部农村的资源优势。

（四）西部农村基层党组织必须具备引领乡风文明的能力

乡村振兴，乡风文明是基础。《意见》要求：繁荣兴盛农村文化，焕发乡风文明新气象。当前，一些西部农村在提升农民精神风貌，培育文明乡风和文化，不断提高乡村社会文明程度方面还有提升空间。一些乡村封建迷信弥漫、邪教暗中滋生、宗教极端势力死灰复燃、黑恶势力沉渣泛起，优良传统遭到冲击。乡村党组织是西部农村最具权威性的组织，成为乡风文明的组织者、推动者、践行者。党组织的工作状况决定了乡风文明的发展状况，中央对乡村的文化发展、文明建设的部署，靠的是乡村基层党组织去落实，需要正确的思想宣传来引导，需要通过组织的奖优罚劣来实现，需要通过经济手段来进行行动调适，需要党员起到引领示范作用。

（五）西部农村基层党组织必须具备有效治理社会的能力

乡村治理是国家治理的基础。党建服务治理，治理促进党建。习近平总书记要求营造共建共治共享社会治理格局，西部农村基层党组织无疑是推进西部农村共建共治共享社会治理最主要、最直接、最有效的力量，是西部农村良好治理的应然主体。农村党组织强则西部农村稳，西部农村稳则社会安，抓住西部农村基层党建这个纲，基层治理才能纲举目张。西部农村基层党组织功能强化得好，组织保障有力，权威提升，影响力加强，就能带动西部农村社会平安有序稳定。同时，西部农村党组织是执政党在西部农村最坚实的力量支撑，习近平总书记参加上海代表团审议要求，要把加强基层党组织的建设、巩固党的执政基础作为贯穿社会治理和基层建设的一条红线。所以，加强西部农村社会治理创新不仅仅是乡村振兴的迫切要求，同时西部农村社会治理创新的顺利推进也需要加强基层党组织的领导。总之，西部农村治理呼唤党建引领，西部农村党建呼唤治理实践促进。

三、当前西部农村基层党组织建设与乡村振兴发展新要求的差距

（一）组织差距——不够优化的组织建构制约着西部农村基层党组织的覆盖力和组织力

在组织覆盖上，联合性不充分影响到作用发挥。西部农村多数村落存在着零星分散、宗族聚居的特点，村落之间空间距离较远，宗族排异性较大，这导致建立在村落上的党组织覆盖率不充分、联合性不够，异宗族接纳性不充分。这严重影响到党组织开展活动，并形成各自为战的情形，极大影响西部农村基层党组织作用的发挥。同时，在组织人员构成上，人才结构短板影响生命力。西部农村基层党建薄弱，村党支部支委平均年龄高、学历低、致富能力低，这"一高两低"现象严重，村党支部领导班子权威弱化，起不了应有的领导核心作用。此外，年青党员多聚集在合作社，老年党员多喜欢聚集在村党支部，从而引发西部农村经济发展的一个尴尬情况：老党员党性强威信强、想做事，但能力有限，难做成；年轻人有能力、想做事，但威信弱，也难做成。①

① 欧明华：《农村基层党组织功能强化研究——以广东省清远市"党组织重心下移"党建试点为例》，《清远职业技术学院学报》2017年第1期。

（二）功能差距——不断流失和弱化的执政功能制约着西部农村基层党组织作用的发挥

传统执政功能的不断流失。一是政治领导功能松动。西部农村基层党组织的政治领导功能是由党的执政党地位决定的，但是近年来，西部农村党的政治领导功能在逐步松动。二是政治录用功能淡化。[①] 西部农村基层党组织对干部的“输送”越来越难，有的地方“村民理事会”成为实际上的“输送大户”。三是权威弱化。从法律上讲，宪法和法律明确规定农村必须坚持党的领导。但是事实上，一些西部农村地方基层党组织软弱涣散的情况，已经表明西部农村基层党组织处于或面临“权威弱化”,[②] 甚至“边缘化”的严重境地。[③]

（三）文化差距——不够优质的文化建设制约着西部农村基层党组织的活力和吸引力

“没有了乡村文化，乡村也就‘形在，但神已散’，实际上也就没有了真正的乡村。”[④] 西部农村基层党组织建设是根植于中国乡村文化中的实践创造活动，优秀乡村文化不仅仅是西部农村基层党组织建设的文化沃土，也是创造更加先进的乡村文化的现实基础。但是随着城镇化进程的持续推进和乡村社会的持续衰落，一些优质的乡村文化资源正在被质疑、遗忘或消失。比如乡村中的人情、友爱、互助等传统观念淡化，外出在城市定居的乡贤们的乡愁淡漠，回馈家乡的意愿弱化，出现“回不去的乡愁”情结。又如乡村中“孝”文化被现代金钱至上主义所冲击，“乡规民约”和“宗规家法”不断消失，乡村社会伦理秩序不断瓦解，不孝老人的现象也越来越常见。所以，村庄作为文化共同体的特征日益弱化，“乡约”“村规”和“宗法、家法”不断消失，“讲秩序、

---

① 王长江：《政党现代化论》，江苏人民出版社，2004，第 171 页。

② 沈晓辉：《转型期农村党组织执政权威弱化成因刍议》，《山西高等学校社会科学学报》2005 年第 3 期。

③ 南俊英：《创新：农村基层党组织走出“边缘化”困境的根本出路》，《中州学刊》2005 年第 5 期。

④ 朱启臻：《城镇化进程中如何守望美丽乡愁——要看到乡村价值，也要与时俱进》，《农民日报》，2015 年 3 月 19 日第 3 版。

讲正气、讲人情"的传统理念不断遗失。[1] 在此种背景下，西部农村基层党组织可滋养自身建设的文化沃土和创造更加先进的乡村文化现实基础的优质传统文化资源越来越少，西部农村党组织文化活力难以彰显。同时红色革命文化，改革开放先进文化等也尚未得到有效开发和利用，效果轻微，这些从"源头活水"上限制着西部农村基层党组织的活力和创造力。

（四）社会治理差距——不够健全的农村社会治理能力制约着西部农村基层党组织的凝聚力和号召力

西部农村的组织化程度较低。西部农村"事不关己，高高挂起"的封闭意识及"只关心自己一亩三分地"的利己意识根深蒂固。村民自治没有落地，村委承担了行政职能，成为乡镇政府的办事机构，出现了附属化和行政化趋势，部分丧失了群众自治功能和服务功能，群众利益表达找不到便捷渠道，利益纠纷得不到信服调解，群众服务得不到有效保障。

农业生产体制滞后，农业增收困难。西部农村基层党组织发展乡村经济、带动乡村产业兴旺能力弱化，使得西部农村基层党组织可动用的资源少，服务群众的手段和资源越来越匮乏，侵蚀了西部农村基层党组织的动员能力和组织权威，制约着西部农村基层党组织领导力和行动力的提升，并日益成为西部农村基层党组织发挥思想优势和组织优势的最大制约因素。

宗族、宗教和帮派权威的争夺。宗族、宗教和帮派权威本是历史上的东西，但新时期以来特别是西部农村实行村民自治以来悄然滋生，西部农村的权威在基层党组织、宗族、宗教和帮派之间此消彼长，严重影响到西部农村基层党组织的功能发挥。[2]

（五）保障生态宜居的差距——不够显著和深入的农村生态环境改善制约着西部农村基层党组织的威信

当前西部农村人居环境综合整治工作取得了一定成效：垃圾围村基本得到

---

① 霍军亮：《乡土文化变迁视阈下农村思想政治教育的困境与对策》，《学习与实践》2016 年第 9 期。

② 欧明华：《农村基层党组织功能强化研究——以广东省清远市"党组织重心下移"党建试点为例》，《清远职业技术学院学报》2017 年第 1 期。

遏制，“洋垃圾”停止进口，农药化肥越来越少地使用，厕所革命等举措让西部农村生态环境得到了极大的改善。但是“绿水青山”在部分地方还缺失，离村民对美好生活的要求还有一定差距。农业面源污染的防治力度不够大、耕地土壤监测与污染治理，以及水环境污染与大气污染防治力度不够大，农药化肥使用量还较大，西部农村生活垃圾分类处理能力有待加强，乡村乱建违建情况严重等深层次的问题依然还需要党组织去攻坚克难。如果党组织的承诺没有实现，那么党组织的权威就会弱化，威信就会下滑。

（六）党员素质差距——不够均衡的党员结构和素质制约着西部农村基层党组织的战斗力和感召力

客观方面，是基层党建薄弱，党员素质和结构不能很好适应乡村振兴要求。村党支部支委年龄高、学历低、致富能力低，这“一高两低”现象严重，村党支部领导班子权威弱化，起不了应有的领导核心作用。主观方面，西部农村基层党组织官僚主义、形式主义还在，甚至还有腐败现象。档案做得越来越精致，文字材料越来越漂亮，口号越来越新奇；党建制度、党员岗位责任和承诺上了墙，实际成效却无人深究。怪不得有人说：“也不是找不到党组织，在村部的墙上和党建的台账里面不是有吗！”① 更有甚者，有的西部农村基层党组织凭借传统的执政党资源和威望，私下搞特殊化和特权化，贪污腐化。②

四、新时代进一步加强西部农村基层党组织建设助力乡村振兴的对策探讨

（一）坚持党在农村的领导核心地位不动摇，加强党对西部乡村振兴工作领导

乡村振兴最值得信赖、最应该依赖的力量，首选是党的基层组织。基层党

---

① 魏小换、吴长春：《当前村级党组织功能弱化的表现及其逻辑——基于湖北 H 村调查》，《甘肃理论学刊》2013 年第 5 期。

② 欧明华：《农村基层党组织功能强化研究——以广东省清远市“党组织重心下移”党建试点为例》，《清远职业技术学院学报》，2017 年第 1 期。

组织的核心地位和全面领导，一方面要争取得到社会的普遍认可和支持。另一方面，要切实树立好党建主业意识，履行好党建领导责任和全面从严治党主体责任。把党组织这么多年积累下来的政治优势、制度优势和组织优势，在西部农村基层盘活起来，是坚持好党在西部农村的领导核心地位不动摇的真正关键。要充分调动群众的积极性、主动性、创造性，以党建促发展，使党的政治优势转化为发展优势，使党的组织优势转化为乡村振兴的资源优势。要完善党领导"乡村振兴"工作的体制机制，把党总揽全局、协调各方落到实处。要处理好党的领导核心地位与基层自治的关系，充分尊重基层群众的主体地位，尊重基层自治精神，尊重群众的自主意识和自发意愿。要增强西部农村基层党组织政治领导本领、推动改革发展本领、群众工作本领、依法办事本领，成为党在西部农村基层的坚强战斗堡垒。

（二）发挥党在乡村产业振兴的领导作用

乡村要振兴，产业是支撑，形成党的领导、党服务西部农村产业发展的工作机制才是解决"三农"问题的根本途径。强化西部农村基层党组织能力提升，加强党对西部农村产业和经济的引领和服务能力，是加强西部农村基层党组织建设的关键。要培育发展新型农业经营主体，把新型农业经营主体做大做强；要积极引进城市资源和要素，推动城乡融合发展；要推动农业产业化发展，引导农业产业园区提质增效；要推广农业科技创新，实施西部农村"互联网+"战略，从根本上增强西部农村经济发展的造血功能，实现富民强村。同时促进各种要素积极"回流"西部农村，激发西部农村发展活力，寻找乡村集体经济新的增长点，复兴乡村社会，把壮大产业打造成为引领发展、帮民致富的飞扬旗帜。

（三）创新西部农村基层社会治理的功能

新时代仅仅依靠执政党传统政治资源优势来对西部农村社会进行治理显得越来越无力，要创新西部农村基层治理体制，把基层治理同基层党建结合起来，打造基层党建引领西部农村社会治理新局面，营造西部农村共建共治共享社会治理格局。首先，要摒弃"等靠要"思想，西部农村基层党组织在西部农村社会治理中的引领力和影响力，必须依靠自身建设的完善和功能的强化来达成。其次，要强化西部农村基层党组织现有功能。增强政治领导、政治录用功能，落实重大问题决策权的体制机制保障，让西部农村基层党组织对西部农村经济社会改革发展取向拥有更多主导权。尽量把优秀党员放到西部农村各种关键岗位上，创造条件让他们发挥更大的作用。再次，要增强服务群众、利益整合功能。要加大西部农村服务型党组织建设力度，使其与群众联系更紧密，服务群众功能、利益整合功能不断强化。最后，要有抗御其他权威侵蚀的功能。要充分认识“宗族、宗教、暴恐”等组织对党在西部农村的领导和执政地位的侵蚀、对乡村振兴主导权的冲击和挑战，成功地加以引导、应对、制约，使西部农村基层党组织的权威远胜于宗族权威、神权权威和暴力权威。

（四）积极传承和复兴优秀乡村文化的功能

西部农村基层党组织作为执政党在西部农村的延伸，离开了乡村文化的涵养与支撑，就丧失了执政的源头活水。乡村文化与中华民族传统文化、革命时期红色文化、改革开放时期先进文化和西部大开发文化有诸多共通共同之处，乡村文化中进步、优秀理念与党组织提倡的思想、组织、作风建设等理念一致，是拓展西部农村党组织建设的思想精神宝库。西部农村基层党组织应当充分认识乡村文化在培育“社会主义核心价值观”和拓展“执政资源”等方面的积极意义，做好西部农村优秀传统文化的保护和复兴工作，做好乡村文化宣传与教育，广泛开展文明乡村和文明家庭建设活动，推进核心价值观融入乡规民约，提升乡村公共文化水平，不断为乡村振兴注入新的文化力量、精神动力。

（五）建立持续和深入的西部农村生态环境改善功能

西部农村基层党组织要按照以下几点建立健全该功能：一是按照生态宜居的要求，以西部农村党员为对象，加强教育宣传，发挥示范引领作用，引导广大农民树立绿色发展理念、卫生健康的生活方式，从思想源头上解决西部农村生态环境与“生态宜居”的差距。二是着力以经济手段建立持续和深入的西部农村人居环境整治。久久为功和雷厉风行结合起来，加强农业面源污染的防治、耕地土壤监测与污染治理、水环境污染与大气污染防治、农药化肥使用量、西部农村生活垃圾分类处理能力建设，加大乡村乱建违建情况严重等深层次问题的破解力度。三是依法尝试建立党委统一领导、政府监督、村民负责的运行体制机制，对党员领导干部建立考核制度，对村民建立奖罚制度，确保西部农村生态环境改善工作有法可依，有章可循。

（六）坚持党管人才原则，建设高素质乡村人才队伍

吸纳更多的优秀人才，要加强带头人队伍建设，培养造就一支懂农业、爱西部、爱农村、爱农民的“四农”党员领导干部队伍、优秀人才队伍。在乡村，除了村民外还有大量的企业、经济合作社、行业协会、NGO 等组织，在这些新经济新社会组织中聚集了一批有思想、有能力、又志在西部农村的人才，这些“头雁”应该受到党组织重视，把他们培养成党员干部，甚至党在乡村的代言人，成为群众的身边人，让他们成为带动乡村振兴的骨干、核心力量。要更多关注本地优秀青年大学生党员、外出打工党员、复转党员军人，想方设法引进、培养、留住本地籍优秀教师党员。他们来自西部农村，对乡村有最淳朴的感情，有报效家乡的意愿，在乡村长期工作的归属感强，容易留得住心，这四类人应当是当前乡村党组织重点争取的对象。要充分利用好东部发达地区支持支援的优秀人才，同时完善人才配套措施，为其提供施展才华的舞台。

作者简介：欧明华，广州市社会科学院科研处助理研究员。

构建防止脱贫人口再返贫的长效保障机制

肖　坤　侯荣娜

摘　要：精准扶贫的最终目的是实现可持续脱贫。党的十八大以来，农村扶贫已经取得了良好的结果，但是随后又出现了脱贫后又返贫、暂时性脱贫等返贫多发现象。继续攻坚与防范返贫确保稳定扶贫同样重要。返贫问题的前期预防是在治理中极为重要的一环。本文从对脱贫人口全面开展“回头看”，建立脱贫人口跟踪监测机制；科学评估脱贫主体脆弱性差异，建立扶贫预警信息机制；强化基层组织主体责任，建立基层组织预警机制；保持政策的连续性，建立脱贫农户抵御风险能力机制；发挥多元扶贫主体之间的协同作用，建立扶贫主体与扶贫对象的利益联结机制；大力推动建立农村一二三产业融合发展与拓展脱贫人口增收互动机制几大方面全面构建了防止脱贫人口再返贫的长效保障机制。

关键词：脱贫　返贫　保障

2019年3月7日，习近平总书记在参加十三届全国人大二次会议甘肃代表团的审议时指出：贫困县摘帽后，也不能马上撤摊子、甩包袱、歇歇脚，要继续完成剩余贫困人口脱贫问题，做到摘帽不摘责任、摘帽不摘政策、摘帽不摘帮扶、摘帽不摘监管。这为“后2020”时期的扶贫战略及政策走向提出了新的要求，指明了新的目标方向。2020年是实现全民小康之年，也是“十四五”的开局之年，扶贫攻坚工作已进入决战决胜的关键时期，确保如期打赢脱贫攻坚战，防止返贫与精准脱贫同等重要，意义重大。返贫一直是阻碍我国农村扶贫开发的顽疾，返贫率最高达30%，且随着贫困标准的提高返贫率上升，返贫会拉低已取得的脱贫成果，直接影响着脱贫质量和脱贫工作任务的完成。因此如何防止贫困人口再返贫及实现可持续脱贫，构建防止脱贫人口再返贫的长效保障机制成为新时代国家亟须研究的重大难题。

一、脱贫人口再返贫问题的严重危害

（一）造成扶贫资源的大量浪费

改革开放以来，尤其是十八大以来，我国政府每年都会投入大量的人力、物力、财力支援贫困地区，往后的投入力度只会更大。然而，如果返贫问题得不到有效抑制，一些地区今天脱贫了，明天又返贫，政府就需要再次投入大量资源帮助该地区再次脱贫，长此以往，返贫就会成为无限消耗扶贫资源的无底洞，这个洞只要一天不堵上，扶贫资源的浪费就不会停止。

（二）严重打击贫困人口脱贫致富的信心

在贫困地区，贫困文化十分盛行，贫困户往往会陷入“宿命论”，认为自己注定是“穷命”，不可能摆脱贫困。对于这种现象，我们只有切实帮助他们摆脱贫穷，让他们看到富裕的希望，才有可能唤醒他们自主脱贫的意识。然而，返贫问题的长期存在，使贫困人口脱贫又返贫，势必打击他们脱贫致富的信心。有些贫困群众，经过几次脱贫又返贫的折磨后，更加坚定地相信“宿命”，彻底放弃了与贫困作斗争的信念。从这个意义上讲，返贫与贫困的危害更大。

（三）严重阻碍我国全面建成小康社会的历史进程

“让贫困人口和贫困地区同全国一道进入全面小康社会是我们党的庄严承诺”，这是以习近平同志为核心的党中央向全体人民的庄严承诺，彰显了我们党对于坚决打赢脱贫攻坚战的信心和决心。由此可见，彻底解决绝对贫困是全面建成小康社会的基础和前提。然而，我们必须清醒地认识到，返贫问题如果得不到有效解决，既定的脱贫目标就难以实现，从而严重阻碍我国全面建成小康社会的历史进程。

二、导致脱贫人口再返贫诱发因素

（一）前期脱贫不稳定、脱贫质量不高诱发返贫

党的十九大报告中提出了脱贫攻坚战的历史性意义，做出坚决打赢脱贫攻坚战的庄严承诺，要求确保到2020年农村贫困人口实现脱贫，贫困县全部摘帽，解决区域性整体贫困。据调查，目前很多地区的脱贫群体仍游离于贫困线的边缘，这部分群体主要是靠政策补贴、政府帮助，享受相关的低保照顾，财富得到些许积累，在政策扶持下完成的脱贫，对政策依赖性很大。如果当地的扶持政策撤出必然导致重新返贫。这种情况只是暂时的脱贫，仍属于算账脱贫、数字脱贫现象，并不是真正的脱贫。此外，由于扶贫的监督管理机制和绩效考核制度不完善，导致地方政府和基层干部为了突出政绩就盲目追求脱贫的数量，而不重视脱贫的质量，从而导致返贫现象时有发生。

（二）脱贫主体脆弱性在不可测意外因素影响下诱发返贫

脱贫主体的脆弱性诱发的返贫只要是指由于脱贫人口自身素质的弱质性、低层次性所致的能力供给不足而导致的返贫现象的出现。脱贫主体的脆弱性主要表现为由于身体健康水平下降、思想观念落后、知识技能水平较低和应对风险能力缺失。这些就极易导致因病返贫、因残返贫、因老返贫等情况的发生。目前数据显示，在目前剩余的贫困人口中，家庭成员因病致贫、因病返贫的比例高达44%。尤其是在广大偏远农村地区，由于经济基础薄弱，相关的社会保障体系并未健全，家庭积蓄极其有限，患病得不到良好医治，“一人得病，家徒四壁，四处欠债”情况尤为严重。现有贫困户中还存在“等靠要”的思想观念，依赖心理强，因其无所作为，返贫变为常态。还有贫困人口由于受教育水平偏低、专业技能缺少或水平不高，致富能力弱，脱离贫困线之后，家庭经济基础仍然薄弱，而可选择的生计方式狭窄，进一步发展难度较大，稍有挫折即会重新陷入贫困。还有的脱贫群体在面对市场竞争中应对风险能力缺失，由于处于劣势地位，在同等市场竞争条件下，往往竞争失败，很容易就跌入贫困线之下，重新返贫。此外，在养老方面，农村养老保障水平极低，缺乏社会性和

福利性，养老制度的不完善，养老金管理不规范等问题导致养老问题普遍成了现有农村家庭的沉重负担。

（三）资源匮乏、自然生态环境恶劣因素诱发的返贫

返贫现象的出现与返贫者生存的自然生态环境和资源匮乏的程度密切相关。资源匮乏和自然生态环境恶劣的地区，一旦资源出现枯竭和环境生变的时候，很容易导致贫困和返贫现象的发生。资源匮乏是大部分贫困区域的显著特点，也是导致脱贫群体再返贫的重要因素，以农业生产为主的地区很难实现经济的快速发展，加上我国贫困人口大都处于偏远的山区，自然环境较为恶劣，地形复杂，宜农宜耕地偏少，发展特色产业条件有限，当地的农民只好"靠山吃山、靠水吃水"，难免又会过度开垦耕地和草地，进行毁林开荒，使得当地的生态系统遭到严重的破坏，进而又会影响到当地农民的生活质量和水平。如果遇到干旱、冰雹、霜雪等恶劣天气的影响，农业收入根本无法保障，农民没有稳定的收入来源，即使短时间脱贫了，如果发生自然灾害，马上又会陷入返贫的境地。此外，随着我国城镇化和工业化的不断发展，大片土地被征用，农民在得到微薄的一次性土地补偿费之后变成了"种地无地，就业无岗，社保无份"的"三无"农民，家庭无固定收入来源，农民积贫积弱的状况对扶贫来说，无疑是一个重大顽疾。

（四）扶贫工作本身与现实需求出现偏差诱发返贫

当下的脱贫攻坚工作是一项意义重大的政治任务，基层为出政绩往往导致政策制定、执行环节与现实需求出现偏差，从而诱发脱贫群体重新返贫。一是扶贫政策制定与贫困对象实际需求情况不相符。比如政策导向一味注重物质扶贫，而忽略了"精神扶贫"，往往会导致贫困户存在"反正政府会发钱"的惰性思维，"扶不起的阿斗"就会变成社会发展的"千斤坠"，使得越扶越贫。二是政府部门为了争取到尽可能多的农村反贫困资金，有时会盲目地为了申请项目而申请项目，导致对贫困主体真正需求的忽视。在考虑到项目资金的统筹、村集体经济的发展等因素后，最终选择的输出结果可能会与贫困主体的需求产生一定偏差，甚至让村民觉得脱离了贫困村实际。三是扶贫政策在进行产业扶贫时，往往跟风严重，从而导致地区在产业发展和地区特色之间存在矛

盾，这样就会导致产业发展重复，贫困农民获益难。

三、建立防止脱贫人口再返贫的长效保障机制

防止脱贫人口再返贫问题不仅需要立足当前，充分发挥主观能动性，而且更需着眼长远，提前谋划2020脱贫攻坚完成任务衔接事项，跟踪评估政策效果，及时调整政策措施，建立健全防止脱贫人口重新返贫的长效保障机制，帮助脱贫户提高抵御外界风险能力，最大限度降低非可控因素的影响，从而有效防止返贫。

（一）对脱贫人口全面开展“回头看”，建立脱贫人口跟踪监测机制

尤其是要对近3年来的脱贫人口全面开展“回头看”，及时将返贫人口及时调整纳入贫困帮扶范围，建立脱贫人口跟踪监测机制，对照贫困标准，开展脱贫人口“两不愁三保障”情况跟踪统计，排查返贫风险，及时采取帮扶措施。加强医疗、教育、金融等部门与扶贫部门的信息共享，利用大数据进行脱贫人口跟踪监测，如发现脱贫人口中有疾病残疾、子女升学、遭遇灾害的情况，及时开展有针对性的帮扶，阻断返贫现象发生。

（二）科学评估脱贫主体脆弱性差异，建立扶贫预警信息机制

科学评估脱贫主体的脆弱性差异，搭建针对不同致贫原因的救助平台，建立预警信息机制。一是重点依托扶贫开发信息系统，在建档立卡的基础上建立返贫舆情监测中心，主要负责对已脱贫农户的跟踪监测，强化对脱贫户家庭收入状况、返贫潜在因素和后续帮扶措施的信息提取，严防突发冲击导致返贫。二是建立扶贫系统与行业部门、金融机构、帮扶单位之间的互联互通信息机制，对于引起贫困户生活变化的因素及时向行业部门、金融机构、帮扶单位等进行反馈，从而有利于救助举措及时到位。三是加强扶贫系统与农业部门、气象管理部门等有关部门协作，对于可能引起的农业自然灾害及时向农民进行反馈，防止灾害对农业进行大规模破坏，提前做好应对灾害的应急预案。四是对于之前因病致贫的群体，要根原致贫原因进行跟踪监测，完善城乡医疗服务行为监管功能，防止因病再返贫。积极搭建政府救助资源、社会组织救助项目与

农村贫困人口救治需求相匹配的平台，发挥平台对于困难人群、易返贫人群的扶助效应。

（三）强化基层组织主体责任，建立基层组织预警机制

政府的组织建设是政府能够有效运转、实现政府职能的基本保障，而基层组织是政府联系村民的桥梁与纽带，而且从长远来看，政府部门实行的驻村帮扶措施只是外部力量的补充，最终还是要依靠当地基层组织的作用。因此，有效防止返贫的问题上应注意发挥农村基层组织的主体作用。同时防止返贫必须打造一支高素质、高效率的执行组织，强化基层组织主体责任，建立基层组织预警机制。一是要强化基层组织主体的责任，要把防止返贫作为县乡基层组织实现精准脱贫、打赢脱贫攻坚战的一项重要工作来抓。尤其是要强化村级党组织在防范返贫工作中的领导作用，按照“一村一策、一户一法”的工作要求，制定不同贫困村的脱贫方案，做到总体规划科学、年度计划明确、推进步骤清晰、帮扶任务具体。推进基层干部尤其是村“两委”、驻村扶贫工作队、村扶贫专干、贫困户帮扶联系人等定期跟踪回访制度，加强省市定期“回头看”制度建设，第一时间发现返贫隐患。二是要强化自上而下的返贫预警组织的设立，考虑建立省市一级返贫预警工作中心，加强与乡镇一级、村级的扶贫组织的联络工作，促进彼此之间信息的快速传递和工作的落实。

（四）保持政策的连续性，建立脱贫农户抵御风险能力机制

对于已脱贫农户不能简单地马上放弃不顾，应保持政策的连续性，建立脱贫农户抵御风险能力机制。在贫困人口退出后一段时间内帮扶政策不变、力度不减，巩固脱贫效果，切实增强脱贫农户抵抗返贫风险的能力。注重扶贫先“扶志”，利用乡村能人带动本地就业和外出就业，推动贫困户通过自身能力发展，改善生活境遇，稳定生计，提高脱贫户应对各类风险的信心和能力。继续完善保障兜底，发挥好社会保障兜底的防线作用。不断提高农民的基础养老金、低保线、五保线和医疗保障水平，对于自身发展受限的老弱病残孤等依托社保进行最后兜底，同时要完善大病保险、医疗救助的各方面制度。认真落实健康保障政策跟踪评估政策效果，及时调整政策措施。相关部门要提早研究健康扶持政策在2020年后的衔接问题。继续完善教育等关键性政策，尤其是实

施家庭经济困难学生入学救助，认真落实国家和省市学前教育、义务教育、高中教育、职业教育和大学教育的资助补助政策，以此类方式加大对贫困地区教育财政的支持和教育资源的倾斜。通过以接受良好的教育带动家庭发展，尽量阻断贫困代际传递的路径。

（五）发挥多元扶贫主体之间的协同作用，建立扶贫主体与扶贫对象的利益联结机制

要想真正帮助贫困户永续脱贫不返贫，必须创新现有的利益联结机制，必须发挥多元扶贫主体之间的协同作用，建立扶贫主体与扶贫对象的利益联结机制，使扶贫主体与贫困户之间建立起长期稳定的合作关系，推动扶贫可持续发展。一是推动新型农业经营主体与脱贫人口建立紧密型利益联结机制。通过恰当的政策引导，将产业发展与扶贫相挂钩，鼓励民营企业、农村专业合作社、家庭大农场等农村新型经营主体解决贫困人口就业，带动周边群众稳定脱贫。比如对贫困人口提供就业岗位的各类经济组织予以奖补和政策支持政策；对于有脱贫愿望贫困户，要充分发挥其主动性，对经论证具备可行性的贫困户予以政策资金等方面的财政、金融支持，鼓励其创业。二是通过深化农村地区综合改革来保障贫困群体的各种资产性收益。比如大力推广在很多农村地区执行的“三变”改革政策（资源变资产、资金变股金、农民变股东），以土地使用产权等资源入股，发展多种形式的股份合作，保障贫困户享受同等的收益和共享发展机会，不断增加贫困群体的资产性收益。三是发展壮大村集体经济，构建集体经济发展与脱贫户中返贫高风险户、低收入边缘户之间的利益联结机制，使返贫高风险户也能分享到集体经济发展的成果和效益。也可以采取“采取合作社+贫困户模式，建立合作社与贫困户的共赢模式，由合作社统一培训、统一技术、统一收购”等对策，最后收益由合作社进行合理分配。

（六）大力推动建立农村一二三产业融合发展与拓展脱贫人口增收互动机制

受我国农业资源禀赋条件所限，脱贫人口单纯依靠农业生产得到的收入是难以稳定增长的，相关研究表明，我国每位农民每年从农业中获取的收入只有3122元。脱贫人口要想稳定增收，防止返贫，就要大力推动建立农村第一、

二、三产业融合发展与拓展脱贫人口增收互动机制。目前我国正处于经济结构调整与转型升级的关键时期，劳动密集型产业的转型与减少，一方面使工作岗位减少，另一方面对外出务工的农民工提出了更高的要求，这使得靠外出务工为生的贫困人口失去了增收来源。继续依靠民工潮，已经不可能带动更多的贫困人口与脱贫人口就业，必须开拓第三就业空间。十九大报告指出，促进农村一二三产业融合发展，支持和鼓励农民就业创业，拓宽增收渠道。促进农村一二三产业融合，既能保证脱贫人过多地依赖耕地，使更多的脱贫人口从农业中解放出来，但同时又不必进城务工，直面残酷的市场竞争，让脱贫人口在新产业、新业态中去扩大就业，稳定增收。

参考文献

[1] 丁军，陈标平. 构建可持续扶贫模式治理农村返贫顽疾［J］. 社会科学，2010（1）：52-57，188.

[2] 郑瑞强，曹国庆. 脱贫人口返贫：影响因素、作用机制与风险控制［J］. 农林经济管理学报，2016（6）：619-624.

[3] 张琦. 减贫战略方向与新型扶贫治理体系建构［J］. 改革，2016（8）：77-80.

[4] 章昌平，林涛. "生境"仿真：以贫困人口为中心的大数据关联整合与精准扶贫［J］. 公共管理学报，2017（3）：124-134，153.

[5] 温丽，乔飞宇. 扶贫对象精准识别的实践困境及其对策［J］. 长白学刊，2017（3）：120-125.

[6] 汪磊，伍国勇. 精准扶贫视域下我国农村地区贫困人口识别机制研究［J］. 农村经济，2016（7）：112-117.

[7] 王磊，张冲. 能力扶贫：精准扶贫的发展型视角［J］. 理论月刊，2017（4）：157-161.

[8] 樊丽明，解垩. 公共转移支付减少了贫困脆弱性吗？［J］. 经济研究，2014（8）：67-78.

作者简介：肖坤，辽宁社会科学院副院长（正厅长级），研究员；侯荣娜，辽宁社会科学院农村发展研究所副研究员。

建立解决相对贫困问题长效机制研究

于光军

摘　要：解决相对贫困与消除绝对贫困在时代背景、产生条件、相对贫困人群特征、扶贫主体责任等方面存在本质性差异，这意味着当前我国的反贫困策略需要进行全面调整，建立新时代中国特色社会主义反贫困理论体系与制度，需要在梳理现有制度的基础上做好政策与制度之间的衔接，进而构建全覆盖、高效率、低成本的制度体系。良好的反贫困制度环境是建立解决相对贫困长效机制的基础和核心任务，在持续坚持“精准”理念，统一政策、分类施策的基础上，反贫困应采取“举国战略”的方式持续推进；在制度体系中将消除相对贫困设定为全社会的行动，以统领全局的原则和纲领，建立指导子系统的政策和动员全社会各行业的制度体系。

关键词：相对贫困　政策调整　反贫困制度环境

我国反贫困关注的焦点也已转向解决相对贫困问题。2019年，中共中央提出要按期完成脱贫攻坚任务的目标、建立解决相对贫困的长效机制后，反贫困问题再次引起了社会各界的高度关注，与消除绝对贫困、解决生存目标相比，相对贫困更加注重解决发展问题，衡量相对贫困的指标也更为复杂。当前，各地方在巩固脱贫攻坚成果的工作目标下，解决了“不愁吃、不愁穿”“保障子女接受义务教育、保障得到基本公共医疗服务和保障住房安全”（以下简称“两不愁三保障”）的基础上，对人均可支配收入低于当地收入中位数一定比例，同时存在因病返贫、因残返贫和失去务工就业机会的农民进行防风险监测。相对贫困具有一定的主观性，某类人群会有相对贫困感知，因而产生相对贫困感即构成相对贫困人群（邢成举 等，2019）。与消除绝对贫困的集中连片、地域性分布特征不同，相对贫困人口呈分散式分布状态，并由农村扩散到城镇、城市，导致城镇贫困发生率可能会提高。解决相对贫困人口的治理模式需要将消除绝对贫困采取的“粗放式”“输血式”“运动式”模式及以区域为投放单元的特殊政策和对口帮扶等措施调整到制度常态化轨道上来。

一、消除绝对贫困历程的经验及其适应性分析

在提出消除绝对贫困人口目标时，我国还处在社会经济发展水平较低的国情下，依据当时世界银行提出的人均可支配收入标准，确定我国绝对贫困人口数量达到7.7亿。这个贫困规模意味着反贫困不仅仅是国家内部人口的减贫问题，而是要实现国家整体富裕才能消除贫困根源的问题。改革开放提出建设小康社会，就是要努力让大多数人富裕起来进而摆脱整体贫困。改革开放后我国社会经济发展取得了卓越成绩，实现了多数人达到小康生活的目标，但依然存在部分地区因自然条件恶劣、资源贫瘠、社会功能发育滞后而发展缓慢，形成了区域内贫困人口集中的现状。因此，提高贫困地区社会经济发展水平，制定促进落后区域发展政策，为落后区域农民提供摆脱绝对贫困的环境，以及直接扶持、解决区域性整体贫困是这一时期我国消除绝对贫困的目标。

在消除地区整体贫困进程中，我国优先关注经济增长，提出“让一部分人先富起来”的非均衡发展战略，强调在发展中解决贫困问题。在经济发展进程中，面对东西部地区发展差距拉大、部分地区经济增长缓慢的现象，国家开始着手在增长与发展中解决区域均衡问题，采取集中连片开发、产业扶贫等政策，对经济发展落后区域给予特殊政策关照，形成政府、社会与资本合力的对口帮扶政策，推动落后地区发展，并依托“西部大开发”战略，增强区域经济增长动力。在西部地区得到根本性发展之后，地区贫困状态有了较大转变，国家减贫政策调整为将减贫政策“瞄准点”向行政村、贫困户下沉，在稳定减贫政策的同时，精准识别、精准施策，根据不同致贫原因，给予贫困户不同的帮扶措施。因此，减贫的历程是在我国社会主义制度和“两个百年目标”的国家叙事下不断调整和细化发展战略、政策、措施的过程。

2015年11月，中共中央、国务院颁布的《中共中央国务院关于打赢脱贫攻坚战的决定》提出了脱贫攻坚战的总体目标，即到2020年，稳定实现农村贫困人口不愁吃、不愁穿，义务教育、基本医疗和住房安全有保障。实现贫困

地区人均可支配收入增长幅度高于全国平均水平，基本公共服务主要领域指标接近全国平均水平，确保在现行标准下我国农村贫困人口实现脱贫，贫困县全部摘帽，解决区域性整体贫困。实现脱贫攻坚总体目标意味着我国从根本上解决了大面积贫困问题，并对退出的贫困县、贫困村、贫困人口保持现有帮扶政策，严格落实摘帽不摘责任、摘帽不摘政策、摘帽不摘帮扶、摘帽不摘监管（以下简称“四不摘”），不断巩固脱贫攻坚成果，遏制因社会经济发展落后出现返贫及消除因社会环境、经济发展水平致贫的困境。

改革开放40年来，我国社会运行方式发生了重大变化。自然条件恶劣、物产贫瘠地区的人口大量迁出，从青壮劳动力外出务工开始，农村人口流出的规模不断扩大。高考扩招、城市放松户籍限制、农民工市民化待遇政策、加速城市化进程等一系列政策、措施陆续实施后，农村人口向城市、城镇流动的渠道越来越畅通。普及基础教育、提高全民素质、资助贫困地区贫困人口接受基础教育和高等教育、提高农村教育资源配给质量等措施为农村人口选择对自身有利的发展空间生活和就业赋予了更多的能力。此外，20世纪80年代实施的计划生育政策减轻了农户养育子女的负担，同时农村经济社会发展和社会保障水平的不断提高、“两不愁三保障”政策等也减轻了新生代农村劳动力的养老负担，这在很大程度上减少了新生代农村户籍人口向城镇流动的羁绊。农民能够自由选择离开制约其发展的环境成为个体摆脱贫困求得发展的重要途径。由于农民选择生活环境的自由度大幅提升，以往贫困农民不得不完全依附于土地生存的现象已经基本消失，因此消除绝对贫困与土地、宅基地捆绑的政策亟须调整。

党的十八大以后，国家将人民群众对美好生活的向往作为奋斗目标，落实共享发展理念，社会保障体系建设不断向农村延伸、深化，农村基础设施建设、公共服务体系建设水平大幅提升，有利于农民生活的政策优惠度持续提高。农村普遍实施了城乡居民基本医疗保险、大病医疗救助、防贫保险、特困人员救助供养、最低生活保障、临时救助、困难残疾人生活补贴和重度残疾人护理补贴等社会保障政策，同时设立了产业发展贴息信贷、为扶贫龙头企业（合作社、致富带头人）和建设扶贫产业提供扶贫岗位等政策和制度。采取政治性赋予行政、事业和国有企业单位扶贫责任与激励市场主体参与扶贫等方式，形成了专项扶贫、行业扶贫、社会扶贫等多方力量、多种举措有机结合、互为支撑的扶贫格局，这些政策措施落地的平台是贫困村、贫困县。过渡时期的"四不摘"政策，一方面保障了原有贫困区域的持续发展，同时也维护了扶贫政策措施的落地平台，能够让各方面的帮扶力量通过村、县行政平台注入农户。

相对贫困人口在城乡分散式分布的特点导致依托村、县行政平台汇集社会力量帮扶贫困人口的方式难以为继，专项帮扶、行业帮扶、社会帮扶等多方力量、多种措施无法继续施展。绝对贫困与相对贫困因所处时代和社会环境不同导致贫困发生的原因、贫困特征、贫困户分布都存在较大差异。

政策措施实施的条件发生转变，解决相对贫困问题的思路和政策选择与制度安排也必然要进行根本性的调整。考察近期社会发展状态与脱贫攻坚工作遇到的新变化，通过对边缘户、受新冠肺炎疫情冲击短期失去收入来源的农户和受经济结构调整影响的返乡老龄劳动力的访谈发现，存在较大部分人群难以适应新时代生产方式、经济活动方式的巨大变化。如何避免这部分人落到绝对贫困群体中是解决相对贫困问题的新课题。

二、相对贫困人口识别及解决相对贫困的基础

（一）相对贫困人口识别与退出的标准和流程识别

目前，较多研究认同从物质和精神双重匮乏视角的识别原则，从相对贫困既有收入低于满足体面生活需要和处于社会困境、难以获得医疗卫生服务的双重维度对相对贫困进行识别。但就如何设定非收入指标和标准还未有文献提供相应的方法，这也反映出识别相对贫困的复杂性。为巩固脱贫攻坚成果，2019年底我国提出了"边缘户"概念，并将其与脱贫对象一起进行识别。按照当前我国平均收入水平，确定年人均可支配收入低于6000元的家庭为"边缘户"，将其纳入监测对象，享受贫困帮扶政策，并进行随进随出动态管理。在执行过程中，将2019年人均可支配收入在6000元以下，因病、因残、因灾引发的刚性支出明显超过上一年度收入和收入大幅度缩减的农牧民识别为边缘户，认定为存在返贫风险。识别流程沿用了以往贫困户识别程序，即在农村常住人口范围内以户为单位；由农户向常住地行政村提交申请；行政村党支部和村委会

（以下简称村“两委”）组织申请农户所在自然村农户代表进行民主评议；无异议后由行政村经乡镇扶贫机构审核后上报县扶贫专设机构；县专设机构将申请户信息与民政、财政、税务、市场监管、房管、车管等涉及个人社会保障、社会各类奖补、财产等级和经济活动的部门数据进行比对；比对结果经乡镇反馈到行政村，同时上报市和自治区（省）进行再次比对；由村“两委”、驻村第一书记和驻村工作队组成工作组对符合条件的农户进行入户调查，核实申请农户的生产生活情况，驻村人员在此担负第三方责任；召开村民大会进行表决、公示，公示无异议后上报乡镇；乡镇依据识别标准对申请户进行审核、公示，公示无异议上报县专设机构；县专设机构对农户信息进行抽查，并在行政村公示申请户信息；县专设部门为申请户确定帮扶责任人；县专设部门组织乡镇将帮扶责任人信息录入扶贫开发信息系统；监测户根据扶贫开发信息系统的信息获得对贫困户的各类政策帮扶；县专设机构进行数据更新和动态管理。边缘户的退出标准为：人均可支配收入超过 7000 元；“两不愁三保障”已解决，解决了饮水问题；因病纳入者恢复健康或死亡，获得大病救助、医疗费得到医保报销，刚性支出减少；纳入低保或低保提档升级；经培训后就业，安排公益岗位；获得教育救助；获得小额贷款；有稳定职业、稳定收入、车房等大额财产。退出程序的启动由村“两委”、驻村第一书记、驻村工作队和帮扶责任人根据退出标准的实现情况提出退出动议。退出标准包含了收入指标、基本生活条件质量、医疗健康保障、最低生活保障及与家庭发展有关的后代教育、就业扶助、家计改善等多个维度。

（二）精准识别相对贫困人口是解决相对贫困问题的基础

进一步分析监测户识别与退出的标准和流程发现，尽管监测户的管理目标是防止已脱贫的农户返贫和遏制新的绝对贫困发生，帮扶工作全面保留了消除绝对贫困的内容，但是对监测户的管理相应地提高了贫困标准，扩大了贫困识别的维度。在农村范围内以监测户标准为参照，相对贫困的致贫原因除现有因病、因残、因灾、劳动力就业不足、财产性收入保障水平低、社会保障供养水平低等与绝对贫困致贫原因一致外，衡量贫困标准的指标，即人均可支配收入水平提高、农村家庭经济活动普及、家庭经营投资项目失败、家庭经营受市场影响陷入困境等因素是导致新的贫困发生的原因。家庭经营失当致贫的可观察程度与传统致贫原因近似，村"两委"和县乡两级扶贫机构同具有识别能力，保障村民监督的有效性。因此，如果将监测对象列为相对贫困户，既与消除绝对贫困政策措施紧密衔接，也拓展了"贫困"的内涵，所监测的人群特征基本符合相对贫困的理论含义。

从城镇和城市人口相对贫困发生的特征看，农村监测户的识别标准和工作程序并不适用于解决城镇和城市人口相对贫困问题，具体表现在两个方面。一方面是识别标准的差异。首先，由于城乡生活方式差异致使家庭收入支出方式不同，城市人群的收入渠道较乡村复杂，收入支出发生的频次远大于乡村家庭，所以将人均可支配收入设定为衡量是否贫困的指标不符合城市和城镇的生活模式。其次，城镇居民没有奖补、补贴等可监测的收入或者该类收入占家庭总收入的比重较小。再次，拥有车房等财产的城镇居民户和有贷款的城镇人口也会因病、残、失业等家庭性突发事件短期或长期落入贫困，个体工商户会因经营失败、负债陷入长期贫困。在家计发展帮扶政策体系中，金融支持政策因贫困户缺少有效信用保障难以落实。另一方面是识别程序的差异。城镇常住居民包括城镇户籍居民和来自多地的农村户籍居民，街道社区组织与常住居民之间在行政、财产等方面连接的紧密程度远低于农村。大多数城镇社区社会工作普及程度较低，社区工作处于传统的城市居委会运行模式，城镇社区缺乏承担贫困识别程序中的组织评议、核实等工作机制。没有建立城镇居民的反贫困体系，也没有专业扶贫工作队伍，城市和城镇积累的反贫困经验不足以解决城市人口相对贫困问题。建立解决城镇居民相对贫困的长效机制是我国反贫困的短板，应作为我国解决相对贫困问题的工作重点。

三、反贫困战略转型与建立解决相对贫困的长效机制

建立解决相对贫困的长效机制意味着我国相对贫困人群将长期存在，即假设无论采用何种识别方法、何种有效帮扶措施，相对贫困都会发生。因此，反贫困任务在我国将会长期存在。承认相对贫困长期存在，一是有利于将反贫困工作纳入我国治理体系和治理能力现代化建设的系统设计中，制定反贫困政策并确立制度的长效性和稳定性；二是有利于反贫困措施能够随着治理体系和社会治理能力现代化建设进程不断完善，根据相对贫困人口的基本特征、致贫原

因的动态变化及时调整解决相对贫困的政策与制度，进一步应对我国反贫困的变化，加强反贫困政策措施的针对性和适用性，提高反贫困政策、措施的实施效力；三是有利于树立我国反贫困战略已转入新阶段的意识，便于在制定解决相对贫困政策和措施的过程中，既能汲取消除绝对贫困阶段积累的经验，也能够从解决相对贫困问题的长期工作安排视角建立长效机制。

（一）建立新时代中国特色社会主义反贫困理论体系和制度

由于相对贫困具有复杂性，因此需要建立新的解决相对贫困的机制。当前，对相对贫困理论的研究已从发展经济学体系延伸到社会学、管理学、行为科学、心理学等多学科领域。但是，已有文献提供的关于世界反贫困理论研究大多立足于资本主义社会现实，与我国社会主义社会存在根本性差异。

在新时代中国特色社会主义理论体系框架下和社会基本矛盾转变的基础上，解决相对贫困问题的理论研究刚刚展开，对相对贫困理论的系统性研究还未形成体系，如对我国相对贫困的性质、相对贫困的发生规律、相对贫困人口在国家和制度中的地位、相对贫困人口的能力与权利、相对贫困的主观心态、相对贫困的代际影响、面对相对贫困和面向相对贫困人口的社会心态、相对贫困人口比例较大地区的社会结构、不同地区之间相对贫困发生的交互影响、反贫困政策绩效的长期影响、帮扶政策与特定人群能力建设的互动关系等的系统性研究尚未形成。对与相对贫困关联紧密的低收入人群的研究也大多从提高收入水平和稳定中等收入群体规模的目标方面展开。

因此，建立解决相对贫困的长效机制是一项系统性工作。相对贫困理论的系统性研究是建立解决相对贫困的长效机制的基石，学术研究成果和理论的缺乏会降低建立相对贫困的长效机制的系统性，或因理论匮乏导致政策短视、制度失当、运行低效的风险，增加了反贫困的社会成本和工作难度。在当前我国制度环境中，建设现代化治理体系、完善社会保障制度和提高社会保障水平都有利于解决相对贫困问题，贫困发生的概率会因社会经济发展而自然降低。

脱贫攻坚战略与推进经济增长的减贫效应相结合，针对我国社会结构特点，实施过渡性措施，持续发挥政治动员的制度优势，有利于遏制农村返贫现象的发生。现行的帮扶措施和实施主体涉及农业、商务、自然资源、林草、发展和改革、经济与信息、民政、交通、水利、电力、通信、文化、教育、医疗卫生、市场监管、金融等部门，这些机构都制定了面向贫困县、乡和贫困户的帮扶政策和制度，在政策和制度制定的过程中，尽管能够与国家帮扶政策中的生产发展、提供就业、易地搬迁、最低生活保障、医疗救助、教育资助和生态补奖等措施所涉及的行业管理相对应，但是各机构独立制定的政策和制度并没有形成系统化体系，政策与措施之间的衔接和互相支撑的机制也未形成，如兴办家庭农场的农牧户会被划入稳定脱贫类别，失去产业扶贫政策的支持。反而因各部门的扶贫制度与其他制度既有结合实施的项目，也有分设的项目，在执行中出现矛盾和冲突，如对规划整村搬迁村的贫困户给予危房改造等。在“摘帽不摘政策、不摘帮扶”的政策实施下，现有各项政策和制度既有交叉重叠，也有难以衔接而空置的现象，运行成本高且效率低，流于形式的政策、制度还没有被清理。因此，梳理现有制度，做好政策与制度之间的衔接，构建全覆盖、高效率、低成本的制度体系，形成良好的反贫困制度环境是建立解决相对贫困的长效机制的基础和核心任务。

（二）坚持“精准”理念，统一政策、分类施策

消除相对贫困是中国共产党的执政理念和中国特色社会主义制度的基本要求。因此，要将解决相对贫困问题作为我国反贫困目标，并将其放在“举国战略”的重要地位进行体制机制创新。解决相对贫困的长效机制的系统性要求将消除相对贫困设定为全社会的行动，建立统领全局和指导子系统安排的纲领性制度。依据中共十九届四中全会做出的《中共中央关于坚持和完善中国特色社会主义制度 推进国家治理体系和治理能力现代化若干重大问题的决定》中确定的原则，应从中国共产党的纲领性文件、立法、国家战略三个层面确立新时代反贫困的原则和纲领。在解决我国社会基本矛盾不平衡不充分问题之前，区域间的发展差距是导致区域人口落入相对贫困的根源，需要发挥“举国体制”的制度优势，在建立解决相对贫困的长效机制中，明确消除区域发展差距的内容、对策，促进欠发达地区经济发展，消除因区域发展不平衡及人口流动能力较弱导致的大面积贫困。继续坚持“精准扶贫”理念，解决经济增长惠及不到的地区和人口的贫困问题。继续推进提高福利救济水平脱贫、产业精准帮扶脱贫等多策并举的有效帮扶模式。在税收、财政减贫专项资金、转移支付补贴、基础教育补助、医疗卫生减贫救助、金融帮扶资金和专项服务、就业、企业用

工的激励政策、农村社会福利、高等教育招生助学、职业技能教育、社会扶贫、行业扶贫等现有扶贫、脱贫措施的基础上，将帮扶措施设定在各个行业的制度体系中。

从人民福利获得与发展能力培育视角分析，相对贫困人群包括劳动群体中出现的相对贫困和非劳动群体中发生的相对贫困两类群体。现行农村针对监测户和边缘户的帮扶措施为：对有劳动能力、有发展生产愿望、符合贷款条件的监测户给予小额信贷或产业奖补政策，鼓励其发展家庭经济；对没有发展生产愿望的监测人员安排公益岗位，保障其家庭收入；对没有劳动能力的监测户实施社会兜底和增加资产收益的政策，保障其基本生活。对监测户从农村进入城市、城镇采取的帮扶措施为：对没有发展生产意愿的监测人员在城市卫生管理和居民小区物业管理等方面安排公益岗位；对没有劳动能力的城镇新居民通过社会综合兜底措施给予扶持，确保其有稳定收入。

因此，首先，应保留和完善在农村实施的条理清晰、各环节主体责任明确的措施，这种模式也为城镇和城市管理原有居民的反贫困问题提供了有益借鉴。其次，应完善城镇和城市的街道社区解决相对贫困的职能，建立以第三方评估为主的反贫困监测人口识别认证体系和制度，扩大城镇和城市扶贫车间、帮扶企业等既有设施，将有落入绝对贫困人群风险、不在相应救助政策惠顾下的城镇和城市人口识别为相对贫困人群，与农村易地搬迁的进城人群并轨管理。再次，在城镇和城市建立解决相对贫困的长效机制，需要将对贫困人口的动态管理与城镇和城市提高就业和收入水平等举措有机结合起来，在政策体系中加强反贫困的针对性。

由于国家治理的“叙事”和社会发展总体目标不同，因此其产生的影响力也不同。解决相对贫困问题是我国实现全面小康社会的执政目标，同时也是各族人民共同的愿望。随着人均收入差距缩小，将保姆、家庭陪护、家政服务等家庭服务岗位提供给劳动技能较低群体已经很难持续运行。通过设定低端劳动岗位解决劳动技能较低的劳动力就业的途径不一定能达到预期目的。与此相关联的精准提供收入机会、社会保障体系的精准覆盖、城镇教育医疗体系等措施也需要补充。解决相对贫困问题是政治资源、经济资源、政策资源、技术资源等国家资源分配制度创新的过程。以人为本缩小城乡人均收入、生活质量和发展差距，提高中低收入人群的获得感，在社会主义制度下获取全民公平认同，树立全体人民社会平等心态意识，这些将是全社会各类群体共同的义务，也构成了解决相对贫困问题的根本目标。

参考文献

[1] 邢成举，李小云．相对贫困与新时代贫困治理机制的构建［J］．改革，2019，（12）：16-25.

[2] 叶兴庆，殷浩栋．2020 年后的减贫战略［J］．经济研究参考，2020，（4）：117-122.

[3] 李小云，苑军军，于乐荣．论 2020 后农村减贫战略与政策：从“扶贫”向“防贫”的转变［J］．农业经济问题，2020，（2）：15-22.

[4] 李国祥．高质量脱贫关系全面建成小康社会成色［J］．农经，2020，（1）：16-19.

[5] 胥爱贵．构建“两个缓冲”机制，巩固脱贫攻坚成果［N］．人民政协报，2019-11-04.

[5] 张传洲．相对贫困的内涵、测度及其治理对策［J］．西北民族大学学报（哲学社会科学版），2020，（2）：112-119.

[6] 王雪岚．从绝对贫困治理到相对贫困治理：中国精准扶贫长效机制的实践路径分析［J］．沈阳工程学院学报（社会科学版），2020，（1）：52-57，90.

[7] 向德平，向凯．多元与发展：相对贫困的内涵及治理［J］．华中科技大学学报（社会科学版），2020，（2）：31-38.

作者简介：于光军，内蒙古自治区社会科学院经济研究所所长、研究员。

江苏返贫预警机制设计与动态帮扶政策调整

赵锦春　李　丹　仇　鑫

摘　要： 通过分析苏北12个扶贫重点县2407户低收入农户江苏已脱贫低收入农户数据资料，揭示苏北低收入户的返贫原因，提出江苏返贫预警机制框架。研究认为，已脱贫农户年人均收入仅略高于贫困线标准、家庭收入结构明显偏重务工与转移性收入、因病残致贫的丧失劳动能力或低劳动能力农户比重偏高是造成江苏低收入农户返贫的主要原因。江苏应逐步建立基于返贫监测指标体系的返贫预警信息管理系统与多部门共享机制。完善低收入农户的返贫风险等级评价并制定分类帮扶方案。引入开发式扶贫的市场化模式创新，提升兜底式扶贫的综合社会保障能力。引导多元社会主体参与扶贫，合理配置基层返贫防控组织资源并强化返贫监测监督。

关键词： 江苏　返贫预警机制　帮扶政策调整

一、引言

1978年至2018年，中国农村贫困人口累计减少7.6亿人，年均减贫人口规模接近1900万人。2018年底全国贫困发生率仅为1.7%，其中，10个省份贫困发生率降至1%以下。[①] 然而，在脱贫攻坚实践过程中，返贫问题依然严峻。以东部发达地区的江苏为例，截至2019年底，江苏累计254.9万低收入人口实现脱贫，821个省定经济薄弱村全部达标，12个省级重点帮扶县区全部摘帽退出。2015年以来，江苏新增和返贫人口超过15万人，因灾、因病、因事、

① 国家统计局住户调查办公室：《中国农村贫困监测报告（2019）》，中国统计出版社，2019。

因学返贫、老龄化等问题已成为江苏低收入户脱贫后返贫的主要原因（卜海，2019；李小云，2020）。2020 年 3 月江苏省委一号文件指出，2020 年要确保脱贫攻坚质量、稳定脱贫攻坚政策，探索建立健全解决相对贫困长效机制。因此，如何巩固江苏精准扶贫成果，创新完善“后小康时代”江苏脱贫体制机制既是创新江苏减贫理论体系的基础性课题，也能够为乡村振兴背景下全国巩固脱贫攻坚成果提供参考。

本文依托 2019 年 11 月江苏省社会科学院农村发展研究所开展的《苏北地区 12 个扶贫开发重点县区“十三五”实施脱贫致富奔小康工程情况第三方评估》工作，获得 2019 年苏北地区 12 个扶贫重点县 200 个行政村 2407 户低收入农户的详细数据资料，构建基于建档立卡低收入户信息监管系统的返贫预警监测及动态帮扶机制，为丰富乡村振兴背景下返贫预警机制研究提供理论与实践指导。本文安排如下：第二部分分析已脱贫低收入农户的返贫风险及成因；第三部分研究返贫预警和动态帮扶机制的基本框架；第四部分提出政策建议。

二、江苏低收入农户脱贫脆弱性与返贫风险

通过对苏北地区 12 个重点帮扶县（区）的 120 个省定经济薄弱村与 2407 个省标建档立卡低收入农户的帮扶脱贫情况所进行的问卷及半结构化访谈调查,[①] 从人均收入、家庭收入构成、主要致贫原因等方面分析低收入农户脱贫脆弱性及返贫风险。

（一）家庭人均收入水平普遍较低

已脱贫低收入农户的家庭人均可支配收入水平整体不高，部分低收入农户的收入水平仅略高于贫困线标准。抽查的 2407 户建档立卡低收入农户人均收入为 10096. 07 元，最低为 6013. 4 元，最高为 43199. 68 元。抽查的低收入农户全部达到省定脱贫标准，但部分低收入农户的人均收入并不高。其中人均收入在 6000 ~ 7999 元的农户占 33. 07%，8000 ~ 9999 元的农户占

① 2019 年 11 月 11 日至 28 日江苏省社会科学院农村发展研究所受江苏省扶贫办委托进行的实地调查核实与评估。

30.95%，超过10000元的农户占35.98%。尤其是人均收入不足7000元的农户占比高达9.8%。[①] 即便有了政府在教育、医疗及住房等方面的基本保障，如若遭遇天灾人祸，近一成的脱贫农户仍有极大的返贫风险（谢玉梅 等，2019）。

（二）收入渠道倚重务工或转移支付

家庭收入来源主要是工资性和转移性收入，持续性增收风险较高。低收入农户的家庭收入中，生产经营性收入占14.87%，工资性收入占57.95%，财产性收入占4.21%，转移性收入占22.97%[②]。因此，务工所得工资是低收入农户家庭收入的重要构成，然而，新冠肺炎疫情的发生使得众多农民工推迟外出务工时间甚至面临降薪裁员等危机。一旦家庭丧失劳动力会对家庭收入来源造成重大影响（高珊 等，2018；宁静 等，2018）。转移性收入是脱贫农户的主要收入来源，过度依赖财政收入较难形成低收入农户的自身增收能力，不利于其稳定脱贫。

（三）因病因残致贫农户比例偏高

低劳动能力或丧失劳动能力农户比重较高。低收入农户致贫原因中，因病致贫占49.48%，因残致贫14.75%，缺劳动力致贫占10.1%，缺技术致贫占7.19%，因学致贫占6.77%，缺资金致贫占5.77%，因灾致贫占2.7%，自身发展动力不足致贫占2.24%。56%的低收入农户家庭中有大病或慢性病患者。调查中，受经济条件及观念制约的低收入农户普遍缺乏定期检查和预防疾病的习惯和意识。此外，也存在因惧怕高额费用、耽误工作、无人照料等理由一再拖延或不愿治疗的情况，从而“小病拖成大病”增加了医疗难度和治疗成本（高珊 等，2018）。

---

① 原始数据来自：江苏省社会科学院课题组，《苏北12个扶贫开发重点县区“十三五”实施脱贫致富奔小康工程情况评估报告》。

② 原始数据来自：江苏省社会科学院课题组，《苏北12个扶贫开发重点县区“十三五”实施脱贫致富奔小康工程情况评估报告》。

三、返贫预警与动态帮扶机制的基本框架

（一）建设返贫监测信息管理系统

1. 构建返贫监测指标体系

将返贫监测指标主要分为主体、供体、载体三类（邓永超，2018）。结合苏北12个县（区）低收入农户的致贫原因及生计脆弱性，将监测指标进一步细化。其中“主体”即贫困人口、家庭，主要包括，①家庭成员基本信息：家庭结构（人口数、劳动力人数，家庭构成）；健康状况（疾病、残疾）；人力资本（年龄、性别、学历、技能、就业或就学状况）；婚姻状况（单身、分居、留守、离异）；心理状况等。②家庭收支情况：就业情况（务工地、职业、就业形态等）；农业生产情况（经营范围、农业生产资料等）；消费支出。③居住状况：地理位置、土地资源、居住条件等。④资产状况：耐用消费品、置业情况等。“供体”即外部经济、社会环境，主要包括，①“两不愁三保障”和饮水安全保障等基本扶贫政策的动态监测。②所在农村及社区环境、生产条件、生产资源、扶贫产业项目经营情况的把握。③国家和省级重大政策变动、如新冠肺炎疫情引起的全球经济社会环境的突变等。“载体”即自然、生态环境，主要包括，①洪涝等气象灾害；极端天气等引起的生物灾害。②如化工厂爆炸等重大安全事故引起的环境污染。③过度种养殖引起的水域及土壤污染等。

2. 制定返贫预警监测标准

第一，设定已脱贫低收入农户人均纯收入动态监测区间。建议按照当地农村人均纯收入的1.5倍为收入上限，以人均8000元/年为收入下限，划定收入返贫标准。第二，依据监测指标体系，划分主体自身预警、政策环境预警和自然环境预警类别。建立贫困家庭、企业和各级政府、多部门共同参与的多元预警主体及自上而下、自下而上的多元预警渠道。以低收入农户家庭收支、健康情况、就业情况、社区返贫环境为核心预警指标，设定高、中、低的风险等级，若连续3年达标则视为稳定，及时退出。第三，开展返贫综合风险指数测评。在返贫监测指标体系的基础上，设定多维返贫监测指标的权重标准，构建对低收入农户的返贫综合评价指数并按照返贫指数划分不同级别的返贫暴露风

险标准。

（二）完善返贫动态帮扶长效机制

1. 优化对象动态调整

通过返贫预警机制的建立，促进动态帮扶政策的有效落实（范和生，2018）。一是制定科学合理的动态调整标准。利用大数据、互联网等信息技术，发挥基层帮扶工作的积极性和主动性。依据低收入农户年度返贫风险评级指数，完善帮扶“退出”“纳入”标准，探索建立低收入农户和经济薄弱村分类管理的具体模式。建立返贫预警系统监测对象的信息反馈机制，及时有效反映脱贫低收入农户的贫困动态变化。二是强化脱贫动态帮扶政策落实。制定易返贫低收入农户差异化的帮扶政策举措，划定不同返贫风险级别低收入农户的持续动态帮扶年限。

2. 完善项目利益联结机制

一是发挥新型农村经营主体的引领作用。将产业发展与扶贫相挂钩，鼓励民营企业、农村专业合作社、家庭大农场等农村经营主体解决贫困人口就业问题，带动周边群众稳定脱贫。二是深化农村地区改革。以土地使用产权等资源入股，发展多种形式的股份合作，保障贫困户享受同等的收益和共享发展机会。完善扶贫资产的股权持有和收益二次分配机制。制定扶贫项目各参与主体的合理利益分配模式。三是重点扶持当地产业发展，探索建立适宜当地发展的产业链。发展不同形式的扶贫项目，将农民增收和特色产业发展、农村环境改善联结起来。

3. 创新调整帮扶政策

一是探索帮扶对象申请制。探索低收入农户帮扶对象申请制。在返贫监测预警和信息管理系统的返贫低收入农户信息识别的基础上，创新传统低收入农户的识别方式，通过低收入农户自我评价，提出帮扶申请。二是探索开展扶贫开发市场化机制创新。在贫困对象和贫困区域重视市场意识培养和市场机制的培育外，重视从外部引入市场，促进扶贫对象与外部市场的联系，创造各类市场平台，引入动态帮扶的市场化机制。三是创新动态帮扶治理结构。推动扶贫计划和项目的决策权下移，建立从完全的政府主导向政府主导、社会组织参与，及政府主导、社会组织和受益群体参与转变的动态帮扶长效机制。综上，本文构建的江苏返贫预警与动态帮扶机制模型见图 1：

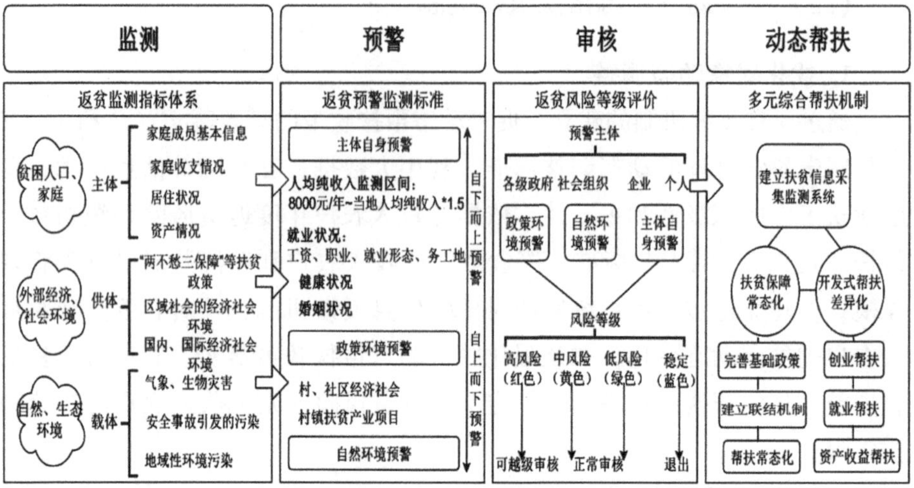

图 1　江苏返贫预警与动态帮扶机制模型

四、建立健全返贫预警与动态帮扶机制的政策调整

（一）建立扶贫信息采集监测系统

1. 创建家庭资产收支账户

一是拓展微观层面低收入农户返贫的监测指标体系。构建包括低收入农户家庭基本信息、家庭要素禀赋、家庭收入和支出明细的家庭资产负债表。定期监测低收入农户家庭劳动力变动、家庭意外突发事件、家庭稳定性收入和家庭消费性支出的明细账户。二是完善低收入农户返贫监测指标的测度。定期核算低收入农户返贫风险度指数，依据不同风险等级标准，对易返贫的低收入农户进行分类风险管理，量化返贫低收入农户的风险指数。三是建立返贫指数监测与实地走访相结合的低收入农户家庭风险评估模式。定期对重点监测的低收入农户进行抽样实地走访和入户调查，核实低收入农户的返贫风险因素及持续性脱贫制约因素，准确掌握易返贫低收入农户的家庭资产收支情况。

2. 推动扶贫信息部门共享

打通多部门之间扶贫信息共享渠道，建立基于社会大扶贫理念下的省级扶贫开发综合信息系统。第一，实现多部门信息共享。以县（市）为单位，开展扶贫、民政、卫生、公安、财政、商务、网信、工商联等多部门扶贫信息共享试点工作，重点推进省级扶贫信息的多部门共享。第二，增设返贫预警数据平台。在各地级市的阳光扶贫系统中均增设“返贫预警”监测板块，完善市级返贫预警监测系统。第三，完善返贫预警的组织架构。建议省市一级设立返贫预警监测中心，乡镇一级设立返贫预警办公室，村级设置返贫预警联络点，形成层层递进、上下贯通的返贫预警监测体系。

3. 引导多元社会组织参与

树立大扶贫理念，积极动员多元化社会组织参与扶贫事业，应着力从生产和需求两个方面开展社会化扶贫。第一，推动扶贫信息公开化，引导社会资本参与扶贫开发。定期向社会发布全省扶贫工作推进情况，低收入农户脱贫成效及经济薄弱村扶贫主攻方向与制约因素。引导上市公司、社会组织、社会团体、爱心人士参与扶贫资源投入，切实拓展脱贫资源渠道，改变单纯依靠财政资金投入的局面（莫光辉 等，2020）。第二，开拓扶贫产品产销市场。在已有消费扶贫、“互联网+”扶贫、网红带货、扶贫展销举措的基础上，鼓励民营企业采取“以购代捐”“以买代帮”等方式采购经济薄弱地区的产品和服务。对接省内、国内发达地区消费市场，拓宽江苏扶贫产品产销渠道。

（二）制定差异化开发式帮扶政策

1. 提升创业帮扶实效

重点发展产业扶贫扶持，引导易返贫创业型低收入农户开展自主创业，自我雇佣。加强对具备产业发展优势返贫监测对象的技能培训和生产性扶持。重点对具有一定劳动能力、具备生产技能和发展潜力的低收入农户采取开发式帮扶措施。加大对其生产经营技能培训、科技服务、市场推介、产销对接等开发式帮扶服务力度。为其设立点对点产业发展小额信贷支持，解决其创业初期的启动资金难题。

2. 拓展就业帮扶渠道

一是加强本地化就业安置。对于具有一定劳动能力，但没有特殊生产手艺或生产技能的返贫监测对象，积极开展转移性就业指导。二是鼓励引导异地转移性就业。通过异地转移性劳动力输出，解决劳动型监测对象的转型就业问题。三是增加公益性岗位帮扶数量。对于年龄较大、转移性就业较难、又具备一定劳动能力的返贫监测对象，开展公益性岗位帮扶。增设卫生保洁、园林环卫、公共设施养护等公益性岗位，多渠道安置这一类型的返贫监测对象。同时，鼓励监测对象参与农村项目的保安、巡查等轻体力劳动。

3. 开展资产收益扶贫

对丧失劳动能力的返贫监测对象，加大资产收益扶贫帮扶力度。一是基于传统产业发展，开展资产收益扶贫。将农村自然资源、农民自有资源及扶贫资金资产化，将扶贫资金折算为农民所拥有的股份后，通过成立农村专业合作社、股份公司等经济实体并进行市场化经营和运作（张大鹏 等，2020）。二是开展资产组合收益，增加返贫监测对象的财产性收入。在贫困户易地搬迁或集中居住之后，以大规模、集中式土地流转的方式，提高监测对象的财产性收入。三是基于自然垄断产业扶贫项目的资产收益扶贫。鼓励通过土地供给，发展光伏发电项目，扩大电站捐建规模、实现电站标准化及创新电站管理获得固定的资产收益。

（三）推动扶贫保障常态化转型

1. 完善"两不愁三保障"政策

持续推动开发式帮扶与保障性措施的"双轮"驱动，推动返贫监测对象社会保障政策体系建设。一是充分发挥保障性兜底政策的托底作用。建立农民基础养老金、低保标准、五保标准和基本医疗保障水平与地区经济发展和物价水平相结合的动态调整机制，提高兜底性社会保障政策对返贫监测对象的托底作用。二是保持帮扶政策的连续性和有效性。基于返贫动态监测信息系统，对返贫监测对象的脱贫政策设置"缓冲期"。加强动态返贫预警，持续关注在"缓冲期"内的新增返贫人口及较难实现稳定脱贫的低收入农户加强监管和政策扶持。

2. 建立综合社会保障衔接机制

一是提升易返贫低收入农户的综合社会保障覆盖面。结合致贫原因和返贫预警等级，落实低收入农户的社会保障政策。对于因病、因残、因灾等意外变故返贫致贫的家庭，及时落实健康扶贫和残疾人、灾害、临时救助等政策，保障其基本生活。二是探索农村低保与扶贫政策衔接制度。着力推动返贫监测预警指标标准与农村低保标准的“两线合一”“双标合一”。探索低收入农户多维贫困预警识别指标体系与农村低保户多维识别标准的有效衔接。三是充分发挥临时性救助的帮扶作用。加强对重点监测低收入农户因灾、因残、因病等意外事件的临时性救助。完善社会参与扶贫的社会捐助制度，提升社会参与扶贫精准度。

3. 推动动态帮扶常态化制度化

首先，推动扶贫政策保障制度的立法。通过完善精准扶贫法律规范体系，开展针对扶贫产业项目、扶贫资产归属、扶贫资金管理与分配、扶贫项目经营风险监督责任等方面的专项立法。其次，转变扶贫参与激励政策。建立多元社会主体参与扶贫开发的制度化激励政策体系，推动参与扶贫事业的“管理型激励”向“契约型激励”转变（邓永超，2018）。强调脱贫绩效导向下的扶贫开发项目建设模式，增强扶贫绩效在扶贫项目参与主体激励过程中的作用。最后，加强社会组织参与扶贫的法制保障，提升社会组织、爱心人士参与扶贫救助的合法地位，推动政府逐渐从扶贫实施者向扶贫监督者、检查验收者等角色转换。

（四）强化返贫预警与责任落实

1. 优化返贫防控组织协调

一是树立“脱贫是政绩，防范返贫也是政绩”的政绩观。省一级督促各市级扶贫相关单位，加强本辖区各县、乡镇、村的返贫预警监测工作。各级政府应充分认识返贫预警监测的重要性。二是注重发挥基层党建扶贫的作用。利用基层村级组织加强对返贫防控工作的科学规划、明确年度实施计划和任务分解、责任人落实。三是充分发挥基层扶贫干部返贫监测作用。建立基层干部尤其是村“两委”、驻村扶贫工作队、村扶贫专干、贫困户帮扶联系人等定期跟踪回访制度，加强省市定期“回头看”制度建设，杜绝返贫隐患。

2. 加强返贫防控成效监督

一是加强返贫监测与动态帮考核。建立针对返贫预警监测低收入农户、扶贫项目经营情况跟踪、扶贫资金使用与绩效监管、返贫预警事前监管、多样化动态帮扶政策落实情况的定期监督与考评制度，并将其作为后期扶贫资金投入、项目建设、扶贫资源投入等方面的重要参考指标。二是探索多元化的返贫监督体制。通过外部监督体系共同作用，探索建立多层次返贫监督考核体系。发挥好地方人大、政协、检察院等机关对于返贫防控成效的监督作用。利用信访和网络新媒体等信息渠道，及时反馈监督意见。

参考文献

［1］李小云，苑军军，于乐荣．论2020后农村减贫战略与政策：从“扶贫”向“防贫”的转变［J］．农业经济问题，2020（2）：15-22.

［2］卜海．我国脱贫再返贫防范机制的建立和运行问题研究［J］．江苏师范大学学报（哲学社会科学版），2018，44（6）：1-9.

［3］邓永超．乡村振兴下精准扶贫中防治返贫的优化机制［J］．湖南财政经济学院学报，2018，34（4）：49-56.

［4］谢玉梅，丁凤霞．基于贫困脆弱性视角下的就业扶贫影响效应研究［J］．上海财经大学学报：哲学社会科学版，2019，21（3）：18-32.

［5］范和生．返贫预警机制构建探究［J］．中国特色社会主义研究，2018（1）：57-63.

［6］高珊，赵锦春，顾纯磊．进一步提升江苏精准扶贫质量的路径研究［R］．决策咨询专报，2018（8）.

［7］江苏省社会科学院课题组．苏北12个扶贫开发重点县区“十三五”实施脱贫致富奔小康工程情况评估报告［R］．第三方机构评估报告汇编，2019-12-15.

［8］莫光辉，杨敏．2020年后中国减贫前瞻：精准扶贫实践与研究转向［J］．河南社会科学，2019，27（6）：99-106.

［9］张大鹏，陈池波．旅游发展促进了连片特困地区的包容性增长吗?：来自中部贫困县的证据［J］．农业技术经济，2020（4）：107-116.

［10］宁静，殷浩栋，汪三贵，等．易地扶贫搬迁减少了贫困脆弱性吗?：基于8省16县易地扶贫搬迁准实验研究的PSM-DID分析［J］．中国人口资源与环境，2018，28（11）：20-28.

［**基金项目**］江苏省社会科学基金项目："江苏农民资金互助合作社可持续发展路径研究"，项目批准号：17EYB013；2020 年江苏省社会科学院首批自组学科项目："城乡融合视角下益贫式增长实现路径研究"；2020 年江苏省社会科学院首批重点学科项目："农村经济学"；2020 年江苏省社会科学院院长应急课题："江苏建立健全返贫监测预警和动态帮扶制度研究"，项目批准号：YJ2020A10。

作者简介：赵锦春，江苏省社会科学院农村发展研究所副研究员；李丹，江苏省社会科学院农村发展研究所助理研究员；仇鑫，南京大学中美文化研究中心客房部主管。

协同治理视角下的相对贫困治理机制创新

徐志明

摘　要：“十四五”时期，中国反贫困工作将由消除绝对贫困转向缓解相对贫困。传统扶贫体制存在政府热、市场冷、社会弱的问题，以及政府不同部门之间、上下级政府之间、政府与企业之间、政府与农户之间、政府与社会之间的治理碎片化问题。由于相对贫困的多元性、复杂性、长期性，需要发挥政府、市场、社会的作用，建立政府、村级组织、企业、农户、社会组织“五位一体”的多元协同扶贫治理机制。为此，需要加强贫困治理主体之间的目标协同、机制协同、技术协同，主要对策建议包括建立城乡一体化扶贫机制、强化扶贫领导小组的作用、推动低保制度与扶贫开发制度的有效衔接、利用现代信息技术实现部门间信息共享。

关键词：相对贫困　协同治理　机制创新

2018年8月中共中央、国务院发布《关于打赢脱贫攻坚战三年行动的指导意见》，要求到2020年，确保现行标准下农村贫困人口实现脱贫，消除绝对贫困等目标。2019年10月党的十九届四中全会提出“坚决打赢脱贫攻坚战，建立解决相对贫困的长效机制”。“十四五”时期，中国反贫困工作将由消除绝对贫困转向缓解相对贫困。如何在借鉴传统扶贫治理机制优势的基础上创新相对贫困治理机制，是实践工作者和理论工作者需要急切回答的问题。

一、引言

改革开放40多年来，我国农村绝大部分农户逐步摆脱绝对贫困，世界银行认为，中国在推进包容可持续的发展中取得重大进展，减贫工作取得了史无前例的成就。“我国即将于2020年实现现行标准下农村贫困人口脱贫，历史性地整体消除绝对贫困现象。消除绝对贫困是历史性的成就，但并不意味着减贫工作已完成，我国的相对贫困仍将长期存在。2020年后的减贫工作将转向缓解相对贫困，为此需要重塑减贫政策体系，建立解决相对贫困的长效机制，将针对绝对贫困的脱贫攻坚举措逐步调整为针对相对贫困的日常性帮扶措施。”①

建立相对贫困治理机制，需要处理好政府与市场的关系。在贫困治理中，政府与市场承担不同的职能和不同的作用边界，又都有各自的不足。建立解决相对贫困长效机制，需要做到政府有为与市场有效相结合，尤其是要强化市场机制的作用，强化企业、农户等市场主体的作用。在反贫困实践中强化市场机制的作用已经形成共识，但如何有效利用市场机制，需要在实践中不断探索。

发达国家解决相对贫困问题已经进行了长期的探索，在相对贫困标准的制定、扶持手段等方面积累了一定的经验，但发达国家的贫困治理体制并不完全适合中国。发达国家以社会救助扶贫为主，扶贫精准性欠缺，扶贫力度不足。建立解决相对贫困的长效机制，是中国特色社会主义制度的本质要求，可以发挥社会主义制度的优越性，以及政府调控能力强、可以集中力量办大事的优势。

二、贫困协同治理机制文献研究

随着2020年绝对贫困的消除，相对贫困问题已成为研究热点。在2年多时间内，理论界在对相对贫困的标准、特征、成因等进行理论研究的同时，逐步拓展到建立解决相对贫困的战略、体制机制、政策体系等应用研究，并在许多方面达成了共识。

（一）关于建立贫困协同治理机制的必要性

用协同治理理论来指导精准扶贫，具有重要意义。这是因为，协同治理与精准扶贫的治理主体相同、治理过程相似、治理目标相近。“复杂性、系统性、多维性是贫困的主要表征，中国贫困治理逐步从单一经济发展走向多元维度介

① 叶兴庆：《从消除绝对贫困到缓解相对贫困：中国减贫历程与2020年后的减贫战略》，《改革》2019年第12期。

入，走向综合性治理、系统性治理，从运动式治理转向制度性治理。在治理主体参与方面，由国家统揽贫困治理、国家主导下市场导向贫困治理转变为政府主导下大扶贫新格局。”① “在动员的主体方面，学者们不仅赞成全社会参与理念，而且更加注重从治理理念出发，倡导多主体的动员。这一方面是源于精准扶贫任务的繁重性，政府不可能包干；另一方面也源于多主体的合作能带来巨大的价值，实现共享发展。”②

（二）关于贫困协同治理机制的内涵

机制是指各要素之间的结构关系和运行方式，指有机体的构造、功能及其相互关系。“协同治理”通常与“共同治理”“整体治理”“网络化治理”等概念通用。“从协同治理理论的目的和执行过程的特点来看，协同治理理论是指在公共生活过程中，政府、非政府组织、企业、公民个人共同参与到公共管理的实践中，在发挥各自的独特作用的同时，取长补短组建成和谐系统高效的公共治理网络。”③

协同治理，作为公共管理领域的一个新兴概念，本质是通过在共同处理复杂社会公共事务过程中的相互关系协调、协同行动，耦合结构和资源共享，从根本上弥补政府、市场和社会单一主体治理的局限性，以最低的成本实现整体功能大于各部分功能之和的效果。“一是主体协同：有效发挥政府和其他扶贫主体的主观能动性，建立精准扶贫的主体协同治理机制，形成扶贫开发新合力，以深化协作互动机制。提高政府履行贫困治理职能的行动能力，拓展企业、合作社等市场主体的扶贫绩效，强化社会组织和社区资源的扶贫力量。二是技术协同：发挥政府治理技术、利用协商民主技术和网络信息技术、引进农业科学技术，实现源头、过程与末端的因素共享和综合治理，建立精准扶贫的技术协同机制，以促进整合功能的发挥。推进扶贫资源配置决策的民主化法治

---

① 田丰韶：《从体制区隔走向协同治理：兰考精准脱贫的实践与思考》，《中国农业大学学报》（社会科学版）2017 年第 5 期。

② 袁小平、杨爽：《精准扶贫中的社会动员：政府、市场与共意》，《济南大学学报》（社会科学版）2018 年第 5 期。

③ 朱纪华：《协同治理：新时期我国公共管理范式的创新与路径》，《上海市经济管理干部学院学报》，2010 年第 1 期。

化，搭建基于大数据思维的社会扶贫信息服务平台。”①

（三）关于相对贫困协同治理的对策

近 2 年，理论界对如何构建相对贫困治理机制的研究逐渐增多。一是建立城乡一体的扶贫治理机制。“2020 年之后，中国扶贫工作应该由集中式减贫治理战略转向常规性减贫治理战略，即实现三个转变——由解决绝对贫困向解决相对贫困转变，由重点解决农村贫困向城乡减贫融合推进转变，由重点解决国内贫困向国内减贫与国际减贫合作相结合方向转变。”② “随着城市贫困群体的显著增加，加之低收入群体在城乡之间的流动性不断增强，两个标准和机构不统一的扶贫系统容易使大量的贫困群体被排斥在救助范围之外。因此，‘十四五’期间应建立城乡统一的扶贫体制。”③ 二是建立常态化的扶贫机制。“2020 年后的减贫工作将转向缓解相对贫困，为此需要重塑减贫政策体系，建立解决相对贫困的长效机制，将针对绝对贫困的脱贫攻坚举措逐步调整为针对相对贫困的日常性帮扶措施。”④ 三是建立农村减贫战略与乡村振兴战略的联动机制。“从长远发展看，需要把农村减贫战略与乡村振兴战略有机衔接起来，建立可持续的农村减贫和农民增收长效机制。”⑤

（四）已有研究的不足

理论界对贫困协同治理的理念已经形成共识，但对贫困治理细碎化的表现、成因及对策等研究还存在较多的分歧。一是对贫困治理主体的类型有分歧。对贫困治理主体，不同学者从不同的角度有不同的理解。扶贫的复杂性、艰巨性，要求参与主体多样，协同治理主体呈现多元化态势发展，有的从政府、市场、非政府组织等三大主体加以分析，有的从政府、市场、农户、村级

---

① 管志利：协同治理视角下精准扶贫工作机制的构建——基于广西实践的反思［J］. 贵州省党校学报，2017（1）.

② 孙久文、夏添：《中国扶贫战略与 2020 年后相对贫困线划定——基于理论、政策和数据的分析》，《中国农村经济》2019 年第 10 期。

③ 叶兴庆：《从消除绝对贫困到缓解相对贫困：中国减贫历程与 2020 年后的减贫战略》，《改革》2019 年第 12 期。

④ 叶兴庆：《从消除绝对贫困到缓解相对贫困：中国减贫历程与 2020 年后的减贫战略》，《改革》2019 年第 12 期。

⑤ 魏后凯：《2020 年后中国减贫的新战略》，《中州学刊》2018 年第 9 期。

组织、社会组织等五大主体加以分析。二是对贫困治理碎片化的表现、成因、对策研究不足。贫困治理碎片化主要表现为政府部门之间、政府与市场主体之间、政府与贫困主体之间、政府与社会组织之间的碎片化，但对碎片化的根源还研究得不够深入。三是对相对贫困协同治理的对策研究不足。相对贫困的特点，要求建立与其适应的贫困治理机制，但未来扶贫体制如何改革和构建，无论在理论上、还是在实践上都还没有形成统一认识。

三、传统贫困治理机制的缺陷

传统扶贫治理机制存在政府热、市场冷、社会弱的问题，以及政府不同部门之间、上下级政府之间、政府与企业之间、政府与农户之间、政府与社会之间的治理碎片化问题。

（一）政府不同部门的治理碎片化

传统扶贫治理机制存在重农村、轻城市的倾向。一是城乡之间的碎片化。城市扶贫与农村扶贫在机构设置、贫困标准、扶贫机制等都存在差异。农村主要由政府扶贫办公室负责扶贫工作的统筹与协调，城市主要由劳动与社会保障部门负责反贫困。农村有较为完整的产业化、就业和社会保障扶贫机制，城市主要是就业和最低保障制度扶贫。二是不同政府部门之间的碎片化。由于城乡机构分设、信息传递不畅等原因，导致政府不同部门在治理目标、政策、手段等方面缺乏协同。

（二）上下级政府之间的治理碎片化

中国几十年的贫困治理逐渐形成了政府强力主导的模式，这种政府大包大揽主导扶贫工作的模式，一方面形成一种压力型体制，最终全部压力传导至基层，基层不堪重负，制造数字脱贫的乱象；另一方面也滋生了基层的惰性，不利于调动贫困群体脱贫致富的积极性，无法达到持续脱贫的理想效果。同时，由于上下级政府之间信息不对称，在贫困户、贫困村及扶贫项目的确定上，存在不同程度的贫困瞄准偏差，以及扶贫资源的错配。

（三）政府与贫困主体之间的治理碎片化

政府与贫困主体之间由于追求的目标不一致导致治理细碎化。主要表现为，政府部门有较强的反贫困积极性，而贫困农户则存在一定的依赖性及发展能力不足等问题。在贫困户识别过程中，由于贫困的多元性、动态性，造成了贫困对象识别的错位。在贫困户退出过程中，由于贫困户在产业发展、就业、教育、医疗、养老等方面得到了政府和社会的大力扶持，存在贫困户退出意愿低的问题。

（四）政府与企业等市场主体之间的治理碎片化

政府与企业等市场主体之间的治理碎片化，集中反映在产业化扶贫中。政府主要以行政手段配置资源，市场主要以价格机制配置资源。在传统扶贫体制中，两者目标不一致，导致企业扶贫积极性低，市场机制作用发挥不足，扶贫效率差，扶贫可持续性不足。

（五）政府与社会组织之间的治理碎片化

社会组织主要包括行业协会、学术性社团、环保组织、公益性团体等非营利组织，在社会保障、扶贫监测等方面发挥重要作用。由于政策激励不足，加上自身实力较弱，社会组织在传统扶贫中积极性有待提高。

四、建立“五位一体”的相对贫困协同治理机制

建立解决相对贫困长效机制，必须处理好政府与市场的关系，科学调整利益结构与资源配置方式，让有为政府与有效市场协同发力。政府、农户、村级组织、企业、社会组织等五大主体既职责分明，在各自领域内发挥作用，又相互配合、相互补充、相互促进。

（一）发挥政府的组织领导作用

推动经济社会发展、缩小贫富差距、减少贫困是政府的主要职责之一。“改革开放以来，各级政府一直是扶贫事业的重要主导力量，并根据扶贫工作

需求渐次制定了多项政策文件，使得我国的扶贫实践具有比较典型的阶段性特征。”① 政府在基础设施建设、缩小贫富差距等方面能解决市场解决不了的问题，同时在调动村级组织、企业、贫困户等其他贫困治理主体的积极性方面有不可替代的作用，主要职能包括制定扶贫规划与政策，加强基础设施建设和公共服务投资，推动产业发展，完善分配和社会保障制度，进行扶贫绩效评估和监管等多个方面。

由于信息不灵、逆向激励等原因，政府扶贫也存在决策不准，缺乏效率等问题。在相对贫困阶段，政府的扶贫治理机制需要转换。一是建立城乡统一的扶贫管理机构。相对贫困不仅存在于农村，也存在于城市。随着城乡一体化进程的推进，城乡间的人口、劳力流动不断加快，农民工群体成为新的城市贫困群体。为推动城乡融合发展，需要建立城乡统筹的扶贫协调管理机构。二是各级政府之间做好分工协作。中国是五级政府，各级政府之间要在扶贫工作中做好职能分工。如中央政府和省级政府主要负责扶贫规划和政策的制定、加大对欠发达地区的扶持等，县乡基层政府主要负责规划和项目的落实等。三是充分发挥分配的收入调节作用。缓解相对贫困的实质是缩小贫富差距，完善分配制度在解决相对贫困中有极为重要的作用。在解决相对贫困过程中，政府应通过加大对欠发达地区的转移支付、完善社会保障制度等，让贫困主体共享发展成果。

（二）发挥市场主体的推动作用

政府的行政手段有利于解决大范围、集中性贫困问题，但较难在专业性和精准性上凸显优势，而市场机制是一种分散决策机制，市场主体较政府更具有专业性、精准性。发挥企业等市场主体在吸纳贫困劳力、资产收益扶贫等方面的积极作用，有利于提高扶贫效率，使扶贫更可持续。

企业以盈利为目的，政府可以通过财政补贴、税收减免、政策性保险等政策手段，调动企业参与扶贫的积极性。“政府扶贫中引入市场机制可以分为两个方面：一是扶贫资源配置的市场化，以使得扶贫资源配置最优化；二是扶贫

① 王文彬、徐顽强：《脱贫攻坚实践与进路：一个主体自觉分析框架》，《甘肃社会科学》2019 年第 3 期。

主体的市场化，吸引社会资本参与扶贫。”① “围绕扶贫对象致贫原因有针对性地开展产业扶贫、教育扶贫、移民搬迁扶贫、社会保障扶贫以及光伏扶贫、植树扶贫、电商扶贫等多种扶贫措施并举。”② “在政府主导下，引入市场参与扶贫资源配置、运作的合作模式包括政府与社会资本合作模式、政府购买服务、资产收益扶贫以及电商扶贫。其中，政府与社会资本合作模式又称为公私合作模式，即 PPP，旨在基础设施、公共工程与公共服务等领域形成政府与非政府主体合作共赢的供给机制。”③

（三）发挥农户的主体作用

农户既是扶贫的对象，又是参与贫困治理的主体。参与式扶贫不仅包括壮大扶贫参与群体，而且还包括更加有效地激发贫困农民的主体性。不同类型的农户，贫困治理的途径不同。对于有劳动能力的农户，可以利用产业扶贫、就业扶贫等途径帮助其脱贫；对于没有劳动能力的农户，可以利用资产收益扶贫、社会保障等途径帮助其脱贫。

低收入农户又存在一定的身体、知识、能力等缺陷，是市场经济中的弱势群体，需要政府在产业、就业、教育、医疗等方面进行扶持。首先是能力建设。通过培训提高劳动力的素质和技能；通过小额贷款解决其资金不足问题。其次是扶贫更要扶志。在社会氛围上，坚持正向激励，促进低收入农户自力更生、艰苦奋斗，逐步形成有劳有得、多劳多得的氛围，理性对待社会救助、政府帮扶。选出一批立足自身实现脱贫的奋进典型和带动他人共同致富的奉献典型，用榜样力量激发贫困群众脱贫信心和斗志，营造“比学赶超”的浓厚氛围。在扶贫方式上，改革对低收入农户的帮扶方式，对于有劳动能力的，加大奖补力度，提倡多劳者多得、多奖，逐步减少简单的补贴式扶贫、分红式扶贫、“输血式”扶贫、“保姆式”扶贫。

---

① 应泽华、黄东兵：《政府主导下引入市场机制的精准扶贫研究综述》，《现代国企研究》，2018 年第 8 期。

② 许军涛、霍黎明：《构建政府与市场协同发力的大扶贫格局》，《学习时报》2019 年 6 月 19 日第 4 版。

③ 应泽华、黄东兵：《政府主导下引入市场机制的精准扶贫研究综述》，《现代国企研究》2018 年第 8 期。

（四）发挥村级组织的协调作用

村级组织是一个不同于政府、不同于企业的特殊组织，既承担一定的行政职能，又承担一定的经济职能。村级组织在贫困治理中上接政府，下接贫困农户，在贫困户的确定、扶贫项目实施等方面发挥重要作用。

通过发展村级集体经济、土地股份合作社等方式，发挥村级组织的带动作用。以媒体作为宣传平台向社会广泛宣传，激发工商企业致富思源、回报家乡的热情。通过各种宣传媒体提高民营企业社会影响和知名度，同时引导企业实现战略性捐赠；构筑“村企合作”的共同致富的平台，形成优势互补的利益共同体。引入市场机制和吸引社会资本，才可以有效地培养贫困对象的市场意识和市场能力，同时还要培养企业成为专业化的扶贫组织，提高扶贫效率。

（五）发挥社会组织的辅助作用

随着经济与社会的发展，民间财富积累日益丰厚，社会各界广泛参与扶贫的潜力巨大。市场配置资源的缺陷日益显露、政府调控功能也不是万能的，行业协会、学术性社团、环保组织、公益性团体等社会组织或非营利组织整合配置资源的功能优势在社会管理创新实践中的作用不容小觑，因此社会组织参与协同治理是必然的。在解决相对贫困的过程中，社会组织在教育、医疗、最低生活保障等社会救助方面发挥重大作用。

社会组织有扶贫的积极性，但缺少政策扶持。各级政府在大力组织政府机关、大专院校、科研单位和国有企业承担扶贫任务的同时，应更加注重引导民营企业、慈善组织、社会团体、爱心人士等社会各界广泛参与扶贫济困。除广泛开展宣传等示范教育外，关键是要建立一个科学、公开、透明的社会参与扶贫救助制度，既包括社会捐助的抵扣税等财税激励政策，也包括建立确保社会各界捐助的物资、资金能精准惠及目标贫困人口的管理制度。“借助公益组织拥有的发展资源和专门性人才，可以为农民提供更多的公共服务和产品，进而消除公共服务供给方面的贫困现象。政府应该通过财政补贴、税收优惠以及情感感召等方式，鼓励社会组织增多对扶贫工作的援助行动。”①

---

① 王文彬、徐顽强：《脱贫攻坚实践与进路：一个主体自觉分析框架》，《甘肃社会科学》2019 年第 3 期。

五、结论与建议

与发达国家扶贫体制相比，中国通过开发式扶贫及先富带后富，在解决相对贫困上具有更丰富的手段，也更重视相对贫困问题的解决。建立解决相对贫困治理机制，需要发挥政府、贫困农户、村级组织、企业、社会组织五大主体的作用，并使之相互配合、相互促进，为此需要做到贫困治理主体之间的目标协同、机制协同、技术协同。

为推进相对贫困协同治理机制的建立，提出以下对策建议。一是建立城乡一体化扶贫机制。针对相对贫困的特点和城乡一体化要求，应建立城乡一体的反贫困治理机构，在相对贫困的标准、政策等方面进行城乡统筹。二是强化扶贫领导小组的作用。发挥扶贫领导小组跨部门、跨区域联动协调作用，提升相对贫困治理协同应对能力。三是推动低保制度与扶贫开发制度的有效衔接。未来，社会保障体系应该成为反贫困的根本方式。通过强化社会保障体系，逐年提高低保标准，实现低保制度与扶贫开发制度的有效衔接。四是利用现代信息技术实现部门间信息共享。以县（区）为单位，开展扶贫、民政、卫生、公安、财政等部门扶贫信息共享试点。通过多个治理主体之间的信息共享，为部门之间协同治理提供技术支撑。

作者简介：徐志明，江苏省社会科学院农村发展研究所所长、研究员。

从脱贫迈向振兴：贵州乡村旅游发展的再思考

邓小海

摘　要：当前，我国正处在脱贫攻坚向乡村振兴转换期。从脱贫攻坚迈向乡村振兴过程中，乡村旅游发展必然需要发展转变。本文从旅游资源与贫困地区分布重叠性及实践取得的成效方面分析了乡村旅游是贵州脱贫攻坚的重要渠道。同时也围绕“产业兴旺、生态宜居、乡风文明、治理有效、生活富裕”乡村振兴总体要求，阐述了乡村旅游发展是贵州实现乡村振兴的路径选择。在此基础上，立足脱贫攻坚向乡村振兴转换，系统阐述了乡村旅游发展转变的内在要求。最后，从推动发展动能转换和发展方式转变两个方面提出了贵州乡村旅游发展的对策建议。

关键词：脱贫攻坚　乡村振兴　贵州　乡村旅游

当前，我国正处于脱贫攻坚向乡村振兴转换的时期。2018 年，中共中央、国务院印发《关于打赢脱贫攻坚战三年行动的指导意见》，提出“确保到 2020 年贫困地区和贫困群众同全国一道进入全面小康社会，为实施乡村振兴战略打好基础”。2018 年，中央以一号文件的形式，发布了《中共中央国务院关于实施乡村振兴战略的意见》，指出“乡村振兴战略是决胜全面建成小康社会、全面建设社会主义现代化国家的重大历史任务，是新时代‘三农’工作的总抓手”。同年，中共中央、国务院印发《乡村振兴战略规划（2018—2022 年）》，“对实施乡村振兴战略作出阶段性谋划，明确至 2020 年全面建成小康社会”。

一、乡村旅游是实现脱贫攻坚的重要渠道

（一）旅游资源与贫困地区分布高度重叠

由表1可知，从空间分布来看，贵州旅游资源与贫困地区具有高度的重叠性。按照旅游资源丰度进行排列，贵州旅游资源丰度排在前30的县（市、区）中，有27个属于贫困县，占90%。因此，从总体范围来看，贵州省旅游资源与贫困分布的重叠度超过80%。

表1　贵州省旅游资源丰度与贫困县重叠情况

(市、区)	综合得分	排位	是否为贫困县	县(市、区)	综合得分	排位	是否为贫困县	县(市、区)	综合得分	排位	是否为贫困县
赤水市	954	1	是	锦屏县	466	11	是	水城县	352	21	是
镇远县	674	2	是	麻江县	455	12	是	沿河县	335	22	是
西秀区	671	3	是	荔波县	431	13	是	榕江县	331	23	是
思南县	661	4	是	道真县	425	14	是	盘州市	325	24	是
织金县	614	5	是	松桃县	422	15	是	印江县	320	25	是
花溪区	584	6	否	汇川区	397	16	否	德江县	306	26	是
江口县	560	7	是	岑巩县	374	17	是	紫云县	300	27	是
黎平县	518	8	是	开阳县	367	18	否	黄平县	299	28	是
习水县	475	9	是	镇宁县	362	19	是	普定县	297	29	是
平坝区	468	10	是	从江县	354	20	是	施秉县	296	30	是

资料来源：贵州省文化和旅游局；《贵州统计年鉴2019》。

（二）乡村旅游助力脱贫攻坚

大量实践证明，乡村旅游是促进贫困地区发展，带动贫困人口脱贫的重要途径。乡村旅游属于以产品和服务提供为基础的高度综合性产业，能有效带动地区经济、社会、文化和生态的全面发展，具备拉动农村地区第一产业、联动第二产业和带动第三产业的“综合动力”，被认为是促进农村经济持续发展的

"润滑剂"，旅游开发已成为加快农村经济发展的重要手段。"十三五"期间，我国计划通过发展乡村旅游带动超过1200万的贫困人口脱贫，占总贫困人口的17%。

贵州是全国最早提出旅游扶贫的省份。早在1992年，贵州就确定"以旅游促进对外开放，以旅游促进脱贫致富"的旅游业发展方向。"十二五"以来，通过实施项目带动和旅游业助推脱贫攻坚三年行动，乡村旅游发展实现快速发展。根据《贵州省发展旅游业助推脱贫攻坚三年行动方案》，2017—2019年贵州通过实施旅游扶贫九项工程，力争带动100万贫困人口脱贫，占到全省贫困人口的20%以上。其中：旅游项目建设扶贫工程17万人、景区带动旅游扶贫工程9万人、旅游资源开发扶贫工程7万人、乡村旅游扶贫工程25万人、旅游商品扶贫工程10万人、"旅游+"多产业融合发展扶贫工程3万人、旅游结对帮扶工程4万人、乡村旅游标准化建设工程、旅游教育培训扶贫工程。

二、乡村旅游是乡村振兴的路径选择

（一）乡村旅游关联产业兴旺

在《乡村振兴战略规划（2018—2022年）》中，其间多处直接或者间接涉及旅游业的内容，并且在发展目标中就有"休闲农业和乡村旅游接待人次"。产业兴旺中明确要求"实施休闲农业和乡村旅游精品工程"，改造一批休闲农业村庄道路、供水、停车场、厕所等设施，树立和推介一批休闲农业和乡村旅游精品品牌，培育一批美丽休闲乡村、休闲农庄（园）、休闲观光园区、国家森林步道、康养基地、森林人家、乡村民宿、乡村旅游区（点）等精品。搭建发布推介平台，开展休闲农业和乡村旅游精品发布推介活动。除此之外，在乡村发展生态农业、设施农业、体验农业、定制农业和发展创意农业、特色文化产业等，很大程度上也需要借助乡村旅游搭建的市场新渠道。

作为第三产业，乡村旅游本身效益一般会比传统的第一产业更为显著。更为重要的是，由于乡村旅游的带动效益，其能推动农业产业结构调整，促进农村产业转型升级，加快推进农村农业产业革命，推进农业产业现代化，完善农村产业体系；能促进农村三次产业深度融合，延长农业产业价值链条，挖掘农业产业附加值；能丰富农村产业类型，带动建筑业、加工业和服务业等产业发展。因此，发展乡村旅游是激活农村产业的重要途径。

（二）乡村旅游关联生态宜居

生态建设部分，涉及的产业发展内容，几乎全部与旅游业相关。文件明确规定，“加快发展森林草原旅游、河湖湿地观光、冰雪海上运动、野生动物驯养观赏等产业，积极开发观光农业、游憩休闲、健康养生、生态教育等服务。创建一批特色生态旅游示范村镇和精品线路，打造绿色生态环保的乡村生态旅游产业链”。旅游业是与“乡村宜居”最为兼容的产业，也是将乡村生态资源转化成经济来源的首位产业。在这样一个大背景下，迫切需要将旅游业作为乡村经济振兴的主体产业，稳步提高旅游经济在乡村经济中的比重，通过特色旅游业的发展为乡村振兴注入新的动力。良好的生态环境、独特乡村人文景观是乡村旅游发展的资源本底。乡村旅游发展能促进农村水、电、通信等基础设施的建设完善，改善农村居住环境，提高村民的生态环保意识，提升村民生态环境保护的自觉性和积极性，能够促进农村生态文明建设，奠定建设宜居美丽乡村的稳固根基。

（三）乡村旅游关联乡风文明

《乡村振兴战略规划（2018—2022 年）》明确提出“要划定乡村建设的历史文化保护线，保护好文物古迹、传统村落、民族村寨、传统建筑、农业遗迹、灌溉工程遗产。支持农村地区优秀戏曲曲艺、少数民族文化、民间文化等传承发展”，以及“农村公共文化建设”都与旅游业息息相关。

“乡村性”是乡村旅游的本质特征。为凸显“乡村性”特征，乡村旅游发展离不开对历史文化、传统技艺、民俗庆典的深入挖掘和包装。从贵州乡村旅游发展实践来看，无论是西江的苗族村寨，还是兴义的布依村寨（纳灰、纳孔），抑或贵阳周边的镇山村，这些乡村旅游发展点都因其浓厚的乡土（民族）文化而备受青睐。一方面，乡土文化能极大丰富乡村旅游的内涵，有效提升乡村旅游的吸引力和竞争力；另一方面，乡村旅游发展能扩大乡土文化宣传和普及，不断激发社会对乡土文化的传承与保护的激情，为传统文化保护注入源源不断的动力。乡村旅游发展传承乡村农耕、村俗、服饰、餐饮、宗祠、建筑、民约等物质和非物质乡土文化，不断促进我国乡村地区的繁荣昌盛。

（四）乡村旅游关联治理有效

大力发展乡村旅游，组织高校、研究机构的旅游管理、农业经济专业教师、研究人员、技术人员下乡进行教育培训，或者通过公司组织农民到外地参观学习培训，将有效改善我国农村教育资源不足、农民文化素质不高的现实问题，从总体上提高和改善农村教育水平。乡村旅游发展需要有一个良好的社会发展环境，而良好的社会环境离不开有效治理。乡村旅游发展能够增强农村人气，吸引城市创客下乡、农民工返乡创业，为农村发展带来新鲜活力，还能增加当地培训机会，扩展其视野，促进当地居民文化素质提升，进而提高农村治理水平。

（五）乡村旅游关联生活富裕

旅游业因其综合拉动性强、扶助功能大、受益面宽，成为最好的扶贫和富民产业，是促进脱贫致富、实现共同小康的新增长点。乡村旅游是典型的富民产业，能有效提升农村居民的生计能力。乡村旅游发展能够显著提升农村生产基础设施和生活基础设施建设水平，提高乡村居民自然生计资本和社会生计资本的获取能力和水平，能为村民提供经营性收入、资本性收入和工资性收入等多种来源选择，并提升生计可持续性。乡村旅游发展能够有效改善农村居民的生计、促进贫困户脱贫致富已成为国际贫困治理研究的共识。

三、从脱贫到振兴：乡村旅游发展新转变

脱贫攻坚与乡村振兴是前提与继承发展的关系，从脱贫迈向振兴乡村旅游发展的内涵必然会发生变化。

（一）产业兴旺要求引致的转变

产业兴旺不仅是对经济规模的要求，更是对经济质量的要求。落实“产业兴旺”要求，需要在产业发展上实现由点到线转变，突破乡村旅游单一产品形态，促进乡村旅游产业规模化、集成化发展。从长远来看，随着乡村振兴战略

的深入实施，乡村旅游要实现产业兴旺的要求，必须从单一的农家乐、渔家乐、赏花采摘等产品形态向多元产业体系发展和丰富，主动融入农业供给侧结构性改革，立足农村一二三产业融合和全域旅游发展要求，以乡村旅游环境整治、“厕所革命”、乡村旅游后备箱行动、乡村旅游创客行动、乡村旅游扶贫工程等乡村旅游发展为抓手，促进乡村旅游产业聚集与产业链延伸，培育乡村休闲度假、精品民宿、养老养生、健康疗养、乡土文创等高端业态，增强乡村旅游的创新力、竞争力。

（二）生态宜居要求引致的转变

生态宜居需要在空间开发上实现由块到面转变，注重“生产、生活、生态”融合，推进乡村旅游整村开发。生态宜居包括整洁的村容村貌、优美的生态环境、适宜的居住条件等，蕴含着生产、生态、生活融合发展的内在要求。乡村旅游发展对乡村自然生态环境具有正负双重效应，一方面，乡村旅游对作为其重要吸引物和发展基础的自然生态环境具有原生保护的内在特质；另一方面，盲目粗放的乡村旅游开发和追求短期效益的经营行为会对乡村自然生态环境产生消极影响。因此，乡村旅游落实生态宜居要求，关键是要树立和践行“绿水青山就是金山银山”理念，把发展乡村旅游与促进乡村生态建设、推动乡村自然资本增值、提高农民居住环境质量有机结合起来，防止“两张皮”现象。在空间开发上要按照系统工程的思路，大力推进“多规合一”，注重乡村旅游景观、服务设施与乡村环境相协调、相融合，推进整村规划开发，打造“三生”融合的乡村旅游目的地。

（三）乡风文明要求引致的转变

需要在文化交流上实现由单向到双向的转变，突出农民在乡村旅游发展中的主体地位，营造“远者来，近者悦”的旅游氛围。乡风文明不仅是乡村社会文明程度的体现，也是乡情乡愁的重要载体。实现乡村振兴的“乡风文明”要求，不能让乡村文化传承仅仅停留在单向的景观打造、民俗表演、工艺品销售上，而是要构建双向的“主客共享”交流平台，在为游客提供丰富的乡风民俗体验项目、引导游客尊重和有序参与的同时，关键是要突出村民在乡村文化展示与传承中的主体地位，鼓励居民积极参与乡村旅游开发与经营，展示“活态"乡村文化，促进农民对当地文化价值的进一步了解，增强其对传统文化的自信心，提升自身精神风貌，回归和弘扬纯朴的乡土文明，提高对外来游客的友好度，营造良好旅游文化空间。

（四）治理有效要求引致的转变

要在治理机制上实现由一元主体到多元主体的转变，重视和保障农民分享旅游发展成果的权利，构建多元主体的乡村旅游发展利益机制。在建立健全现代乡村社会治理体制的背景下，亟须完善乡村旅游治理机制，重视和保障农民持续参与乡村旅游开发、持续获得乡村旅游发展利益的正当权利。一是增强基层旅游行业主管部门、乡村旅游景区所在乡镇（社区）党委、政府的旅游综合协调管理职能，更加有效地维护乡村旅游市场秩序。二是注重发挥行业规范和自律作用，依托乡村旅游协会、合作社等制定服务标准、操作规范，协调客源分配，引导乡村旅游有序竞争。三是加快构建政、企、农等多元主体利益协调机制，配套完善乡村旅游利益分配机制、权益保障机制、纠纷解决机制、股权分红机制等，推动农民增收致富，实现互利共赢。

（五）治理有效要求引致的转变

要在成果效益上实现由短期性向长期性的转变，创新乡村旅游组织形式和经营模式，有效保障农民参与乡村旅游的可持续化。生活富裕根本上是要保证农民获得持续性的收益，落实这一要求必须从创新乡村旅游组织形式、优化经营模式入手，大力培育乡村旅游协会、乡村旅游合作社、乡村旅游公司等，提高乡村旅游组织化、集约化程度，提高经营能力，增强抵抗市场风险能力。同时，注重市场营销和品牌建设，运用各类市场主体和互联网平台，加强四季乡村旅游产品（节庆活动）的包装和推广，有效扩大乡村旅游客源市场。此外，在推进乡村旅游发展中，积极支持和引导农户加入乡村旅游合作社等，实现生产资料变经营资本再变股本，在保证贫困户获得租金收益、劳务收益、销售收益的基础上，提高其股份分红收益的比例，增强旅游的可持续性。

四、从脱贫迈向振兴：贵州乡村旅游发展转向

（一）推动乡村旅游发展动能转换

1. 从政府主导转向市场主导

虽然适度超前的政府主导乡村旅游发展模式对贵州省乡村旅游发展起到了巨大的推动作用，也是近年来贵州乡村旅游持续快速发展的重要原因。然而，随着乡村旅游的发展，政府主导发展模式的弊端也会进一步暴露，特别是随着乡村旅游发展到一定程度和规模后，政府主导会导致乡村旅游发展资源配置效率降低，制约乡村旅游发展主体的积极性和主动性，从而会对乡村旅游的进一步发展带来阻碍。特别是随着我国经济社会发展进入新时代，以往的靠政府大投入、大建设的时期已不复存在，乡村旅游发展必然要转变发展方式，政府要让位于市场，政府在乡村旅游发展中的作用要逐步由主导转向引导、由管理转向服务。

2. 从要素驱动转向创新驱动

乡村旅游要素驱动发展强调通过乡村旅游各种要素投入，如资金、资源、土地、劳动力等，来促进乡村旅游增长。此类驱动是乡村旅游发展最原始、也是最初级的驱动方式，适合于区域科技创新匮乏和不足的时期，是我国旅游业（包括乡村旅游）发展初期最为主要的驱动力。相对于创新驱动而言，乡村旅游要素驱动不具备很好的经济发展持续性，要素驱动难以持续支撑乡村旅游的高速增长，特别是随着生态文明时代的到来，乡村旅游增长动力必然要发生转变。同时，从要素驱动转向创新驱动也是乡村旅游发展未来的大势所趋。乡村旅游发展必然要从注重资源、资本和劳动力等传统要素投入转变为注重科技创新投入，从注重投入总量和规模的增加提升转变为注重提升投入要素效率，从关注经济总量增长转变为发展速度、质量和效益的协调统一。

3. 从单一动力转向综合动力

一方面，乡村旅游提质增效要注重乡村旅游内部各要素、各结构功能的有序良性发挥，实现乡村旅游发展内生力的持续增强壮大；另一方面，乡村旅游提质增效要在宏观经济社会发展、国家政策及政府服务等的基础上，有效实现

乡村旅游与农村相关产业的融合发展。具体包括：推动内外动力良性互动和实现综合动力推动，如增强乡村旅游市场经营主体活力、创新乡村旅游社区参与机制等。

（二）推动乡村旅游发展方式转变

1. 从点线发展转向全域发展

针对当前贵州乡村旅游发展不平衡所表现出来的问题，要推动“区域联动、资源组合、线路联合”发展，促进乡村旅游区域协调发展，发挥乡村旅游增长极的扩散效应，促进乡村旅游全域发展格局。

2. 从单一发展转向多元融合

相关研究表明，旅游业与110个行业相关联，尤其是现代旅游业与其他行业的横向和纵向联系更加紧密。乡村旅游要实现有效带动农村地区经济、社会、文化和生态的全面发展，发挥拉动第一产业、联动第二产业和带动第三产业的“综合动力”，必然要将乡村旅游发展根植于农村地区经济社会发展的方方面面。

3. 从分散粗放转向集约化发展

首先，要依托核心乡村旅游资源，如民族村寨、农业产业园等，通过规划，从整体大局利益出发，统筹安排，因势利导、因地制宜，打破各自为政的乡村旅游分散发展局面，有效整合乡村旅游地经济资源，实现区域内乡村旅游资源互补，构建区域一体化乡村旅游产品体系，打造区域乡村旅游品牌。其次，实施乡村旅游跨区合作，通过组织乡村旅游线路，将周边行政区域的乡村旅游景区（点）有效串联，将不同区域的乡村旅游经营者打造成乡村旅游产品的供给者，实现乡村旅游跨区域集聚。

4. 从做大规模转向做优质量

提升乡村旅游基础配套设施条件。首先要加强乡村旅游基础配套设施建设，提升交通便捷度，加快实现交通干道间的无缝对接，重点打通景区连接高速公路的断头路、主要景区之间的连接线。其次要不断提升乡村旅游基础配套设施智能化水平，通过“旅游+科技”促进乡村旅游服务升级。提升乡村旅游服务软实力。加强乡村旅游人才培训。推进乡村旅游标准化实施。最后要规范乡村旅游市场监管。

参考文献

[1] 银元. 助力乡村振兴战略乡村旅游亟须转型 [N]. 中国旅游报，2018-09-12（003）.

[2] 银元，李晓琴. 乡村振兴战略背景下乡村旅游的发展逻辑与路径选择 [J]. 国家行政学院学报，2018（5）：182-186.

[3] 朱显平，姜杨. 乡村振兴战略下吉林省乡村旅游的发展逻辑、障碍及路径选择 [J]. 延边大学学报（社会科学版），2019，52（4）：89-95.

[4] 蔡克信，杨红，马作珍莫. 乡村旅游：实现乡村振兴战略的一种路径选择 [J]. 农村经济，2018（9）：28-33.

[5] 宋慧娟，陈明. 乡村振兴战略背景下乡村旅游提质增效路径探析 [J]. 经济体制改革，2018（6）：76-81.

[6] 中华人民共和国文化和旅游部. 旅游将带动 1200 万人脱贫 [EB/OL]. (2020-02-20). http://www.xinhuanet.com/travel/2015-07/15/c_128021646.htm.

[7] 邓小海，肖洪磊，云建辉. 新时代乡村旅游提质增效的内涵与运行机制 [J]. 新疆农垦经济，2020（4）：22-30.

作者简介：邓小海，贵州省社会科学院农村发展研究所副研究员，博士。

合肥市乡村产业发展现状、问题及对策

许　红

摘　要：乡村产业发展是乡村振兴战略的首要条件，是实现脱贫攻坚的重要途径。本文以合肥市为例，通过对乡村产业发展的现状和问题分析，探讨乡村产业发展的对策建议。当前，合肥市乡村产业在产业化结构与水平、品牌建设、农业融资和人才建设等方面存在不足，为促进乡村振兴战略实施，推进乡村产业发展，应进一步提高农业生产能力、完善农业产业化经营机制、促进农村产业融合、增强科技创新机制建设、加大品牌建设及推进人才队伍培育。

关键词：乡村振兴　乡村产业　发展问题　对策建议

乡村振兴战略提出产业兴旺、生态宜居、乡风文明、治理有效、生活富裕的总要求，推进农业农村现代化发展。作为乡村振兴战略的关键要素，乡村产业的现代化发展意义重大。近年来，合肥市乡村产业有序发展，不断完善乡村产业体系布局，培育农业农村产业新动能，为实现乡村振兴战略实施和建成全面小康社会提供物质基础。

一、乡村产业发展的现状

乡村产业是以乡村为生产活动范围的农村产业，包括农村一二三产业。按照2019年一号文件，乡村产业包含五个方面内容：一是乡村特色产业，主要是种植和养殖业；二是现代农产品加工业，现阶段主要是农村加工业；三是乡村新型服务业，主要包含农村生产性服务业、消费性服务业和公共服务；四是乡村新产业新业态，主要是包含数字乡村、电商和乡村旅游；五是乡村创新创业，包含回乡创业人员在乡村所进行的产业和创新。合肥市作为农业大省安徽省省会，一直不断推进农村产业发展。2008 年起，合肥市制定了“1+3+5+N”产业扶持政策体系，出台多项政策措施，对农业产业进行政策扶持，不断培育农村新产业，推进形成乡村新业态新模式，推动农村产权改革试点，增强乡村经济发展的新动能。2019 年全市农业总产值 494.49 亿元，同比增长 1.5%；农村常住居民人均可支配收入 22462 元，同比增长 10.2%。

（一）构建农村产业发展体系

合肥市围绕“三圈四沿”现代农业总体布局，大力发展农产品加工业、现代种养业、特色产业、传统手工业、休闲旅游、农村服务业等现代农业产业，初步形成了农业农村内生型为主与外部移植型相结合的农村产业体系。乡村产业在发展中向各类园区、中心城镇和物流节点集聚，形成了以市级为基础、省级为骨干、国家级为引领的三级农业产业化集聚，创建 1 个国家级、7 个省级、34 个市级现代农业示范区及 402 个特色农业园区，覆盖优质粮油、草莓、蔬菜、生猪、家禽、乳制品、淡水产品等，已经形成十大年产值超 10 亿元规模的特色产业集群。现代农业产业体系的建立为乡村产业夯实了发展基础。

（二）助力乡村新业态发展

通过延长农业产业链、提升价值链、重组供应链，将资源要素在农村进行整合，实现农村一二三产业深度交叉融合。不断促进新型经营主体发展，2018 年，合肥市新增新型农业经营主体 1400 家，新发展农民合作社超过 400 家，总数达 5200 家；新发展家庭农场 1000 家，总数达 6700 家。加快“互联网+现代农业”建设步伐，建立农产品网上销售模式。2017 年农业电商销售额达 110 余亿元。引导农业主体发展休闲农业，截至 2018 年，合肥市创建了部级、省级、市级现代农业示范区分别为 1 个、8 个和 34 个，5 个国家级休闲农业与乡村旅游示范点、12 个省级休闲农业与乡村旅游示范点，59 个市级休闲农业示范点。新业态和新商业模式的兴起为乡村业发展提供了市场支撑。

（三）增强乡村产业发展动能

推动农村全面深化改革，为乡村产业发展提供制度保障。合肥全面完成农村土地承包经营权确权登记颁证，实际确权面积 746.4 万亩，完成率 98.7%，发放经营权证书96.98万户，农村基本经营制度得到进一步巩固完善。推进农村产权制度改革，613个村居完成农村集体产权制度改革试点，成立了“三资”改革全覆盖的村级集体股份合作社。提升科技创新水平，增强产业创新支撑能力，全市取得授权品种和申请品种权180个。完善农业人才支持培养机制，实施农业行业首席专家工作室细则，拥有涉农重点实验室44家、工程技术研究中心104家、产业技术创新战略联盟27家。加快信息化与农业深度融合，益农信息社站建设整体覆盖率不断提高。产权制度改革和人才技术机制为乡村农业发展提供了动力支撑。

二、乡村产业发展存在的问题

乡村农业发展有一定的发展基础和动力支撑，但随着进入提质增效发展阶段，在如何优化产业结构、提升产品附加值，以及如何提高产业化水平、服务业发展效率，金融支持和品牌建设等方面都面临诸多挑战。

（一）农业整体水平不高，产业结构待优化

合肥市乡村产业基础较为薄弱，农业产出经济效率较低，产业结构有待优化。从产业规模上看，2018年合肥市农林牧渔及农林牧渔服务业增加值为284.2亿元，落后于长三角地区省会城市杭州、南京与中部地区省会城市武汉、长沙。从农业产出效率看，2018年合肥市农业总产值为486亿元，高于杭州和南京市，但是农业增加值低于杭州和南京市。这反映了合肥市农业产出的经济效率较低，投入产出率不高。从产业结构看，乡村产业结构不合理，农业服务业发展滞后。2017年合肥市农林牧渔服务业比重仅为2.4%，为长三角经济带中心城市中最低，在中部地区省会城市中仅高于郑州。

（二）农业产业化水平较低，组织化市场化待加强

一是农业龙头企业规模较小，实力相对较弱，带动力和竞争力不强。合肥市年加工产值超50亿元的企业仅有一家，缺乏大型龙头企业。企业规模增长速度较慢，发展能力不强。2018年，合肥六大主导产业增加值占全市工业的64.6%，增长15.6%，而同期农产品加工产业实现产值1325.1亿元，同比增长

7.4%，增速仅为六大主导产业增速的47.4%。二是农业生产规模化、组织化程度较低。农业土地资源分散经营，集约化、规模化程度低。农业产业链条短，农产品处于产业链低端，附加值较小；产业链向后延伸不充分，农产品多以农业原料和初级农产品为主；产业链前后联结不紧密，农产品精深加工不足，副产物综合利用程度较低，农产品加工转化率较低。

（三）乡村服务业发展不足，产业效率待提升

在合肥农业产值中，以农林牧渔业为主的传统农业和现代农产品加工业占据的比重较大，而乡村生产型服务业和消费型服务业比重较小。与农业发展较好的地区相比较，合肥"互联网+"农业、休闲农业、旅游农业等三产融合发展相对滞后，在涉农服务业企业数量和经营收入上差距都较大。2018年合肥市休闲农业接待旅客3400万人次，经营收入34.4亿元，分别比杭州低34.6亿元，比南京低40.6亿元；合肥市休闲农业旅客平均花费为101元/人次，而杭州为106元/人次，南京为300元/人次，均高于合肥人均花费。反映了合肥农村一二三产业融合层次较低，农业多功能价值开发尚不充分，农村产业效益仍待提高。

（四）物质技术装备水平不高，农产品品牌建设滞后

农产品加工业还存在着机械设备落后、工艺水平较低等问题，难以满足市场对农产品的较高要求。农业企业生产规模较小，产品很难实现标准化生产，品质得不到市场认可。企业技术装备水平整体不高，合肥市约75%的农产品技工企业技术装备较低，在国内国际同行业中处于较低水平；超过50%的企业缺乏产品研发能力，特别是果蔬、畜禽、水产品加工等环保要求较高的行业，副产物加工利用比例更低。农业企业普遍缺少科研创新经费支持、科研人员和技术信息服务，研发费用获政府资助资金较少。农产品品牌分散，农产品区域公用品牌发展滞后。目前，合肥市有草莓、稻米、龙虾等17个地理标志产品，除了草莓成为全国性区域公共品牌，其他产品的产出价值较小，品牌影响力较弱。农产品品牌社会化服务体系不健全，各地尚未形成从基地建设、市场研发、产品开发、品牌宣传、产销对接、培训指导等产业链全环节的政府服务咨询平台和专门化社会化服务机构。

（五）金融支持力度不足，企业融资能力有限

一方面，农村金融机构对农业企业的信贷供给不足，难以满足农业经营主体的金融需求。当前虽然形成了包括以农业银行为主的商业性金融机构、以农业发展银行为主的政策性金融机构、以农信社为主的合作性金融机构及以非正规民间借贷为补充的金融支持体系，但功能不健全，支农力度仍然较弱，不足以对农业经营主体的金融需求提供充足的资金支持。商业性金融机构由于自身的发展战略，对农业方面资金支持较弱，而且在信贷服务办理流程上往往过于烦琐，获得信贷资金时间较长，使得大量急需资金的农户、农民专业合作组织及企业无法满足在农业生产过程中的借款需求。合作性金融机构由于其体制较为落后、资金来源渠道单一，支农力度相对较弱，无法为农业生产提供长期有效的金融支持。另一方面，农业企业贷款困难，融资能力有限。小规模农村企业，拥有的可抵押资产较少，不足以作为担保获取所需要的信贷资金；另外，由于农业生产具有不稳定性，涉农中小企业经营存在风险，且担保体系并不完善，使得在进行信用贷款时会严格管控。涉农企业同时会面临“贷款难”“贷款少”“贷款慢”问题，陷入融资难的困境，制约乡村产业发展。

（六）农业人才流失严重，人才培育体系待完善

一是农村劳动力大量流失，农业人才缺口严重。现有体制下，农村大量劳动人口离开农村，涌进城市，农村人口整体处于净流出状态，农村劳动力总量不足，结构不合理，整体素质偏低，示范带动作用不明显。留在农业领域的大多是文化素质较低、年龄偏大的劳动力，文化层次较高的年轻人多在城市打工或从事非农产业，愿意从事农业生产的年轻人很少。这使得在乡村产业发展过程中，参与农业生产的劳动者对于各种新型生产技术的应用和操作存在问题，往往不能熟练掌握现代农业生产技术，接受能力较低，远不能满足乡村产业和农业现代化发展需要。二是职业培训体系不完善。现有新型职业农民的培训缺少系统性，缺乏产前、产中和产后生产技术、营销、生产服务等相关的一套系统的培训体系。在培训过程中普遍存在重理论、轻实践的现象，培训内容与农业生产实际过程脱离，培训效果低于预期。三是现代农业发展需要大量多元复合型人才，但普遍没有关于农村人才体系建设发展规划，也缺少激励城市从业

人员赴乡村地区开展创业活动的具体措施。加上对人才的激励条件较低，难以吸引农业人才留下来，导致出现“招不来、留不住”的现象。

三、乡村产业发展的对策建议

结合乡村振兴战略的发展目标，以市场需求为导向，围绕农业生产、要素投入、制度保障等方面来全面推进乡村产业发展。

（一）提高农业生产水平，做强乡村特色产业

发展特色农产品要在“特”字上下功夫，坚持“做精做强”的原则，以靠品质、特色取胜，走一条高效率高质量的特色产业发展道路。优化农作物结构，提高粮食单产水平，推进蔬菜标准化基地建设。健全产业化服务体系，建立特色产业生产型服务、以新技术推广为主导的科技服务机制，同时强化质量监管、价格监测等公共平台的管理和服务体系。发展特色产业集群，围绕当地主导产业，吸引特色产业上下游产业，促使产业发展所需的加工、技术、物流等相关产业集聚发展，形成产业集群，形成规模经济。结合当地主导产业，推动专业市场和特色城镇的发展，加强服务支持，促进农村特色产业发展。

（二）推进农产品加工业发展，提高农业产业化经营水平

农产品加工业紧密联结农村一三产业，带动力和辐射力较强，能够有效增进农民就业增收，是农业产业化发展的基础。实施农产品加工业提升工程，提高农产品精深加工整体水平，培育农产品加工产业集群，鼓励多元化产品研发。推动农产品及加工副产物综合利用，坚持可循环发展，不断提高产品附加值和综合利用水平。同时，通过金融支持、税费优惠等产业政策，培育一批具有现代管理方式、带动力较强的新型农业经营主体。推动加工业生产服务体系建设，形成农业全产业链，让流入传统工业和流通环节的增加值回归农业，提高农业生产效益。

（三）壮大新产业新业态，促进三产融合发展

充分发挥农村资源优势，以现代农业示范区和美丽乡村为载体，创新推广

“农业+”“旅游+”等模式，开发农业功能性价值，促进一二三产业深度融合，发展都市休闲农业。推动农村电商发展，加强农村电商品牌化建设，推进特色产业与电商融合发展，加强从村到乡镇的物流体系建设，支持农村电商产业基地、物流园和创业园的建设。有效整合农村土地、资金、技术和人才等产业发展要素，营造发展环境，激发要素主体活力，通过产业链延伸和新业态出现，形成要素协同发展。结合地区发展特点，形成“农业+加工业”“农业+旅游业”等产业融合模式，推进要素整合的产业发展体系建设，提高农业整体效益，提升农业竞争力。

（四）建立科技创新长效机制，健全农业科技推广体系

加强对农业物质材料、科技、机械设备支持。改革农业科技研发和推广机制，推进农业生物技术、低碳循环农业、农业信息化等创新工程，结合农业科研机构、高校、企业资源建立农业科技研发系统，推进食品安全、农产品深加工和其他农业科技创新项目的科技攻关。健全农业科技推广平台体系，加强对农业科技推广项目及服务体系建设，扶持重大农业技术、标准化综合栽培技术的示范推广。实施税收、信贷、奖励等优惠政策，不断提高农业技术的普及率和农业科技成果转化率，推进农业技术的推广。用现代物质装备和科技来提升农业生产能力，提高农业机械化、科技化和标准化建设水平，增强乡村农业可持续发展能力。

（五）改革农业资金投入机制，强化乡村产业发展支撑

乡村产业发展需要大量的资金投入，应从财政、金融、社会资本等多渠道筹集所需资金，变革农业资金投入机制，增强资金要素对乡村产业发展的支撑。建立政府农业财政支出调整机制，坚持把农业农村发展作为财政支出的优先领域，确保支农资金适度增加；提高支农资金使用的精准度和针对性，鼓励涉农资金投向高标准农田建设、农业综合开发、农业科技研发等现代农业发展的领域。一方面增加资金投入总量，提高农业科技企业研发的财政支持比例，支持科技企业研发；另一方面优化资金投入结构，投入资金逐步向产前和产后倾斜。加大农村金融创新，包括优化金融机构、创新金融机制和金融产品等。建立社会资金投资引导机制。建立政府财政和企业资金的融合载体，充分发挥

财政资金的杠杆作用，鼓励更多的金融和工商资本，以担保、贴息等方式投资乡村产业。

（六）加强农产品品牌管理，提高产品竞争力

农产品品牌建设是农业现代化的重要内容，通过实施农产品品牌建设战略，强化产品质量管理，扩大产品影响力，提升产品竞争力。一是强化农产品品牌意识，建立农产品营销方式。统一品牌规划，通过连锁店、大型超市、电子商务网络等多渠道、全方位建立农产品营销网络体系，树立品牌形象。加强与物流企业的合作，运用现代物流系统，加强市场信息交流，加大网络贸易营销份额，进一步强化现有的品牌。二是加强区域公用品牌培育、授权、管理，提升产业发展效益。以国家地理标志产品核心区为主要地域范围，采取以规划为依据、质量技术标准为把控、文化提炼为内涵、资本加入为要件、节庆等商业化运作为延伸，进行区域公用品牌塑造，形成区域公用品牌建设同盟，构建起有效的品牌监管制度和使用许可授权与退出机制，对区域品牌注册商标使用企业进行免费或收费授权，并实施跟踪管理。三是加强政企合作。政府帮扶企业利用信息网络及电视等媒介进行推介，搭建营销平台，利用政府资源与其他地区的农产品相互交流，宣传自己的产品优势，推动农产品走向国内和国际更大的市场，提高农产品品牌知名度。

（七）加强人才队伍建设，缓解农业发展瓶颈压制

加强农业人才引进和培育，建立一支具有创新意识、兼具知识与经验、职业化技能化的农村人才队伍，是乡村产业发展面临的紧迫任务，也是落实乡村振兴战略的治本之策。一是打造新型职业农民队伍，优化农业从业者结构，从市场需求出发，依托专业培训机构、实训基地，开展多主体、重实效的新型职业农民培训。进一步整合利用农业及相关部门、院校、农业行业院企战略联盟等资源，形成多点、多模式一条龙的创新创业人才培育体系，让农业生产经营能人、家庭农场主、高校毕业生、返乡创业者等人群成为有技能、会管理的农村人才队伍。加大农村专业人才培育力度，着力培育形成青年农场主、农业职业经理人等后备队伍。二是优化发展环境，引导城市人才到乡村创业创新。根据产业发展需要和返乡下乡人员创业特点，整合优化创业支持政策，建设综合

性创业信息服务平台和服务窗口，发展企业管理、财务咨询、市场营销等社会化专业化服务，落实就业创业服务补贴，包括对创业失败生活困难者的社会救助补贴。同时设立农业创业人才奖励基金，促进农村创业创新人才落户扎根及后续发展。

参考文献

[1] 黄晨. 浅谈乡村产业面临的问题和发展建议 [J]. 河北农业，2019（1）：54-55.

[2] 农业部课题组. 中国特色乡村产业发展的重点任务及实现路径 [J]. 求索，2017（12）：51-58.

[3] 杨尚勤，何予平，王茂林. 推进农村三产融合 [J]. 中国财政，2017（10）：10-12.

[4] 李婷婷，刘长全，王艳飞. 新时代实现乡村产业兴旺面临的问题与对策 [J]. 经济研究参考，2018（12）：59-64.

[5] 陈学云，程长明. 乡村振兴战略的三产融合路径：逻辑必然与实证判定 [J]. 农业经济问题，2018（11）：91-100.

[6] 李玉双，邓彬. 我国乡村产业发展面临的困境与对策 [J]. 湖湘论坛，2018（6）：159-165.

作者简介：许红，安徽省社会科学院城乡经济研究所农业产业化研究室主任、助理研究员。

宁夏打造产业生态化发展新格局对策研究

宋春玲

摘　要：2019年3月19日中央深改委第七次会议审议通过了《关于新时代推进西部大开发形成新格局的指导意见》，宁夏要在新一轮的西部大开发中抓住机遇，必须构建绿色产业的新格局，才能实现经济高质量发展。产业生态化与绿色化在经济的持续发展与日益严重的生态危机驱使下变得愈发重要起来。本文首先梳理了国内外产业生态化研究现状，其次分析了宁夏产业生态化发展过程中遇到的问题，最后对宁夏产业生态化发展提出了些许建议。

关键词：宁夏　产业生态化　问题　研究

2019年3月19日中央深改委第七次会议审议通过了《关于新时代推进西部大开发形成新格局的指导意见》，意见指出，推进西部大开发形成新格局，要围绕抓重点、补短板、强弱项，更加注重抓好大保护，从中华民族长远利益考虑，把生态环境保护放到重要位置，坚持走生态优先、绿色发展的新路子。宁夏要在新一轮的西部大开发中抓住机遇，必须构建绿色产业的新格局，才能实现经济高质量发展。产业生态化与绿色化在经济的持续发展与日益严重的生态危机驱使下变得愈发重要起来。一方面，在产业进行绿色转型升级的过程中，需要考虑到对于宁夏目前现存的市场调节体系势必会产生冲击，一旦政策的制定不能有效进行调节，同时原有的市场自我调节体系不能解决新产业产生的新问题，出现政府与市场双失灵的局面，会极大影响宁夏的经济发展。另一方面，政策的作用更多体现在其导向作用，要想进行产业绿色转型升级，科学完备的绿色转型政策体系必不可少。

一、产业生态化国内外相关研究梳理

以资源要素投入为主要增长方式的传统粗放型经济一方面给生态环境带来巨大的创伤，另一方面不能满足人们对于产业产品的绿色化、高质化要求。因此，在全面深化改革的历史攻坚期，必须要以供给侧结构性改革为主线，以产业绿色化为主要途径，实现经济高质量增长，满足人们绿色消费需求。

（一）理论基础

一是生态经济理论。1962 年，美国生物学家 Rachel Carson 发表了《寂静的春天》，指出了人类社会正面临生态危机，引起了各界学者对环境污染、资源枯竭的重视。姜学民等（1984）认为生态经济学是从生态经济系统的角度来研究和解决目前生态经济问题的一门新兴交叉学科。李彦龙（2004）认为环境生产力是社会生产力的基础，生态提供的物质要素质量越高、数量越多，就越能带来高的生态与经济效益。二是可持续发展理论。1987 年，世界环境与发展委员会（WCED）在《我们共同的未来》中，提出了可持续发展理论，认为可持续发展是在满足当代人需要的同时，又不对后代人满足其需要的能力造成威胁的发展。三是循环经济理论。1996 年，英国经济学家 D. Pearce 和 P. K. Turner 在《自然资源与环境经济学》中提出了循环经济理论，并开始用循环经济来解决资源枯竭与环境污染问题。四是绿色发展理论。绿色发展理念是对发展规律的科学反映，是中国共产党人对自然界发展规律、人类社会发展规律、中国特色社会主义建设规律在理论认识上的升华和飞跃，更是对全球生态环境的变化和我国当前发展所面临的突出问题的积极回应。习近平总书记在党的十九大报告中对此做了充分肯定，"大力度推进生态文明建设，全党全国贯彻绿色发展理念的自觉性和主动性显著增强，忽视生态环境保护的状况明显改变"，同时进一步指出"发展是解决我国一切问题的基础和关键，发展必须是科学发展，必须坚定不移贯彻创新、协调、绿色、开放、共享的发展理念"。

（二）发展现状

日本的绿色产业政策着眼于技术创新，依靠科技力促进新兴产业发展，推动节能减排和工业转型升级。法国政府始终保持有计划的传统，不遗余力地制定绿色产业战略。2008 年底，法国环境部宣布了一系列发展可再生能源的计划，涵盖生物能源、风能和水力发电等 50 项措施。张文龙等（2008）从产业共生网络的角度探索产业共生网络与物质减量化之间的关系，指出构建区域产业共生网络是区域产业生态化的路径选择，并对生态产业化共生网络和区域副产品循环共生网络两种具体形态加以阐述。李胜连（2014）运用 AHP 法分析了我国鄱阳湖生态经济区绿色产业发展的制约因素，得出该地区的技术因素与生态系统对绿色发展的影响最大。郭景福（2017）探索“新产业区”产业生态化路径，认为产业规划生态设计、产业选择设定“生态门槛”、延长纵向产业链及搭建专业化废弃物处理与资源再利用平台等是实现“新产业区”产业生态化路径的重要选择。

大力发展绿色产业既是我国经济高质量发展的现实考量，也是实现生态安全与环境友好的必然选择。经过 30 多年的经济高速增长，我国面临资源环境约束趋紧、自然生态系统退化、环境污染严重的恶劣形势，要实现经济社会的可持续发展，满足人们日益高涨的环保需求，必须尽快完成增长模式的绿色转型。

新时代绿色产业发展任重而道远，需要深入探讨新模式、新业态、新途径，制定必要的法律制度，避免“一刀切”行动，减少“伪绿色产业”，“泛绿色产业”和“反绿色产业”，加快绿色产业健康发展，促进生态文明建设，坚持和完善中国特色社会主义制度，推进国家治理体系和治理能力现代化。

二、宁夏产业生态化发展过程中遇到的主要问题

宁夏拥有丰富的自然资源和深厚文化底蕴，但生态环境脆弱，经济社会发展较慢。范围包括银川市、吴忠市、石嘴山市、中卫市、固原市 5 个地级市。宁夏及西北重要的生态功能区，以绿色为基色，生态保护是一切经济、社会活动的底线。要保护好黄河这条“母亲河”，让母亲河永远健康。“宁夏因黄河而生、因黄河而兴”“天下黄河富宁夏”，要抱着一颗感恩的心回报黄河、保护黄河，全面贯彻习近平生态文明思想，尊重生态发展规律，践行“绿水青山就是金山银山”的理念，以共建共享来提升人民群众的获得感和幸福感，形成生态

文明建设的新动能。

（一）产业有待转型升级

产业是经济发展的基础，是载体、是基本元素，没有产业，一切经济发展都是空谈，黄河宁夏段产业转型升级迫在眉睫。通过多次调研走访，笔者总结了黄河宁夏段产业转型升级的四种模式。第一，努力向产业链的两端游走，尽可能延长产业链条。企业经营者或者向上游向中高端发展，向高科技产业、高附加值产业转变，或者向下游向流通体系、服务体系、管理体系延伸，或者两者兼而有之。第二，通过各种平台进行产业融合，走高效率新路。这种模式主要体现在工业园区，依托工业园区的示范平台，推动产业创新，这种模式往往是先孵化到创新再到成果就地转化的过程。第三，传统产业升级再造。第四，培育高新科技产业。这一类型产业升级主要以重大技术突破为驱动力，产学研相结合，通过技术的需求与供给，推动区域经济提升。宁夏不能成为发达地区淘汰落后产能的承接地，不能成为东部企业原材料的加工地，不能把宁夏生态经济带变成原材料加工的大作坊。要培养自主创新能力，增加自主品牌，打造更为高端的产业链条。

（二）工业水污染最为严重

在工业水污染、农业水污染、城镇水污染、农村水污染等几大类型中，宁夏水污染问题最为突出的为工业水污染，而工业水污染主要集中在工业园区。部分企业环保意识淡化，不注重环保投入，污水处理系统运行不稳定，导致污水直接排放污染了地表水。从表 1 可以看出，造成水污染的行业集中在煤炭、化工、食品制造、石油加工、造纸、有色、医药、纺织等，会产生废水的工业依然存在而且占比不小，而污水排入污水处理厂比率较低的行业则有煤炭、食品制造、造纸等行业。宁夏范围内工业废水排放量最高的为银川市与宁东基地，工业废水排入污水处理厂比率最低的为固原市。通过数据分析，找到症结所在，就能够更加明确地开展水污染防治工作。宁夏工业现代化程度不高，工业内部结构以高能耗、高污染行业为主，较高的污染比重，加深经济发展与生态环境保护的矛盾。政府部门要做的是找到经济发展、社会进步、生态保护的平衡点，生态环境已不允许我们再去挥霍，“先污染，后治理”的模式已不符合时代发展。

表 1　宁夏工业行业废水排放情况表

行业	工业废水排放量排序（前十）	工业废水排放量 / 万吨	排入污水处理厂的量 / 万吨	排入污水处理厂比率 / %
煤炭开采和洗选业	1	4739. 10	1585. 23	33
化学原料及化学制品制造业	2	3235. 59	2885. 44	89
食品制造业	3	940. 35	326. 72	35
石油加工、炼焦及核燃料加工业	4	743. 90	739. 73	99
造纸及纸制品业	5	490. 84	82. 43	17
有色金属冶炼及压延加工业	6	434. 48	433. 81	100
医药制造业	7	341. 13	340. 23	100
纺织业	8	128. 37	128. 37	100
酒、饮料和精制茶制造业	9	103. 67	84. 44	81
农副食品加工业	10	96. 24	65. 97	69

数据来源：《宁夏统计年鉴 2019》。

（三）农村面源污染及地下水污染不容乐观

近年来各级党委政府对水污染防治工作非常重视，黄河干流、支流的水质都有明显改善，水污染治理也取得了一定的成效。但是对于农村水污染仍需要进一步重视。通过调研走访发现：农村面源污染防治工作重视不够，民众意识淡薄，生活垃圾与污水仍然存在随意丢放的现象；在农作物种植过程中，化肥与农药对水污染很严重，尤其是对地下水的污染，后果很容易被忽视；农村畜禽养殖对水环境造成的污染也很严重，动物的粪便、宰杀废水一般都是直接排放；乡镇企业的污染物基本也是直接排放；农村污水处理设施严重不足。这些现象使得农村水污染尤其是地下水污染形势严峻，随着乡村振兴战略的不断实施，党委政府必须重视农村面源污染与地下水污染防治工作。

三、宁夏打造产业生态化发展新格局对策建议

宁夏要想借助新一轮西部大开发的春风，形成现代化的产业体系，必须以生态保护为前提，通过对黄河沿岸资源的利用，促进宁夏沿黄流域产业带的发展，带动周边城市的兴起，进一步推动城市群的形成。

（一）积极打造宁夏沿黄生态经济带

黄河是中华民族的母亲河，保护好两岸生态环境，事关全区发展大局，事关人民群众福祉。要深入贯彻落实习近平生态文明思想，提升认识、认真谋划，主动担当、积极作为，扎实推进宁夏沿黄生态经济带建设。沿黄生态经济带以生态保护为底线，最终的目标依然是经济发展，而经济发展的动力、模式、途径最终的落脚点都是产业，要求产业转型升级、产业结构优化调整，最终实现新型工业化、信息化、新型城镇化、农业现代化"四化"共同发展，推动经济社会向纵向深发展。宁夏沿黄生态经济带是宁夏回族自治区范围内，黄河沿线各市县，以生态环境为底线，以经济发展为目标，生态环境与社会经济协调发展，各领域可持续发展的带状地域单元。宁夏沿黄生态经济带的特点是：具有连接经济中心（四个地级市）的线状基础设施；具有以二、三产业为主的产业聚集区；具有沿基础设施分布的城市经济中心——银川市、城市经济副中心——吴忠市、石嘴山市、中卫市。宁夏沿黄生态经济带是一项长期、复杂、综合的系统工程，需要通盘考量、统筹规划、系统推进。

（二）发挥生态优势，培育特色产业

认清宁夏独有的生态资源特点，因地制宜，形成独具特色的现代化产业体系。实现经济高质量发展，企业是主体、产业是支柱、环境是底线，大力发展具有宁夏特色的生态产业。包括生态农业、生态林业、生态旅游、生态产品深加工等，拓展"生态+"模式，加快生态产业化进程。同时，以创新驱动为发展动力，大力发展信息技术、节能环保、高端装备、新能源汽车、新材料等新兴产业，这些都可以视为生态产业化的有效途径。生态产业化进程包括一、二、三产业在内。首先，推进农业现代化、生态化、绿色化，把先进的技术、

全新的种植方式运用到种植业、养殖业，建设田园综合体等特色产业，着力提高农业产值。其次，积极推进工业的绿色转型，工业厂房必须全部进入工业园区，对于水、电、污水处理等由园区统一管理，同时提高产业准入门槛，有序引导不符合生态经济发展要求的工业企业退出市场，推行清洁能源与循环经济等生产工艺，提高工业园区持续竞争力。再次，建设宁夏沿黄旅游综合体。依托贺兰山、沙湖、六盘山等旅游资源，建设宁夏沿黄旅游综合体。发展生态旅游、红色旅游、工业旅游、康养产业等，努力开创沿黄区域发展的新局面。

（三）积极承接东部地区转移的环境友好型产业

宁夏要形成现代化产业体系需要积极承接东部地区转移产业。宁夏必须坚持“绿水青山就是金山银山”的理念，严禁污染产业和落后产能转入。要做到承接产业不污染环境、不破坏生态、不浪费资源、不搞低水平重复建设。宁夏不能成为发达地区淘汰落后产能的承接地、不能成为东部企业原材料的加工地，宁夏不是原材料加工的大作坊。要在承接环境友好型产业的同时培养自主创新能力，增加自主品牌，打造更为高端的产业链条。宁夏高污染、高耗能行业集中在钢铁、电镀、有色、造纸、制药、纺织、塑料等产业，如果在承接东部地区转移产业时涉及这些产业，必须通过技术升级、设备更新、工艺换代等方式，实现在转移中转型，形成产业良性发展循环。

要认真学习领会和贯彻落实习近平总书记重要讲话精神，以习近平新时代中国特色社会主义思想为指导，推动宁夏形成现代化产业体系，协同推动经济的高质量发展和生态环境的高水平保护。

（四）把握生态资源禀赋，建设生态涵养区

同时考虑建设生态涵养区，生态涵养区具有可持续发展的能力且这种能力不断增强。生态涵养区内的产业要求比较高，必须是生态友好型产业，比如一些文化创意、电子信息技术、新能源等高新技术产业，既可以增强地方经济发展能力，又可以强化该地区的生态修复，保护水源，顺应人民群众对优美生态环境的新期待。京津冀生态涵养区同时具备生态保障、水源涵养、旅游休闲、绿色产品供给等功能，为全国人民提供了样本。宁夏应探讨建设生态涵养区的可行性。提升全区生态涵养功能、促进富民就业，提高生态环境质量，提升生

态环境容量，坚持绿色发展、增强内生动力，走出一条特色化、品牌化、差异化的高质量发展之路。

（五）倡导绿色生活方式

推动生活方式绿色化是推动人与自然和谐发展、实现生态文明建设的重要途径。推广绿色低碳的生活方式，不仅需要人们在衣、食、住、行等方面自觉做出绿色选择，更需要在改变消费理念、推动全民行动、完善保障措施等方面协调推进。利用世界环境日，世界地球日、森林日、水日、湿地日、低碳日等节日，集中组织开展环保主题宣传活动，大力传播绿色发展理念，切实增强公民的生态文明意识。倡导绿色生活和休闲模式，推动人们在衣、食、住、行、游等领域加快向勤俭节约、绿色低碳、文明健康的方式转变，逐步培育生活方式绿色化的习惯。加强组织领导和工作指导、加大工作推进力度，协调和引导社会力量积极参与，形成有序推进生活方式绿色化的工作机制。

作者简介：宋春玲，宁夏社会科学院助理研究员。

后发赶超的地方实践

后发赶超的凉山实践及启示

李后强

摘　要：凉山是影响四川省乃至全国决战脱贫攻坚的控制性因素，是习近平总书记十分牵挂惦记、深切关怀并寄予厚望的典型深度贫困地区。文章简要回顾四川凉山革命和反贫困历程，总结了凉山反贫困七个方面的实践经验和主要经验及八个方面的具体成效。提出要实现后发赶超，需要建立脱贫攻坚与乡村振兴的规划衔接制度等六条措施。总之，实践表明，只有坚持中国共产党的领导，才能脱贫致富过上好日子！

关键词：后发赶超　四川凉山　启示

85年前，一支年轻的队伍用解救被关押的穷人、肝胆相照的歃血结盟，向彝族同胞宣示“红军为穷苦人打天下”的宗旨，向彝族兄弟许下一个诺言：让穷人过上好日子！1949年新中国成立以来，国家从来没有忘记这里。国家民委的一份资料记载，1949年第一届中国人民政治协商会议召开前夕，毛主席提议将“夷”改“彝”，并解释说：“‘彝’从字形上看‘房子’下有‘米’有‘丝’，意味着有吃有穿，过好日子。”今年要全面建成小康社会，必须全面脱贫，实现脱贫路上“一个也不能少”的庄严承诺。当前脱贫攻坚进入决战决胜最后阶段，凉山州尚有7个贫困县、300个贫困村和17.8万贫困人口。无疑地，凉山仍然是后发地区。但可喜的是，自2018年习近平总书记视察凉山以来，四川省做出综合帮扶决策部署，出台《关于精准施策综合帮扶凉山州全面打赢脱贫攻坚战的意见》和《凉山州脱贫攻坚综合帮扶工作队选派管理实施方案》等系列文件，尽锐出战的成效异常显著，目前仍有超过11000多位各类扶贫干部奋战在大凉山的村村寨寨，带领老百姓做最后的冲刺，凉山后发赶超的态势愈发清晰。

一、特殊的贫困样本

凉山是影响四川省乃至全国决战脱贫攻坚的控制性因素，是习近平总书记十分牵挂惦记、深切关怀并寄予厚望的典型深度贫困地区。这里既有交通闭塞、基础薄弱、经济落后等各贫困地区的共性，又有自身贫困的特殊性，属于综合的、原始的、深度的贫困。毫无疑问，凉山是后发中的后发，贫困中的贫困。2017 年中办到凉山调研，听取并确认四川凉山是“全国贫困问题最突出、致贫原因最复杂、脱贫任务最繁重的地区”。凉山的贫困与它的历史发展、地理区域、自然资源、社会基础、民族宗教等交织在一起，几乎聚集了所有的贫困因子，是当代中国贫困地区的一个特殊样本，主要体现在四个方面。

1. 贫困结构

贫困要素叠加，导致贫困循环。首先，贫困程度深。凉山州地处我国 14 个连片特困带之一的“乌蒙山片区”，集国家扶贫开发重点区、最大的彝族聚居区、边远山区、革命老区等多重身份于一身，区域性整体性贫困问题突出。所辖 17 个县市，有 11 个县（主要是彝族聚居程度较高的县）被列为国家扶贫开发工作重点县，约占整个四川省 36 个贫困县的三分之一。贫困面之广、贫困程度之深、贫困人口之多、贫困如此集中地体现在一个民族身上，在全国都是少有的。除收入贫困外，凉山贫困还表现在教育、医疗、卫生、思想观念等多个方面，如义务教育均衡发展困难多、医疗水平长期落后、精神贫困问题十分突出，贫困群众参与脱贫的主体地位缺失，“等靠要”思想严重，脱贫信心不足。其次，内部差距大。凉山地区是“内地边疆”的典型范式代表。大江分割、大山阻隔、气候区隔，将凉山州内区分为安宁河谷平坝区、东五县二半山区和以盐源、木里为一翼的高山区等“一体两翼”三个区位，贫困发生率居高不下。最后，致贫原因多。凉山贫困的特征表现为贫困的叠加性，既有偏远、老区、山区、环境恶劣、贫困突出等民族地区共性，又有体制性贫困与自然性贫困、物质性贫困与精神性贫困等叠加的特殊性。

2. 贫困溯源

这里是“直过民族”——彝族的聚居区，曾经一夜千年，发展的时间累积不足。“直过民族”是当前扶贫攻坚的难点之一，世居四川大凉山区的彝族就是典型的"直过民族"。首先，政治改革与经济社会变革不同步。制度的变迁没有充分调适生产力与生产关系，刀耕火种与机械化同时运行，差距越来越大。其次，作为内地边疆远离主流市场，因此相对封闭。在少数民族聚居区中，凉山地区是"内地边疆"的典型代表，工商业极不发达，教育、卫生等社会事业十分落后。再次，人口素质较低，难以支撑现代化发展的需要。民主改革前，凉山彝族地区基本上没有现代意义上的教育体制和机构。民主改革后这一状况有所改观，但劳动力整体素质仍然偏低，难以适应新形势新需要，表现在受学校教育时间短、劳动技能简单、外出务工制约因素多等方面。最后，财政弱投入少，基础设施长期落后。长期以来，凉山各级财政收入规模不高、收入结构不优，财政自给率低、可支配财力拮据。尤其表现在交通投入不足，到2008年凉山才开始建设第一条高速公路。

3. 贫困环境

生产生活环境极端，生计困难。首先，自然地理条件恶劣。灾害的种类多、灾害频繁、灾害的地域性分布特征明显，除了台风，这里几乎能见到所有的自然灾害。其次，人与自然关系失衡。这里土地的人口承载量低，但是追求多子的家支文化又异常根深蒂固，资源与人口的拉锯战一直存在。再次，农业生产方式粗放。不仅第一产业比重过高，而且生产方式落后。最后，非农产业极度薄弱。一方面，工业基础薄弱，生产力水平低下，扩大再生产的规模和质量都较低；另一方面，已建成的工作多集中在大型能源类企业上，没有发挥好促进地方经济的作用。

4. 贫困文化

凉山地区社会发育滞后，不同程度存在自我满足的习惯，治理制度建设困难，各种陈规陋习阻碍了脱贫攻坚。例如，长期的农耕生活，致使贫困户安于现状，宁愿苦熬不愿苦干，追求美好生活的内生动力不足。物质贫困和文化贫困交织起来，又造成当地缺乏现代理财观念、勤劳致富观念，亟须更新某些婚丧观念。

二、凉山反贫困实践

2018年2月，习近平总书记亲临大凉山彝区腹地视察，做出一系列重要指示，“对凉山寄予厚望”，为推进凉山脱贫奔康指明了前进方向，注入了强大动力，提供了根本遵循。四川省委、省政府出台关于加快推进彝区跨越式发展的意见、大小凉山彝区“十项扶贫工程”总体方案、支持大小凉山彝区深入推进扶贫攻坚加快建设全面小康社会进程的意见，加大凉山彝区扶贫开发扶持力度。凉山州全面贯彻落实党中央国务院和省委、省政府关于脱贫攻坚的各项决策部署，始终聚焦“两不愁三保障”等目标，采取综合帮扶等超常举措，取得了阶段性重大成果。2020 年 9 月 9 日，国务院新闻办在蓉举行四川脱贫攻坚新闻发布会，四川省委书记彭清华说：“目前我省脱贫攻坚‘两不愁三保障’任务已基本完成，正在进行最后的查漏补缺和收尾收口工作。我们有信心、有决心、也有底气冲刺‘最后一百米’，如期全面完成脱贫攻坚任务，向习近平总书记、向党中央、向四川省人民交出一份合格答卷。”

1. 党建引领：筑底强基、凝聚民心

凉山州狠抓党建工作与经济、社会、民生发展的深度融合，充分发挥党建工作服务脱贫攻坚的重要作用，大力推动攻坚力量向一线聚集、基础保障向一线调配、党员干部在一线尽责、脱贫成效在一线检验，为确保脱贫任务按期圆满完成提供了重要保障。具体而言，①强化聚力攻坚决战思想引领力，不折不扣发挥农村党组织核心作用。②压实领导干部的督战实战责任，17 县市党政“一把手”用党性保证、用“官帽”抵押，与州委、州政府签订《责任书》、立下军令状，就脱贫摘帽年限、总体目标，以及分年度减贫人数等重点工作任务做出书面承诺、硬性表态，尽锐出战。③筑牢建强基层一线的战斗堡垒，抓实“筑底强基·凝聚民心”党建工程。④切实发挥帮扶力量生力军作用，紧扣“头等大事”，举四川省之人力夯实综合帮扶队伍。

2. 社会激活：巧借外力、挖潜内力

在党的十九大报告中，习近平总书记明确指出，“要动员全党全国全社会力量，坚持精准扶贫、精准脱贫。”激活社会力量扶贫是新时代精准扶贫精准脱贫战略部署的重要内容，并被纳入党中央扶贫规划之中。凉山在实践中，①挖掘传统民间力量的扶贫功能。其中，凉山积极激发“德古”（矛盾化解的传统权威）在维护社会稳定、社会发展等方面的作用。②引导边缘性社会人群自主脱贫，如创新建立以社区戒毒为主、强制隔离戒毒为辅，兼具强制隔离、教育转化、社区康复、就业培训、回归安置等社会功能的大型综合戒毒康复基地——“绿色家园”。确保社戒社康人员不脱管、不漏管、不失控，力争打通他们回归社会的“最后一公里”，切实解决因毒致贫、因毒返贫、因贫涉毒等问题，决战决胜脱贫攻坚。③强化社会组织扶贫的社会责任，积极引导具有较强能力的社会组织参与本地脱贫攻坚工作，在信息、培训等领域发挥了重要作用。

3. 产业拓展：精准谋划、巩固优势

习近平总书记指出，“产业兴旺，是解决农村一切问题的前提”。凉山州开展了五方面的产业拓展工作，具体而言，包括推动一二三产业融合互动、加快建设区域性特色基地、加快创建农产品区域品牌、探索建立农业经营新机制、完善精准支持产业服务网等五方面。

4. 交通成网：由点及面、串珠成链

通过精准诊断，发现交通瓶颈成为制约凉山脱贫奔康的最大瓶颈。脱贫攻坚战打响以来，凉山州始终把交通建设作为脱贫攻坚的标志性、引领性、支撑性工程，抓住用好国家和省系列支持政策，着力打通断头路、建设大网络、拓展进出口、提速内循环，凉山交通实现从边远闭塞到内联外畅的历史性跨越。

5. 住房建设：住有宜居、产住融合

2015 年习近平总书记提出“五个一批”以来，凉山聚焦易地扶贫搬迁与彝家新寨这两个脱贫攻坚住房建设中的“头号工程”和“标志性工程”，啃下了“五个一批”中最难啃的硬骨头。具体而言，①强化组织保障。实现了由“群众自愿、政府引导”到“政府主导、群众自愿”再到“中央统筹、省负总责”。②强化政策宣传。通过各种宣传途径和手段立体推进，做到了具体执行政策的干部真懂政策；通过“板凳工程”“五洗”工程等抓手推动彝区生产生活方式大转变、文明素质大提升。③强化质量监管。通过筑牢建设前、中、后“三道关口”，对质量进行全程监控，确保工程质量安全可靠。④强化入住复垦。通过“三个及时”，有效推动了安置入住与拆旧复垦工作。⑤强化后续帮扶。通过制定《加强易地扶贫搬迁集中安置点治理与后续发展的指导意见》等“六个举措”加强搬迁群众后续帮扶工作。

6. 教育重塑：源头遏制、补齐短板

教育是阻断贫困代际传递的根本之策。2018 年 2 月 11 日，习近平总书记赴凉山考察并明确指出，“最重要的，教育必须跟上，决不能再让孩子输在起跑线上。”凉山的教育扶贫具体而言包括重塑教育理念、重塑教育能力、重塑教育内容等三个方面。近年来，随着这些政策的实施，越来越多的贫困群众认识到“知识改变命运”的重要性，愿意将子女送到学校读书，有条件的群众更愿意将子女送到县城、省城去就读。

7. 文化建构：弘扬新风、示范引领

高质量脱贫不能只靠救济，扶贫不能养懒汉。贫困群众既是帮扶对象，也是脱贫主体，必须发挥其主观能动作用，激发其内生动力。为此，凉山州以制度机制为核心推进移风易俗，以宣传教育为基础激发内生动力，以创建活动为抓手倡导文明风尚，以示范带动为引领促进乡风文明。实施以来，狠抓感恩主题宣教，突出“感恩、奋进、变化”三大主题，引导群众感党恩、听党话、跟党走、勤奋进，打造了“最接地气、最具感情”的凉山巡回宣讲品牌。“共产党瓦吉瓦”“习总书记卡莎莎”等凉山群众的心声响彻凉山的每一个角落。

三、凉山的脱贫成效

在新的历史条件下，凉山脱贫攻坚工作面临着前所未有的机遇。习近平总书记关于“脱贫攻坚重在精准、贵在精准，成败之举在于精准”等扶贫开发战略思想，为凉山脱贫攻坚指明了前进方向和路径。凉山州内“统筹型、捆绑式”扶贫开发模式不断创新，贫困面貌发生了根本改变，综合实力明显增强，社会保障体系逐步健全，广大干部群众致富奔康的愿望更加强烈，为凉山脱贫攻坚增添了强大信心、注入了强大内生动力。通过脱贫攻坚战，凉山州集聚的稳健发展势头表现如下。

1. 脱贫攻坚将凉山送上了同一起跑线

贫困面貌得到根本改变，贫困人口持续减少、村容村貌焕然一新、生态环境得到恢复。例如，2020 年，凉山州将高质量完成 17.8 万贫困人口脱贫、300 个贫困村退出、7 个贫困县摘帽任务，贫困人口持续减少，基本实现了“两不愁三保障”的目标。

2. 扶贫产业增量提质

进入精准扶贫阶段以来，凉山州积极调整产业结构，促进三大产业融合发展，合理规划产业布局，充分发挥凉山州农业资源、旅游资源和能源优势，为凉山州建立稳定脱贫长效机制，在促进贫困地区经济发展，发展贫困村集体经济，带动贫困户就业、增收等方面做出突出贡献。例如，2019 年，凉山州三次产业比重调整为 21.9∶33.4∶44.7，第一产业、第三产业凉山州地区生产总值中的占比明显上升，产业结构得到优化。

3. 交通会战克难攻坚

经过三轮强化推动，凉山州贫困地区农村公路覆盖范围得到进一步扩大，州到县和县与县之间路网互联互通得到强化、凉山州与其他省市高速公路主通道更加畅通，水路运输里程正在增加，运输能力得到提升，与其他发达地区交通发展差距正在缩小。综合交通路网基础更加完善、综合交通路网等级明显提升、综合交通路网规模明显扩大，“悬崖村”已经成为过去，高原信使王顺友的马班邮路转化为精神而存在，而道路已经发生了天翻地覆的变化。

4. 住房条件全面改善

凉山以彝家新寨、藏区新居、易地扶贫搬迁为抓手，科学选址布局避开地质灾害，在避开滑坡、泥石流等地质灾害隐患区前提下，本着有利生产、方便生活和节约用地的原则，科学选址布局彝家新寨；兼顾浓郁的民俗风情特色和社会主义新农村建筑的时代风貌，依山就势、突出生态田园风光，将红色文化和文化旅游因子有机融入村落民居规划建设中，满足乡村文化旅游的需要；统一住房建设标准，坚持“前庭后院+屋檐”总体模式和“人畜分居、厨厕分离、牲畜圈养”要求，建沼气池，改厨、改厕、改圈、改水、改院，突出实用性和现代性；统一采用传统砖混结构和轻钢结构建房，提高房屋抗震能力；严格管理施工过程，确保房屋质量；统一配套家具家电，全面改善了贫困人口和贫困边缘人口的住房条件。

5. 医疗底网凸显效能

在凉山州脱贫攻坚工作中，健康扶贫领域和医疗卫生发展成效显著，贫困人口医疗负担得到极大减轻、基层医疗卫生体系得到跨越发展、重点健康卫生问题得到有效遏制。

6. 教育赋能深度推进

进入精准扶贫以后，凉山州加大对教育基础设施的投入，实现了学前教育基本普及、义务教育均衡有序、职业教育多元增量、高等教育稳步发展。从 2016 年至 2019 年，全州教育系统累计投入各级各类基础建设资金 75.3 亿元，办学条件得到进一步改善，中小学D级危房彻底消除。2019年累计资助、补助、减免资金21.88亿元。另外，近2年凉山州共补充教师5600余名，通过一系列的培训、挂职、支教、育才等抓手，实现了教育质量的稳步提升。

7. 村级治理能力提升

进入精准扶贫阶段以后，凉山州贫困地区村级组织的组织性、规范性，在贫困人口中的权威性、凝聚力、影响力，带动贫困人口脱贫致富的能力，服务贫困人口的意识和能力得到增强。

8. 移风易俗成效显著

习近平总书记指出："扶贫先扶志向，治穷先治愚，要切断贫困的'代际传递'，让脱贫人口能够'站起来'而且能够'走得远'。"凉山州经过一系列有效探索，贫困地区贫困面貌发生根本改变的同时精神面貌也在发生重大变化。贫困人口文明意识日益增强，在破除陈规陋习、培树现代文明新风，提倡喜事新办、厚养薄葬，摒弃相互攀比、铺张浪费的习俗等方面取得明显成效，妇女作用得到发挥，对毒品危害的认识更加清晰，禁毒防艾群众基础更加深厚，生育观念得到刷新。人民群众精神生活日益丰富，通过农家书屋、农民夜校、外出务工、"新型农民素质提升工程"极大地拓宽了凉山州贫困人口的信息来源，能够有效改变贫困人口传统的知识结构和固有观念。广大群众的生活习惯日益良好，人畜混居、柴粪乱堆、污水横流的现象大为减少，彝家新居内"六件套"齐备、客卧厨卫功能齐全，家家有庭院、户户有畜圈。贫困人口积极参与"三建四改五洗"，争创"四好"，更加关注自身形象，讲究环境卫生。

四、赶超的路径启示

凉山脱贫攻坚已经取得决定性成果。截至2020年9月10日，"剩下的7个贫困县主要指标也基本达到了脱贫标准"。四川省委书记彭清华同志表示，"对全面完成凉山州脱贫任务，我们是有充分信心的"。目前，易地扶贫搬迁已得到有效解决，7万多户、35万多人的贫困群众已全部搬迁入住，占全州建档立卡贫困人口的40%。其他工作也处于最后扫尾和巩固提升阶段。总之，脱贫攻坚将凉山送上了同一起跑线，产业、交通、住房、医疗、教育、基层治理能力、移风易俗等七个方面有了飞跃的发展，为后发赶超奠定了坚实基础。

目前，凉山正在谋划抢抓政策调整和有效衔接新机遇，为实现后发赶超拓展新路。

1. 建立脱贫攻坚与乡村振兴的规划衔接制度

扶贫攻坚战略规划与乡村振兴战略规划是凉山乡村发展的两大重要引领，要实现脱贫攻坚与乡村振兴的有机衔接，首先要建立两大战略规划的衔接制度，形成规划先行、规划引领机制。可以从协同制定乡村产业发展规划，协同制定乡村经济社会与人居生态环境规划方向着力。

2. 探索扶贫特惠政策与乡村发展普惠政策的整合制度

对彝区贫困乡村而言，即使实现了脱贫目标，乡村内部发展差异性仍是客观存在的，因此，实现凉山精准扶贫战略与乡村振兴战略的衔接，就要做好特惠性政策与普惠性政策的合理组合，既要重视乡村整体发展，也要重视对特殊群体的兜底保障。尽力实现特惠政策向普惠政策的合理转换，实现物质投入性政策向发展能力培育政策的转变，实现个体性帮扶政策向整体性发展政策的转变。

3. 构建扶贫产业向乡村优势产业转变的保障机制

产业发展是贫困乡村持续脱贫的核心路径，也是实现乡村振兴的关键内容。在脱贫攻坚战略与乡村振兴战略衔接过程中，必须推动乡村产业发展由特惠性、短期性、政策主导性向普惠性、长期性、市场主导性转变，将扶贫产业培育为具有自我持续发展能力的乡村优势产业。多渠道、多要素研究全面夯实彝区乡村产业发展基础、加强对彝区小农户生产的适宜性技术支持、转变彝区贫困乡村产业发展的资金支持方式等三方面的保障机制。

4. 健全乡村持续脱贫和全面振兴的人才保障机制

在凉山脱贫攻坚战略实施过程中，本土人才和外来帮扶人才队伍发挥了重要作用，在脱贫目标实现后，外部帮扶力量逐渐撤出后，如何满足乡村发展对各类人才的需求是凉山仍需破解的重要问题。在凉山乡村发展战略转变阶段，要高度重视乡村发展的人才培育问题，加快推进新型职业农民、农村专业技术人才的培训与引进，为贫困乡村的全面振兴提供人才保障。需要推进本土新型职业农民培育行动，更要建设彝区乡村振兴的专业人才队伍，在此基础上，进一步营造人才灵活服务彝区乡村的政策环境。

5. 推动脱贫攻坚组织机制向乡村治理长效机制转变

高效的组织制度是凉山顺利完成脱贫攻坚任务的重要保障，也是脱贫工作中取得的重要经验。在脱贫攻坚和乡村振兴战略对接的重要时期，要借鉴并完善这一做法，推动领导机构、工作班子、人员队伍、体制机制之间的有效衔接。

6. 推进外部帮扶资源投入与激活内部动能相衔接

随着脱贫攻坚战略目标的实现，乡村的全面振兴仍必须依靠内生动力形成持续发展能力，因此需要将外部投入的帮扶资源与激活乡村内生动能结合。乡村改革不仅能够激活乡村要素价值，为乡村产业发展和农民增收奠定基础，而且能够增强彝区贫困乡村对外部要素的吸引力，实现外部要素与彝区乡村优势资源的结合，进而激发乡村发展潜能。全面提速农村改革步伐，突破深层次体制机制障碍，更大限度地转换发展动能和释放改革红利，将是深度贫困地区农村全面小康社会建设面临的最为紧迫的任务。

凉山后发赶超的实践表明，只有坚持中国共产党的领导，才能脱贫致富过上好日子！坚持精准扶贫是取得反贫困成效的必由之路；坚持资源整合、全域协调，是巩固和放大脱贫成效的有效方法；坚持外力诱发内力、外力辅助内力、外力培育内力，是实现后发赶超的可能途径。

作者简介：李后强，四川省社会科学院党委书记、教授。

高起点谋划　高标准建设
打造理论创新　服务决策　人才培养
示范创建的新阵地新高地

王　林

摘　要：新时代赋予民族高校新的职责和使命，那就是培养具有中华民族共同体意识的社会主义建设者和接班人。贵州民族大学高起点谋篇，整合优势资源，着力打造理论创新的人才培养高地，立足贵州实际开展铸牢中华民族共同体意识的理论研究和实践创新，聚焦“立德树人”培养“三个特别”的时代新人。

关键词：中华民族共同体意识　民族团结　立德树人　“三个特别”时代新人

贵州是典型的多民族省份，世居少数民族成分位居全国第二，少数民族人口数量及占比在全国分别占第4位和第5位，建国70年来，全省各族人民手足相亲、守望相助，在党的民族政策光辉照耀下共同团结奋斗，共同繁荣发展。党的十八大以来，在习近平总书记关于新时代民族工作的重要论述指引下，我省“民族团结进步繁荣发展示范区”创建工作成就卓著，民族团结进步和经济社会发展一直得到以习近平同志为核心的党中央的高度重视、亲切关怀和充分肯定，民族团结进步工作理论与实践在全国乃至全世界都具有典型性和示范性。贵州民族大学作为新中国创建最早的民族院校之一，是贵州省重点建设高校、省政府和国家民委共建高校，学校在马克思主义民族理论与政策、民族文化传承创新等方面有着深厚的学科传统优势；在贵州世居民族研究、民族地区社会治理研究、民族地方法治研究等方面形成了鲜明特色；在民族团结进步教育、促进各民族交往交流交融等方面积聚了向外辐射的示范效应。为系统总结贵州民族团结进步繁荣发展示范区创建经验，贵州民族大学高起点谋篇，整合优势资源，着力打造理论创新的人才培养高地，立足贵州实际开展铸牢中华民族共同体意识的理论研究和实践创新，培养明辨大是大非立场特别清醒、维护民族团结行动特别坚定、热爱各族群众感情特别真挚的“三个特别”时代新人，为建设具有中国特色、中国风格、中国气派的民族研究学科体系、学术体系和话语体系贡献贵州经验、贵州智慧。

一、高起点谋篇布局，整合优势资源建设铸牢中华民族共同体意识基地

学校党委、行政高度重视，将铸牢中华民族共同体意识基地建设作为重大战略和重要增长极来谋划推动，工作中及时向国家民委、省委、省政府请示汇报，寻求关心指导，与贵州省委宣传部、省委统战部、省发改委、省民宗委、省教育厅等部门保持良性互动，落实政策保障。在基地架构上，实施三位一体布局。人才培养方面，依托服务国家特殊需求博士人才培养项目，实现从本科到博士的多层次覆盖；科学研究方面，对学校现有科研院所及平台进行整合，汇聚学校优势人才和资源打造团队搭建平台，凝练主攻方向，彰显区域特色，开展理论与实践创新研究；此外，基地还将作为全校铸牢中华民族共同体意识通识课的承担机构，并通过与省委统战部、省委宣传部、省民宗委、省教育厅实施共建为全省高校铸牢中华民族共同体意识教育提供支持和服务。

二、重交叉凝练方向，立足贵州实际开展理论与实践创新研究

贵州是中国之治的典型样本，近年来，在省委、省政府带领下，贵州各族人民手足相亲、守望相助，民族团结进步繁荣发展示范区建设成果丰硕，推动经济社会发生了深层次、根本性变化，走出了一条有别于东部、不同于西部其他省份的发展新路，被习近平总书记赞誉为党的十八大以来党和国家事业大踏

步前进的一个缩影。贵州缩影、贵州新路、贵州样板已经成为令人瞩目的“新贵州现象”。从多民族贵州的生动实践和经验的角度，通过促进传统优势学科民族学、社会学、法学、中国语言文学等的交叉融合，挖掘出新课题、提炼出新概念、拓展出新理论，开展铸牢中华民族共同体意识全局性、战略性、前瞻性的重大现实问题研究，开展中华民族共同体历史、中华民族多元一体的格局研究，推出高水平、原创性标志成果，转化为推动民族地区经济社会高质量发展的强劲动力，进而上升到中国实践、中国经验和中国模式的高度，为推动形成中华民族共同体研究的理论体系、学术体系和话语体系建设贡献力量。

三、强内涵提质增效，聚焦“立德树人”培养“三个特别”时代新人

一是以铸牢中华民族共同体意识基地建设为抓手，进一步推进“三元融合”教育理念的深化落实，坚持将人文精神、科学精神和民族团结精神融入人才培养和办学治校全过程，在教育教学、科学研究、人才培养、社会服务工作中融入“三种精神”，引导各族师生牢固树立“三个离不开”思想，增强“五个认同”，引导学生求善求美、求真求实、求谐求同，让中华民族共同体意识根植心灵深处，培养明辨大是大非立场特别清醒、维护民族团结行动特别坚定、热爱各族群众感情特别真挚的高素质人才。二是设立铸牢中华民族共同体意识通识课教研室，在省委统战部、省委宣传部、省民宗委、省教育厅的共建支持下，汇聚优秀人才，打造过硬师资团队，深入开展思想政治理论课改革，实施课程思政提质工程，提高激励奖励标准，开发铸牢中华民族共同体意识系列金课，形成聚集和示范效应，为我省高校开设铸牢中华民族共同体意识课程提供技术和人才支持。三是围绕深入开展民族团结进步创建工作总结经验，创新实践，打造民族团结进步创建工作标志性品牌，建设全国民族团结进步创建工作示范高校，营造浓郁的校园氛围，让各族师生切实将中华民族共同体意识根植心灵深处。

作者简介：王林，贵州民族大学校长、教授。

新时代高质量发展逻辑下的陕西工业经济“后发赶超”路径

——基于陕西“十三五”工业经济运行分析

周 宾

摘 要：基于对陕西“十三五”工业投资、制造业PMI和PPI等经济运行指标的分析，明确陕西工业经济现存的问题与短板，并结合对工业经济高质量发展逻辑内涵的诠释与宏观经济发展环境的判断，提出陕西工业经济“后发赶超”的路径。

关键词：高质量发展 工业经济运行 “后发赶超”路径

“十三五”中国经济发展已由过去“偏重量的积累”转向“量质协调和更突出质的提升”。“十三五”时期，通过不断深化供给侧结构性改革，全国经济运行总体平稳，发展质量明显改善，经济增长整体处于合理区间，年均超过6.5%，2019年实现全国人均GDP超过1万美元。与此同时，受全球经济衰退和中美贸易摩擦等因素影响，加之国内供给侧结构性改革不断深化，国内投资对经济增长的贡献率占比逐渐下降，2019年为31.2%，且外贸增速放缓。自2014年始，最终消费支出已取代投资成为对中国经济增长贡献的“首驾马车”，同时，我国工业产业结构进一步优化，工业产能利用率较“十二五”有明显提高。2020年上半年，全国规上工业增加值同比下降1.3%，较同期GDP增长1.2%。

“十三五”陕西工业总体呈现稳定增长，产值规模显著扩大，工业增加值增速高于全国平均水平，但较东部发达地区而言，工业投资力度有待进一步加强、工业投入产出效率亟待提升、工业部门结构需要进一步优化，需要加强融合产业链、资金链、创新链，从而推动全省产业升级和创新驱动新动能尽快形成。"十四五"，新冠肺炎疫情加剧全球经济进一步衰退的迹象将更加显现，而地缘政治冲突和逆全球化暗流对未来中国经济发展的影响也不容小觑。面对挑战与机遇并存的局势，作为新时代陕西经济高质量发展的重要内容，确保全省工业经济运行稳定和恢复增长，是今后一个时期全省经济工作的主要任务之一。

一、"十三五"陕西工业经济运行情况分析

"十三五"期间，陕西工业经济运行前期总体平稳、稳中趋缓，后期受市场需求减弱，新动能不足，安全生产和治污降霾等因素影响，增长乏力。尽管受新冠肺炎疫情等因素影响，但2020年上半年，陕西规上工业增加值同比仍增长1.0%，高于全国平均水平，环比增长4%，实现了由负转正，全省工业呈现企稳回升。目前，全省能源工业占比仍较大，非能工业增速放缓对经济贡献较弱，大中型工业企业效益有所下降，新兴产业和高技术企业增加值占比虽有所提高但带动作用有限。全省能源工业增加值同比增长6.5%，拉动规上工业增长3.1%。非能源工业增加值同比下降4.1%，制造业企业加快生产补足缺口，36个非能工业大类行业中的6个行业增加值同比增长，装备制造业和高技术产业增势良好，增加值分别同比增长9.2%和12.0%，原煤、天然气、发电量等能源产品保持较快增长，同比分别增长16.8%、10.4%和10.0%。规模以上工业产销率94.5%，同比降低0.8%，其中，能源工业产销率97.5%，同比降低0.1%；非能源工业93.3%，同比降低1.1%。同时，受煤炭、石油等主要产品价格回落影响，能源工业利润同比降幅有所扩大，而非能工业利润同比降幅有所收窄。

（一）工业投资带动

在当前中国正处于加快实现工业化的阶段，投资对地区经济增长的带动作用不可忽视。对于现阶段中国的一些地区而言，工业投资对保持工业经济运行和稳定工业经济增长具有重要意义。从工业固定资产投资和工业增加值两个指标能够比较直观地看出工业投入与产出的规模和变化情况，且通过考察工业产

出投入比（=工业增加值÷工业固定资产投资额），能够反映出工业投入产出的效率，为调整和优化相关产业布局、科技创新和投融资等政策提供必要的数据支撑。这里，对全国和陕西、安徽、上海的工业固定资产投资、工业增加值和工业产出投入比三项指标进行分析（见表1）。

表1　全国和部分地区的工业投入产出情况

指标	年份	全国	陕西	安徽	上海
工业增加值／亿元	2016	245406.40	7598.00	9845.18	7555.34
	2017	275119.30	8691.79	10916.31	8392.84
	2018	301089.30	9143.39	11663.94	8694.95
	2019	317108.70	9609.70	12515.41	9670.68
工业固定资产投资额／亿元	2016	228030.18	5585.43	11588.12	979.56
	2017	232725.65	5688.36	12943.47	1031.69
	2018	249508.74	5989.84	17234.21	1214.30
	2019	260237.60	6678.67	18612.95	1351.52
工业产出投入比	2016	1.08	1.36	0.85	7.71
	2017	1.18	1.53	0.84	8.14
	2018	1.21	1.52	0.68	7.16
	2019	1.22	1.44	0.67	7.16

由表1可知，2016至2019年，全国和陕西、安徽、上海三地的工业增加值和工业固定资产投资额均呈现上升态势。从规模上看，无论是工业增加值还是工业固定资产投资额，安徽均高于陕西和上海，陕西的工业增加值与上海接近，但工业投资额明显高于上海；从增速来看，2017年陕西的工业增加值增速高于全国、安徽、上海约2到3个百分点，2018至2019年明显回落，低于全国、安徽和上海。尽管全国和陕西、安徽、上海的工业固定资产投资额增速均呈现上升态势，但是上海、安徽的增速明显高于全国平均水平，尤其是2017和2018年，安徽的工业投资额增速高于全国5倍左右，而同期陕西的工业投资额增速明显低于全国平均水平，但2019年陕西加大工业投资力度，工业投资额增速高于全国、安徽和上海。横向比较认为，近年来，陕西工业增加值占生

产总值比重约为40%，高出全国7个百分点左右。作为以能源化工、装备制造、电子信息、生物医药等为支柱产业的工业大省，“十三五”期间的2016至2018年，陕西工业固定资产投资规模和增幅均不大，“十四五”期间，需要进一步加大工业投资力度，特别是对于全省的支柱工业而言，稳定传统优势产业发展、加快战略性新兴产业培育，进而增强工业对地区经济增长的贡献动力。

此外，对工业产出投入比分析可知，“十三五”期间，全国平均水平呈现逐渐上升态势，陕西年均值均高于全国且态势基本稳定，安徽总体较低，且2019年仅是陕西的47%；上海明显高于全国和陕西，2018年上海的工业产出投入比约为陕西的5倍。这反映出，2016至2018年，上海的工业投入产出效率明显高于全国和陕西。“十四五”期间，在加大工业投资力度的同时，不断提高工业投入产出的效率，加快从工业大省向工业强省的转变，对于确保陕西工业经济运行稳定和实现高质量发展都具有重要的现实意义。

为了进一步考察固定资产投资的价格变动情况及企业生产成本的变化，这里采用固定资产投资价格指数和工业品出厂价格指数（PPI）两个指标。除此之外，选取电力消费经济增长变化率（=1/电力消费弹性系数）和单位用电量工业增加值（=工业增加值÷工业用电量）两个指标，对电能消耗的产出效率和经济效益进行考察。最后确定，对全国和陕西、安徽、上海的固定资产投资价格指数、工业品出厂价格指数（PPI）、电力消费经济增长变化率、单位用电量工业增加值四项指标进行分析（见表2）。

表2　全国和部分地区的价格指数与单位电耗工业产出变化情况

指标	年份	全国	陕西	安徽	上海
固定资产投资价格指数（上年=100）	2016	99.4	99.9	99.2	99.6
	2017	105.8	105.3	107.4	106.7
	2018	105.4	105.4	105.8	105.6
	2019	102.6	102.6	102.3	101.4
PPI（工业品出厂价格指数，上年=100）	2016	98.6	97.6	98.5	98.8
	2017	106.3	110.8	108.0	103.5
	2018	103.5	105.4	103.0	101.7
	2019	99.7	100.8	100.3	98.8

续表

指标	年份	全国	陕西	安徽	上海
电力消费经济增长变化率	2016	1.19	0.79	0.92	1.19
	2017	1.19	0.84	1.20	2.56
	2018	0.78	1.25	0.72	2.56
单位用电量工业增加值／（元/kwh）	2016	5.70	7.94	8.21	10.52
	2017	6.12	8.46	8.61	11.72
	2018	6.48	8.53	8.50	12.33

由表2可知，2016至2019年，全国和陕西、安徽、上海的固定资产投资增速开始有所收窄，2017年后均有不同程度的增长，增速趋势基本相同，呈现“先涨后降”，且同期全国和陕西、安徽、上海的固定资产投资增幅相差较小。从全国、陕西、安徽和上海的PPI指标来看，同比趋势与固定资产投资价格指数相同，全国整体的工业经济形势下行压力较大。横向比较可知，2017至2019年同期陕西的PPI较高，上海较低，反映出陕西的原材料工业企业生产成本较全国和安徽、上海仍偏大。从电力消费的经济产出率来看，全国平均有所下降，陕西稳步提升，安徽波动变化，上海高位增长。2018年之前，陕西电力消费经济增长变化率小于1，低于全国和安徽、上海；2018年则超过1，陕西的经济增长快于电力消费变化，高于全国和安徽，但仅为上海的一半左右。进一步通过对单位用电量的工业增加值指标研究发现，全国、陕西和上海均在稳步提升，陕西高于全国平均水平。2018年，陕西的单位用电量工业增加值超过了安徽，但仅为上海的69.1%。这反映出，陕西在减低工业企业生产成本方面仍需要努力，尤其是在提高电力消费经济增长变化率和单位用电量工业增加值方面，较上海的提升空间仍不小。

（二）制造业PMI变化

制造业作为现代工业经济的重要组成部分，在一定程度上，制造业PMI能够提前反映宏观经济的走势，可作为考察工业经济，尤其是制造业运行景气情况的重要先行指标。为了更加精确地考察制造业运行情况，结合有关统计数据，对全国和陕西省2016年1月至2020年7月（共计55个月）的月度制造业

PMI 变化情况进行考察（见图 1）。

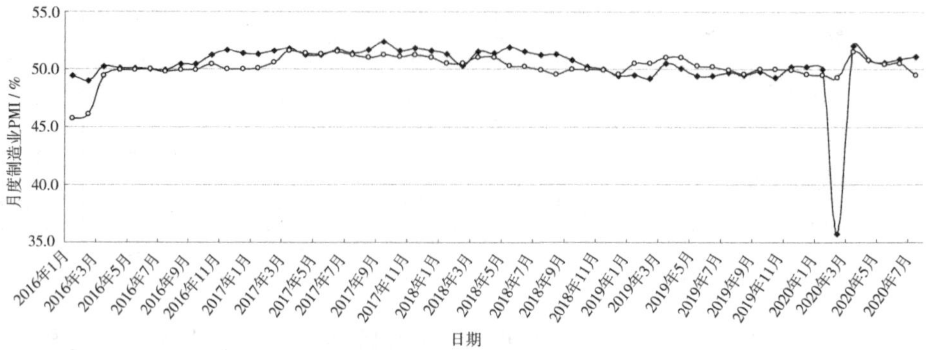

图 1　近年来全国和陕西的月度制造业 PMI 变化情况

由图 1 可知，"十三五"期间的 2016 年 3 月至 2018 年 11 月（2016 年 7 月除外）月度全国制造业 PMI 均在 50.0%以上（含），平均为 51.1%；2018 年 12 月至 2020 年 2 月，全国制造业 PMI 有所下降，平均为 48.8%，尤其是 2020 年 2 月，受新冠肺炎疫情影响，全国制造业 PMI 环比下降了 28.6%。2020 年 3 月在疫情防控的同时，积极开展复工复产，全国制造业 PMI 恢复至 50.0%以上，其中，2020 年 3 月全国制造业 PMI 为近 30 个月以来的最高值。

根据统计资料分析，2016 年和 2017 年陕西的制造业 PMI 年均分别为 49.5%（低于全国同期 0.8 个百分点）、51.1%（低于全国同期 0.5 个百分点）；2018 年上半年，全省制造业 PMI 平均为 50.6%（低于全国同期 0.9 个百分点）。由图 1 还可看出，55 个月中，陕西的制造业 PMI 指数大部分低于全国平均水平，仅在 2019 年的上半年和 2020 年 2 月高于全国平均水平。这表明，陕西的制造业运行质量较全国平均水平偏低，进一步分析认为，受近年来中美贸易摩擦和宏观经济下行压力持续增加，尤其是 2020 年以来全球新冠肺炎疫情防控形势持续严峻等因素影响，以制造业为代表的陕西工业经济运行压力必然加大。

（三）PPI 变化

由图 2 可知，对陕西、安徽和上海月度 PPI（上年同月 = 100）指标进行分析后发现，“十三五”以来，陕西、安徽、上海的PPI变化走势总体趋同，2016年后开始上扬至2017年上半年达到高点，之后逐渐走低，2016年底至2019年上半年陕西的PPI几乎高于同期的安徽和上海，此外，上海的PPI波动较为平缓，陕西的PPI波动较为剧烈，可以推测出，陕西的PPI受宏观市场和突发事件的影响更为敏感，尤其是2020年上半年受新冠肺炎疫情等因素影响，5月PPI降至90以下，较同期安徽、上海明显偏低。这反映出，“十三五”中国工业经济持续下行的压力始终较大，受疫情等因素影响，陕西作为工业原材料产销大省之一，相关行业的生产企业经营形势严峻，尽管自2020年6月以来PPI走势有所抬升，但较东中部一些省市而言仍然偏低，需要加大减税降费和财政补贴力度，在增强企业抗御风险、改善经营和多元化发展的同时，加快产业结构调整，通过加快技术升级和研发成果转化步伐，推动原材料初加工向精深加工转型。(见图2)

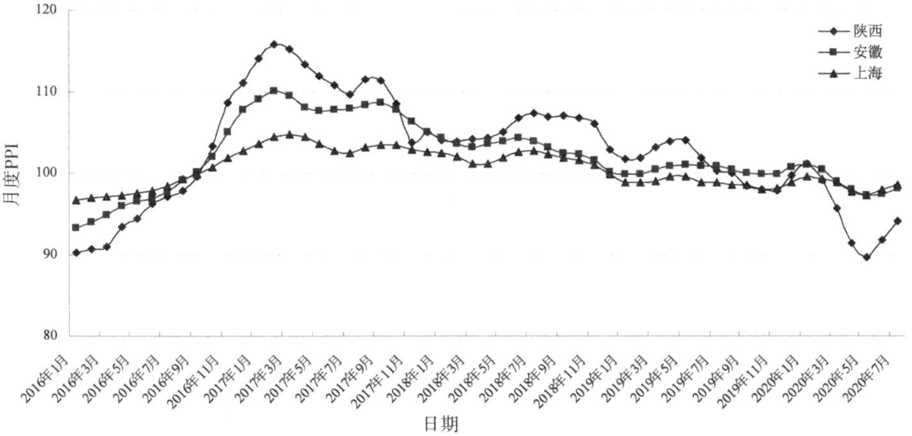

图2　近年来陕西、安徽、上海的月度PPI变化情况

结合全省工业经济运行总体情况分析得出，影响“十三五”陕西工业经济运行的主要因素在于：宏观经济环境、相关产业政策、地区工业结构、关键技术领域、非公经济发展、投入产出效率、市场价格波动等。

当前，陕西工业经济发展还存在的主要短板表现如下。

① 能源产业发展受供给侧结构性改革和环保等政策调整优化和上下游市场波动的影响较大，同时，非能产业和战略性新兴产业创新驱动不足，以高端装

备、电子信息、生物医药等为代表的先进制造业对工业经济的拉动作用仍较有限，新动能尚未形成对全省工业经济的强力支撑。围绕发展“两新一重”的产业链关键环节，仍存在一些技术瓶颈有待突破。

② 全省非公经济占比虽有所增大，但非公企业的生产成本与经营效益整体出现“前者上涨、后者下滑”的趋势，并且受新冠肺炎疫情等因素影响，工业企业景气指数、企业利润增速和民间投资增速都仍处于恢复期，尚未实现“由负转正”。对标东部发达地区，陕西的非公企业营商环境和政府服务效能还需要持续性提升，以进一步激发市场主体的活力。

③ 全省工业在产业链、创新链、资金链三链融合方面有待加强，陕西的产业、技术、资金、人才、政策等要素的优势有待进一步发挥。特别是在战略性新兴产业相关的产业链“卡脖子”技术环节及新基建领域的发展短板比较明显；与能化企业相比，陕西制造行业的企业规模质量和经营效益有待提升。此外，非公经济企业的融资需求和人才缺口较大、融资渠道较为单一、融资成本较高。

④ 陕北、关中、陕南三大经济板块的区域协同和互补机制有待健全，县域工业经济实力较东部发达地区偏弱。陕北等能源化工基地偏重于能源资源的开采和初加工，对交通物流、下游能源消费市场和能源金融产品开发利用严重不足；关中地区具有的人才、科技等优势对陕北和陕南地区的技术溢出和成果转化成效不够明显，与东部发达地区相比，全省主要产业开发区的创投服务机构数量规模较小、聚集度和影响力偏弱，企业直接融资的效率偏低。

二、新时代工业经济高质量发展的逻辑内涵

新时代工业经济高质量发展对于不同国家和不同地区具有一定的共性和特性，就我国而言，正处于工业化进程中，各地区发展基础、生产要素，资源禀赋各不相同，但基本的逻辑内涵可以诠释如下。

（一）结构优化产业升级

对于能源资源转型地区而言，追求能源与非能源较为平衡的工业结构有利于传统能源向高端能源转型和工业“轻量化”，通过合理优化地区产业结构，

避免资源转型过程中的产业发展失衡造成资源浪费和结构性失业。同时，工业高质量发展对产业升级提出了更高要求，高端装备制造相关的产业链将拉动相关旁侧产业和生产性服务业的升级，进而带来劳动力素质的整体提升和社会环境的改善。此外，工业细分行业的比重也将更适宜地区经济社会发展。

（二）创新驱动技术进步

创新驱动的主要目的在于实现科技创新为经济发展提供重要的技术支撑，同时，工业结构调整和产业转型升级离不开创新驱动和技术进步。发展战略性新兴产业和实现先进制造和高端装备都需要各类创新要素聚集并实现技术效率与产出效益的最大化。“产学研结合”是创新驱动和技术进步的重要载体，加快推动产学研结合，还需要政府部门、金融机构和中介服务机构等的共同努力，为项目孵化、成果转化及产业化、规模化和市场化创造条件。

（三）资源集约环境友好

工业经济高质量发展也是绿色文明和生态文明在新时代人类经济社会可持续发展的重要体现。传统工业粗放式发展模式已经造成了较大的资源浪费和环境破坏，工业经济高质量发展模式必须摒弃这种路径，不能以牺牲生态环境和浪费资源为代价换取工业规模的累积和产品数量的增加，需要通过优化政策规制、提高准入门槛、强化法律监督等手段，对传统工艺和技术进行改造与升级，对落后产能进行必要的限制与有序淘汰，避免出现“劣币逐良币”的现象。

（四）投入产出高效优质

高效优质的投入产出效率是衡量工业经济高质量发展的重要标准之一。传统工业发展模式造成的“高投入低产出”不仅仅是对资源的浪费，也是技术、经济和管理效能低下的表现。加强生产要素投入是对工业经济发展的重要支持，如何做到精准投资和有效投入是地区工业化进程中需要破解的难题。以大项目落地为标志，工业园区化集聚，重视生产性配套和生活性配套，促进产业链、创新链和资金链的有效融合，是实现现代化工业发展的主要手段。

（五）对外开放实现共享

高质量发展需要积极与外界联系，强化“内循环”的同时也要重视“外循环”，对于西部地区而言，要及时破除思想僵化和避免故步自封，充分抓住“一带一路”发展机遇，强化先进技术承接，做好产能梯度转移，畅通资源、人才、技术、资金、信息等的有序流动。积极支持“双创”和鼓励非公经济，培育新业态、新模式、新技术、新产品，拉动内需和促进就业，带动共享经济发展。

后疫情时代下全球经济衰退趋势改善的迹象尚不明显，由于中美经贸摩擦引致的经济、贸易、金融、科技、政治、军事、外交等多领域、深层次的碰撞甚至冲突的风险概率依然较大。在当前需要协调疫情常态化防控和经济社会发展的背景下，为确保陕西工业经济运行处于合理区间，“十四五”期间，陕西将重点围绕产业升级、区域协同、创新驱动、资金支持等方面，加快推进和细化落实与稳定全省工业经济运行相关的各项措施，不断构建和完善具有陕西特色的现代产业体系。由此可见，“十四五”期间我国宏观经济环境的不确定性将会进一步增加。可以看出，“十四五”陕西工业经济面临的压力挑战与战略机遇并存的局面将更加凸显。基于“一带一路”工业外贸方面遇到的困难与阻力将会进一步增加。因此，陕西需要继续统筹疫情防控和经济社会发展，围绕做好“六稳”工作、落实“六保”任务，直面挑战、迎难而上、抓住机遇、顺势而为，更加重视“内部循环”，进一步稳定全省工业经济运行和推动高质量发展。

三、陕西工业经济高质量发展的“后发赶超”基本路径

为认真学习贯彻好习近平总书记来陕考察重要指示精神，按照省十三届七次全会提出的各项要求和安排部署，全省上下将强化“六稳”举措，落实“六保”任务，特别是在坚持统筹推进常态化疫情防控与经济社会发展各项工作，推动经济高质量发展迈出更大步伐、努力实现量的合理增长和质的稳步提升方面，需要抓住重点领域、重点行业和重点企业，进一步减缓因疫情等带来的不利影响，确保工业经济运行处于合理区间，不断增强全省经济发展的韧性与活力。

作为我国西部地区经济发展格局中的重要组成部分，在新时代西部大开发的战略背景下，陕西为加快实现“后发赶超”，结合全省“十三五”工业经济

运行情况，提出以下对策建议。

（1）做好“两保、两链、三做、四新”，确保陕西工业经济运行稳定

深化供给侧结构性改革，将能源化工和传统装备制造等领域作为陕西工业转型升级的重点，加快推动政策、产业、科技、资金、人才等要素资源的整合，在工业互联网、新基建、战略性新兴产业等方面，鼓励探索新产业、新技术、新模式、新业态和新产品。

（2）继续深化“放管服”改革，为保市场主体提供可靠支撑

进一步降低准入门槛，深化“证照分离”改革，在生产许可、项目投资、证明办理等领域推行承诺制，并落实好财政资金直达机制，确保减税降费实效。同时，贯彻落实外商投资法及其相关政策法规，积极优化对外开放环境，使外商享受到政策优惠。

（3）抓好重点建设项目，带动区域工业经济恢复增长

通过抓住能源化工、现代制造等重点领域产业链的关键环节，更加突出三大区域经济板块的特色优势和促进联动互补，同时，通过完善农村地区和小城镇的基础设施建设，加快推动关联产业集聚和提高生产配套服务能力，进而壮大全省县域工业经济实力。

（4）协调好实体经济与金融资本的良性互动，增强金融资本服务实体经济的能力

进一步加大银企融资对接，提高直接融资比重，支持不同所有制、不同类型的企业上市融资。充分利用再贷款再贴现的省市县“三级直联”机制，提升央行资金使用效率，不断创新信贷服务模式，加大贷款担保的风险补偿力度，为各类企业特别是中小微企业融资创造便利。发挥部门协同助力工业企业发展稳定向好的重要作用，创新对口适用的金融产品和提供差异化的金融服务。

参考文献

［1］国家统计局．2020 年二季度和上半年国内生产总值（GDP）初步核算结果［EB/OL］．（2019－07－17）．http://www.stats.gov.cn/tjsj/zxfb/202007/t20200717_1776516.html.

［2］经济复苏态势明显 发展动能加速集聚［N］．经济日报，2020－07－20（005）．

[3] 基本民生保障有力　社会发展大局稳定［N］. 经济日报，2020-07-20(006).

[4] 中共陕西省委关于学习贯彻习近平总书记来陕考察重要讲话精神奋力谱写陕西新时代追赶超越新篇章的决定[N/OL]. 陕西日报,(2020-07-13). http://esb.sxdaily.com.cn/pc/content/202007/13/content_731352.html.

[5] 陕西省人民政府新闻办公室．陕西省政府新闻办举办新闻发布会 介绍2020年上半年陕西省国民经济运行情况[EB/OL].(2019-07-21).http://new.shaanxi.gov.cn/info/iList.jsp? tm_id=166&cat_id=14945&info_id=174556.

[6] 陕西统计局. 2020年上半年全省国民经济运行情况[EB/OL].(2019-07-20).https://www.thepaper.cn/newsDetail_forward_8352397.

[7] 陕西统计局. 解读2020年上半年陕西工业运行情况[EB/OL].(2019-07-23).https://mp.weixin.qq.com/s/zfO6N1S6ZdCD0nXOVYyKyA.

[8] 广东省国有资本研究会．中国经济十三五发展回顾与十四五前瞻[EB/OL].(2019-09-06).http://www.yidianzixun.com/article/0N9W6nHA/amp.

[9] 邓志强. 2016年陕西工业经济形势分析与2017年预测［R］//任宗哲，白宽犁，裴成荣. 陕西经济发展报告（2017）. 北京：社会科学文献出版社，2017，51-64.

[10] 武斌，吴刚，曹栋梁. 2017年陕西工业经济形势分析与2018年预测［R］//任宗哲，白宽犁，裴成荣. 陕西经济发展报告（2018）. 北京：社会科学文献出版社，2018，48-61.

[11] 武斌，吴刚. 2018年陕西工业经济形势分析与2019年预测［R］//白宽犁，裴成荣. 陕西经济发展报告（2019）. 北京：社会科学文献出版社，2019，47-55.

[12] 吴刚，曹栋梁. 2019年陕西工业经济形势分析与2020年预测［R］//司晓宏，白宽犁，裴成荣. 陕西经济发展报告（2020）. 北京：社会科学文献出版社，2020，46-60.

作者简介：周宾，陕西省社会科学院经济研究所副研究员。

后发赶超：从外部压力到内在动力

蔡贞明

摘　要：后发地区要赶超先发地区，必然面临着巨大的外部压力，这种外部压力就是它先天的不利因素，主要表现在自然和社会两个方面。其中，自然因素又包括地理环境和气象条件等；社会因素则包括开发、资金、技术和人才等。不仅如此，后发地区还具有强劲的内在动力，这种内在动力就是它后天的有利条件，主要表现在拥有脱贫攻坚的实战经验、适逢乡村振兴的难得机遇、倚仗攻坚克难的拼搏精神等三个方面。由于不利因素能够变为有利条件，外部压力能够化为内在动力，因而后发地区要实现赶超不仅可能而且能够变成真切的现实。

关键词：后发赶超　不利因素　有利条件　转化

后发地区要赶超先发地区，必然面临着巨大的外部压力。这是由后发地区与先发地区之间客观上存在着的差距决定的。后发地区之所以能够赶超先发地区，主要是因为它能把不利因素变为有利条件，能把巨大的外部压力化为强劲的内在动力。

一、不利因素

（一）自然因素

自然因素是人类生产生活的基础性因素，也是导致各地经济社会发展不平衡的重要因素。自然因素包括地理环境和气象条件等。其中，地理环境又包括地形地貌、水、交通等内容。土地与地形地貌密切相关，并非所有地形地貌都可以作为土地使用。在以吃饭穿衣为最大目标的传统农业社会，土地是必备的生产资料，其重要性自不待言。而土地主要分布在平原地区。没有水，不仅灌溉无法进行，而且人畜饮用也没有保障。因而水一直是人类生产生活之必需。无论是购买生产生活资料，还是销售劳动产品都离不开便利的交通条件。山高谷深之地筑路要付出沉重代价，只有地势平坦的地方才更省钱省力省时。气象条件不难理解。极寒极热干旱之地均不利于人类生产生活，只有气候温和、雨水丰沛之地才可能成为理想选择。

后发地区与先发地区的差别，首先表现在地理环境方面。后发地区大多位于山地、高原、丘陵地带，那里土地贫瘠，水源缺乏，交通成本高昂，其不沿江不沿海的地理位置对发展对外贸易相当不利。先发地区绝大部分处于平原地带，那里土地肥沃，水源丰富，交通成本低廉，不少地方还沿江沿海，这不仅有利于发展农业、工业和服务业，而且对发展对外贸易大有裨益。随着人口逐年增多，有土地、有水源、交通条件便利的地方被开发利用到极限之后，人们的注意力就不得不转向那些生产生活条件欠佳的地区。其次表现在气象条件方面。后发地区以寒冷和干旱等气象条件为主，既不适合发展农业、工业和服务业，要在那里生活也很艰难。先发地区往往阳光充足，温度适宜，雨量充沛。这种气象条件无论对生产还是生活都很有利。由于气象条件较好之地有限，为了维持生存和谋求发展，人们不得不向气象条件较差的地区转移。

（二）社会因素

自然因素是后发地区外部压力的一个部分，社会因素是后发地区外部压力的另一个部分。社会因素包括开发、资金、技术和人才等内容。历史是人类生产生活不断延续的过程。历史越悠久，说明开发得越早，人类生产生活的过程越漫长，经济、社会、文化等方面的积淀越深厚。资金作为物质支撑，作用非同寻常。基础设施建设、原材料购买、劳动报酬支付等都离不开资金。随着社会突飞猛进的发展，人们对技术的需求越来越迫切，依赖越来越严重。邓小平说："马克思说过，科学技术是生产力，事实证明这话讲得很对。以我看，科学技术是第一生产力。"[1] 人才是生产力中最活跃的因素。没有人才，再先进的机器设备也难以研发出来，再高端的机器设备也难以正常运转。因为机器设备既不会自发产生也不会自行发挥作用。一句话，没有人才就无所谓科技。而一个地区究竟是先发还是后发，既与其开发的早晚、资金的数量息息相关，也与其技术状况和人才多寡紧密相连。

后发地区在社会因素方面的外部压力表现如下。一是开发较晚。从第一、第二、第三产业发生发展的时间看，第一产业最先出现，历史最长。第二产业、第三产业出现较晚，历史较短。这可以从人类历史上的三次社会大分工及自然经济过渡到商品经济找到依据。先发地区很早就开始了农业活动，随后又出现了工业和服务业。漫长的历史积淀为其后续经济社会发展奠定了坚实基础。而后发地区由于开发较晚，农业、工业、服务业培育不够充分，因而其赖以发展的基础比较薄弱。二是资金不足。后发地区由于自然禀赋较差，因而凡事需要大量资金投入，但资金数量有限。在此情况下，资金流动并非没有任何规律可循，有限的资金只可能流向自然禀赋较好的地区，因为那里生产要素构成相对齐全，易于增值。后发地区虽然对资金的需求量大，迫切程度高，但风险和收益始终是资金持有者要考虑的两大因素，因而试图以招商引资的方式获得资金往往很难达到目的。三是技术落后。技术与资金的情形类似，技术特别是先进技术并非应有尽有，它需要投入大量的人力、财力和物力。这样，其分布必然就不均衡。先进技术总是被应用到自然禀赋较好的地区，因为在那里它能有效地与其他生产要素结合，从而产生更多的经济利益。后发地区由于生产要素残缺不全，因而要引进先进技术就特别困难。四是人才短缺。一般来说，高层次人才数量越多，越能抓住快速发展的“牛鼻子”。教育是培养人才的根本途径。后发地区一方面由于教育发展水平较低，师资力量较薄弱，优质教育资源分布不均，因而本地培养的高层次人才数量极其有限；另一方面由于能够提供的待遇较低，工作生活条件较差，因而要从外地引进大量高层次人才绝非易事。这种局面如果短期内得不到切实改变，那么，后发地区的人才问题就不可能得到有效解决。

二、有利条件

（一）拥有脱贫攻坚的实战经验

2020 年是脱贫攻坚决战决胜之年。数十年的扶贫开发实践积累了不少宝贵经验，后发地区完全可以依靠这些经验去赶超先发地区。主要途经如下。一是精准施策。精准施策的本质就是针对性。而针对性的核心要义在于具体问题具体分析。通俗地说，就是根据不同的时间、地点、对象、情况，拿出解决问题的相应办法。脱贫攻坚覆盖范围广，涉及人数多，情况复杂多样，必须精准施策，坚持针对性。哪些农户贫困，哪些农户不贫困，程度如何，必须有一个经得住推敲的识别标准。贫困户的致贫原因不尽相同：有的因病致贫，有的因缺乏劳动力致贫，有的因缺乏资金致贫，有的因生存条件恶劣致贫。针对不同的致贫原因，必须采取相应的脱贫举措。不能千篇一律，用相同的药方去治疗不同的病症。这就是精准扶贫、精准脱贫的基本内涵。与此相类似，后发赶超，不是所有后发地区的情形都完全相同，有的地方自然因素压力较大，社会因素压力相对较小，有的地方则刚好与此相反。针对不同情况，采取的措施应该体现出差别化。对于地理环境和气象条件较好，开发较晚、资金匮乏、技术薄弱、人才短缺之地，应当加大开发力度，补齐资金、技术及人才短板。对于地理环境和气象条件较差，开发较早、资金缺口不大、技术支持较多、人才不是很少的地方，则应当加快基础设施建设和通达速度，加大能源开发和输入力度，着力解决自然因素的瓶颈问题。二是产业发展。脱贫攻坚的一条重要路径，不是解决贫困地区和贫困人口的“输血”问题，而是解决其“造血”问题。“造血”问题即涉及产业发展。之所以如此，主要是因为发展产业不但能够解决眼前的脱贫问题，而且还能解决将来不再返贫及更高一层的致富问题。换句话说，产业发展是一种具有可持续性的脱贫手段。如果没有产业支撑，光靠外来“输血”，势必就会导致坐吃山空的后果，因为再多的钱物也有耗尽的时候。只有发展生产，不断增加社会物质财富，实现保值增值，生产生活所需的一切才有切实保障。后发地区要赶超先发地区，发展产业也是一条根本出路，随着先发地区资金、技术、人才逐渐饱和，后发地区对这些紧缺要素引进力度的加大，原先不能解决的问题慢慢得到解决，发展产业所需的条件日益成熟，组织实施就被提到议事日程。三是资源利用。从脱贫攻坚的整个历程看，同是贫困地区，有的贫困程度深一些，有的贫困程度浅一些。这样，浅一些的就先脱贫，而深一些的就后脱贫。脱贫时间不完全同步。之所以如此，其中一个重要原因就是资源的利用情况。那些较早脱贫的地区，要么拥有矿产资源，要么拥有能源资源，要么拥有旅游资源。而脱贫较晚的地区则往往缺乏这些资源。于是，拥有这些资源的贫困地区就利用自身的优势并将其转化为经济利益，从而率先实现脱贫。后发地区要赶超先发地区，应适时把自身的资源优势转化为经济优势。许多后发地区其实不乏矿产、能源、旅游等资源，只是在基础设施残缺、资金匮乏、技术落后、人才短缺的情况下，尚不具备利用的条件。对此，在不破坏生态环境的前提下，后发地区应充分利用现有的一切资源，让“坐在金山上，过着穷日子”的历史一去不复返。

（二）适逢乡村振兴的难得机遇

党的十九大首次提出实施乡村振兴战略，“要坚持农业农村优先发展，按照产业兴旺、生态宜居、乡风文明、治理有效、生活富裕的总要求，建立健全城乡融合发展体制机制和政策体系，加快推进农业农村现代化”。[2] 从上述20字总要求看，乡村振兴涉及经济、政治、社会、文化、生态文明建设等诸多方面。既然如此，乡村振兴就不是原地踏步，而是大幅提升；不是片面发展，而是全面振兴；不是局部获益，而是整体受益。乡村振兴的出发点和落脚点，是让广大村民在各级党委和政府的领导下，通过这一重大战略的实施，达到产业发展成效显著、生活环境舒适宜人、文明程度改观明显、社会治理有序有效、物质财富增长快速的目标。由于乡村振兴战略在脱贫攻坚战取得重大进展的基础上实施，因而不同地区和不同阶层的差距会大大缩短。虽然各地情况千差万别，仍然未能完全处于“同一起跑线”上，但因脱贫攻坚与乡村振兴能够实现无缝衔接，因而各地不平衡的状况必然会得到空前缓解。无论在政策还是在其他方面，国家会对乡村一如既往地倾斜并加大建设力度。这是千载难逢的历史机遇。后发地区当然不仅仅包括乡村，但乡村的全面振兴有利于促进城市的繁荣，有利于包括城乡在内的中国社会的面貌发生质的飞跃。后发地区要赶超先发地区，不能错过这一历史机遇，应充分用好国家惠及广大农村的各项政策。后发地区要积蓄力量，随时做好赶超先发地区的各项准备。当然，后发赶超并不是指所有行业和一切领域都要同时赶超先发地区。由于后发赶超的非全域性和不同步性，因而时机成熟的行业和条件具备的领域可以率先赶超，时机不成熟的行业和条件不具备的领域可以靠后赶超。无论如何，赶超的总方向不变，实现赶超的具体路径则可以根据实际情况体现出一定的机动灵活性。

（三）倚仗攻坚克难的拼搏精神

身处后发地区，由于自然和社会两方面不利因素所形成的无形压力，容易使人们丧失发展生产的信心，要在衣、食、住、行等生活需求上得到应有满足也比较困难。然而，凡事都有两面性。利弊不仅并存，而且还能够相互转化。置身逆境的人们因为生存环境的恶劣和谋生压力的巨大而不乏吃苦耐劳、百折不挠的品质，尽管日子过得艰难，他们却能坦然面对。正是这种强大的精神力量让他们能够跨越一切艰难险阻，最终摆脱困境。孟子说：“入则无法家拂士，出则无敌国外患者，国恒亡，然后知生于忧患，死于安乐也。”[3] 可见，饱经忧患能够磨炼人的坚强意志，而贪图安逸却常常使人无所作为。孙武说：“投之亡地然后存，陷之死地然后生。”[4] 身陷绝境能够让人穷尽一切求生的可能，最后重获新生。因此，后发地区要赶超先发地区，在各方面条件还不具备时，确实困难重重，举步维艰，但随着形势的不断变化和科技的日益进步，劣势会慢慢变为优势，不利会逐渐走向有利。最为重要的是，身处后发地区的人们具有攻坚克难的精神，只要他们拿出“人一之，我十之；人十之，我百之”的决心，苦干实干，顽强拼搏，那么，任何外部压力都会减轻；只要他们展现出“越是艰险越向前”的大无畏精神，先发地区的位置最终就会被后发地区取代。对此，一是要解放思想、转变观念。身在后发地区的人们由于历史和现实原因容易思想保守、观念陈旧。但世界并非铁板一块、一成不变，应当坚信通过自身努力一切都会“旧貌换新颜”。二是要做到知彼知己、百战不殆。先发地区虽然基础雄厚，起点较高，但并非十全十美，绝无薄弱环节；后发地区虽然面临诸多困难，但也不是暗无天日，一无是处。要善于扬长避短，化害为利。三是要制定方案、拿出举措。后发赶超绝非一朝一夕、一蹴而就之事。在战略上要树立必胜信心，没有信心支撑容易被困难吓倒；在策略上要脚踏实地，缺乏求实态度易于产生不切实际的幻想。

总之，后发地区赶超先发地区，既存在着不少不利因素，也具备很多有利条件。后发地区面临外部压力并不可怕，因为它能够转化为内在动力。正是这种内在动力的存在和作用，后发地区赶超先发地区才不会遥不可及，而是近在咫尺、指日可待。

参考文献

[1] 邓小平文选：第三卷［M］. 北京：人民出版社，1993：274.

[2] 习近平. 决胜全面建成小康社会 夺取新时代中国特色社会主义伟大胜利：在中国共产党第十九次全国代表大会上的报告［M］. 北京：人民出版社，2017：32.

[3] 孟子·告子下［M］//论语·孟子. 北京：华夏出版社，2000.

[4] 孙子兵法·九地篇［M］//孙子兵法·尉缭子·鬼谷子. 太原：山西古籍出版社，2003.

作者简介：蔡贞明，贵州省社会科学院文化研究所副研究员。

贵州民族地区教育的后发赶超

龙希成

摘　要：教育发展是贵州加快发展面临的两大瓶颈制约之一。贵州始终坚持把教育摆在优先发展的战略地位，对全省过去10年和未来10年教育发展做出顶层设计。贵州少数民族人口占比约34%，本文对贵州民族地区教育后发赶超提出学校要实施“有效教学”、落实办学主体地位激发活力、促进学生全面发展等三条建议。

关键词：贵州民族地区　有效教学　主体活力

2013年9月6日，在贵州省教师节表彰大会上，时任省委书记赵克志讲话指出：贵州加快发展面临着两大瓶颈制约，一个是交通水利，一个是教育人才；交通问题再有3年时间可以基本解决；解决水利问题大概还需要5到10年的时间；但从根本上解决教育和人才问题，还需要两代人左右的时间；省委、省政府高度重视教育事业发展，始终坚持把教育摆在优先发展的战略地位，始终坚持从全局和战略的高度研究部署教育工作，2010年11月全省教育工作会议即对未来10年（2010—2020年）全省教育事业发展做出顶层设计，强调“富民必先强教，兴黔必先兴教”，穷省可以办大教育、穷省必须办好大教育，强调要举全省之力，用两个五年的时间把贵州的教育搞上去，力争达到全国平均水平。

2018年12月15日，《贵州日报》题为《完成好新时代贵州教育改革发展新任务》的文章称，全省教育事业实现大踏步前进，“教育发展主要指标达到或超过全国平均水平”，但同时提出“我省教育总体发展仍然存在不平衡、不充分的问题，与发达省份的差距还很大”。2018年12月14日，全省教育大会出台《贵州省推进教育现代化建设特色教育强省实施纲要（2018—2027年）》

提出“用两个五年时间，全面提升教育质量，加快推进教育现代化，建设特色教育强省”，具体分三步：到2020年“基本建立现代教育体系”；到2022年教育整体水平进入“全国教育中等行列”“教育主要指标达到全国平均水平”；到2027年“基本建成特色教育强省”、在教育现代化进程中“力争走在西部前列”“人力资源开发达到全国中等水平”。

这是对贵州过去10年和未来10年教育发展目标、路径、举措和体系所做的顶层设计。贵州有苗、布依、侗、彝、水、回、仡佬、壮、瑶、毛南、蒙古等少数民族，比例约占全省总人口的34%（2010年第六次人口普查数据）。值得注意的是，贵州省政府2017年12月20日出台《关于支持民族自治县和民族乡加快发展若干政策措施的意见》（黔府发〔2017〕36号），在全部二十五条支持政策措施中，有三条支持教育，即：省、市（州）相关教育转移支付增量资金按照7%的权重因素向民族自治县和民族乡倾斜，支持提升教育基础设施服务水平；建立省、市级示范性学校对口帮扶民族自治县和民族乡中小学机制，引导优质学校到民族自治县和民族乡开展共建帮扶活动，省、市（州）统筹安排区域内省级示范性高中学校分别对口帮扶民族自治县和民族乡普通高中，市（州）统筹安排本级义务教育学校、市（州）辖区（市、县）优质义务教育学校对口帮扶民族自治县和民族乡义务教育学校；将民族自治县和民族乡全部纳入“特岗计划”实施范围，适当增加国家级“特岗计划”教师指标，对民族自治县和民族乡确需用少数民族语言进行辅助教学的农村学校“双语”教学岗位给予适当补助。

实际上，贵州在贯彻落实习近平总书记关于东西部扶贫协作重要论述中，近年来在决战决胜脱贫攻坚实践中探索出“教育组团式帮扶”行之有效的工作模式，即由对口支援省（区、市）及省内有关部门单位根据贫困县教育帮扶需求，组团选派支教团队和培训指导团队，由选派引进的优秀校长植入引领，汇聚各方力量，按需帮扶，协同用力，专门针对一个贫困县或一所薄弱学校实施管理输入、示范引领和培训指导，进行“重塑性”“植入式”帮扶的一种教育帮扶模式，其中充分发挥党委政府在“组团式”帮扶工作中的统筹协调作用，建立定期会商机制，及时解决教育对口帮扶中存在的突出问题与困难，要求全省各地各级教育行政部门结合各受援学校实际需求制定本区域内“组团式”帮扶工作方案，在帮扶需求、团队组合、帮扶对象、帮扶内容、帮扶方式等方面主动与帮扶方对接，共同制定对口帮扶工作规划和年度计划。

据报道，截至2019年4月4日，贵州全省有987所学校与东部帮扶城市学校建立了结对关系；而2020年1月20日，全省教育工作会议提供的数据显示，贵州抢抓东西部扶贫协作机遇，坚持“一对一”或“多对一”，推动全省农村贫困地区中小学校与东部帮扶城市学校全面形成组团式帮扶关系，全省66个贫困县2632所乡镇中心校以上农村中小学与东部协作帮扶城市优质学校全部结成“一对一”帮扶关系，目前已实现全省7324所农村中小学校“组团式”帮扶全覆盖，全面推广“组团式”帮扶模式成效明显，实现先进理念植入、先进管理经验落地、先进教育教学制度生根，推动贫困地区中小学办学品质提升，为全省打赢脱贫攻坚战、加快提升贫困地区教育水平、促进贵州教育实现内涵式高质量有特色发展提供了有力支撑和重要保障。

贵州是多民族省份，民族因素是重要方面；对民族理论和民族因素发生的作用及方式的认识有待深化。下面先援引两段领导人的话。

第一段话是邓小平1987年6月29日说的，他说“我们的政策是着眼于把这些地区发展起来。……观察少数民族地区主要是看那个地区能不能发展起来”，“关键是看”怎样对少数民族人民有利、怎样才能使少数民族地区“很快发展起来”。[①] 这里的“着眼于”“主要是看”“关键是看”表明，贵州建设“民族团结进步繁荣发展示范区”，必须建基于少数民族和民族地区加快发展，在发展中才能有效促进各民族交往交流交融，才能促进民族团结；这里的发展，不仅包括经济社会发展，也包括人的发展、少数民族学生的发展。而习近平总书记2014年在中央民族工作会议上讲“把宪法和民族区域自治法的规定落实好，关键是帮助自治地方发展经济、改善民生”、强调少数民族和民族地区“必须加快发展、实现跨越式发展”，[②] 应该也是对邓小平建基于民族加快发展之上的民族团结这一思想的呼应。

第二段话是习近平总书记2012年12月29—30日在河北阜平考察时讲的，他说“下一代要过上好生活，首先要有文化，这样将来他们的发展就完全不同”，为此我们“要把下一代的教育工作做好，特别是要注重山区贫困地区下

① 《邓小平文选》第三卷，人民出版社，1993，第247页。

② 2014年9月30日《人民日报》01版。

一代的成长”。[①] 孩子们有了文化，“这样将来他们的发展就完全不同”是总书记一句意味深长的话；而这里的“将来”不限于2020年，孩子们对教育、文化的获得，也不限于2015年10月贵州省委，省政府《关于坚决打赢扶贫攻坚战、确保同步全面建成小康社会的决定》所提出的实施教育扶贫行动，而是要坚持习近平总书记提出的“绵绵用力、久久为功”，其中应该包括贯彻落实十九大提出的改革创新、锐意进取、结合实际创造性推动工作的要求。

笔者2014年曾有机会在黔西南州普安县跟乡村、少数民族学生有较多接触，得到四点启发。

一是我们以为给他们提供了免费的义务教育就好了，其实他们虽然家庭经济困难，但仍然渴望好的教育，甚至愿意不要免费的公办教育，而去上需要花钱的好的民办教育（至少在黔西南州民众有这样的教育认知）。由此也能明白为什么习近平总书记把“期盼有更好的教育”列为人们对美好生活的向往的第一条。

二是这些边远山区、少数民族地区学生，对于目前这套“统一课程教材、紧盯考试升学、注重分数排名”的基础教育体系，不擅长、不适应甚至不喜欢，这方面他们似乎天然就不如中心城市、不如各族学生交往交流交融较为发达、推行民汉合校、混班教学、混合住宿地区学生的表现。原因何在尚待研究，但这是一个已然的事实似乎不成问题。可以看到少数民族学生、边远山区孩子智力上的反应并不差。也许国家通用语言文字教育基础薄弱是原因之一，因为语言文字是发展教育最基础的工具之一；马克思说“外国语是人生斗争的一种武器”，而少数民族学生、边远山区孩子在学习好少数民族语言、方言之外还要把国家通用语言文字掌握好，这是他们发展的好“武器”。

三是他们尤其不善表达，不善表达自己的情感、意愿、思想，不善表达自己获得的知识。然而，知识如果不能表达出来，自己往往是不清楚的，也会很快忘掉。更严重的是，他们缺乏表达的基本工具，他们不太能讲普通话——《国家通用语言文字法》称之为“国家通用语言”，它是国家机关的公务用语，是学校等教育机构的基本教学用语，是公共服务行业的普遍服务用语，更是贵

---

① 习近平：《在河北省阜平县考察扶贫开发工作时的讲话》，载《做焦裕禄式的县委书记》，中央文献出版社，2015，第24页。

州在开放背景下对外交往交流的基本工作用语。可惜当地教师和学生出于方便和习惯，在教育和生活中往往只讲本地方言或民族语言，这对他们的将来发展很不利。

四是边远山区、少数民族地区学校校长和教师其实也有因材施教、改革创新的思维和要求——至少他们在外界创新教育教学理念的冲击下是愿意改革创新以更好地服务和培养学生的，但他们普遍反映目前的管理体制“捆住了手脚”。

有了上述两段领导人思想的指引和对边远山区、少数民族地区学校学生的四点观察体验，接下来要讨论三个问题。

一、教育要“管”四样东西，促进学生全面发展

这个“管”不是管理、控制，而是毛泽东主席所说新华社要“把地球管起来”的“管”，它指新华社消息报道要能覆盖全球。教育要“管”四样东西也是说教育要“关照”到学生学习知识、发展手脑并用能力、增强健康、保持心情好这四个方面。

学习知识主要是学习人类千百年来积累起来的各类经验及对经验进行总结概括、理论化了的知识，它表现为学校很多课程、教材里的知识。但对这类来自文献、书本的知识，必须要“用”——无论是应用还是运用——它才能更好地被学生掌握。

所以提出学生在学习知识的基础上，还要发展“手脑并用的能力”，这提法是从物理学家吴有训讲“手眼的训练”这个概念来的。[①] 这是教育要“管”的第二样东西。准确地说，这应该是学生在“用”知识与自然、社会互动过程中，让人脑与身体各种感官、动作相互配合的能力。这种能力由于不便于让学生在考场考试，往往不被学校重视，但它非常之重要。拉二胡、吹笛子、弹钢琴、唱歌、跳舞，甚至动手制作、采访写作、修电脑、用电脑制图包括把数据“可视化”等，都应该是人脑与身体感官、动作相互配合的能力。不过，教育单单只注重学生用脑思考、思维，造成本可发达的人脑与感官、动作配合的能力退化了。

---

① 《关于理学院的一些看法》（一九四〇年四月），载《吴有训的科学贡献》鹭江出版社，1997，第150-151页。

教育要“管”的第三样东西是健康。现在学校的做法、教师的思维，往往是假定学生都是健康的，一旦生病了你就去医院找医生。其实健康不仅仅涉及生病，还涉及饮食安全与营养、体育锻炼、卫生习惯、疾病预防、安全、心情等，健康的重点在于卫生、锻炼和预防。对于那些山区、少数民族学校，若是校长教师能带领学生一起甚至以学生为主导把自身卫生、校园卫生、校园美化这些工作做好做细致做扎实，也完全可以成为本校教育教学上的一大亮点。

教育要“管”的第四样东西是人的心情。这当然是一个新提法，因为教育部文件讲“心理健康教育”，注重提供心理辅导和心理健康服务。但心理的“理”重在学理、理论，而这里强调的是心情的“情”，包括心灵、心态、情感、情绪等。“管”好人的心情，当然需要“理”，需要理论的指导，但“管”的对象是人的心情，不是心理。当今世界，情商教育已成为一种普遍的社会认同，情商能很现实地帮助人们处理和协调好跟家人、朋友、同事、客户和陌生人的关系。“爱情是文学永恒的主题”，但爱情只是人心情的一种，文学更应该关照到人的多方面、多维度的情感。像余光中，他的诗就关照到包括“乡愁”在内的人的多方面情感。有如习近平总书记所说，好的文艺作品能够温润心灵、陶冶人生，因为文艺是世界语言，谈文艺就是谈社会、谈人生，最容易相互理解、沟通心灵。①

二、民族地区学校要实施“有效教学”

在边远山区、少数民族地区中小学，希望看到孩子们在与知识的互动中能有实在的、生动活泼的成长。不过，看到的多是课堂教学、分数排名，以及老师们对自身教学效果的不服气和学生们的主动性不足。这种情势下，有可能政府越“重视”教育，学生越厌学；某市（州）在教育扶贫文件里提出“要用抓计划生育的办法来抓教育，要让适龄儿童小学毕业后全部读初中，初中毕业后全部读高中或中职，不让一个学生辍学”，为此政府高度重视对贫困家庭学生进行资助，目的是“不让一户脱贫户因学返贫，不让一个学生因贫失学”；久而久之，有些山区、少数民族学生来学校不是来学习，而是为了得资助金。

① 《习近平在文艺工作座谈会上的讲话》，《人民日报》2015年10月15日。

政府的立意很好，但教育终究要靠教育自身的吸引力。

学生对于自己是否得到了知识和能力上的成长，对于这个效果，是可以有真实的感受的。贵州全省正在“加快推进义务教育均衡发展和基本普及十五年教育”，这是大好事。但在边远山区、少数民族地区的初中学校，“有效教学”不能仅仅是一种概念，还应落在实处，要让学生在知识上、能力上、品格上有所成长，要取得实实在在的效果。

如何理解义务教育里“义务”二字？《义务教育法》规定两个“必须”。义务教育是国家统一实施的、国家“必须予以保障”的教育。国家这样做是为了保障孩子们获得教育的“权利”。但该法同时规定义务教育是所有适龄儿童、少年“必须接受”的教育。

教育的本质是开发人的潜能、帮助人成长和发展；教育要靠自身的品质和吸引力。对于这一点，我们应该学习老一辈无产阶级教育家徐特立（毛泽东称徐特立为“你是我二十年前的先生，你现在仍然是我的先生，你将来必定还是我的先生”）①；徐特立在1945年11月1日撰文称我们要认识到“强迫教育或义务教育的不当”，正确的理解是：政府有办学校的义务，人民有受教育的权利。而只有好的、有利于自己发展的教育，才能让“人民认之为自己的权利”。

那怎么才能有好的教育呢？徐特立说要靠民间涌现出来的英雄把“教育成规”改造了，这些英雄由此也把“领导机关的领导方式”改变了。② 徐特立说民间英雄可以改变“领导机关的领导方式”。其实，徐特立所说，与习近平总书记在2004年6月21日的文章《办法就在群众中》所说“（领导干部的）好措施、好办法哪里来？答案是从群众中来”遥相呼应，③ 也与李克强所说“高手在民间”“活力来自民间”遥相呼应。④

由此，对于少数民族地区学生的教育，更应该从目前这套“统一课程教材、紧盯考试升学、注重分数排名”教育思维中走出来，更加坚定、有效地贯彻落实习近平总书记2014年9月9日在同北京师范大学师生代表座谈时所讲的

---

① 毛泽东1937年1月30日致徐特立信，祝贺徐特立六十岁生日。

② 《徐特立教育文集》，人民教育出版社，1979，第98-99页。（徐特立关于义务教育的这一思想，对于如何理解当今政府实施的义务教育，具有重要价值。）

③ 习近平：《之江新语》，浙江人民出版社，2007，第61页。

④ 《在十二届全国人大三次会议记者会上，李克强总理答中外记者问》，《新华每日电讯》2015年3月16日第1版。

“有教无类，因材施教，教也多术”，针对少数民族学生的特点进行教育教学，帮助他们“多学知识，多学道理，多学本领”，助力他们“长身体、长知识、长才干”，从而达到他们“每天都有新收获，每天都有新期待”的效果。①

此外，还要贯彻落实好习近平总书记2017年5月23日主持召开中央全面深化改革领导小组第三十五次会议所强调的精神和原则。会议审议通过了《关于深化教育体制机制改革的意见》，审议了《关于深化教育领域综合改革情况汇报》。会议强调要抓好改革试点，坚持解放思想、实事求是，鼓励探索、大胆实践，敢想敢干、敢闯敢试，多出经验做法，带动面上改革；强调要尊重基层实践，多听基层和一线声音，多取得第一手材料，正确看待新事物新做法，只要是符合实际需要，符合发展规律的，就要给予支持，鼓励试、大胆改；强调要注重培养学生终身学习发展、创新性思维、适应时代要求的关键能力，统筹推进育人方式、办学模式、管理体制、保障机制改革，使各类教育更加符合教育规律，更加符合人才成长规律，更能促进人的全面发展。②

前文讲到，少数民族地区学校校长和教师其实也很愿意改革创新以更好地服务和培养学生，但目前管理体制“捆住了手脚”。因此，应在中央深化改革精神的指引下，大胆改革创新少数民族地区教育，注重育人实效，提升办学水平。

三、民族地区学校要落实办学主体地位、激发活力

贵州省人民政府2017年12月20日出台支持民族自治县、民族乡加快发展的政策措施，③ 正是贯彻落实了国家《民族区域自治法》相关规定。习近平总书记在中央民族工作会议上指出：“民族区域自治是党的民族政策的源头，我们的民族政策都是由此而来、依此而存。”④ 改革创新好少数民族地区的教育，

---

① 习近平：《做党和人民满意的好老师——同北京师范大学师生代表座谈时的讲话》（2014年9月9日）。

② 《习近平主持召开中央全面深化改革领导小组第三十五次会议》，《人民日报》2017年05月24日第01版。

③ 《省人民政府关于支持民族自治县和民族乡加快发展若干政策措施的意见》（黔府发〔2017〕36号）。

④ 转引自2015年12月22日全国人大常委会执法检查组关于检查《民族区域自治法》实施情况的报告。

也要贯彻实施好《民族区域自治法》。

在有关支持民族自治县、民族乡加快发展的政策措施中，不但要注重经济方面，还要重视教育、文化方面。《民族区域自治法》提出，国家保障民族自治地方根据本地实际情况贯彻执行国家的法律和政策、努力帮助民族自治地方加速经济和文化的发展，而民族自治地方在不违背宪法和法律的原则下，有权采取特殊政策和灵活措施，加速经济、文化建设事业的发展，其中就包括“自主地发展民族教育”。

而发展教育，一要加大教育投入、加强教育基础设施建设、改善办学条件和对少数民族考生在录取标准和条件方面给予照顾等，二要推进教育领域的改革创新。一个地区的教育是否发达、先进，主要是看通过改革创新释放出来的教育活力，看是否通过深化教育“放管服”改革，落实中小学办学主体地位，进一步激发中小学办学活力，增强学校发展动力，提升办学支撑保障能力，充分激发广大校长教师教书育人的积极性、创造性，形成师生才智充分涌流、学校活力竞相迸发的良好局面，因为“有教无类，因材施教，教也多术”打开了一个可以有无限创造创新的空间。

少数民族地区学校的校长和教师，要开展教育的改革创新，虽然有《民族区域自治法》赋予的自主权，但也极需来自改革开放前沿、教育先进发达地区的帮助。这包括国家层面的帮助，如加大国家财政、物资、技术、人才等方面的扶持力度，培养培训民族教师，调派教师和专业人员到少数民族地区工作，也包括东部发达地区优质学校开展对口支援、“组团式”帮扶，还包括本省范围内示范性学校对口帮扶民族自治县和民族乡中小学，优质学校到民族自治县和民族乡开展共建帮扶活动等。

爱因斯坦说，对于像教育这样“能动的人类事务”来说，单靠“真理的知识”是不够的，必须不断努力来使它经常更新；它像一座矗立在沙漠上的大理石像，随时有被流沙掩埋的危险，为了使这座石像永照在阳光之下，我们必须挥手不停地为它工作。[①] 边远山区、少数民族地区的学生，由于地理、历史等方面的原因，所受的教育、文化相对落后，但他们有自己的特质和禀赋，足以参与当代中国发展进步，共同创造光辉灿烂的中华文明。而教育不仅是向学生

① 第三卷《论教育》，载《爱因斯坦文集（增补本）》，商务印书馆，2009，第170页。

传授知识、让人理解和记住知识，而且是通过改革创新设法找到一个能有效激发学生动脑思考、促使学生手脑并用的多种方式。少数民族地区教育改革创新正是要尝试那些最能有效发展少数民族学生特质和禀赋、最能激发他们潜能的多种方式。

作者简介：龙希成，贵州省社会科学院对外经济研究所副研究员。

新时代西部大开发形成新格局与西部乡村新动能培育

郭勤华

摘　要：《新时代推进西部大开发形成新格局指导意见》将推进美丽乡村建设，补齐乡村公共设施短板。西部大开发以来，西部乡村新型农民不断成长，新业态大量催生，创业创新成为增加农民就业和收入、繁荣乡村产业的重要途径。加强西部乡村人居环境和综合服务设施建设，盘活西部乡村历史文化资源，培育乡村发展新动能，发展西部乡村特色小城镇，推进美丽乡村建设是西部地区实现城乡融合发展，确保与全国同步建成全面小康社会的时代性生态课题。

关键词：新时代西部大开发　西部乡村　培育　新动能

一、选题价值意义

党的十八大提出建设美丽中国，而美丽乡村建设是美丽中国建设的基础单元。《新时代推进西部大开发形成新格局指导意见》将推进美丽乡村建设，补齐乡村公共设施短板。培育乡村发展新动能，主动融入新时代推进西部大开发形成新格局，奋力将新一轮西部大开发走深走实，意义非同寻常。

实现中华民族伟大复兴的中国梦，每一个人都是中国梦的重要价值实体，拥有生态良好的宜居家园，是乡村群体的热切期盼，也是提高乡村社会幸福指数的重要方面。培育乡村发展新动能，致力于提高乡村社会群体的幸福感，推进美丽乡村建设是实现中国梦的客观要求。党的十九大明确提出到 21 世纪中叶把我国建设成为富强、民主、文明、和谐、美丽的社会主义现代化强国的目标。新时代西部大开发形成新格局背景下乡村新动能培育，是推进西部地区经济发展和生态文明建设，建设美丽乡村的重要举措。

西北地区自然资源丰富，在农牧业发展时期没有得到充分利用，随着工业经济发展和国家持续推进的三轮西部大开发，自然资源开发利用成为必要和可能。在新时代城乡融合发展的时代背景下，开发自然资源离不开劳动力资源、智力资源，而这类资源恰恰是西部地区的资源优势。长期以来，西部地区生产技术落后，生产方式传统，经济结构单一，不过随着现代科学技术的推广使用，乡村产业规模化、集约化水平不断提高，但与此同时农村剩余劳动力从业机会和从业水平也面临新的挑战，加之农民环保意识不强造成生产生活垃圾、污水随意排放等，给乡村生态生态环境带来极大污染和破坏。西部地区持续推进乡村社会经济全方面发展，改善人与自然关系，改善人民生活，加强乡风文明建设，改善乡村生态环境等仍然是培育乡村新动能，建设美丽乡村的重要环节。

新时代推进西部大开发形成新格局指导意见指出，要培养新型农民，优化西部地区农业从业者结构。以建设美丽宜居村庄为目标，加强农村人居环境和综合服务设施建设。在加强保护基础上盘活农村历史文化资源，形成具有地域和民族特色的乡村文化产业和品牌。因地制宜优化城镇化布局与形态，提升并发挥国家和区域中心城市功能作用，推动城市群高质量发展和大中小城市网络化建设，培育发展一批特色小城镇，推进美丽乡村建设，为西部地区实现城乡融合发展，确保与全国同步建成全面小康社会，培育乡村发展新动能，建设美丽乡村提供政策保障和践行指导。

二、西部大开发以来西部地区乡村发展

2000 年以来，随着西部大开发政策持续推进，在国家政策引领和各类建设资金的配套支持下，西部地区乡村社会经济发展实现了重大跨越。至 2018 年全国经济下行压力加大，国内生产总值增长率为 6.7%。西北五省区中，陕西、宁夏和青海超过全国水平，同比增长率分别为 8.4%、7%和 6.8%；甘肃和新疆则低于全国水平，同比增长率分别为 6.3%和 5.3%。全国国内生产总值为

650898.8 亿元，西北五省区生产总值为 36125.22 亿元，占全国经济总量的 5.52%。

（一）居民收入水平稳步提高

至 2018 年西北五省区的居民人均可支配收稳步增长，增长率都在 8%及以上，增速快于全国水平（6.6%）。前三季度，西北五省区居民人均可支配收入的均值为 14537.6 元、远远低于全国水平（21035 元）。西北五省区城镇居民人均可支配收入的均值为 23397.6 元，农村居民人均可支配收入均值为 6539.7 元，城乡收入比为 3.58∶1；同期全国城镇居民人均可支配收入为 29599 元、农村居民人均可支配收入为 10645 元，收入比为 2.78∶1。西北五省区城镇居民人均可支配收入增长率普遍高于全国水平，农村居民人均可支配收入的增长率也普遍高于全国水平，并高于城镇居民人均可支配收入的增速。

（二）生态保护得到提升

实施西部大开发战略以来，西部地区加大污染治理力度、健全管理机制，全力打造“湖光映山色、绿水润煤城”，通过创新机制绿化荒山、进行林地改革流转荒山林地、建设花园式工业区、依托城镇化建设改扩建绿色人居环境、引水入城集流成湖等措施，改造荒山林地、治理山水河湖和工业环境。2018 年，全面落实“绿水青山就是金山银山”的理念，坚决打好污染防治攻坚战，聚焦环境突出问题，集中抓好重点区域、重点领域、重点行业的重点工作。陕西省以保护秦岭为重中之重，彻底整改中央生态环境保护督察组指出的秦岭保护不力问题，坚决制止和惩处乱采、乱排、乱建等破坏生态环境的行为。宁夏以六盘山、贺兰山、罗山自然保护区为重点加强生态系统建设。为提高空气质量，强化“四尘共治”，全部淘汰城市建成区 20 蒸吨以上燃煤锅炉，加快重点行业脱硫脱硝、除尘提标改造，加强工地、矿区等扬尘治理、推进秸秆综合利用。甘肃强力推进祁连山生态环境破坏问题整治，通过注销、扣除、补偿等方式全面退出矿业权。新疆出台严禁“三高”项目进新疆，严格执行能源、矿产资源开发自治区政府“一支笔”审批制度、环境保护“一票否决”制度，落实最严格的生态保护制度和空间用途管理制度、最严格的耕地保护和水资源管理制度。同时，根据中央、国务院机构改革方案，西北五省区相继成立了生态环境厅，有利于各地防污治污和生态保护建设工作的系统性和协调性。各地也着力引入市场机制，完善生态补偿制度；试行生态环境质量损害赔偿制度，全面实行领导干部自然资源资产离任审计。

（三）脱贫攻坚成果显著

西北地区基础条件差、贫困程度深，脱贫攻坚任务艰巨。西部大开发以来，西部地区坚持精准再精准的扶贫攻坚措施，切实保障不同阶段扶贫标准的脱贫质量，通过转移就业、发展产业、清理土地再分配、实施生态补偿、易地搬迁、综合社会保障等措施，因地制宜，精准到人。把扶贫重点工程向深度贫困地区倾斜，加大深度贫困区的资金投入力度。陕西针对深度贫困区的投入在正常增幅的基础上提高 20%。甘肃启动实施深度贫困地区 30 户以上自然村道路及主巷道硬化工程，实施路网覆盖，激发贫困群众的内生动力。培训精准扶贫劳动力，宁夏扶贫小额贷款覆盖到 70%的建档立卡户，同时随着东西扶贫协作的持续推进，闽宁扶贫合作的统筹带动作用效果鲜明，青海发展短平快项目和特色产业相结合等。尤其是近年来，西部地区持续加大公共财政支农力度，支持乡村开发特色产业、改善基础设施、发展社会事业，面对区位劣势、资源劣势和政策优势，通过政策扶持、资金支持，推动一大批特色产业蓬勃发展，逐步实现生态效益、扶贫效益、经济效益“三效合一”，推动特色产业发展，拓宽群众增收渠道。[①] 2000—2018 年，西部地区三大产业发展实现由农业主导向工业和服务业主导的历史性转变。

三、新时代西部大开发形成新格局中乡村新动能培育面临的困境

（一）制度创新不够

西部地区在持续推进的西部大开发政策、“一带一路”倡议、乡村振兴战略、精准扶贫、黄河流域生态保护和高质量发展等多种国家战略优势政策叠加的时代背景下，拥有丰厚的地方资源优势，之所以几十年来仍然没有把这种优

① 胥富春、华亭：《特色产业拓宽致富路》，《平凉日报》2020 年 4 月 16 日。

势转化成经济发展优势，主要原因不单是自然条件恶劣，缺乏资本积累，技术进步缓慢，人力素质低等，更主要在于缺乏有组织的制度创新安排，包括具体的体制、机制、组织、权利关系、行为规则等。西部地区普遍存在经营主体和经营方式的家庭式模式，专业化、集约化经营发展受到限制。新的合作经济组织发育迟缓且大部分属于"空壳"，在双层经营体制中集体统一经营层次，在推广农业科技、提高规模效益和提高劳动生产率等方面造成制度和落实"两张皮"现象。西部地区的乡村在政策效益上递减效应逐渐扩大，出现了政府怎么说乡村怎么干的过分依赖，原来的"等靠要"变成了靠政策、靠集体、靠干部的"三靠"现象。

（二）市场发育程度低

西部地区市场经济起步晚，由于受困于基础条件、技术设备等因素，市场机制还没有真正充分发挥作用，我国东中西推行市场经济的步伐差距较大，市场反应灵敏度差异鲜明。因此，反映在市场发育方面，就是市场对人财物等资源的配置乏力，回馈呆滞。尤其在跟国际接轨上，西部乡村的生产要素市场受到国际、国内非农产业的高报酬影响，本已稀缺的生产要素以各种形式流向收益高的地区，造成西部地区中低端产业竞争激烈，中高端产业难以入驻，自身存在土地、资金等方面的刚性约束等，地方固定资产投资乏力，市场发育程度低、速度慢。

（三）产业结构层次低

西部大开发持续推进的 20 多年来，西部地区乡村产业发展单一的现实仍然没有改变。就种植业内部而言，西部乡村长期形成的重视发展粮食生产，经济作物的发展严重滞后的传统做法，在大部分区域仍然承袭，形成农业内部各部门行业间资源利用不合理、地区比较优势不能发挥的局面，提高农副产品附加值和吸纳大量劳动力的第二、三产业发展极其缓慢。

（四）文化素质低

随着国家各种战略性措施的逐步贯彻落实，西部地区发展主体和发展前景发生了明显改观，但在较为富裕的乡村发展主体劳动力资源中，真正在专业知识、专业特长和特殊技能上独当一面的人太少。据第四次人口普查，29 个省、自治区、直辖市合计，12 周岁以上的文盲、半文盲有 1.8 亿人，占全国人口的 15.88 %，而这些文盲、半文盲大部分集中在农村，特别是西部贫困地区。因此文化素质仍然是乡村发展的最大障碍。

（五）经济实力较弱

西部地区乡村多处在中国内陆，不具有东部沿海的区位优势，而且自然条件差，交通运输、邮电通信等社会经济条件较为落后。虽然在脱贫攻坚上成效显著，但有近 4000 万贫困人口仍然主要集中在这一区域。中国乡村巨大的市场潜力要变为实实在在的购买力，还需农民手中有钱，然而，从收入情况看，西部地区农民收入普遍较低。2018 年，西部地区人均可支配收入不足 2 万元，横向比较，西部地区当前仍是我国经济最落后的地区。

四、西部大开发中的发展思路

（一）完善制度创新

通过经济的、法律的宏观调控手段，实现市场机制、竞争机制与西部地区乡村经济发展的融合，主要着眼于推动西部乡村社会形成加快自身发展的机制，采取增强市场化激励的机制，推广实行有利于形成开发西部乡村的资本金融政策。

（二）改善发展条件

改善乡村交通基础设施建设，合理优化路网布局，以普通国省道为基础框架，构建通达所有乡镇、建制村和具备一定人口规模自然村（组）的农村公路网络，统筹连接支撑县域经济发展的交通枢纽、经济节点、旅游景点。发展乡村水利基础设施建设，全面推进黄河流域涉及的都市圈城乡供水等工程。加强能源基础设施建设，按照集约化、园区化、规模化发展的原则，统筹土地资源和市场消纳，推进乡村光伏园区建设，以光伏产业发展带动其他领域投资增长。统筹城乡市政公用设施建设，促进城镇公共基础设施向周边农村地区延伸。

（三）加快产业转型

调整促进西部乡村产业结构的升级，紧抓我国产业结构战略性调整的时机，从各地资源特点和自身优势出发，依靠政策和科技，加快构建乡村现代产业体系，改造提升传统产业，开发具有市场前景的特色经济和优势产业，培育西部乡村新的经济增长点。坚持扶贫与扶志扶智相结合、输血与造血同发力，建好用好扶贫车间、扶贫产业园区，为贫困地区劳动力提供稳定就业，有效防止返贫和新贫困的发生。科学规划，优化乡村发展布局，结合乡村区位条件、发展现状和资源禀赋等，科学合理规划乡村生产空间、生活空间和生态空间，从村级层面实现经济发展、产业发展、土地利用、环境整治、村庄建设等“一个规划，一张蓝图”。

（四）培育人力资源

依靠科技进步，提高西部乡村人力资源质量水平。从长远看，西部乡村发展的关键在于当地农民文化素质的提高。要在农民文化素质普遍提高的基础上，培育新型农民，建立规模较大、结构合理、素质较高的乡村各类新型农业人才队伍，这也是西部乡村经济得以腾飞，与全国同步建设小康社会的关键。积极引导鼓励农村劳动力回乡创业，发展庭院经济、专业合作社等新型农村经济主体。积极引导新乡贤回乡发展，营造“回乡光荣”的舆论氛围，吸引有作为、有德行、有才能、有声望的“新乡贤”下乡“认”亲、返乡“走”亲、回乡“养”亲。

（五）保障改善民生

第五届新农民新业态创业创新大会强调，要进一步优化农村创业创新环境，加快培育农村发展新动能，持续拓展农民就业空间和增收渠道。加快社会事业发展，继续推进乡镇教育、医疗、金融等事业发展，改善乡村义务教育阶段薄弱学校办学条件，全面实施全民参保，加快养老保险统筹，健全农民基本养老保险制度。加强乡村社会保障体系建设，完善城乡低保、农村五保供养、医疗救助、双拥优抚等政策。落实救助政策，关爱农村“留守”群体。保障符合条件的未落户农民工在流入地平等享受城镇基本公共服务。

（六）建设美丽乡村

强化乡村生态保护意识，持续推进退耕还林还草工程，加大对天然林地的保护，建设防护林，修复生态脆弱地区生态，保护和恢复湿地生态，综合治理土地荒漠化和水土保持。按照自治区集聚提升、城郊融合、特色保护、搬迁合并、整治改善五种类型，有序开展“多规合一”实用性村庄规划编制，保护乡村传统村落、特色小镇等的自然生态和田园风光，推行“主导产业+设施配套+绿色生态+特色风貌+旅游发展+现代治理”建设模式，提升美丽村庄建设发展层次，推进乡村绿色可持续发展。借鉴发达省区城乡“资源变资产、资金变股金、农（市）民变股东”等改革经验，探索宁夏城乡“联股联业、联股联责、联股联心”新机制。

作者简介：郭勤华，宁夏社会科学院副编审。

当前形势下贵州提升对外开放水平的战略研究

黄文叙　韩　枫

摘　要：在全球新冠疫情蔓延、经济增长缓慢、贸易保护主义抬头的形势下，中国向全世界释放了坚持对外开放、携手促进全球经济发展繁荣的信心。近年来，贵州省凭借其西南重要陆路交通枢纽的区位优势，日益成为中国内陆对外开放战略的生力军。新一轮西部大开发战略对贵州提出新要求和新思路，使其迎来了新的发展机遇。为此，贵州应主动对接国家发展规划、重大项目和政策措施，突出抓好大经贸、大交通、大旅游、大生态、大数据五大战略融合发展，不断提升对外开放合作水平，构建全方位对外开放新格局，打造中国内陆对外开放新高地。

关键词：对外开放　贵州

面对错综复杂的国际形势、愈发严峻的全球疫情，习近平总书记强调："新发展格局绝不是封闭的国内循环，而是开放的国内国际双循环""我们要全面提高对外开放水平，建设更高水平开放型经济新体制，形成国际合作和竞争新优势"，鲜明地表达了我国坚持对外开放的信心和决心。中国是个大国，幅员辽阔，不同的省份都在实践中国对外开放战略中发挥自己的作用，但是贵州省更有其独特性，尤其近年来在消除贫困、发展绿色经济、创新大数据应用、建设生态文明等方面做出了突出表率。站在新时代推进西部大开发形成新格局的新起点上，如何保持整体经济良好发展并在全国持续"领跑"，一方面对贵州省在未来竞争中赢得主动权具有重大意义，另一方面也可以为世界许多地区解决相应问题提供有益的借鉴和参考，进一步推动中国与其他国家的合作对接，在统筹区域发展实践和促进国家共同发展上具有重大意义。

新中国成立以来，贵州紧跟国家对外开放步伐，走上了后发赶超的快车道。早在20世纪80年代，贵州省就发出“以开放促开发”“用商品经济的重炮轰开封闭的山门”最强音；20世纪90年代，贵州省形成“以大开放促进大发展”思路。特别是1992年邓小平同志南行讲话发表后，贵州省凝聚“要加快发展就必须进一步扩大开放”共识，1994年12月，贵州省委和省政府做出《关于实施开放带动战略打好扩大开放总体战的决定》，提出以“南下、北上、西进、东联，以南下”为重点的开放战略。进入21世纪，随着国家西部大开发战略的实施，中国加入WTO和中国—东盟自由贸易区的启动，贵州省对外开放不断迈出新步伐；2018年10月，贵州省政府办公厅制定和印发《贵州省推动企业沿着“一带一路”方向“走出去”行动计划（2018—2020年）》，以对外承揽工程和制药业对外投资为重点，与“一带一路”沿线及周边国家开展基础设施建设和双向投资、贸易等全方位合作。

根据2019年31个省份的GDP数据，尽管贵州省以8.3%的增速超过全国2.2个百分点，① 但从区域格局来看，贵州省经济总量在西部地区仅位列第7，2016年至今排名没有发生变化，始终落后云南、重庆、四川等西南省市，与发达地区相比存在巨大差距，经济总量距离第一的广东省落后了8.05万亿元，这说明经济总量小、人均水平低、发展速度慢仍然是贵州省面临的主要难题。从现阶段的情况来看，贵州省的对外开放水平还受到地理环境、交通基础条件、资金和人才不足等方面的制约，但贵州省也有自身的优势，概括起来主要有以下几点：外贸发展潜力巨大；区位交通优势日益凸显；多样化的旅游资源；独特的自然生态环境；适宜大数据发展的能源优势。只要根据贵州省的实际情况，因地制宜，扬长避短，就能增强与周边城市的比较优势，不断提升贵州省对外开放水平和层次。为此，贵州省主动对接国家发展规划、重大项目和政策措施，突出抓好大经贸、大交通、大旅游、大生态、大数据五大战略融合发展，积极构建全方位对外开放新格局，培植后发优势，奋力后发赶超，实现贵州省腾飞。

---

① 央广网：《31省份2019年GDP出炉 各省份GDP之和低于全国总量》，https://baijiahao.baidu.com/s?id=1656567815875526945&wfr=spider&for=pc.

一、实施大经贸战略，推动开放型经济可持续发展

过去贵州省的长期落后首先来自缺乏对于经济全球化的深刻认识，看不到外面世界的变化，没有从经济全球化的层面认识贵州，找到促使贵州省跨越发展的信心和力量。作为中国典型的内陆山区省份之一，贵州省要彻底改变贫穷落后的面貌，真正实现跨越式发展，一定要提高对于经济全球化的认识，将贵州省的发展与世界的发展联系起来，最重要的途径就是要发展开放型经济。

表 1　贵州省对外贸易状况

单位：亿元

年份	进出口总额	进出口总额增长率	出口总额	进口总额	顺差
2001	53.78	—	34.90	18.88	16.03
2002	57.23	6.41	36.57	20.66	15.91
2003	81.51	42.42	48.70	32.81	15.88
2004	125.34	53.78	71.76	53.58	18.19
2005	113.55	-9.41	69.48	44.07	25.41
2006	124.05	9.25	79.66	44.38	35.28
2007	155.83	25.62	100.45	55.38	45.07
2008	235.02	50.82	132.43	102.60	29.83
2009	157.64	-32.93	92.83	64.82	28.01
2010	213.23	35.26	129.99	83.24	46.75
2011	317.22	48.77	193.69	123.52	70.17
2012	419.00	32.08	312.94	106.06	206.88
2013	513.65	46.80	426.57	87.08	339.49
2014	662.30	25.20	577.89	84.41	493.48
2015	761.29	153.40	618.56	142.73	475.83
2016	375.63	-7.20	312.49	63.19	249.35
2017	551.28	46.20	391.29	160.00	231.30

续表

年份	进出口总额	进出口总额增长率	出口总额	进口总额	顺差
2018	500.77	-9.20	337.44	163.33	174.11
2019	453.57	-9.50	327.14	126.43	200.72

数据来源：作者根据各地统计公报、公开数据制作。

一个地区的出口贸易能力决定了该地区对外贸易和经济技术交流的范围和程度，制约着该地区经济发展的规模和进程，是对外开放纵深推进的一个关键问题。如表 1 所示，进入 21 世纪以来，贵州省进出口贸易总量规模稳定扩大，2001 年的进出口总量仅为 53.78 亿元，2018 年增加到 500.77 亿元，是原来的 9.31 倍，年均增速高于全国平均水平。2012 年国发 2 号文件的出台，使得贵州省在 2012—2015 年进出口总量快速增长，2017、2018 年接连突破 500 亿元量级。2019 年的一般贸易进出口达到 308.38 亿元，占全省进出口总值的 68%，比 2018 年提升 14.7 个百分点；全省新增外商投资企业 91 个，实际利用外资总额 6.79 亿美元，其中对外经济合作完成额达到 13.67 亿美元，比上年增长 13.2%；对外承包工程完成营业额 12.84 亿美元，增长 28.1%。[①] 但是也应该看到，贵州省对外贸易的总量相对较低。具体来看，2015 年出口总额达到历史最高 618.56 亿元，随后开始下降，尽管在 2017 年由下降转为增长，但是 2018 年、2019 年连续两年小幅回落。同时根据计算，贵州省对外贸易依存度由 2014、2015 年的 7.2%下降到 2019 年的 4.4%，与 31.8%的全国对外贸易依存度存在较大差距，呈现出贵州省市场发育程度和经济外向度较低，对外贸易发展整体水平停滞不前，经济发展和外部市场联系不够密切的态势。

推动经济发展，提升贵州省在全国改革开放发展大局中的地位，就必然要把握战略机遇期，融入全球化浪潮，敞开山门推动发展。党的十九大报告明确指出，“要以‘一带一路’建设为重点，坚持引进来和走出去并重，遵循共商共建共享原则，加强创新能力开放合作，形成陆海内外联动、东西双向互济的

① 贵州省统计局、国家统计局贵州省调查总队：《2019 年贵州省国民经济和社会发展统计公报》，http://stjj.guizhou.gov.cn/tjsj_35719/tjfx_35729/202004/t20200409_55856259.html，2020 年 4 月 9 日。

开放格局”。[①] 这既是对长期以来我国促进对外开放和对外经济合作实践成果的积极肯定，也为未来很长一段时间我国对外开放战略确定了目标，即："一带一路”是国家首倡、高层推动的顶层战略设计，对我国现代化建设具有深远的战略意义，并为各地区经济发展带来新的发展机遇。位于西南腹地的贵州省虽然没有被纳入2015年3月发布的《推动共建丝绸之路经济带和21世纪海上丝绸之路的愿景与行动》重点发展省份，但是国家推进“一带一路”建设工作领导小组办公室21世纪海上丝绸之路协调推进组原组长、国家发改委西部开发司巡视员欧晓理曾明确表示：“没有点名并不意味着就没有纳入，‘一带一路’不存在哪个省份缺席的问题。”[②] 随着基础设施的日益完善，贵州省占据中国西部“十字路口”的重要地位进一步凸显，成为连接西南陆路交通的枢纽。在2016年12月中国外交部举办的贵州省全球推介活动上，中国外交部长王毅在120多个驻华使节、国际组织驻华代表及工商界代表面前就表示“贵州省虽然处于中国西部内陆，但在中国对外开放和历史发展进程中具有特殊地位；贵州省正依托‘一带一路’连接线的区位优势，成为中国实行开放战略的生力军”。[③] 2020年5月，中共中央、国务院印发《关于新时代推进西部大开发形成新格局的指导意见》，其中一个重要主题就是以共建“一带一路”为引领，加大西部开放力度，明确支持贵州省深化国内外生态合作，推动绿色丝绸之路建设，并且提出了包括强化开放大通道建设、构建内陆多层次开放平台、发展高水平开放型经济等具体实施路径。这些都充分表明，贵州省在中国所处的战略意义正变得前所未有。因此，必须化被动为主动，充分发挥地处“一带一路”倡议的重要衔接点优势，谋划实施一批最体现贵州省资源禀赋、最契合国家战略需求的重大开放举措。向南接入海上丝绸之路，向北融入丝绸之路经济带，不断优化对外开放环境，为本土企业走出去、外资融进来提供更为广阔的空间和发展潜力，将贵州的区位优势切实转化为经济优势和发展优势。

此外，贵州还要充分发挥近海、近边、近江有利条件和西南地区交通枢纽

---

① 习近平：《决胜全面建成小康社会 夺取新时代中国特色社会主义伟大胜利——在中国共产党第十九次全国代表大会上的报告》，人民出版社，2017。

② 欧晓理：《“一带一路”是总纲领 不存在哪个省份缺席》，中国社会科学网，http://ex.cssn.cn/zx/yw/201504/t20150410_1582869.shtml，2015年4月10日。

③ 参考消息：《中国外交部举办贵州省全球推介活动》，http://www.cankaoxiaoxi.com/china/20161206/1495168.shtml，2016年12月6日。

的区位优势，利用中国—东盟自由贸易区、大湄公河次区、粤港澳大湾区、长江经济带、“珠江—西江”经济带所创造的机遇，从省情实际出发，运用多种方式开拓新市场，使贵州省的对外贸易在国别地区上有新的发展。同时，不断拓展和提升“1+8”国家级开放创新平台，全面发展对外商品贸易、服务贸易、知识产权贸易，办好用好数博会、酒博会、茶博会、民博会、中国—东盟教育交流周、世界山地旅游大会等各类国家级国际性活动，提升对内对外开放整体水平，为打造内陆开放型经济试验区提供强有力保障。

二、构建大交通战略，提供对外贸易服务便利

“涉历长亭复短亭，兼旬方抵贵州城。江从白鹭飞边转，云在青山缺处生。”800 多年前，宋朝著名词作家赵希迈就道出了交通是长期制约贵州省经济社会发展的最大瓶颈。新中国成立至今，贵州省交通运输事业发生了翻天覆地的变化，明显地改变了历史上那种极端落后的状况。根据统计显示，2019 年，铁路、公路、水运货物运输总量和客运运输总量为 106802. 26 万吨；铁路、公路、水运旅客运输总量 93756. 1 万人，比上年增长 0. 8%。[①] 但是，与全国先进地区比，起步晚导致发展不充分，并且贵州省交通发展的现状与经济发展的客观要求还存在较大差距。

党的十九大报告明确将交通强国与科技强国、航天强国、数字中国等并列一起，指明了未来现代化强国的必然要求。对于今天的贵州来说，无论是支撑国家“一带一路”倡议、长江经济带发展战略、乡村振兴发展战略、可持续发展战略还是打好“三大攻坚战”，交通都是最基本的保障。因此，加强交通基础设施建设，努力改善经济发展的硬环境，依然是实现贵州弯道取直、后发赶超、跨越式发展的基础。

在区域优势互补的差别化协调发展中，贵州省应以铺设对外开放新枢纽，拓展对外开放大通道为主要发展方向，继续凸显贵州省作为西南重要陆路交通枢纽的地理区位优势，抢抓“一带一路”连接节点和长江经济带战略重要通道

① 贵州省统计局、国家统计局贵州省调查总队：《2019 年贵州省国民经济和社会发展统计公报》，http://stjj. guizhou. gov. cn/tjsj_35719/tjfx_35729/202004/t20200409_55856259. html，2020 年 4 月 9 日。

机遇，将交通强省战略置于经济发展的顶层设计框架中，打造西南地区对外开放新枢纽。同时，加强内外开放和区域经济合作，全面打通连接周边省份的各个通道，主动参与国际国内产业链、供应链、价值链分工。借助“一带一路”和西部南下出海通道项目建设，不断盘活物流、资金流、信息流，特别是利用黔深欧、渝新欧等国际海铁联运班列新路径的开通，当好区域协同发展的先行官，提高贵州省在对外互联互通中的地位和作用。

三、推动大旅游战略，提升内陆开放水平

旅游是促进贵州对外开放与脱贫致富的重要途径。就贵州省的客观情况而言，旅游资源相当丰富。神奇瑰丽的自然景色，底蕴深厚的民族文化，闻名遐迩的革命圣地，多彩纷呈的文化旅游活动使得贵州省发展旅游事业大有可为。就贵州自身的发展来看，创新发展模式，转变增长方式，在经济社会发展的过程中提高旅游环境，改变传统的以牺牲资源环境为代价换取一时经济增长的落后发展观念和生产方式。

改革开放初期，贵州省的旅游同其他行业一道，曾经全面落后。1980 年，全省接待旅游人数仅为 0.17 亿人次。① 近年来，自然资源和人文资源的有效整合、个性化旅游路线的精准制定、交通条件的极大改善及旅游品牌的形象塑造使得贵州省旅游发展逐渐全面、立体。贵州旅游正在经历从“养在深闺无人知”向“天下谁人不识君”的精彩蝶变。海龙屯、梵净山分别被列为世界文化遗产项目和世界自然遗产名录，国家 5A 级景区上榜 6 个，国家 4A 级景区突破百家。截至 2019 年末，全省 5A 级旅游景区 6 个，4A 级旅游景区 121 个，比上年末增加 10 个。全国重点文物保护单位 82 个，省级以上乡村旅游重点村 73 个，乡村旅游扶贫重点村 2422 个。② 贵州省曾在 2016 年被《纽约时报》评为“迄今为止未被开发的最纯正的中国山地省份，是世界上 52 个最值得到访的旅游目的地之一”。可以说，贵州旅游从无到有、从小到大、从大到强，形成了

---

① 《贵州省省情》编辑委员会编《贵州省省情（1949—1984）》，贵州省人民出版社，1986 年，第 369 页。

② 贵州省统计局、国家统计局贵州省调查总队：《2019 年贵州省国民经济和社会发展统计公报》，http://stjj.guizhou.gov.cn/tjsj_35719/tjfx_35729/202004/t20200409_55856259.html，2020 年 4 月 9 日。

发展速度加快、发展质量提升的良好格局，把旅游“短板”变成发展“跳板”，交出了一份令人满意的成绩。2019 年，全省旅游总人数达到 113517.7 万人次，实现旅游收入 12321.81 亿元；1949 年的服务业附加值仅为 0.28 亿元，1978 年小幅提升到 8.47 亿元，而预计到 2022 年，贵州省的服务业附加值将突破 1 万亿元。[①] 旅游业已经成为推动贵州省发展的重要支柱产业。实践证明，贵州省在发展旅游事业过程中，促进了多渠道、多层次、全方位的合作与交流，无可置疑地成为贵州省可持续发展的优势产业，对促进贵州省对外开放，重塑贵州形象起到了积极作用。

然而，随着经济社会的发展，人民群众对高品位的旅游需求日益增长，对旅游产业的发展也提出了更高的要求，而当前贵州旅游产业发展与人民群众的需求相比，存在一定程度的不匹配。一是开发利用水平与贵州丰富的旅游资源不匹配。贵州拥有丰富多彩的民族文化、山地文化、阳明文化、红色文化、生态文化、“三线”文化等特色旅游文化，但整体来看，对这些资源的开发利用远远不够，并且旅游资源的创造性转化和创新性发展水平有待提高。二是产品特色挖掘与高品质发展的要求不匹配。当前，贵州旅游发展遇到的一个关键问题在于能否更精确地概括出贵州旅游的特点，以及如何传播这一特点，提升贵州旅游品牌的知名度和美誉度，打造出对海内外市场的吸引力。比如，自然资源丰富是贵州发展旅游的先天优势，八山一水一分田的地形地貌确定了贵州大力发展山地旅游的总体思路，但是全国各省份都有山，如何在产品建设、业态创新等方面成功突围是当前贵州山地旅游发展所面临的一大挑战。三是旅游供给与市场需求不平衡。经济、社会、文化发展水平的不断提升使得人民群众对旅游的精神需求呈现出多样化、多方面、多层次的态势，但是依照目前的发展形势来看，贵州旅游整体规模小、实力小、供给能力不足，产品缺乏吸引力和竞争力，造成供给和需求不相匹配，难以满足群众对贵州旅游的期待和向往。

由此，为了更有效地提高旅游供给能力和质量，当前及今后一段时间贵州省旅游业应当重点抓好以下几项工作。一是突破旅游产品结构调整。在旅游产品建设中，要突出抓好旅游产品调整，建设资源品位高、特色鲜明、吸引力强的旅游景区和旅游线路，通过一段时间的开发利用，拥有具有较大规模和较大

① 新华社：《贵州省：预计到 2022 年服务业增加值将突破 1 万亿元》，http://www.gov.cn/xinwen/2020-06/19/content_5520666.htm，2020 年 6 月 19 日。

吸引力的旅游精品。二是强化品牌建设。打造一批具有相当知名度的重点旅游景区，推动其基础设施的完善配套，支撑贵州旅游业持续、快速、健康发展。三是加强媒介宣传。要努力树立贵州生态旅游和民族文化大省的整体形象，多渠道、全方位，采取各种措施和手段，加大贵州旅游海内外宣传力度，注重借用各种媒体、载体，不断拓展客源市场。

四、加强大生态功能区建设，拓展对外合作空间

随着生态文明建设的稳步推进，“生态”已经成为贵州最有代表性的名片。目前，贵州全省拥 106 个自然保护区，面积达到 860.48 千公顷，2019 年末全省森林覆盖率为 59.95%，县城以上城市空气质量优良天数比率为 98.3%，① 拥有“山地公园省”“避暑之都”“天然氧吧”“森林城市”等美誉，正在成为全国乃至世界发展生态文明的模范。虽然贵州自然生态环境总体上保存较好，但位于西部的地理位置和发展滞后的现实状况决定了其必然要将生态建设和环境保护放在十分重要的战略地位。

习近平总书记多次强调“绿色青山就是金山银山；既要金山银山，又要绿水青山；宁要绿水青山，不要金山银山”。贵州具有林区、草原、草甸、江、湖、湿地等丰富的自然资源，生态文明建设是贵州发展的“主基调”。进入新世纪，特别是党的十八大以来，贵州省认真贯彻落实习近平生态文明思想，以习近平总书记“要像保护眼睛一样保护身体环境、像对待生命一样对待环境”“生态文明建设是关系中华民族永续发展的根本大计”“生态兴则文明兴、生态衰则文明衰”的重要讲话精神为指引，贵州将生态建设和环境保护列入各级政府的重要议事日程。当前及今后相当长的一段时间内，如何坚持和实现可持续发展，推进资源节约型、环境友好型社会的建设，实现生态、经济、社会协调发展是贵州发展生态文明建设的远景目标。

生态文明建设，要围绕“生态文明示范区”来考量。2015 年，习近平总书记在视察贵州时表明“论坛对生态文明建设一系列理论和实践问题进行了深入探讨，发出了生态文明建设的中国声音”“要继续办好这个论坛，深化同国

---

① 贵州省统计局、国家统计局贵州省调查总队：《2019 年贵州省国民经济和社会发展统计公报》，http://stjj.guizhou.gov.cn/tjsj_35719/tjfx_35729/202004/t20200409_55856259.html，2020 年 4 月 9 日。

际社会在生态环境保护、应对气候变化等领域的交流合作”。[①] 贵州应当发挥主场效应，努力把贵州打造成生态文明建设的“中国窗口”，发出生态文明建设的中国最强音。在推进国际“生态文明示范区”建设进程中，就贵州而言，需要综合考虑三个方面。一是把发展经济、消除贫困作为生态文明建设的基本前提；二是把合理利用资源禀赋，保护生态环境作为生态文明建设的必然要求；三是把不断提高人民群众的生态环境作为生态文明建设的目标。强调大生态发展，就是要在生态环境得以持续的同时，发展经济、消除贫困的现实需要得以实现，促进生态建设、环境保护和经济发展相互联系、相互作用、相互促进。

如今，贵州已进入了生态建设与环境保护的关键时期。坚持“守底线、走新路、奔小康”，以习近平生态文明思想为引领，牢记和践行习近平总书记牢牢守住发展和生态两条底线的嘱托和要求，深入贯彻落实党中央、国务院和贵州省委、省政府的决策部署和国家生态文明试验区（贵州）建设推进会精神，按照“以改善环境质量为抓手，以改革创新、设施建设、优化产业、共享共建、数据智能、法治保障、科技进步为支撑”的基本思路，着力解决突出环境问题和落实生态文明建设试验区环保措施，把资源开发利用、切实保护环境、不断推动经济发展结合起来，为人民群众提供高品质生态环境和生态产品，努力实现人与自然各美其美、美美与共。

五、做强大数据产业，实现更高水平对外开放

国际经济竞争甚至综合国力竞争，说到底是创新能力的竞争，世界主要国家都在加快大数据领域的战略布局。奥巴马政府 2012 年将大数据战略上升为国家层面，把大数据的运用和控制作为国家核心能力之一；欧盟发布“释放欧洲云计算服务潜力”新战略，旨在把欧盟打造成推广云计算服务的领先者；日本提出“创建最尖端信息技术国家宣言”及澳大利亚政府发布“公共服务大数据战略”等。可见，谁能在大数据上先着手，谁就能掌握主动权。2019 年，中国数字经济增加值达 35.8 万亿元，经济规模已经超过 GDP 的三分之一。[②] 大

① 中新网：《贵州省委传达学习习近平视察贵州重要讲话精神》，http://www.chinanews.com/gn/2015/06-20/7357205.shtml，2015 年 6 月 20 日。

② 《数字中国建设呈现从量的增长向质的提升趋势》，《经济日报》2020 年 9 月 18 日。

数据正在成为全球重要的战略性资源、国家竞争的前沿及产业竞争力和商业创新的源泉。党的十八届五中全会提出，全国实施国家大数据战略、"互联网+"行动计划等，力促经济社会融合发展。国务院于2015年发布的《促进大数据发展行动纲要》对我国大数据发展做出了顶层设计和总体部署。

大数据是推动新一轮经济增长、提升地区竞争力的新路径。为贯彻落实《促进大数据发展行动纲要》，2015年9月，国家批复贵州建立全国首个大数据综合试验区，引领西部大数据产业发展，实现数据共享、区域内协同发展、产业加快转型。对于贵州这样一个经济发展处于后发地位，科技创新和工业化水平较低的西部内陆省份，许多产业发展的风险和成本都很高，技术发展水平、产业结构水平、收入水平等都与发达地区有差距。但是在大数据产业的发展上，全国各省市都是后发地区，存在贵州后发先行和赶超的空间。2018年2月，贵州省政府发布《实施"万企融合"大行动打好"数字经济"攻坚战方案》，计划到2022年，带动1万户以上实体经济企业与大数据深度融合，数字经济增加值占全省GDP比重达到33%。[①] 贵州省率先抢占大数据发展制高点，把大数据应用于经济社会发展、生态建设各领域，为其缩小数字鸿沟、突破工业化和信息化"两道门槛"，实现跨越式发展提供了历史机遇。

贵州省发展大数据有着显著的优势：得天独厚的自然环境、充满机遇的经济环境、全面优厚的政策支持、体系完整的产业结构、积极有效的政府推动等，共同构成了发展大数据的良好态势。近期，根据中国信息通信研究院发布的《中国数字经济发展白皮书（2020年）》，2019年贵州省数字经济增速为22.1%，连续5年排名全国第一。[②] 优势突出，但挑战依然艰巨，主要问题在于贵州省经济基础和产业基础薄弱，在现代制造业、服务业发展方面没有相关业态和人才，带动效果不明显。同时，大数据的推广应用程度不广泛、生产的规模效益难以实现及专业技术人才的短缺也是贵州要实现快赶超路比别人难的原因。

大数据是新兴产业，应用模式和产业模式都需要创新、需要试验。当前，贵州应全力做好三方面的事。一是持续营造创业创新环境，抢先布局大数据产

① 郝迎灿：《贵州省以苦干实干实现新作为》，《人民日报》2018年3月5日第21版。

② 新华网：《贵州省数字经济增速连续五年全国第一》，http://www.gz.xinhuanet.com/2020-07/10/c_1126219999.htm，2020年7月10日。

业发展，把建设国家“三大试验区”作为发展大数据的重大战略契机，给创业创新者提供资源，营造环境。二是强化创新驱动和推动信息技术的广泛应用。实施大数据战略，要把加快传统产业转型升级，促进工业加快发展、推进新型城镇化进程、完成城镇基础设施和公共服务等建设实现协调融合发展。三是不断完善相应的政策措施，创新试验平台、人才待遇保障，建立规范标准和立法保障，为大数据产业的良好发展提供资金、法律、人才保障。

新中国成立以来，贵州同其他省区一样为中国经济社会发展做出了应有的贡献。目前，贵州全省上下都在为打赢脱贫攻坚战、2020 年实现与全国同步小康目标而奋斗。但这不是一件容易的事。在中国实现跨越发展的过程中，为什么大部分省区只需要又好又快地平稳发展，而贵州省和其他少数省区却需要跨越发展，缘由很清楚，因为根据目前的发展水平，贵州省依然落后于大部分省区，在缩小城乡、区域发展差距和促进经济社会协调发展上任重而道远。在世界百年未有之大变局所带来的不稳定、不确定性背景下，地方政府积极参与中国对外开放的总纲领，是顺应时代要求所做出的必然选择，特别是对于贵州这样的西部欠发达地区，更要充分发挥自身的比较优势和后发优势，不断扩大对外开放的广度和深度，解决新时期面临的各种问题和挑战。

作者简介：黄文叙，中共遵义市委党校经济管理教研部副主任，博士；韩枫，国家林业和草原局经济发展研究中心助理研究员，博士。

赤水河流域（贵州境）旅游产业协同发展的路径探索

林　红　龚　波　冉玲檠

摘　要：文章分析了赤水河流域（贵州境）旅游产业协同发展的必要性，并提出推进赤水河流域（贵州境）旅游产业协同发展的建议措施，对贵州境内区域经济协同发展有现实指导意义。

关键词：赤水河流域　旅游产业　协同发展　路径探索

习近平总书记在贵州视察工作时指出，贵州风景名胜资源丰富，素有“公园省”之美誉，自然风光神奇秀美，山水景色千姿百态，自然风景和古朴浓郁的民族风情交相辉映，红色文化资源丰富，这为发展旅游业提供了得天独厚的条件。他因此特别强调，贵州要把旅游业做大做强，丰富旅游生态和人文内涵。赤水河发源于云南省镇雄县，全长444.5公里，由四川省合江县流入长江。在贵州境内经过毕节市的七星关区、大方县、金沙县，遵义市的播州区、汇川区、桐梓县、仁怀市、习水县、赤水市等9个县（市）区，流域内旅游资源非常丰富。孕育了茅台酒、习酒、国台酒、金沙回沙酒等蜚声中外、享誉全球的美酒；当年红军在这里导演了“四渡赤水”“乌蒙山回旋战”的战争活剧，在这里成功召开了遵义会议、苟坝会议等，在生死攸关的危急关头挽救了党、挽救了红军、挽救了中国革命。这里拥有底蕴深厚、形式多样的文化资源，有鳛文化、汉晋文化、红色文化、酒文化、建筑文化、石刻文化、土司文化、“三线文化”、农耕文化、少数民族文化等。拥有一个国家级风景名胜区——赤水风景名胜区、多个国家级森林公园和国家级自然保护区，有赤水丹霞、海龙屯土司世界自然、文化“双遗产”，是著名的旅游胜地。截至2019

年，流域（贵州境）内有3A级以上景区81个，其中4A级景区19个。

党的十九届四中全会审议通过《中共中央关于坚持和完善中国特色社会主义制度　推进国家治理体系和治理能力现代化若干重大问题的决定》（以下简称《决定》）。《决定》指出“构建区域协调发展新机制，形成主体功能明显、优势互补、高质量发展的区域经济布局”。同时，《决定》对“坚持和完善生态文明制度体系，促进人与自然和谐共生”做出系统安排，强调“必须践行绿水青山就是金山银山的理念，坚持节约资源和保护环境的基本国策，坚持节约优先、保护优先、自然恢复为主的方针，坚定走生产发展、生活富裕、生态良好的文明发展道路，建设美丽中国”。旅游产业作为生态经济的有力抓手，其发展尤为重要。随着我国经济发展进入新时代，旅游业正逐渐从景点竞争、城市竞争和旅游线路竞争阶段转向资源互换和差异化发展的区域性旅游协同发展阶段。旅游产业协同发展是指在一个大的区域内，充分利用区域内的旅游产业资源要素，科学统筹区域内各地区旅游产业布局和发展规划，有效组织和开展地区之间旅游产业经营和创新合作等活动，合理调节地区间的经济利益并达成共赢，逐步形成和优化地区之间产业联系，从而实现整个区域旅游产业的不断升级。旅游产业的跨地区性和跨行业性使得区域旅游产业协同发展显得尤为重要、十分紧迫。

一、高质量发展背景下赤水河流域（贵州境）旅游产业协同发展的必要性

（一）推动赤水河流域旅游产业协同发展，是抢抓政策机遇助推高质量发展的必然选择

2020年5月26日，中共中央、国务院发布《关于新时代推进西部大开发形成新格局的指导意见》（以下简称《意见》）。《意见》支持川滇黔、渝黔等跨省（自治区、直辖市）毗邻地区建立健全协同开放发展机制，明确了“大保护、大开放、高质量发展”的新一轮西部大开发的新格局地位。可见，推动赤水河流域（贵州境）旅游产业协同发展，蕴含着形成赤水河生态经济示范区带动西部高质量发展重要增长极的战略思考。后疫情防控常态化背景下，地域辽

阔、发展阶段相对滞后的西部地区，尤其是拥有丰富资源和巨大潜力的赤水河流域地区，具备巨大的发展空间和回旋余地；同时，经过 20 多年的发展，赤水河流域地区基础设施得到夯实，发展环境不断改善，具备了转向高质量发展基础条件。赤水河流域系统内旅游存在差异性，协同发展旨在优化资源配置，强化互利合作，提升整体竞争力，助推区域旅游一体化发展，促进该地区实现流域内旅游资源大区向旅游经济强区跨越。

（二）推动赤水河流域旅游产业协同发展，是坚持生态优先推动绿色发展的客观要求

党的十九大报告中关于生态文明的论述，彰显了党中央深化生态文明体制改革、加快建设美丽中国的坚定信念和果敢决心。赤水河贯穿滇、黔、川三省的重要流域、生态通道、经济走廊，也是守护两江上游最重要的生态屏障。特别是赤水河流域贵州境内旅游资源各有特色，旅游业发展各有特点，同时在地貌和文化上又具有相当的关联性，是具有一定规模的旅游地域连绵区。作为云贵川的生态宝地，推动赤水河流域（贵州境）旅游产业协同发展刻不容缓。因此，赤水河流域贵州境的各地区要认真贯彻习近平生态文明思想和习近平总书记关于赤水河生态环境保护的重要批示精神及国务院副总理韩正、全国政协副主席何立峰的批示精神，自觉将新发展理念贯穿赤水河流域生态环境保护全过程，在“共抓大保护、不搞大开发”，坚持走“生态优先，绿色发展”之路，结合实际，将赤水河打造成“长江上游最美的生态河”“践行‘两山’理念的样板典范”和“流域绿色高质量发展的先行示范区”，在加快建设现代生态文明示范区方面走前列、当前锋、做示范。

（三）推动赤水河流域旅游产业协同发展，是彰显地域特色文化促进文旅融合的现实路径

党的十九届四中全会指出“完善文化和旅游融合发展体制机制”“必须坚定文化自信，牢牢把握社会主义先进文化前进方向，围绕举旗帜、聚民心、育新人、兴文化、展形象的使命任务，坚持为人民服务、为社会主义服务，坚持百花齐放、百家争鸣，坚持创造性转化、创新性发展，激发全民族文化创造活力，更好构筑中国精神、中国价值、中国力量”“推进中华优秀传统文化传承

发展工程”。在区域旅游产业发展过程中，旅游产业的发展可以更好地整合自然环境资源和人文历史资源，大大激发传统文化的魅力，进而助力传统文化的传承发展。同时，传统文化保护所面临的资金困难和受众过少等问题都有望得到解决，这也可以成为振兴乡村文化的新路径，推动经济社会协调发展。

二、推进赤水河流域（贵州境）旅游产业协同发展的建议

近年来，赤水河流域（贵州境）内 9 个县（区、市）高度重视旅游产业发展，将旅游产业作为主导产业来抓。坚持规划引领，全力打造历史人文圣地、山水生态绿地、康养度假福地、美酒飘香园地、乐活宜居宝地、开放创新高地。特别是近 3 年（2017—2019）来，各地发展势头良好（见表 1），持续实现旅游业“井喷式”增长。

表 1　赤水河流域贵州境 9 个县（区、市）近 3 年旅游发展概况（2017—2019）

省	地(市、州)	县(区、市)	2017年				2018年				2019年				备注
			旅游人次/万	增速/%	旅游收入/亿元	增速/%	旅游人次/万	增速/%	旅游收入/亿元	增速/%	旅游人次/万	增速/%	旅游收入/亿元	增速/%	
贵州	毕节市	七星关	1136.39	43.32	93.37	46.18	1140.00	36.30	96.00	39.30	2144.71	30.00	177.96	30.00	
		大方县	890.00	43.00	81.90	41.40	1210.00	36.54	102.21	32.54	1360.90	16.46	115.69	13.19	
		金沙县	557.15	38.27	80.57	41.40	838.20	12.85	73.26	15.60	1010.00	20.49	94.94	29.59	
	遵义市	播州区	1085.12	39.31	96.23	44.34	1581.88	50.40	133.77	39.01	2164.16	—	249.19	—	
		汇川区	1552.80	39.50	215.09	44.50	2174.00	40.00	305.00	22.67	2391.70	33.00	356.12	35.00	
		桐梓县	1541.30	47.00	81.07	64.00	1920.80	31.00	97.20	35.00	2370.90	23.43	146.00	50.20	
		仁怀市	826.30	23.00	109.38	43.00	988.00	19.60	128.70	18.00	1246.00	26.11	149.50	16.16	
		习水县	402.32	40.00+	43.11	40.00+	650.00	40.00+	62.50	40.00+	905.00	40.00+	95.70	40.00+	
		赤水市	1634.09	36.08	185.17	36.77	1800.67	10.19	204.88	10.64	1925.70	6.94	231.67	13.07	
合计			9625.47		985.89		12303.55		1203.52		15519.07		1616.77		

资料来源：各地《国民经济和社会发展统计公告》（2017—2019），调研资料整理。

赤水河流域贵州境 9 个县（区、市）旅游产业发展虽然取得了些成就，但

是仍然存在着行政区划屏障，政府部门交流不够；行业各自为政，旅游线路贯通不畅；文化挖掘不深，产品价值未能凸显；同质化较普遍，无序竞争时有发生；旅游人才匮乏，发展动力明显不足；疫情影响较大，旅游产业受到巨大冲击等问题。为了充分挖掘利用赤水河流域（贵州境）丰富的旅游资源，在流域区域之间或区域内部的不同旅游目的地实现更大的共同利益，形成规模更大、结构更佳、品牌更高的旅游产品市场体系，为了充分发挥旅游产业带动诸多关联产业发展的作用，充分发挥旅游产业发展在社会就业，乡村振兴等中的重要作用，对流域内9个县（区、市）旅游产业协同发展提出以下建议。

（一）加强政府统筹，建立完善的政府协同机制

流域内9个县（区、市）地方政府制定的旅游政策带有强烈的地域属性，很大程度上只是为了保护地方利益，极易与邻近区域和区域整体的旅游政策出现冲突，导致政策最终相斥或者直接影响流域内旅游产业的发展。贵州境流域内政府之间的协商合作是落实赤水河流域（贵州境）旅游产业政策的重要基础，也是推进赤水河流域（贵州境）旅游产业快速发展的必要条件。为了发展流域内旅游产业，必须高度重视不同地域的旅游资源、相关政策及发展理念协同，高效推进政府间的密切合作。

一是组建流域内旅游协同发展的领导机构。进一步强化市级层面上的统筹协调机制，促进相关政策的贯彻落实，对各地旅游产业进行政策优化和冲突化解。

二是开展流域内旅游产业发展的顶层设计。由贵州境流域内旅游协同发展的领导机构统筹，统一谋划整个流域的旅游形象定位，创立"赤水河流域（贵州境）旅游发展基金"（资金来源可以采取各地财政投入+社会众筹等），制定高标准的涉及旅游产业发展的基础设施、景区景点、旅游商品、旅游线路等规划。

三是加强流域内政府间旅游政策的协同。在制定旅游政策时，不仅要积极遵循上级政府的指导思想，而且还要推动和周边区域政府的协商合作。各地要加强互联互通，通过主动接触、互相包容的方式，化解既有旅游政策之间的矛盾和冲突，消除区域旅游产业发展的障碍。

（二）立足资源优势，建立多元化产业协同发展机制

旅游产业所具有的跨行业性和广泛的社会属性使其与其他产业的发展密不可分。贵州境流域内9个县（区、市）要立足资源优势，发展全域旅游，实现全景式打造、全季节体验、全产业发展、全社会参与、全方位服务、全区域管理，做好“旅游+”的文章，推动旅游业与其他产业融合发展。

一是文化产业与旅游产业协同发展。赤水河流域（贵州境）拥有底蕴深厚、形式多样的文化资源，流域内文化产业与旅游产业协同发展要坚持有机融合的理念。坚持“宜融则融、能融尽融”的方针，推动文化与旅游工作在各领域、多方位、全链条的深度融合，为赤水河流域文化建设和旅游的进一步发展提供新引擎与新动力。

二是特色农业与旅游产业协同发展。要秉承“美丽乡村”和“乡村旅游”并行发展的目标，结合传统乡村的自然资源、生态环境、旅游体验项目、休闲度假、农业体验点等吸引大批游客，实现特色农业与旅游业的协同发展。

三是工业转型与旅游产业协同发展。推进工业与旅游产业深度融合，在赤水河流域要重点打造白酒全产业链，实现酒旅一体化。比如仁怀市将建设茅台国际旅游目的地，以茅台酒厂工业旅游创新示范为核心，依托白酒生产集群，积极推动升级一批展示酱酒生产工艺、酱酒文化的酒庄，推动仁怀白酒产业转型发展。

四是商品流通业和旅游业产业协同发展。要因地制宜、因城施策，科学配置各地区商品流通业和旅游业集聚发展的资源要素，减少资源浪费，特别是对于流域内产业集聚性比较差的地区要加大政策扶持，吸引优质资源要素集聚，加速流域内产业均衡协调发展。比如赤水河流域各县（区、市）“国家地理标志产品”比较丰富，建议在流域内各A级景区游客服务中心、流域沿线高速公路服务区、流域周边机场、流域内各地旅游产品市场等地方设立“赤水河流域国家地理标志产品专柜”，带动特色农产品销售；建议茅台集团授予流域内各地方政府平台公司茅台酒专卖权限，利用茅台酒在世界的盛誉，由流域内旅游产业协同发展相关部门牵头，针对全部游完9个县（区、市）规定景区的游客，可在9个县（区、市）内以经销商价格（目前每瓶1499元）购买1~2瓶茅台酒的办法，拉动旅游产业发展。

五是交通运输业与旅游产业的协同发展。铁路、公路、民航等交通运输部门要与旅游部门深度合作，为互利共赢的发展制定更多政策。根据旅游市场需求，推出特价机票，机票与酒店套票，机票与景区联合打折票等方式，吸引更多游客。

六是新型城镇化与旅游产业协同发展。城镇建设规划要以旅游业主导为主，规划打造出一条以流域内重点景区为核心的旅游精品线路，再通过这个精品线路辐射到重点旅游城镇，以此带动旅游关联产业链，形成旅游环线、重点景区、特色旅游镇或特色度假村等。

七是健康产业与旅游产业协同发展。要以养生、度假、旅居为发展导向，利用赤水河流域中医药资源富集的特点（比如赤水的石斛），推出"中医养生""食疗养生"和"生态养生"等功能性康养产品，建设集群化医疗康复养老综合体，形成高端养生度假旅居生态链，打造集养生度假、康养旅居、活力养老、健康旅游于一体的国际高端康养旅居度假品牌。

八是形成合力打造精品旅游线路。充分利用流域内丰富的旅游资源条件，打造"遵义会议会址—娄山关—苟坝会议会址—茅台渡口—土城—鸡鸣三省"红色文化和"海龙屯—杨粲墓—慕俄格水西宣慰司—奢香墓"土司文化精品线路。充分发挥旅游协会的作用，形成相互推介资源、互送游客的良好合作模式，提升游客满意度。

（三）强化区域联动，建立增强内生动力的改革创新机制

旅游产业是综合性很强的产业，关联度高、涉及面广。在赤水河流域（贵州境）内建立发展改革创新机制是持续增强旅游产业发展内生动力的根本要求。

一是激发市场主体活力。加快转变政府职能，充分发挥市场在旅游资源配置中的决定性作用。将3A和4A级旅游景区、四星级酒店、三星级以上乡村旅游经营单位评定转由社会组织自律管理。鼓励符合资质条件的旅游运输企业申请跨区域旅游包车运营。对流域内的旅游开发采用招拍挂等市场化配置方式公开出让，鼓励农村集体经济组织依法以集体经营性建设用地使用权入股、联营等形式与其他单位、个人共同开办旅游企业。

二是促进旅游金融创新。加强政府和金融机构联动，按照"统一规划、统

一营销、统一运营”的原则，大力推动旅游资源整合，培育旅游业发展和景区运营的龙头企业，引导金融机构加大项目贷款、银团贷款、并购贷款等中长期资金投入。发挥各地各级政府政策性担保公司的增信作用，支持符合条件的旅游项目和企业发行短期融资券、中期票据、项目收益票据、私募债等债务融资工具，拓宽融资渠道。

三是加强区域联动发展。围绕长征国家文化公园的建设目标，统筹各地有关长征文化遗址、遗迹、遗物、文化故事及长征区域所涉及的自然、旅游等资源，建好长征国家文化公园，联动打造国家级旅游品牌。如仁怀市的毛泽东住居旧址、鲁班场战斗遗址、茅台渡口遗址，桐梓县的红一军团直属队及保卫局驻地旧址、中央军委纵队驻地旧址，习水县的青杠坡战斗遗址、毛泽东住居旧址、红军总司令部驻地旧址等，各地要互联互通，讲好流域内长征故事。

（四）坚持统筹兼顾，建立利益共享共赢机制

流域内各地要抓住新时代西部大开发的战略机遇，加快以交通为重点的基础设施建设，为实现更多领域、更广范围、更深层次的合作提供便利条件和基础保障。实现流域内各地无缝对接，无障碍旅游。组建利益共同体，建立开放、要素流畅、区域客源互送、竞争有序的旅游大市场，构建务实高效、互惠互利、合作共赢的区域旅游合作体。

一是营造公开平等的市场环境。流域旅游产业的协同发展，如果没有公开平等的竞争机制，就无法在大市场范围内协调各地区政府的行为，就无法使区域内的市场主体进行充分、有效、公平的市场竞争，就无法防止市场竞争被各地区行政权力和垄断势力扭曲，难以实现大市场内的资源有效配置。因此，必须建立一个统一协调的、有效的竞争机制，构建务实高效、互惠互利、合作共赢的区域旅游合作体。

二是建立区域旅游产业协同发展共赢指标体系。要结合赤水河流域（贵州境）的具体情况，充分考虑国家、集体、企业和老百姓的利益，建立区域旅游产业协同发展共赢指标体系，加大资金投入，加强基础设施建设，加大工作考核，提高旅游产品竞争力。

三是有效形成差异化发展。充分考虑流域内交通和景区联合发展等因素，

从资源优势、功能定位、业态布局、设施配套等方面，在自然旅游资源和人文旅游资源之间进行平衡选择，有效形成差异化发展，避免同质化竞争。

四是发挥新媒体作用。除了积极利用传统的纸质媒体和电视媒体之外，各级政府也要积极开发采用以互联网为代表的新型媒介，拓展旅游资源的宣传平台，最大化地拓宽流域旅游名片的宣传空间。

（五）树立人才战略，建立适应旅游发展的人才培育机制

旅游人才是旅游业可持续发展的生力军，旅游业“井喷”式增长离不开人才的培养。

一是构建赤水河流域内旅游人才教育培训体系。要整合旅游教育资源，与国内旅游教育实力强的院校进行联合办学，促进人才高地建设，提升旅游教育办学水平，让从业人员特别是导游，全面了解和掌握赤水河流域内的旅游资源状况与相关知识；完善、改革导游人员的资格考试制度、等级考试制度、专业技术人员等级考试制度等；完善旅游从业人员的退出、淘汰机制，将旅游和行业管理与执业资格认证紧密结合。通过采取职业培训、学历教育等多种形式，做好旅游人才储备，让人力资源在素质上、结构上、数量上满足赤水河流域旅游大发展的需要。

二是加强旅游专业人才开发。从政策上做到重视人才、吸纳人才、善用人才，强化爱护人才的制度保障，形成科学的人才观和人才制度，引进行业领军人才和团队，创造有利于人才发展的环境。

三是搭建人才市场平台。流域内各地要建立旅游人才的信息交流平台，建设高素质的旅游人才队伍，推动形成区域性旅游人才市场。要分类、分层搞好旅游培训，尤其是加强一线服务人员的在岗培训，开展服务技能大赛，树立行业技能服务标兵，提高个人素质。

（六）探索创新，建立疫情常态化防控形势下旅游协同发展策略机制

在疫情常态化防控形势下，“信心比黄金更重要”。赤水河流域（贵州境）内各地文旅产业链条上的各类企业，应该将现在作为调整契机，进行深度的结构调整，从而迸发出新的活力和动能。在目前这种特殊时期，世界旅游专家小组预测，2020 年第四季度全球旅游业将出现复苏迹象，境内游的复苏将快于出

境游，休闲旅游的复苏将快于商务旅游。并预测中国国内旅游业今年第三季度实现复苏。而在贵州这样疫情管控较好的地方，预计旅游业复苏应该更快。赤水流域（贵州境）内9个县（区、市）应该充分利用这一契机，探索建立旅游协同策略创新机制。

一是政府部门倡导全民健康活动或者革命传统教育活动，从内部带动整个区域旅游发展。比如为充分发挥流域内遵义段已建成的赤水河谷自行车道作用，建议遵义市总工会、市财政局、市体育局联合发文，首先鼓励和支持市直机关利用周末、节假日、党员活动日等，组织干部开展徒步、骑行、革命传统教育活动，并列入年度目标考核，从内部带动整个区域旅游发展。

二是打造特定的旅游产品，带动省内游快速复苏。充分发挥旅游协会和旅游企业的作用，由各地旅游企业推出“贵州人游赤水河流域”旅游产品营销活动。同时要及时组织在流域内休闲度假的游客再次出游，体验流域内不同的文化，带动流域内旅游产业发展。

参考文献

[1] 李宁．后疫情时代文化旅游产业发展的着力点［J］．人文天下，2020（07）：84-88.

[2] 白晓杰．发展“旅游富市”的人才瓶颈及突破［J/OL］．中国市场 2020（15）62-62，79．DOI：10.13939/j.cnki.zgsc.

[3] 徐硕强，王文彬．区域旅游发展的府际合作整理路径：以山西运城为例［J］．山西师大学报（社会科学版），2020，47（02）：45-50，113.

[4] 燕连福．新时代文旅融合发展：一个新的增长极［J］．人民论坛·学术前沿 2019（11）：71-79.

[5] 崔宝丹．特色农业与旅游业协同发展的调查研究：以醋庄前村葡萄业与旅游业为例［J］．农村经济与科技，2020，31（05）：87-89.

[6] 陈成．通运输与旅游业的协同发展研究论述［J］．全国流通经济，2017，（33）：43-44.

[7] 封伟．革命老区红色旅游与新型城镇化建设协同推进的路径研究［J］．现代农村科技，2020，（01）：16-18.

[8] 王淑芳，金媛媛．河南省“旅游+健康”产业融合的对策建议［J］．现代

商贸工业, 2018, 39 (15).
[9] 王庆生, 邢博. 构建以市场为导向的京津冀旅游产业协同发展新框架 [N]. 中国旅游报, 2017-10-03 (003).
[10] 世界旅游组织下调旅游业增长预期 [N]. 人民日报, 2020-05-12 (17).

作者简介: 林红, 中共遵义市委党校经济学部副教授; 龚波, 遵义市旅游学校校长, 高级讲师; 冉玲縻, 中共务川自治县委党校讲师。

共话中国减贫奇迹的地方篇章

——第八届中国·贵州“后发赶超”论坛暨第二十三届全国社会科学院院长联席会议在贵州贵阳举行

许 峰

在党的十九届五中全会胜利闭幕和我国即将开启全面建设社会主义现代化国家之时，在脱贫攻坚最紧要关头，在贵州省社会科学院建院 60 周年之际，10 月 30 日，第八届中国·贵州“后发赶超”论坛暨第二十三届全国社会科学院院长联席会议在贵州省贵阳市举行。中国社会科学院致贺信，全国人大常委会委员、社会建设委员会副主任、中国社会科学院学部委员李培林，贵州省人民政府副省长王世杰出席会议并讲话。会议由中国社会科学院科研局/学部工作局、贵州省社会科学院主办。

开幕式上，中国社会科学院科研局/学部工作局副局长、全国政协委员王子豪宣读中国社会科学院致贵州省社会科学院建院 60 周年贺信。贺信首先向贵州省社会科学院建院 60 周年表示热烈祝贺。贺信认为，建院 60 年来，贵州省社会科学院紧紧围绕省委、省政府中心工作，坚持正确的办院方针和科研方向，着力实施“科研立院、人才强院、管理兴院”三大战略和以质量为中心的科研转型升级，为繁荣发展哲学社会科学事业、推动贵州经济社会发展做出了应有的贡献。贺信指出，在习近平新时代中国特色社会主义思想的指引下，在贵州省委、省政府的正确领导下，贵州省社会科学院一定能够不断推进具有中国特色、贵州特点的哲学社会科学学科体系、学术体系、话语体系建设，更好服务国家发展战略和贵州省委、省政府中心工作。贺信认为，中国社会科学院与贵州省人民政府通过实施“院省战略合作协议”等方式，积极开展具有贵州特色又具有全国普遍意义的重大理论问题和实际问题研究，服务中央决策和地方发展的作用得到进一步的发挥。贺信指出，“十四五”时期，中国社会科学院将进一步加强与贵州省的战略合作，加快推进中国特色哲学社会科学“三大体系”建设，充分发挥哲学社会科学认识世界、改造世界的重要作用，共同为全面建设社会主义现代化国家做出新的贡献。

李培林在讲话中指出，贵州省是最早和中国社科院签署战略合作协议的省份之一，也是合作协议执行成效最为明显的省份之一。8 年前，为贯彻落实国发〔2012〕2 号文件精神，中国社会科学院与贵州省人民政府签署战略合作框架协议。8 年来，在双方的高度重视和大力支持下，院省合作协议各项内容落地落实落细，为推动贵州经济社会又好又快发展、繁荣发展贵州哲学社会科学事业，做出了应有的贡献。他希望，要把已有的合作成果巩固好、把新一轮合作内容谋划好，切实起到深化合作、优势互补、互利共赢、协同发展的作用。他强调，今年是中国决战脱贫攻坚、决胜全面小康的收官之年，本次会议将主题定为中国减贫奇迹的地方篇章，目的就是要深入探讨、科学总结各地脱贫攻坚的典型经验，为世界减贫的中国奇迹的经验总结和凝练表达做出贡献。李培林就社科理论界学习贯彻习近平总书记关于脱贫攻坚的重要论述、切实打赢脱贫攻坚收官战提出三点要求。一是要深入研究、科学总结各地的脱贫攻坚重要经验，为世界减贫事业贡献中国智慧和中国方案。二是要深入研究、认真谋划好“十四五”时期的“优先发展农业农村，全面推进乡村振兴”，实现巩固拓展脱贫攻坚成果同乡村振兴有效衔接。三是要深入研究、合力推动国际减贫智库建设，共享全球减贫经验和智慧。

王世杰代表贵州省人民政府对会议的召开表示热烈祝贺。他指出，中国·贵州“后发赶超”论坛是中国社会科学院和贵州省人民政府战略合作的主要内容，是全面总结和宣传贵州经济社会发展和哲学社会科学事业成就的重要学术论坛。自 2013 年以来，论坛已连续成功举办了 7 届，形成了一系列重要成果，为贵州后发赶超和经济社会发展提供了重要理论服务和智力支持。今年是脱贫攻坚决战决胜之年，再过 2 个月，我们将彻底撕掉贵州千百年来的绝对贫困标签，实现贵州人民千百年来的历史夙愿，与全国人民一道实现全面小康，这是我们这一代贵州人的重大责任，也是最大光荣。本届论坛以“中国减贫奇迹的地方篇章”为主题，呼应时代背景，紧扣贵州实际，相信通过大家的共同努力，一定能够取得丰硕理论成果，为贵州决战脱贫攻坚、决胜全面小康进一步凝聚共识、增强动力。他强调，本次会议既是社科理论界的研讨会，也是学习领会党的十九届五中全会精神的交流会，要把学习领会五中全会精神与开展会议研讨紧密结合起来。他向60年来为贵州省社会科学院付出辛勤努力的全院干部职工致以崇高的敬意和衷心的感谢。他指出，60年来，贵州省社会科学院紧紧围绕中心、服务大局，为全省经济社会发展积极建言献策，取得了显著成效，成为省委、省政府和全社会信得过、靠得住、用得上的一流“思想库”和“智囊团”。

贵州省社会科学院党委书记吴大华深情回顾、深刻总结了60年来该院取得的辉煌成就和基本经验，并代表该院，对中国社会科学院长期以来的指导和支持，对贵州省委、省政府的坚强领导，对兄弟社会科学院和战略合作单位的关心和帮助，表示衷心的感谢，对全院离退休干部、历届领导班子和在职干部职工，表示崇高的敬意。该院职工代表做了发言，并为在该院工作30年以上的近60名同志授予“60年致敬人物”称号。

开幕式上，还举行了在人民日报出版社出版的《脱贫攻坚，我们在行动》首发式。该书分为上下两册，汇集了贵州省社会科学院多年来倾情开展驻村帮扶、智力扶贫工作所留下的一批珍贵历史资料和科研成果。

经济管理出版社协办本次会议，并联合贵州省社会科学院举行“凝聚力量，智惠未来”公益捐赠启动仪式。该社社长兼总编辑杨世伟介绍了5年来公益捐赠活动情况和2020年向各地方社会科学院定向捐赠图书活动计划。

开幕式由贵州省社会科学院院长张学立主持。

开幕式结束后，来自中国社会科学院、全国各地方社会科学院和贵州省的有关专家学者，围绕“中国减贫奇迹的地方篇章”这一主题展开研讨。

主旨演讲环节由江西省社会科学院院长蒋金法主持。天津社会科学院党组书记、院长靳方华以《全方位推进区域协同发展战略 构建津甘帮扶大格局》为题，山东社会科学院党委书记郝宪印以《构建后脱贫时代扶贫治理新体系》为题，湖北省社会科学院院长刘光远以《湖北省脱贫攻坚成效与创新实践》为题，四川省社会科学院副院长胡学举以《全面建成小康社会的阿坝经验》为题，湖南省社会科学院副院长汤建军《脱贫攻坚与乡村振兴如何有机衔接》为题，云南省社会科学院副院长陈光俊以《中国减贫方案的云南实践》为题，新疆社会科学院副院长库兰·尼合买提以《中国减贫奇迹的新疆篇章》为题，黔南民族师范学院党委书记杨未以《五步成“绩”·脱贫路上的“贵州战法”》为题，贵州民族大学校长王林以《高起点谋划　高标准建设　打造理论创新服务决策　人才培养　示范创建的新阵地新高地》为题，做了主旨演讲。

下午，与会代表继续围绕会议主题做了充分研讨和交流。

会议决定，第二十四届全国社会科学院院长联席会议将由陕西省社会科学院主办。

作者简介：许峰，贵州省社会科学院科研处处长、副研究员，博士。

后　记

在党的十九届五中全会胜利闭幕和我国即将开启全面建设社会主义现代化国家之时，在脱贫攻坚最紧要关头，第八届中国·贵州“后发赶超”论坛暨第二十三届全国社会科学院院长联席会议于 2020 年 10 月 30 日在贵州省贵阳市召开。

本届论坛由中国社会科学院科研局/学部工作局和贵州省社会科学院主办。全国人大常委、社会建设委员会副主任、中国社会科学院学部委员李培林，贵州省人民政府副省长王世杰等出席会议并讲话。来自中国社科院、贵州省委宣传部以及各省（自治区、直辖市）社科院、贵州省有关单位的领导和专家学者 100 多人参加会议。与会有关专家学者，围绕“中国减贫奇迹的地方篇章”这一主题进行了广泛而深入的研讨。

本届论坛收到全国各地寄来的征文 60 多篇，经专家评审，将其中较为优秀的 40 多篇论文编入本书。中共贵州省委党校社会学教研部主任伍小涛教授、贵州财经大学经济学院副院长李顺毅教授审读书稿并提出宝贵意见，贵州省社科院党委书记吴大华研究员、院长张学立教授作最后审定。

科研处处长许峰、副处长杨雪梅，张松、李妍等同志承担本书的编辑工作，社会研究所方翌同志负责本书的英文目录翻译工作。本书责任编辑为本书的出版费心尽力，各位作者配合文稿修改工作，在此一并表示衷心的感谢。

由于成书仓促，如有不当之处，敬请作者和读者批评指正。

编　者

2020 年 12 月